"中国民族语言语法标注文本丛书"为"十二五""十三五"国家重点图书出版规划项目

中国民族语言语法标注文本丛书

江 荻 燕海雄 黄 行／主编

国家出版基金项目
NATIONAL PUBLICATION FOUNDATION

多续语
语法标注文本

齐卡佳／著

社会科学文献出版社
SOCIAL SCIENCES ACADEMIC PRESS (CHINA)

基金资助项目：

中国社会科学院重大课题（2011~2013）：
中国民族语言语法标注文本丛书（YZDA2011-18）

国家社科基金重大招标项目（2011~2016）：
中国民族语言语法标注文本及软件平台（10&ZD124）

中国社会科学院创新工程（2013~2015）：
中国民族语言语料工程及深度应用研究

国家社科基金重大招标项目（2012~2019）：
基于大型词汇语音数据库的汉藏历史比较语言学研究（12&ZD174）

语言能力省部共建协同创新中心建设经费支持（教育部）

前 言

在中国民族语言研究历程中，资源和语料建设一直是重中之重。语料的形式和内容多种多样，譬如词汇、词典、文本、音档、语图、语音参数、文字图片、多语对照词汇、语言或方言地图，以及人名、地名等其他各类专题语料资源。

通过图书出版而面世的语料主要有各种民族语言描写专著提供的案例，特别是其中附载的词汇和文本，这是所谓单一语言或方言语料的常见汇集形式。零星出版的这类专著很多，此处不能一一列出，而以丛书形式发布的则影响较大，主要有"中国少数民族语言简志"丛书（近60卷）、"中国新发现语言研究"丛书（40余卷）和"中国少数民族语言方言研究"丛书（近20卷），以及"中国少数民族语言系列词典"丛书（20余卷）。此外，近年一批以"参考语法"为题的博士学位论文大多也附带一定数量的分类词汇和篇章文本。至于涉及多种语言或方言语料的各语族论著也蔚为大观，例如孙宏开主编的《藏缅语语音和词汇》、黄布凡主编的《藏缅语族语言词汇》、王辅世和毛宗武合著的《苗瑶语古音构拟》、梁敏和张均如合著的《侗台语族概论》、严其香和周植志合著的《中国孟高棉语族语言与南亚语系》（7种语言14个方言点）、孙竹主编的《蒙古语族语言词典》（6 种语言 16 个方言点）、陈宗振主编的《中国突厥语族语言词汇集》（8 种语言）、朝克编著的《满通古斯语族语言词汇比较》（6 种语言），等等。

随着信息化时代的发展，21 世纪以来，前期调查和出版的相当部分词汇数据进入了电子化资源检索平台，改变了语言学家的工作方式和工作流程，拓宽了他们的研究领域和研究方向，增强了他们驾驭语言资源的能力，甚至推动他们创造出新的语言学说和方法。据我们了解，这些电子化数据资源中影响较大的有"汉藏语同源词检索系统"和"东亚语言词汇语音数据检索系统"。有研究表明，这两个系统为学术研究的深度发展提供了新的契机，解决了不少研究中的疑难问题。

可是，以上所述成果形式无论是附着于描写或专题论著还是独立资源著作，似乎主要集中在各类民族语言的词汇和词典方面，说明学界历年积累的资源还有重大空白，尤其缺乏文本性质的熟语料标注资源。

随着语言研究的深入和研究领域的拓展，特别是伴随着语言类型学（语法类型、语音类型等）、普遍语法、语系学说、语言接触、语言心理、语言生态、语言检索和多语机器翻译等新兴跨学科研究在中国的蓬勃兴起，学术界开始呼唤一种跨语言、跨方言的资源性建设研究，呼唤创造多样性的真实文本资源和跨语言对齐文本资源。值得称道的是，中央民族大学少数民族语言文学学院适时推出了一套"中国少数民族语言话语材料"丛书，迄今已出版黎语、临高语、佤语、仡佬语、布央语、布依语、撒拉语等双语对照文本材料，初步弥补了该领域的不足。

约 20 年前，北京大学老朋友郭锐教授跟我聊起民族语言，询问我民族语言研究领域是否有文本性语篇材料。我当时一愣，老实回答他尚无此类资源。其时，我刚刚主持完成"中国少数民族语言研究文摘数据库系统"（该网页目前尚存），显见，当时的思路还处在仅仅为研究者提供研究信息的阶段。1998 年，孙宏开先生和丁邦新先生合作开展汉藏语同源词研究，我受命研制电子版同源词检索系统。此后进入 21 世纪，我又承担了研制东亚语言词汇语音检索系统的工作。也许是学术使命使然，我并没有忘记郭锐兄之问，开始在民族语言学界推动文本资源开发。最初我将世界少数民族语文研究院

（SIL）的文本处理工具 Toolbox 教学软件资料编译成中文，2006 年起在多所高校讲授。2009 年，我们实验室举办 Toolbox 培训班，跟部分民族语言专家签署开发标注语料协议。2010 年我们得到中国社会科学院重大课题(YZDA2011-18)支持，这就走上了"中国民族语言语法标注文本丛书"的研制道路，其后又进一步得到国家社科基金重大项目(10&ZD124)的支持和中国社会科学院创新工程项目"中国民族语言语料工程及深度应用研究"的支持。这是本丛书研制的基本背景。

这套丛书有多方面的价值和特征。

（1）创新范式。在描写语言学领域内，以往传统观念总是把记录语料作为语法著作的附录，数量少且处于附属地位。这套丛书虽然也安排了语言概况或语法导论，却以服务于作为正文的标注文本为目的，这种以传统著作附录作为正篇的研制思路既是对文本语料缺乏的弥补，也开拓了语言研究的新方向，跟学界倡导的记录语言学不谋而合。更具价值的是，丛书作者所采纳的文本大多来自田野调查，或来自民间记录故事。与以往的例句翻译式调查或诱导式例句调查相比，这样的语料从本源上避免了主观性，甚至杜绝了母语人自身的内省式语法案例。从方法论上看，以真实文本为语料的研究很可能引起中国描写语言研究范式的变革，这未尝不是好事。

（2）基础标注。课题组提出一个关于标注的基本标准，即描写语法的基础标注。这么做是基于我们为语言专题深度研究提供支撑的服务理念，包括服务于作者自己的深度专题研究。我们从三方面加以说明。其一，我们认为新近发展的一些语言分支学科具有资源依赖性质，例如语言类型学一般是跨语言或跨方言的，语言接触研究也需要双语或多语言资源的支持。对于无文字的语言，它们的语法化或词汇化研究更需要亲属语言的相互印证。至于机器翻译也一定是在双语或多语语料相互对照条件下才能开展起来的。其二，丛书中有藏缅语言、侗台语言、苗瑶语言、南亚语言，还有阿尔泰语言，语言自身类型差异很大，譬如一些语言是 SVO 语序，另一些则是 SOV 语序，有些是前置词系统，有些则是后置词（词格）系统，等等。特别是目前各语言研究的广度和深度差异较大，采纳的理论和研究的方法也不完全相同，为此，确定一个简洁的基本结构方法或描写方法对文本进行语法标注是合适的。其三，业有所长，术有专攻。真正利用这套丛书语料的学者未必熟悉各种语言，更不可能很快掌握这些陌生语言的语法体系，要求每个学者都调查多种语言、掌握多种语言并不现实，也没必要。在这个意义上，我们组织合适的专业人员开发可供其他学者开展专题深入研究的文本资源，特别是熟语料语法标注文本就非常有价值。显然，从以上叙述可以看出，基础标注就是：无论某语言是何种类型，无论某语言研究的深度如何，这套丛书都以基本语法结构框架来标注各种语言的词法形态和句法现象，例如"性、数、格、时、体、态"范畴，同时标上通用语对译词语。甚至如果某些语法现象在某种语言中尚未被认识或尚未得到阐释，例如"复指"(anaphora)或"示证"(evidentiality)，则完全可以不标，这样也给使用者留下专题深度挖掘和拓展的空间，这就是描写语法基础标注的意义和价值所在。值得提示的是，这套丛书的作者都是具体语言领域的专家，他们对语言的结构描写和基础标注为读者提供了一个高起点的平台。

（3）后续可为。中国地广人多，有上百种语言和数千种方言（调查点），无论从共时还是历时的图景观察，这些多样性的资源都是极为宝贵的人类知识财富。我们组织的第一批文本标注丛书已出版 10 部，第二批计划出版 12 部，这就意味着这种研究方法刚刚起步，今后的工作还大有可为。不妨让我们联系美国结构主义的调查方法来看，在这种调查中，所有语言的、文化的和社会的探索都起始于现实文本记录调查，其次是文本标注，包括语法标注；词汇是在标注文本基础上抽取出来的；最终才是文本内容社会的、文化的、人类学的解读。所以我们希望，文本调查和文本标注不仅是一种语言研究的方法，还可以是未来语言研究的一种范式，一种探索文化的范式、一种理解社会的范式。我们期待这套丛书的出版能抛砖引玉，带来更多更好的同类成果。可以说，中国民族语言语法标注资源建设不仅是一种量的积累，而且是一种质的变化，持之以恒，后续工作将创造更有价值的丰富文本资源和学术财富。

为提高丛书可读性，我想对这套丛书的研制方法和阅读要点做一点介绍。

（1）隔行对照化和标注方式：术语"隔行对照化"来自英语的 interlinearization，

指民族语（大多是小语种）词语跟标注语（通用语，例如汉语或英语）以及语法标注的分行对齐。这种方法是目前世界各国学者研究少数族群语言的主流方法，通过隔行对照化形成一种所有语言学家或语言学专业研究生都能读懂的文本。例如藏语拉萨话：

文字行：　ཁོང་ལྷ་སར་ཕྱིན་སོང་།

原文行：　khong　　　　lha sar　　　phyin　　song

分析行：　khong　　　　lha sa-la　　vgro -ed　song

标注行：　3sg　　　　　拉萨-ALA　　去-PST　ASP-PEF

翻译行：　他去了拉萨。

大多数情况下，"文字行"并不一定需要，无文字语言则无此选项。"原文行"是记录的真实文本话语，多数情况下采用音标记录形式，本例采用了藏文的拉丁转写。"分析行"主要对"原文行"词语加以形态或句法标注，本例 lha sar 书写上包含了向格（la）的文字变体形式（-r），黏着在前面不带辅音韵尾的音节上；而 phyin 则是动词 vgro（走，去）的过去时形式，很像英语 went 是原形动词 go 的过去时形式，所以"分析行"还原了语法变化前的形式，譬如 phyin = vgro + -ed（过去时等于原形加表示过去时的标记 -ed）。"标注行"是对"分析行"进行通语（汉语普通话）标注和语法标注，-ALA 表示向格，-PST 表示过去时，-PEF（或 ASP-PEF）表示体范畴的已行体。"翻译行"是原文行的通语直译。

（2）"三行一体"还是两行一体？不少中国民族语言缺乏类似印欧语言的词法形态，即所谓词根语或孤立语。这样一来，"分析行"跟"原文行"基本一致，因此有些语言就不需要采用"三行一体"格式。例如壮语：

原文行：　tu³¹　　kai³⁵pau⁴²　ɕa:i³⁵　ŋa:i³¹　　tu³¹　　ma²⁴　hap³³　ta:i²⁴

标注行：　CL-只　公鸡　　　又　　PASS-挨　CL-条　狗　咬　　死

翻译行：公鸡又被那条狗咬死了。

就我们看到的标注文本，侗台语言、苗瑶语言和部分藏缅语言或许只需原文行和标注行。个别情况下是作者未标出形态变化而无需分析行。

丛书中，林幼菁教授撰写的《嘉戎语卓克基话语法标注文本》增加了韵律单位内容，即在展开语法标注之前，先根据口语韵律边界切分文本，然后才标注文本，这样就产生了韵律分析行。例如：

韵律行：	161 təwamɲeɲe ʃikoj				
原文行：	təwamɲeɲê		ʃikôj		
分析行：	tə-	wam	=ɲeɲê	ʃikô	=j
标注行：	N-	熊	=PL	树上	=LOC

韵律行：	162 ... təwi kəzeɲti ptʂerə					
原文行：	təwi	kəzaɲti				ptʂêrə
分析行：	tə-	wi	kə-	za	-ɲ	=ti	ptʂêrə
标注行：	N-	橡实	NMZL-	吃 1	-2/3PL	=TOP:OBL	然后
翻译行：	161-162 老熊在树上吃橡实的时候					

我相信，这样的标注为读者提供了更多信息，而且一定会让关注语篇语音现象的专家欣喜。

（3）标注符号体系。上文拉萨话案例"标注行"中包含了一些语法标注符号，例如 3sg、-ALA、-PST、-PEF 等，这是丛书研制初始建立的语法标注体系。这套标注符号借鉴了国际规范，同时也补充了标注中国语言特定语法现象的符号。为此，课题组建议丛书作者采纳统一的标注符号，但同时也可增加该语言特定需求的符号。所以每一部标注文本著作的前面都列出了标注符号缩写表。

（4）文本语料的规范与标准。为了实现标注文本的实用性，课题组建议调查或选用的文本具有原生性、连续性、记述性、口传性等特征，而传统口传故事、族群起源传说、儿童或寓言故事、日常口语记录大致包含这些特征，表述通俗、朴实，用词简单、口语化。不过，民间故事口语词汇重复，用词量少，语法结构也过于简单，为了弥补这些不足，也建议选用部分母语作家复杂的民间文学作品，或者少量报刊语体文本；同时，鉴于句类特征（陈述、疑问、祈使、感叹等），还建议选用一两篇问答型对话文本。记录民间故事的时候，发音人是否擅长叙述故事也是很重要的条件。同一个发音人往往风格一致、用词有限，所以尽量选择多个材料提供人和不同题材故事也是较好的策略。课题组还建议书稿作者不选或少选韵文类的诗歌、民歌、唱本之类，这也是为了保证语法现象的完整性和通用性，囊括更多的词汇和语法现象。

（5）整体布局与对照词汇。每部著作都包含三部分："语法导论""标注文本""对照词汇"。"语法导论"分量不大，主要包括音系、词汇和词法句法要点。"标注文本"除了句对齐直译，每篇文本之后给出全文翻译。最后的"对照词汇"是从文本中抽取的词汇，即仅列出现于著作文本中的词语，而不是这个语言或方言的任意词语。词汇基本按照汉语词目拼音顺序排序。部分著作还列出了词语出现次数。不过，这里需要说明的是，由于排版技术的限制，对照词汇没有列出每个词出现的页码，这算是一件遗憾之事。

这套丛书经历了多阶段和多项课题支持，其中中国社会科学院重大课题和实验室项目于 2013 年顺利结项，被评定为院级优秀项目，中国社会科学院创新工程项目也于 2015 年圆满完成。2015 年，"中国民族语言语法标注文本丛书"（第一批）获得国家出版基金资助，并于 2016 年 10 月由社会科学文献出版社正式出版发行，共 10 部专著，分别为：

《藏语拉萨话语法标注文本》（江荻）

《土家语语法标注文本》（徐世璇、周纯禄、鲁美艳）

《哈尼语语法标注文本》（白碧波、许鲜明、邵丹）

《白语语法标注文本》（王锋）

《藏语甘孜话语法标注文本》（燕海雄、江荻）

《嘉戎语卓克基话语法标注文本》（林幼菁）

《壮语语法标注文本》（蓝利国）

《纳木兹语语法标注文本》（尹蔚彬）

《水语语法标注文本》（韦学纯）

《维吾尔语语法标注文本》（王海波、阿力木江·托乎提）

2019 年，"中国民族语言语法标注文本丛书"（第二批）再次获得国家出版基金资助，共 12 部专著，分别为：

《哈尼语窝尼话语法标注文本》（杨艳、江荻）

《义都语语法标注文本》（李大勤、郭晓、宗晓哲）

《达让语语法标注文本》（刘宾、孟佳仪、李大勤）

《多续语语法标注文本》（齐卡佳）

《藏语噶尔话语法标注文本》（龙从军）

《彝语凉山话语法标注文本》（马辉）

《独龙语语法标注文本》（杨将领）

《纳西语语法标注文本》（钟耀萍）

《黎语白沙话语法标注文本》（吴艳）

《德昂语广卡话语法标注文本》（刘岩、尹巧云）

《佤语语法标注文本》（陈国庆、魏德明）

《朝鲜语语法标注文本》（千玉花）

这些作者既是田野调查的实践者，又是调查描写的高手，他们把第一手的材料用科学方法整合起来，费心尽力地加以标注，使得本套丛书展示出学术研究的深度和绚烂夺目的多样性族群文化色彩。对于年轻一代学者，包括在读博士生来说，尽管项目仅要求基础标注和简短的语言导论，而语法单位的关联性和语法系统的体系性难度远超一般专题研究，给他们带来不小的挑战。他们记住了项目的目标和宗旨，即服务于学界，推动中国民族语言研究走向新的高度，开辟新的生长点和新的路径。我相信，这批著作的标注资源使得其他学科有了发力点，有了依托性，其价值之高怎么评价都不为过。在这个意义上，我也真诚呼吁中国最大的语言研究群体，广大的汉语研究学者，充分利用这个平台，巧用如此丰富的资源，透过你们的宏观视野和软实力，创造出更为恢宏的语言理论，甚或中国学者原创的学术体系。

当我初步编完这批著作，我由衷地相信，课题设计初衷所包含的另一个目的也已基本达成，这就是培养一批年轻学者。这个项目深化了他们的语言调查和专业分析技能，同时也推动他们创造出更多的优秀成果。

21 世纪初，中国学术界呈现出各学科的发展大势，总结 20 世纪的学术成就并预测新世纪的方向，中国民族语言学界也思考了民族语言研究的未来领域。我记得 20 世纪90 年代我的老师孙宏开教授、我所道布教授和黄行教授曾提出新世纪民族语言的"本色语法"或"精深语法"研究，还有学者认为在全面的语言普查和初步描写之后应开展专题性深度研究，此外，语言材料的电子化典藏和文本资源的加工也是议题之一。现在，"中国濒危语言志·少数民族语言系列丛书"（本色语法）项目已经启动，各语言专题研究已有不少成果，本丛书也初步实现了中国民族语言文本资源的熟语料汇集。不积跬步，无以至千里，不积小流，无以成江海，中国民族语言深度资源建设已上路。

江　荻

北京·都会华庭寓所

2019 年 10 月 1 日

目　录

缩写符号

ANM	Animate	有生命
CAUS	Causative	使动
CS	change of state aspect	状态转变体
DAT	dative	与格
GEN	genitive	属格
ITRJ	interjection	语气词
LOC	locative	位格
N-ANM	non-animate	无生命
NEG	negative word	否定词
NMLZ	nominalizer	名物化
ONOM	onomatopoeia	拟声词
PFV	perfective aspect	完整体
PL	plural	复数
PRO	prospective aspect	将行体
PROG	progressive aspect	进行体
PROH	prohibitive word	禁止式
Q	interrogative word	疑问语气词
TNT	tentative aspect	尝试体
TOP	topic maker	话题标记

1 语法导论

多续语（do³³ɕu³³ na³¹）是生活在今四川省冕宁县东部安宁河流域的自称多续（do³³ɕu³³）的藏族人群使用的传统语言，目前的谱系分类在藏缅语族羌语支南支下（孙宏开，1983、2001）。多续语有两个亲属关系密切的语言：里汝语和尔苏语，分别分布在九龙、冕宁和木里三个县与甘洛、越西、石棉和汉源四个县。三种语言的基本词汇和语法构造高度一致，因此以往的研究把尔苏语、多续语和里汝语看作一种语言（尔苏语）的三个方言（分别为东部、中部和西部方言）（参见孙宏开 1983，2001）。但因为三种语言之间互懂度不高，我们把它们看作三种独立但关系密切的语言。

本书以多续语民间故事和发音人个人自传、记叙文和描写文为对象进行语法标注，目的是为学习和研究多续语的读者提供可直接应用的标注语料。具体的标注形式如下。第一行是每篇语料每一段话的音际标注记音。第二行和第三行进行逐词标注，使读者能够追踪到原始文本和翻译文本之间的关系，同时也把作者对多续语词法和句法的处理观点用标记的方式介绍给读者。第四行是句子的相应翻译。以民间故事《狼和喜鹊》（2.10）为例，一句话的标注形式是这样的：

tɕi³³ ne³³ tʰe³³	ʑe²²pʰu⁵³	xo	tʃʰa⁵³tʃʰa³¹	ʒu⁵³ʒu³¹	la.
tɕi³³ ne³³ tʰe³³	ʑe²²pʰu⁵³	xo	tʃʰa⁵³tʃʰa³¹	ʒu⁵³-ʒu³¹	la
一 天 那	狼	和	喜鹊	遇见-遇见	CS

有一天一只狼和一个喜鹊碰到了。

为了方便读者，我们在第 1 章里面概述性地描写多续语语法框架，包括词法和句法。介绍语法之前，我们先将藏族多续人的分布、历史、文化和传统语言的相关情况作扼要说明。

1.1 语言概况

1.1.1 多续人的分布和语言使用情况

藏族多续人分布在四川省冕宁县。由于历次人口普查数据没有以族群统计，所以很难有一个准确的人口数，估计总人口两千余人。藏族多续人较为集中的居住地主要包括冕宁县城厢镇的伍宿和和尚村、惠安乡的擦拉、后山乡的大热渣和林里乡的噶萨等五个村落。除此之外，多续人还散居在惠安乡九堡、湾子、大坝垭口，哈哈乡木拉乐、青山嘴、拉布，后山乡梨尔瓦，复兴镇的白土、高坡、新营以及沙坝镇和西昌市月华等乡镇。

藏族多续人是一个历史悠久的族群，原为青藏高原移徙而来，秦汉时期就在现在的居住地定居。其先祖秦汉时期属于牦牛夷，唐代时属于东蛮的一部分，史书记载为"东钦"，宋代时被称为"左须"，自元代开始被称为"西番"，并设立苏州，这是多续地区设立的第一个土司政权。明代时《四川土夷考四卷》称其为"脱苏"，并撤土知府，"设土千户领之"（袁晓文、韩正康，2015：114）。清朝雍正年间裁撤土千百户，多续地区尚有一员土千户和九员土百户，这些土千百户在清末民初时自行消亡。清乾隆年间编的九种《西番译语》中的一部所收词语就来自多续语，在该书中即有"多续"（藏文 ཏོག་སུ་ *tog su*）的记载，这是当时采录多续词语的人员记录的当地人的自称，这个自称和现在基本一致。

在历史上，多续人一直居住较为分散，且长期与其他藏族支系、汉族、彝族等族群杂处。明清时期，藏传佛教在多续地区广泛传播以后，藏语康方言德格话被多续人中的上层人士和宗教人士广泛使用（韩正康，2012）。由于清朝末期到民国初期，彝族占据了牦牛山，阻断了藏族多续人与西部康区的联系，康巴方言逐渐退出藏族多续人对外交际语言的范畴，随着汉族和彝族不断迁入多续地区及部分多续人陆续外迁，多续人口逐渐处于少数，汉语开始进入藏族多续人的生活，而彝语也被一些多续人慢慢掌握，康巴话在藏族多续人中逐渐失去通用语的地位，汉语取而代之成了藏族多续人对外交际的主要语言。民国以来，多续人在文化上开始与汉族趋同，逐步转变为多续语、汉语双语者。随着时间的演变，多续人中转用汉语者不断增加。在 20 世纪 60 年代至 70 年代，多续语被认为是"黑话"，所以不被允许使用，致使这种语言逐渐退出日常交际语的范畴。经过长时间的停止使用，多续人失去了使用多续语的习惯。即便在家庭日常生活中也主要依靠汉语进行交流。这种情况使得多续语失去了生命力。目前冕宁县两千余人的藏族多续人当中只有不足 10 人能够使用多续语进行交际，且都为 70 岁以上的老人。总而言之，多续语处于高度濒危状态，汉语已基本上取代了多续语，而多续语已处于语言转移的最后阶段。

1.1.2 多续语研究情况

在诸多川西南语言研究中，多续语得到较少关注，且少有相关的公布语料。尤其缺乏对多续语退出日常交际之前的记载。多续语已公布的语料包括以下方面。（1）基于 20 世纪 80 年代初调查的两个词汇表（孙宏开，1982：242；西田龙雄与孙宏开，1990：17），共 44 个单词。（2）基于 20 世纪 90 年代调查的多续语概况和一个词汇表，共 300 个单词（黄布凡、尹蔚彬，2012）。更早的语料包括清朝乾隆年间四译馆编撰的

《西番译语》中，采用汉字与藏文记音的方式记录的多续语的 740 个单词（参见西田龙雄，1973；聂鸿音、孙伯君，2010；Chirkova，2014；王振，2016、2018 等）。

自 2013 年以来，本书作者对多续语进行抢救性的记录和研究（韩正康、袁晓文、齐卡佳，2014；Chirkova，2014、2015、2017；齐卡佳、韩正康，2017；韩正康、齐卡佳、袁晓文，2019），在 2013 年至 2017 年，主持由国际濒危语言抢救计划（Endangered Languages Documentation Programme）资助的课题"中国西南地区尔苏语和旭米语抢救"（MDP0257），与课题组成员四川省民族研究所的袁晓文、韩正康和西昌学院的王德和一起对多续语进行了系统的调研工作。2013 年 4 月课题组进行了对多续语的普查，经过广泛的走村入户调查，确定藏族多续人中能够使用多续语的人不足 10 人，这些能够使用者年龄都比较大，年龄最大的 83 岁，最小的 63 岁。同时，这些人在日常生活中已经不太习惯使用多续语进行交际，由于长期不使用多续语进行交际，多续语逐渐萎缩，许多原本应该很常用的诸如宗教等词汇已经非常匮乏，要使用纯粹的多续语来表达完整的意思已经显得有点困难。为了找到理想的发音对象，2013 年 4 月我们将所有发音人集中在冕宁县和尚村，通过使用调查提纲、让发音人用多续语讲民间故事等，逐步对发音人进行筛查，最终确定将伍荣福先生和吴德才女士作为长期合作的发音人。

图 1 课题组长期发音合作人伍荣福先生和吴德才女士

这本书能够写出来，跟他们的贡献是分不开的。经过四年（2013~2017 年）多次调查后，我们搜录了大量的多续语词汇，并通过搜集民间故事、简单口语采录了数量较为可观的长篇语料。因为发音人岁数大，日常生活不用多续语，也几乎没有机会在一起说多续语，他们的连贯性口语表达能力较差。因此，调查初级阶段，我们的语料搜集方式只能限于引导式提问，包括句子和文本翻译以及采访（民间故事、自传），皆属于非自然与半自然的语料。调查过程中，我们一直鼓励主要发音人用多续语交流，这样，调查后期阶段，我们也搜集到了一些对话语料。本书介绍的真实文本，语言朴实、通俗，用词简洁，口语化，能基本上弥补以往研究中多续语语料的不足，希望能够对其他学者的相关研究有所裨益。

1.2 音系[①]

我们的两个主要发音人发音略有不同，下面的概况以伍荣福先生的发音为基础，伍荣福和吴德才发音不同之处有关说明，参见 1.2.5。

多续语共 44 个声母，其中单辅音 33 个，复辅音 11 个。韵母共 7 个，都是单元音。声调共 4 个，双音词中也有轻声调。多续语音节结构如下：

（辅音＋）（辅音＋）元音

（括号表示可以不出现的成分）

1.2.1 声母（44 个）

1.2.1.1 单辅音声母（33 个）

表 1 多续语单辅音声母

	双唇	唇齿	齿龈	齿龈后	龈腭	软腭	小舌音
塞 音	p pʰ b		t tʰ d			k kʰ g	
塞擦音			ts tsʰ dz	tʃ tʃʰ dʒ	tɕ tɕʰ dʑ		
鼻 音	m		n			ŋ	
擦 音		f v	s z	ʃ ʒ	ɕ ʑ	x	ʁ
近 音			(ɹ)		j		
边 音			l				

举例如下：

p   pa³³pa³³   棍子   tʃʰ   tʃʰa⁵³   鬼

pʰ   pʰa³³   庄稼   dʒ   dʒa³³ba⁵³   早饭

[①] 多续语语音概况已在 Chirkova（2014、2015）有详细介绍，其中 Chirkova（2015）有音档。本章内容已收入《四川冕宁多续语》中，本书的版本根据最新教材进行调整并补充新例词。

b	ba³³	山	ʃ	ʃa³³	铁
m	ma²²ma³³	痘	ʒ	ʒa²²ʒa³³ ka⁵³	锯子
f	fa²²fa⁵³	筛	tɕ	tɕa²²	云
v	va⁵³	雨	tɕʰ	tɕʰa³³	热
t	ta³³ne³³	今天	dʑ	dʑa³³dʑa³³	飞
tʰ	tʰa³³	抬	ɕ	ɕa³³do³³	可怜
				ɕu³³	磨（刀）
d	da³³va³³	吃到	ʑ	ʑa³³pu³³	窗户
				ʐu³³	养（鸡）
ts	tsa³³da³³	松柏香	j	ja³³	烟
tsʰ	tsʰa³³ja³³	仓库	k	ka³³	脱
dz	dza³³	桥	kʰ	kʰa³³	苦
n	na³³pu³³	丈夫	g	ga³³	埋
s	sa³³ba³³	心情	ŋ	ŋa³³	我
z	za³³mi³³	女儿	x	xe³³xa³³	盖
l	la³¹la³³	滚	ʁ	ʁa²²ʁa³³	嚼
tʃ	tʃo³¹	燕麦			

单辅音声母说明：

（1）塞音和塞擦音分为清音和浊音两类（如 pa⁵³ "到达" 和 ba⁵³ "累"），清音又分为非送气音和送气音两种（如 pa⁵³ "到达" 和 pʰa⁵³ "爆"）。

（2）/f/只出现于/e/、/a/和/u/之前，如 fe²² "脓"、fa²²la⁵³pu "筛子"、fu²²tʃʰu⁵³ "干"。在/e/和/a/之前，/f/与/x/相对立，如 fe²² "脓" ——xe²² "长"、fa²²la⁵³pu "筛子" ——xa²²xa⁵³ "笑"。但是在/u/之前，/f/与/x/的对立则发生中立化，而/f/与/x/可分析为/x/的语音变体，如 xu²²tʃʰu⁵³ "干" 可分析为[fu²²tʃʰu⁵³]。这与中国西南地区很多语言是相同的（如中文西南官话，参见袁家华，2001[1960]：29）。

（3）/v/出现于元音/e/、/a/、/u/和/o/之前，有两个语音变体。在/e/和/u/之前，其发音为唇齿音[v]，如 ve³³[ve³³] "仆人"、vu³³[vu³³] "水；买"。在/a/和/o/之前，其发音则为圆唇软腭近音[w]，如 va⁵³[wa⁵³] "获得，得到；雨"、vo⁵³[wo⁵³] "鸡"。

（4）小舌音/ʁ/出现频率较低，只能与元音 a 相搭配，如 ʁa⁵³ "饱"、ʁa²²ʁa³³ "嚼"、ʁa³¹ "针"。

1.2.1.2 复辅音声母（11个）

多续语有三种复辅音声母。

（1）有介音-j-的复辅音（硬腭化复辅音），共8个。这种复辅音声母由主要辅音后加上次要辅音 j 构成，即/pj、pʰj、bj、tj、dj、lj、mj、nj/。/pj、pʰj、bj、tj、dj/只出现在/e/之前，如 pje³³ma³³ "脸"、pʰje⁵³ "欺骗"、bje³¹ "步"、tje³¹ "点菜，种菜"、dje⁵³ "好"。/mj/只出现在/e/和/a/之前，如 mje³³ "名字"、mja⁵³ "多"。/lj/能出现在元音/e,u,a/之前，如 lje³³ "粪，肥料"、lju⁵³bu³¹ "石头"、lja²²lja⁵³ "寻找"。/nj/能出现在元音/e,u,o,a/之前，如 nje³³ "年"、nju²²kʰo⁵³ "泥巴"、njo "敢"、nja³³ "疼痛"。

（2）鼻冠音复辅音，共3个，由浊辅音 b、d、dʐ、g 前加上同部位的鼻音构成，即/mb、nd、ndʐ、ŋg/。前置鼻音与基本辅音同部位，如 mba³³ "山"、nda⁵³ "田，地"、ndʐa⁵³-pu³¹ "门"、ŋgo³³lje³³ "瓦"。浊鼻冠音复辅音声母出现频率较低。

（3）有介音-w-的复辅音（圆唇化复辅音），只出现于舌根/k/之后，如 kwa²²ɕe⁵³ "桦树"、kwa²²mi⁵³ "挂面"。

1.2.2 韵母（7个）

多续语元音，根据其在词汇中出现频率和与辅音结合的规律可分为两种。一种是元音 i、e、a、u、o，出现频率高，可以与大多数辅音结合在一起形成音节。举例如下：

i	ji³³	去	mi³³	竹子
e	je³³	烟（草）	me²²	做
a	ja³³	房子	ma²²ma⁵³	教
u	ju⁵³ku³¹ [jy⁵³ku³¹]	骨头	mu³³	偷
o	jo³³	羊（总称）	mo³³	高
i	dzi³¹ [dzʐ³¹]	骑	dʒi³³dʑi³³ [dʒɻ³³dʑi³³]	文字；书
e	dze³³pʰje³³	板锄	dʒe²²	骂
a	dza³³	桥	dʒa²²	早饭
u	dzu²²gu³³	东西	dʒu³³dʒu³³	扣子
o	dzo³³	圈	dʒo²²	直

齿龈和齿龈后音/ts、tsʰ、dz、s、z、tʃ、tʃʰ、dʒ、ʃ、ʒ/之后的 i，发音时带摩擦。具体而言，/ts、tsʰ、dz、s、z/之后的 i，发音近似于[ʐ]，而/tʃ、tʃʰ、dʒ、ʃ、ʒ/之后的 i，发音则近似于[ɻ]。如 zi³¹[zʐ³¹] "药"、dzi³¹[dzʐ³¹] "骑"、dʒi³³dʑi³³ ʒi⁵³[dʒɻ³³dʑi³³ ʒɻ⁵³] "写字"。我们作为一个音位（i）两个变体（即[ʐ]和[ɻ]）来处理。

出现于舌面前音的/u/发音成[y]，如 tɕʰu⁵³tɕʰu³¹[tɕʰy⁵³tɕʰy³¹]"跳"。

另一种是元音 ɯ、ɚ。这两个元音出现频率低。ɯ 可发音成[əu]或[ɯ]。其只能与 k、ʃ、dʐ 三个声母相结合，如 ʃɯ⁵³"明天"、kʰɯ⁵³"上"、dʐɯ⁵³"楼"。

ɚ 主要以自成音节形式出现，如 ɚ³¹dʐa³³"龙"、mi⁵³ɚ³³"眼泪"、vo³³ɚ³³"布"。在少数例词中，/ɚ/能与声母相结合，如 bɚ⁵³pu³¹"蚂蚁"、bɚ⁵³ku³¹"麻子"、da⁵³gu³³bɚ³³"后面"（详见图2）。

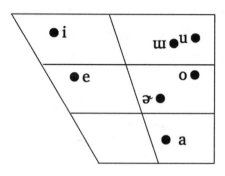

图 2 多续语元音舌位唇形

多续语固有词汇没有鼻化元音，也没有鼻音韵尾。两个例外包括：ẽ³³ja³³"鸭子"、xuŋ³³"要"（又读作 xu³³或者 xo³³）。多续语固有词汇也没有复合元音，语料当中的复合元音只出现在近期汉语借词中，如 tɕəu"就"、lao⁵³jɛn²¹tsʰai²¹³"老腌菜"（详情参见 1.3.4）。

1.2.3 音节结构

音节结构的基本形式为：（辅音 1）+（辅音）+（介音）+ 元音+声调。该形式中的"辅音 1"只能是鼻音，"辅音"可以是辅音图中任何辅音，"介音"为介音/j、w/，元音可以是元音图中任何元音，而括号标志可省略的成分。换句话说，多续语最短的（自由）音节由元音加上声调组成。音节结构举例如下。

（1）元音+声调　　　　　　a³³ke"何处"，由 a³³"何"和 ke 处所标记组成[①]

（2）辅音+元音+声调　　　ma²²-ma⁵³"教"

（3）辅音 1+辅音+元音+声调　mba³³"山"

（4）辅音+介音+元音+声调　mja⁵³"多"

固有词汇词中的次要的音节结构为 C2Vŋ，即 xuŋ³³"要"。

---

① 非自由单音节语素，如/ke/，本调无从查考，表层的调型由其所附着的自由语素决定，详情参见 1.2.4.1。

1.2.4　声调

1.2.4.1　单音节词声调

多续语有四个具有区别意义作用的声调，其中两个是降调（分别为 53 高降调和 31 低降调），两个是平调（分别为 33 中平调和 22 低平调），详见图 3。举例如下。

mi⁵³ 命	ni⁵³ 二，两	vu⁵³ 酒
mi³³ 竹子	ni³³ 有，存在	vu³³ 水；买
mi²² 猴子	ni²² 压（石头）	ve²² 穿
mi³¹ 火	ni³¹ 坐（坐下）	vu³¹ 窄

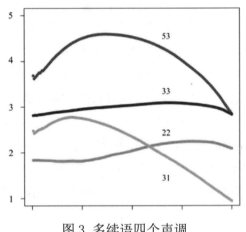

图 3　多续语四个声调

多续语有一批双音节词和实词与助词的词组，第二个音节习惯上要读轻声，亦即比单音节四个声调又短又轻的声调。如 ʃɯ⁵³pu "头巾"、ge³¹ pu "锅，一口锅"、a³³ ke "何处，哪里"。读成轻声的成分主要包括一些专用量词（如 a³³ "个"，pu³¹ "只、块"）、结构助词和语气词（如领属助词 i、处所标记 ke、句末语气词 a 等）。以上成分皆非自由语素，因不能单独使用，其本调无从查考，而其表层的调型由其所附着的自由语素决定，具体规律如下。

（1）前面词的声调为高降调时，轻声音节读成半高降调，比低降调高、轻、短，如 ʃɯ⁵³pu "头巾，一条头巾" 中的 pu。

（2）前面词的声调为低降调时，轻声音节也读成低降调，如 ge³¹ pu "锅，一口锅" 中的 pu。

与汉语轻声相同，我们不把多续语轻声看作四声之外的第五种声调，而把它当作失去原来声调的词来处理，不标调。

1.2.4.2 双音节词调型

多续语双音节词共 15 个调型，包括下面两种情况。

（1）双音节词的调型由双音节词所组成单音节词素的本调构成的，如 $\text{ɕe}^{53}\text{ja}^{33}$ "木房" 是由 ɕe^{53} "树，木头，柴" 和 ja^{33} "房屋" 构成的，$\text{ɕe}^{53}\text{pu}^{31}$ "树，一棵树" 是由 ɕe^{53} "树，木头，柴" 和量词 pu "只，块" 构成的。

（2）连读变调结果（共时能产的和词汇化的两种），如 $\text{ɕe}^{53}\text{k}^{h}\text{u}^{53}[\text{ɕe}^{55}\text{k}^{h}\text{u}^{53}]$ "木碗" 是由 ɕe^{53} "树，木头，柴" 和 $\text{k}^{h}\text{u}^{53}$ "碗" 构成的，$\text{lja}^{22}\text{-lja}^{53}$ "寻找" 是由单音节动词 lja^{22} "找" 的重叠形式构成的。

双音节词出现频率最高的四种调型包括以下几种（占所记录双音节的 80%）。

（1）33—33（占所记录双音节词的 30%），如 $\text{to}^{33}\text{to}^{33}$ "切"，$\text{tɕ}^{h}\text{u}^{33}\text{tɕ}^{h}\text{u}^{33}$ "舂打"，$\text{xa}^{33}\text{xa}^{33}$ "盖"，$\text{ji}^{33}\text{na}^{33}$ "菜，蔬菜"，$\text{nje}^{33}\text{ma}^{33}$ "太阳"，$\text{va}^{33}\text{ma}^{33}$ "路"。

（2）22—53（占所记录双音节词的 21%），如 $\text{xa}^{22}\text{xa}^{53}$ "笑"，$\text{lja}^{22}\text{lja}^{53}$ "寻找"，$\text{lje}^{22}\text{ma}^{53}$ "月亮"。

（3）22—33（占所记录双音节词的 19%），如 $\text{dʑa}^{22}\text{dʑa}^{33}$ "玩耍"，$\text{ji}^{22}\text{na}^{33}$ "臭"，$\text{je}^{22}\text{-je}^{33}$ "发痒"，$\text{va}^{22}\text{ma}^{33}$ "财主，富翁"。

（4）53[55]—31 或者 53[55]—轻声（占所记录双音节词的 13%），如 $\text{to}^{53}\text{to}^{31}$ "抱（小孩）"，$\text{tɕ}^{h}\text{u}^{53}\text{tɕ}^{h}\text{u}^{31}$ "跳"，$\text{ɕe}^{53}\text{pu}$ "树"，$\text{dje}^{55}\text{ma}^{31}$ "屁股"。

剩下的调型加起来，只占所记录双音节词的 1%。例如：

55—33：$\text{mi}^{55}\text{ə}^{33}$ "眼泪"

55—31：$\text{ʐu}^{55}\text{zi}^{31}$ "草药"

33—31：$\text{vu}^{33}\text{zi}^{31}$ "汤剂"

31—31：$\text{mi}^{31}\text{ge}^{31}$ "火锅"

31—轻声：ge^{31}pu "锅"

33—33：$\text{tsa}^{22}\text{tʃ}^{h}\text{o}^{22}$ "梳头"

33—42：$\text{nja}^{22}\text{mu}^{31}$ "鼻毛"

以 ə 为末尾音节的双音节词，有三种调型：

（1）长中平调型，如 $\text{ʐu}^{33}\text{ə}^{33}$ "清油"；

（2）高平-中平调型，如 $\text{mi}^{55}\text{ə}^{33}$ "眼泪"；

（3）长、上升调型，如 xaə^{25} "黄"，kaə^{25} "彩虹"。

因为前两种调型也出现在其他双音节词上，是结合双音节词中单音节词素的本调而构成的，我们把以 ə 为末尾音节的双音节词的第三种调型，也分析为结合单音节词素本调的调型，即低平调或者低降调和高降调，如 biə^{25} "蜂蜜"（从 bi^{31} "蜜蜂"）。

1.2.4.3 连读变调

词与词组合成复合词和词组时，声调发生以下变化。

（1）两个降调在词或词组的非末尾的时候，改读平调：高降调读成高平调，中降调则读成低平调。例如：

vo⁵³ "鸡" + mu³¹ "毛" 读成 [vo⁵⁵mu³¹] "鸡毛"

ɕe⁵³ "树，木头，柴" + kʰu⁵³ "碗" 读成 [ɕe⁵⁵kʰu⁵³] "木碗"

vo³¹ "猪" + mu³¹ "毛" 读成 [vo²²mu³¹] "猪毛"

mo³¹ "马" + dzo⁵³ "圈" 读成 [mo²²dzo⁵³] "马圈"

（2）中平调在低平、低降调或轻声音节之前，改读高调。例如：

tɕi³³ "一" + la³¹ "来"（+ ɕe⁵³，尝试体标记）读成 [tɕi⁵⁵ la³¹ ɕe⁵³] "来一下"

tɕi³³ "一" + mo²² "藏"（+ ɕe⁵³，尝试体标记）读成 [tɕi⁵⁵ mo²² ɕe⁵³] "藏一下"

（3）低平调在轻声音节之前，改读低上升调，其后的轻声音节读成轻、短、中降调。如 ja²²ɕu la "谢谢" 实际读音为 [ja²³ɕu³¹ la³¹]。

（4）中平调在轻声音节之前，改读高调，其后的轻声音节读成轻、短、高降调。如 a³³=ke "哪里" 实际读音为 [a⁵⁵ke³¹]。

（5）否定词 ma、禁止助词 tʰa 和疑问助词 a 的连读变调，具体如表 2 所示。

表 2 疑问、禁止与否定助词的读音规则

前加助词 ＼ 动词	lo⁵³ "等"	vu³³ "买"	ve²² "穿"	la³¹ "来"
疑问：a	a³¹ lo⁵³	a³¹ vu³³	a⁵³ ve²²	a⁵³ la³¹
禁止：tʰa	ta³¹ lo⁵³	ta³¹ vu³³	tʰa⁵³ ve²²	tʰa⁵³ la³¹
否定：ma	ma³¹ lo⁵³	ma³¹ vu³³	ma⁵³ ve²²	ma⁵³ la³¹

1.2.5 语音变异现象

语音变异是高度濒危语言的特点之一，也是多续语调查中出现的较突出的现象（参见黄布凡、尹蔚彬，2012、2015；Chirkova，2014）。因为多续语母语者居住在不同的村落中，所以他们很少有机会使用多续语进行交流，从而导致这些人的多续语言能力衰退。我们两个主要发音合作人当中，伍荣福发音比较保守，较完整地保留与多续语亲属关系密切语言里汝语和尔苏语一致的一些语音特点，如声母有清浊区别、声母有 n 和 l 的区别，有复辅音声母（如前置鼻音声母）、有一批独特的音位，如浊擦音 z、ʁ 等。反之，吴德才的发音体现出多续语向汉语冕宁话语音系统靠拢的趋势（详情参见齐卡佳、韩正康、王德和，2019），对以上的语音现象把握不准，读音不稳定，主要表现在以下几个方面。

（1）伍荣福发音中的浊音有清化的趋势；

（2）n 和 l 声母不分；

（3）个别多续语独特音位（如浊擦音）已消失，如 ʑ，而另外一些独特音位过分运用，如 ʁ；

（4）复辅音声母简化。

试比较伍荣福与吴德才下面单词的发音，见表3。

表 3 多续语语音变异现象

词义	伍荣福	吴德才
沟（水渠）	$bo^{31}ga^{31}$	$po^{22}ka^{31}$
犁地	$da^{53}lje^{33}$	$ta^{53}nje^{33}$
冷	go^{31}	ko^{31}
湿；生（肉）	$dza^{33}dza^{33}$	$tsa^{33}tsa^{33}$
玩耍	$dʑa^{22}dʑa^{33}$	$tɕa^{22}tɕa^{33}$
扣子，纽扣	$dʒu^{33}dʒu^{33}$	$tʃu^{33}tʃu^{33}$
语言	na^{31}	la^{31}
今天	$ta^{33}ne^{33}$	$ta^{33}le^{33}$
等	lo^{53}	no^{53}
鞋	$ʑi^{33}$	ji^{33}
鱼	$ʑu^{33}$	ju^{33}
心情	$sa^{33}mba^{33}$	$sa^{33}ba^{33}$
问	$mi^{31}ndo^{53}$	$mi^{31}do^{53} \sim mĩ^{31}to^{53}$
针	$ʁa^{31}$	wa^{31}
路	$va^{33}ma^{33}$	$ʁa^{33}ma^{33}$
富裕	$va^{22}ma^{33}$	$ʁa^{22}ma^{33}$

另外，少数词中的元音也有变异现象，主要表现在[o]与[u]的变异，如"外面"：$no^{53} \sim nu^{53}$；"敢"：$njo^{53} \sim nju^{53}$；"小"：$go^{22}tɕi^{33} \sim ku^{22}tɕi^{33}$。

在整理标注长篇语料的过程中，我们对吴德才提供的语料做了以下处理：第一行的转写，根据吴德才实际发音记音；第二行对与伍荣福发音有出入的词，根据伍荣福的发音进行调整。本书的多续语词汇，一律按照伍荣福的标准发音排列出来。

1.3 词汇

多续语是单音节语言，其语素以单音节语素为主，一个音节以上的词一般由几个语素组成。其主要构词方式为合成式、派生式和重叠式。

1.3.1 合成词

合成词是多续语构词的主要方法。由两个或多个语素组合的词主要包括：由名词性语素组合的和由名词性语素与动词性（形容词性）语素组合的合成词。例如：

$ʃe^{33}$ "肉" + vu^{33} "水，汤" > $ʃe^{33}vu^{33}$ "肉汤"

$ʒu^{53}$ "草" + ja^{33} "房屋" > $ʒu^{53}ja^{33}$ "草房"

$tʰo^{33}$ "松（树）" + $ɕe^{53}$ "树" > $tʰo^{33}ɕe^{53}$ "松树"

$tʰo^{33}$ "松（树）" + mu^{31} "毛" > $tʰo^{33}mu^{31}$ "松针"

$mo^{31}\,dzo^{22}mo^{33}$ "兵" + $dzo^{22}mo^{33}$ "官" > $mo^{31}\,dzo^{22}mo^{33}$ "将军"

$dzo^{22}mo^{33}$ "官" + $kʰa^{53}$ "大" > $dzo^{22}mo^{33}\,kʰa^{53}$ "国王，大官"

$ji^{33}na^{33}$ "菜" + $ve^{33}tɕo^{33}$ "白" > $ji^{33}na^{33}\,ve^{33}tɕo^{33}$ "白菜"

1.3.2 派生词

（1）部分词有下列前缀和后缀做构词成分。

a 表示亲属称谓名词的前缀。例如：

$a^{31}vu^{33}$ "舅舅"

$a^{33}ba^{33}$ "父亲"

$a^{33}ja^{33}$ "姐姐；哥哥（弟称、妹称）"

$a^{33}ma^{33}$ "母亲"

多续语名词没有性范畴，但是有生命名词的自然性别能由后缀 ma、pʰa、pʰu 和 pu 来表示。

ma（原意很有可能是"母"，如 $a^{33}ma^{33}$ "母亲"）是表示女性名词与雌性动物名词的后缀。例如：

$tʃʰe^{33}ma^{33}$ "寡妇"

$mu^{53}ka^{31}ma^{33}$ "老太婆"

$ja^{22}ʃu^{33}ma^{53}$ "媳妇"

$na^{31}ma^{53}$ "妹妹"

$jo^{33}ma^{53}$ "母绵羊"

$kʰe^{33}ma^{53}$ "母狗"

vo³¹ma³¹ "母猪"

mu³³nje³³ma⁵³ "母猫"

除了表示名词自然性别以外，ma 作为后缀也出现在一些词汇化程度较高的名词中，原意已虚化。意义虚化了的 ma 主要用于一些表示人体部位的名词上。例如：

ge⁵³ma³¹ "身体"

nje²²ma⁵³ "心脏"

pje³³ma³³ "脸"

dje⁵³ma³¹ "屁股"

çe⁵³ma³¹ "牙齿"

ma 也用于一些天体、动物名称等名词之后。例如：

nje³³ma³³ "太阳"

lje²²ma⁵³ "月亮"

pa³³ma⁵³ "青蛙"

ʃa²²ma³³ "虱子"

va³³ma³³ "路"

jo²²ma³³ "大皮口袋（装粮食）"

ga³³ma³³ "盘子"

雄性后缀有 pʰa、pʰu 和 pu。pʰa 是表示雄性动物的，共时能产的后缀。有些雄性动物名称也能用后缀 pʰu，但是比起后缀 pʰa，pʰu 与名词词根的组合词汇化程度比较高。例如：

jo³³pʰa⁵³或者 jo³³pʰu⁵³ "公绵羊"

vo³³pʰa⁵³或者 vo³¹pʰu³³ "公猪"

kʰe³³pʰa⁵³ "公狗"

mu³³nje³³pʰu⁵³ "公猫"

表示男性名词主要用后缀 pu，个别名词也用 pʰa。例如：

tʃʰe³³pu³¹、tsʰo⁵³pʰa³¹ "鳏夫"

na³³pu³³ "丈夫；女婿"

与后缀 ma 一样，pʰa 也能出现在一些词汇化程度高的名词中，原意已虚化。例如：

vu³¹pʰa⁵³ "蛇"

la³¹pʰa³³ "老虎"

do³³pʰa³³ "肚子"

lo³³ni³³pʰa³³ "手指"

ɕe⁵³pʰa³¹ "木料"

dʑe³³pʰa³³ "柱子；木料；房脊"

（2）动词有下列前缀。

多续语动词最常用的前缀有 mi 和 u 两个。两者都可以表示动作朝着什么方向进行：mi 表示动作从下朝上（如 mi³¹tɕʰi³¹"抬头"），而 u 则表示动作从上朝下（如 u³¹tɕʰi²²"低头"，u³¹ni³¹"坐下"）。两个前缀虚化程度高，很少用于表示动作的趋向，主要起语法作用，有以下几个功能。

一是，构成动词完整体形式，即表示动作行为有终点，一般与状态转变体标记 la 一起使用。

二是，构成动词命令式。

详情请见 1.4.1.5。

静态动词前缀 ja

多续语形容词原形加上前缀 ja 表示比动词（形容词）原形所表示的状态、形状的程度增加。例如：

se³³gu³³   i   pe³³sə⁵³   ja³³kʰa⁵³

se³³gu³³   i   pe³³sə⁵³   ja³³-kʰa⁵³

谁   GEN   本事   更-大

谁的本事（更）大。（2.2 北风和太阳的故事）

ni⁵³   a³³   gu   tɕa⁵³   me³²tɕʰa³³   i   pe³³sə⁵³   ja³³dʑe⁵³

ni⁵³   a³³   gu   tɕa⁵³   me³¹tɕʰa³³   i   pe³³sə⁵³   ja³³-dʑe⁵³

二   个   位   TOP   阳光   GEN   本事   更-含有

他们俩当中还是太阳的本事大（更有本事）。（2.2 北风和太阳的故事）

动词（形容词）加上 ja，构成疑问形式时，疑问助词 a 要插入在前缀 ja 和形容词之间。例如：

ta³³ne³³ tɕi³³   ja³¹a⁵³tʰo³¹   la?

ta³³ne³³ tɕi³³   ja³¹-a⁵³-tʰo³¹   la?

今天   一   更-Q-妥当   CS

"今天好点了没有？"

1.3.3 重叠词

多续语动词和形容词都可以重叠起来运用。有些动词和形容词既能以单音节形式运用，也能以双音节形式运用，但是这种动词和形容词为数不多。如，ɕe³³——ɕe³³ɕe³³ "走"、tɕʰu⁵³——tɕʰu⁵³tɕʰu³¹ "跳"、tɕe³³——tɕe³³tɕe³³ "扯，拔"、kʰi³¹——kʰi³¹kʰi³³ "喊，叫"。另外，多续语还有一批只能以重叠形式运用的动词和形容词，没有相对应的能够独立运用的单音节形式。如 lju²²lju⁵³ "炸、炒"、tɕe⁵³tɕe³¹ "短"。

动词重叠表示动作反复进行、动作次数多，如 lja²²lja⁵³ "找"、tɕe³³tɕe³³ "扯，拔"、ɕo³³ɕo³³ "擦"。形容词重叠表示程度深，如 tɕe⁵³tɕe³¹ "（很）短"，dʐa³³dʐa³³ "（很）稀"。

形容词表示程度深，以词为单位重叠，重叠的部分保留形容词原形的声调，在原形与重叠的部分之间加助词 i。i 的调值，因受前一个词声调的影响而不固定，可分为以下两种基本情况。

（1）插在两个载有高降调或长上升调的词中间，i 读成轻、短、中降调。例如：

tɕʰo⁵³ i tɕʰo⁵³ "很漂亮"

mja⁵³ i mja⁵³ "很多"

tɕe⁵³tɕe³¹ i tɕe⁵³tɕe³¹ "很短"

njo²²xu⁵³ i njo²²xu⁵³ "很红"

xaɚ²⁵ i xaɚ²⁵ "很黄"

（2）夹在两个载有其他声调的词中间，i 则读成高降调。例如：

mo³³ i mo³³ "很高"

li³¹ i li³¹ "很重"

ve²² i ve²² "很窄"

pʰa³³la³³ i pʰa³³la³³ "很乱"

ve³³tɕo³³ i ve³³tɕo³³ "很白"

多续语名词一般不重叠，个别名词以重叠形式运用，表示事物数目多，如 ma²²ma³³ "果子；痘"，pʰa²²pʰa³³ "苗"，tɕʰa²²tɕʰa³³ "叶子"。

1.3.4 借词

多续人历史上深受汉族文化和藏族文化的影响，来自汉语和藏语的借词随之大量涌入多续语。汉语借词所涉及的词汇范围主要包括新大陆作物（玉米、白薯/洋芋、花生）的名称、家具、家庭生活工具等，反映了汉族生活文化对多续人的显著影响，如表 4 所示。

表 4 多续语的汉语借词

含义	多续语	西南官话
洋芋	ja²²jo⁵³	iaŋ²¹y²¹³
豆，黄豆	tu²²	tu²¹³
挂面	kwa²²mi⁵³	kua²¹³mian²¹³
街道；城市	ke²²ʃa³³	kai⁴⁴ṣaŋ²¹³
板凳	pa²²de⁵³	pan⁵³teŋ²¹³
杯子	tʃu³³tʃu³³	tṣuŋ⁴⁴tṣuŋ⁴⁴ "盅"
灶	tso⁵³	tsao²¹³
菜刀	tɕʰe²²to⁵³	tsʰai²¹³tao⁴⁴
镰刀	lje²²to⁵³	nian²¹tao⁴⁴
事	sə⁵³	sɿ²¹³
本事	pe³³sə⁵³	pen⁵³sɿ²¹³
火药	xo⁵³jo³¹	xo⁵³io²¹
上当	ʃa⁵³ta⁵³	ṣaŋ²¹³taŋ²¹³

藏语借词所涉及的词汇范围包括宗教、空间概念的词汇等，如表 5 所示。

表 5 多续语的藏语借词

含义	多续语	藏文
狮子	sə³³gi³³	*seng ge*
孔雀	ma³³dʐa³³	*rma bya*
油灯	ma²²mi³³	*mar me*
庙堂	gu³³mba³³	*dgon pa*
空	tu³³pa³³	*stong pa*
神仙，活佛	ɕi³³za³³	*sku zhabs*
心情	sa³³(m)ba³³	*bsams pa*
东方	ʃa³³tɕʰo³³	*shar phyogs*
西方	ŋe²²tɕʰo³³	*nub phyogs*
天	na³¹kʰa³³(me³¹)	*gnam mkha'*

汉语与藏语借词具有如下特点。

（1）如果原语中的形式有鼻音韵尾-n、-ŋ、-m(s)，该形式被借入多续语之后，鼻音韵尾一律脱落，元音不发生鼻化或其他变化（如元音增长、变质等）。试比较以上例词中"挂面""洋芋""心情""本事""上当"的原有形式和多续语中的形式。

（2）来自汉语的借词，如果原来形式有复合元音，该形式被借入多续语之后，复合元音要变成单元音，如 tɕʰe²²to⁵³ "菜刀" 来自汉语 tsʰai²¹³tao⁴⁴，tso⁵³ "灶" 来自汉语 tsao²¹³，ke²²ʃa³³ "街道；城市" 来自汉语 kai⁴⁴ʂaŋ²¹³ "街上"。近期借词则较完整地保留汉语原形式的语音特点，如 pʰu³¹tʰao³¹ "葡萄" 来自汉语 pʰu²¹tʰao²¹，ɕao⁵³ɕo³¹ "小学" 来自汉语 ɕao⁵³ɕo²¹，tɕʰəu³¹ "球" 来自汉语 tɕʰəu²¹。

多续语中的汉语借词具有西南官话的语音特点，如古见母匣母的蟹摄开口二等字，如"街"读为 kai⁴⁴（见多续语 ke²²ʃa³³ "街道；城市"，来自汉语 kai⁴⁴ʂaŋ²¹³ "街上"）。根据多续语的分布位置和与藏语的接触历史，多续语中的藏语借词很有可能来自一种康方言（《康巴藏族在历史上是多续人对外交际的主要对象》，韩正康、袁晓文，2014），只不过具体语言证据（即一些典型的语音特征或词汇特点）尚待进一步考证。

1.4 语法

1.4.1 语法基本特点

多续语是分析型、SOV 型语言，其语法意义的表达主要依靠语序、虚词和附加成分（附着词）。多续语开放性词类包括名词和动词。多续语的名词能够加复数后缀 bu 和 be、数量结构和结构助词。作修饰语时，多续语名词前置于被修饰语之前。多续语的动词能前置完整体前缀 mi 和 u 及前缀 ja、否定词 ma 和禁止 tʰa，后置致使标记（causative marker）ʃə³³、体（aspect）助词等。多续语的形容词属于动词的次类（不及物状态动词），可以在前面加前缀、否定和禁止词等，如 mi³¹dza²²dza³³ "（已）湿（了）"、ja³¹ʃo⁵³ "更早，早一点" 等；也可以在后面加致使标记、体助词等，如 ma⁵³＝tʰo³¹ "不好；不妥当"、tʰo³¹la³³ "（变）好了" 等。但是作修饰语时，多续语形容词后置于被修饰者（如 tsʰo³³tʰo³¹ "好人"）。当修饰名词时，多续语的动词须进行名物化操作（如添加名物化助词，见 1.4.1.5），前置于被修饰语（如 tɕʰa⁵³ dʑi³¹ i tsʰo³³ "吃饭的人"）。多续语的封闭性词类包括代词、数词、量词、助词等。多续语有丰富的量词系统，其量词能够以光杆形式修饰名词，表达单数和定指意义。多续语的语法基本特点与其亲属关系密切的里汝语和尔苏语具有高度的一致性（里汝语和尔苏语语法概况，参见 Chirkova，2017；Zhang，2013）。

1.4.1.1 名词

多续语名词没有数和定指范畴。光杆（可数）名词既能表示单数和复数，也能表示定指的意义。数范畴主要用词汇（可数名词和不可数名词）和上下文表达单数和复数的观念。在下面例句中，光杆名词 ŋo³³tɕi³³ "鸟"，在没有上下文的情况下，既能理解为单数（"一只鸟"）也能理解为复数（"一些鸟"）：

ɕe⁵³	a³³	pe³³	la³¹	la³³	tɕəu	ŋo³³tɕi³³	kʰɯ⁵³	u³¹dʑa³¹	la³³
ɕe⁵³	a³³	pe³³	la³¹	la³³	tɕəu	ŋo³³tɕi³³	kʰɯ⁵³	u³¹-dʑa³¹	la³³
树	个	出来	来	CS	就	鸟	上	PFV-站	CS

（妹妹落水的那个水池）长出来的那棵树上飞来了一只/一些小鸟。（2.6 蟒蛇的故事）

随后的故事情节则表明，这句话中的 ŋo³³tɕi³³ "鸟" 指的是单数（故事中妹妹的变身）。光杆名词定指时倾向于置于句首（话题位置）。例如：

mo³¹	so³³	go²²dʑo³³	pʰo³³	ji³³	la.
mo³¹	so³³	go²²dʑo³³	pʰo³³	ji³³	la
马	三	圈	跑	去	CS

马跑了三圈。

光杆名词不定指时，倾向于置句中（动词之前），如以上来自《蟒蛇的故事》例句中的"小鸟"。

名词表示有定指性的手段包括指示代词和光杆量词。例如下面的例句中扮演施事者和受事者的名词（分别为 tʃʰe³³ʑi³³ i²²tɕa³³ "孤儿" 和 tsʰo³³ "人"）都是定指的，由指示代词 tʰe³³ "那" 表示：

tʰe³³	tʃʰe³³ʑi³³	i²²tɕa³³	ne	tʰe³³	tsʰo³³	ba²²ba³³	ne	ba³³tʰo⁵³	ji³³	la³³.
tʰe³³	tʃʰe³³ʑi³³	i²²tɕa³³	ne	tʰe³³	tsʰo³³	ba²²ba³³	ne	ba³³-tʰo⁵³	ji³³	la³³
那	孤儿	孩子	TOP	那	人	背	TOP	山-之上	去	CS

（那个）孤儿背着（那个）尸体上到山上。（2.11 狡猾的孤儿）

可数名词后加光杆个体量词有表示定指的功能，也有表示单数的功能。例如：

pa³³ma⁵³	pu³¹	tɕa⁵³	tɕəu	tɕʰi³³	i	tʰe³³	mu⁵³tʃʰu³¹	kʰɯ⁵³	u³¹kʰa³¹.
pa³³ma⁵³	pu³¹	tɕa⁵³	tɕəu	tɕʰi³³	i	tʰe³³	mu⁵³tʃʰu³¹	kʰɯ⁵³	u³¹-kʰa³¹
癞蛤蟆	只	TOP	就	它.GEN	GEN	那	尾巴	上	PFV-咬

青蛙就咬着它的尾巴。（2.3 老虎和青蛙的故事）

两个表示定指的成分可以共现，如下面例句中的 tʰe³³za³³mi³³ pu "那个姑娘"：

tʰe³³	a³³ma³³	tʰe³³	za³³mi³³	pu³¹	tɕa⁵³	ŋa³³	tʃʰa⁵³tʃʰa³¹	xuŋ³³	ŋa³³
tʰe³³	a³³ma³³	tʰe³³	za³³mi³³	pu³¹	tɕa⁵³	ŋa³³	tʃʰa⁵³tʃʰa³¹	xuŋ³³	ŋa³³
那	母亲	那	女儿	只	TOP	我	喜鹊	要	我

tʃʰa⁵³tʃʰa³¹	xuŋ³³.
tʃʰa⁵³tʃʰa³¹	xuŋ³³
喜鹊	要

那个女的，那个小姑娘就说，我要喜鹊，我要喜鹊。（2.10 狼和喜鹊）

定指名词能后置表复数后缀 bu 和 be。bu 与表示有生命事物的名词一起使用。例如：

tʰe³³	tsʰo³³	tʰa³³ɕu	bu	ja²²ka³³	u³¹dʐa³¹	la.
tʰe³³	tsʰo³³	tʰa³³-ɕu	bu	ja²²ka³³	u³¹-dʐa³¹	la
那	人	抬-者	PL.ANM	全部	PFV-喜欢	CS

抬尸体的人就高兴了。（2.11 狡猾的孤儿）

be 与表示无生命事物的名词一起使用。例如：

tʰe³³	mu⁵³tʃʰu³¹	i	mu³¹	be	pʰje²²	ʃə³¹	pe³³	la³¹	la.
tʰe³³	mu⁵³tʃʰu³¹	i	mu³¹	be	pʰje²²	ʃə³¹	pe³³	la³¹	la.
那	尾巴	GEN	毛	PL.N-ANM	吐	拿	出来	来	CS

（青蛙就把）老虎尾巴上的毛吐出来了。（2.3 老虎和青蛙的故事）

bu 和 be 可普遍加在可数名词后表示两个及以上的复数。

多续语名词双数由名词加上数词 ni⁵³ "两" 以及量词 a³³ "个" 和 ku~gu "位" 构成。例如：

tɕi³³	tʰu⁵³	du⁵³	la	tʰe³³	a³³ma³³	mu⁵³ka³¹ma³³	za³³mi³³
tɕi³³	tʰu⁵³	du⁵³	la	tʰe³³	a³³ma³³	mu⁵³ka³¹-ma³³	za³³mi³³
一	时刻	完	CS	那	母亲	老-母	女儿

i²²tɕa³³	ni⁵³	a³³	ku	ʒo³¹	tsu⁵³	to⁵³to³¹	ke³³	ke	dʑi³¹la³¹	ji³³.
i²²tɕa³³	ni⁵³	a³³	ku	ʒo³¹	tsu⁵³	to⁵³-to³¹	ke³³	ke	dʑi³¹la³¹	ji³³
孩子	二	个	位	饭	点	抱-抱	这	LOC	进来	去

不一会儿，那个老太婆和女儿，她们两个，带点米饭要到这里来。（2.10 狼和喜鹊）

　　方位名词有单纯和合成两种形式。单纯方位词包括：kʰɯ⁵³ "上"、kʰɯ²² "下"、xe³³ "前"、ʃa³³tɕʰo³³ "东方"、nje²²tɕʰo³³ "西方" 等。合成形式由单纯方位词后加上 pʰo⁵³ "边"、da²²pʰo⁵³ "那边，方" 等名词构成。单音节单纯方位词一般加上 pʰo⁵³ "边"，如 kʰɯ⁵³pʰo⁵³ "上边"、kʰɯ²²pʰo⁵³ "下边"、xe³³pʰo⁵³ "前边"。双音节单纯方位词一般加上 da²²pʰo⁵³ "那边，方"，如 ʃa³³tɕʰo³³da²²pʰo⁵³ "东边"，但有些双音节单纯方位词也能加上 pʰo⁵³ "边"，如 ja⁵³no³¹ pʰo⁵³ "后边"。

　　方位名词与其他名词结合成方位短语时，位置在名词之后，表示处所或范围。例如：

pa³³ma⁵³	pu	tɕa⁵³	tɕəu	tɕʰi³³	i	tʰe³³	mu⁵³tʃʰu³¹	kʰɯ⁵³	u³¹kʰa³¹.
pa³³ma⁵³	pu	tɕa⁵³	tɕəu	tɕʰi³³	i	tʰe³³	mu⁵³tʃʰu³¹	kʰɯ⁵³	u³¹-kʰa³¹
癞蛤蟆	只	TOP	就	它.GEN	GEN	那	尾巴	上	PFV-咬

癞蛤蟆就咬在老虎的尾巴上。（2.3 老虎和青蛙的故事）

　　方位词（尤其是合成方位词）能作状语修饰动词。作状语时，位置在动词之前。例如：

no³³	ke³³	da²²pʰo⁵³	lju²²	xaiʃə	tɕo⁵³	da²²pʰo⁵³	lju²²?
no³³	ke³³	da²²pʰo⁵³	lju²²	xaiʃə	tɕo⁵³	da²²pʰo⁵³	lju²²
你	这	那边	放牧	还是	那里	那边	放牧

你在这边放牧还是在那边放牧？（2.1 乞丐的故事）

　　多续语另外有一个方位名词 ka "家，处所，地方"，一般用于表示住处或动作行为进行的处所。例如：

tɕʰi³³	i³³	tʰe³³	na³¹ma⁵³	tɕəu	tɕʰi³³	ka	ji³³	la³³.
tɕʰi³³	i³³	tʰe³³	na³¹ma⁵³	tɕəu	tɕʰi³³	ka	ji³³	la³³
她.GEN	GEN	那	妹妹	就	她.GEN	家	去	CS

哦，老太婆就到妹妹家去了。（2.6 蟒蛇的故事）

1.4.1.2 代词

（1）人称代词

　　多续语单数人称代词包括：ŋa³³ "我"，no³³ "你"，tʰe³³ "他"。人称代词的复数形式是在单数形式后加上人称代词复数标记 de 而构成。如 ŋa³³de "我们"，ne³³de "你们"，tʰe³³de "他们"。复数标记 de 也能与一些名词连用表示复数，如

ma²²ma⁵³ɕu-de "老师们，先生们"。

单数人称代词有专门的属格和与格形式。属格形式为单数人称代词原形与领属标记 i 的合音形式，即 ŋe³³ "我的" =ŋa³³ "我" + i；ni³³ "你的" =no³³ "你" + i；tɕʰi³³ "他的" =tʰe³³ "他" + i（合音形式之后习惯上往往要加上领属标记 i，即 ŋe³³ i "我的"、ni³³ i "你的"、tɕʰi³³ i "他的"）。除此之外，人称代词有专门的领属助词 ni，如 ŋa³³ ni tʃo³³ma³³ "我的火镰"、no³³ ni na³¹ma⁵³ "你的妹妹"。

人称代词的与格形式用声调屈折和元音屈折来区分人称代词主格和与格形式。请比较下面的例子：

表 6 多续语的人称代词

人称 \ 功能	主语		与格	
	代词+"要"	代词+"去"	代词+"抱"	代词+"给"
第一人称	ŋa³³ xuŋ³³	ŋa³³ ji³³	ŋa²² to⁵³to³¹	ŋa²² kʰo⁵³
第二人称	no³³ xuŋ³³	no³³ ji³³	na²² to⁵³to³¹	na²² kʰo⁵³
第三人称	tʰe³³ xuŋ³³	tʰe³³ ji³³	tʰa²² to⁵³to³¹	tʰa²² kʰo⁵³

表示随同主语所从事的活动的人或物，用随同助词 pʰo⁵³ "边"，加在人称代词与格形式之后。例如：

ŋa³³　na²²　pʰo⁵³　ŋe²²　ŋa³³　do³³pʰa³³　va²²nja³³　i　va²²nja³³
ŋa³³　na²²　pʰo⁵³　ŋe²²　ŋa³³　do³³pʰa³³　va²²nja³³　i　va²²nja³³
我　你.DAT　边　说　我　肚子　饿　GEN　饿
我跟你说，我肚子很饿。（2.10 狼和喜鹊）

（2）指示代词

多续语指示代词单数形式如下：

ke³³　　　　　　　这　　　　　　　　　tʰe³³　　　　　　　那
ke³³tʰe³³　　　　这个　　　　　　　　tʰe³³、jo⁵³tʰe³³　　那个
ko³³ ke　　　　　这里　　　　　　　　jo⁵³ (tɕo⁵³) ke　　那里

指示代词能与名词复数标记后缀 bu 和 be 一起使用，如 ke³³bu，ke³³be "这些（人），这些（东西）"；tʰe³³bu，tʰe³³be "那些（人），那些（东西）"。

多续语人称代词修饰名词，中间不加量词，如 ke³³ tsʰo³³ "这个人"、tʰe³³ dze²²pu "那个锄头"。

（3）疑问代词

多续语疑问代词的基本形式包括：指人的 se³³ "谁"，主要指物体或方式的 xo³³ "什么"，综合疑问代词 a³³ "何"，其中 se³³ 和 xo³³ 是自由语素，而 a³³ 是非自由语素。这三个语素主要与其他语素结合构成复合疑问代词，详见表7。

表7 多续语的疑问代词

疑问代词类型	基本形式	复合形式
指人疑问代词	se³³	se³³，se³³gu³³ "谁"
指物疑问代词	xo³³	xo³³tɕa³³ "什么"
		xo³³ me³³ "怎么，为什么"
		xo³³ me³³ ka⁵³ "怎么办"
综合疑问代词	a³³	a³³ke "何处，哪里"（ke：处所标记）
		a³³na³³ "何时，什么时候"（na³³：时间）
		a³³tʰu⁵³ "何时刻"（tʰu⁵³：瞬间，时刻）
		a³¹mi³¹ a³³ "几个，多少"（mi³¹：由 mja⁵³ "多"，a³³ 量词，"个"）
		a³³tʰe³³ "哪一个"（tʰe³³：那）

指人疑问代词 se³³gu³³ "谁" 由疑问代词 se³³ "谁" 和量词 ku 组成（详情参见1.4.1.4）。ku 因为处于两个元音之间，其声母发生浊音化。se³³ 和 se³³gu³³ 两种形式都能单独使用，表示"谁"的意思。例如：

se³³　　de²²　　tʰe³³　　me³³　　ŋe²²　　la.
se³³　　de²²　　tʰe³³　　me³³　　ŋe²²　　la.
谁　　　家　　　那　　　做　　　说　　　CS
还是谁家就那么说。（2.1 乞丐的故事）

tɕi³³　　njo³³　　ɕe⁵³　　se³³gu³³　　tɕi³³　　ja³¹tʰo³¹　　tʰe³³　　me³³　　ŋe²².
tɕi³³　　njo³³　　ɕe⁵³　　se³³gu³³　　tɕi³³　　ja³¹-tʰo³¹　　tʰe³³　　me³³　　ŋe²²
一　　　看　　　TNT　　谁　　　　一　　　更-妥当　　　那　　　做　　　说
（我们来）看我们两个当中哪个更美，那么说了。（2.6 蟒蛇的故事）

指物疑问代词 xo³³tɕa³³ "什么" 由疑问代词 xo³³ "什么"，数词 tɕi³³ "一" 和量词 a³³组成（详情参见1.4.1.4），直译时可翻译为"哪一个"。xo³³也能单独使用。例如：

tɕʰi³³	za³³mi³³	be		xo³³	tɕi³³	tɕa²²tɕa³³	ɕe⁵³	la³³.
tɕʰi³³	za³³mi³³	be		xo³³	tɕi³³	dʐa²²-dʐa³³	ɕe⁵³	la³³
他.GEN	女儿	PL.N-ANM		什么	一	玩-玩	TNT	CS

（每次他）都要给女儿带一个什么好玩的东西。（2.6 蟒蛇的故事）

但是主要以复合形式 xo³³tɕa³³来使用。例如：

xo³³tɕa³³	xo³³tɕa³³	be⁵³	u³¹ɕa²²	ne.
xo³³tɕa³³	xo³³tɕa³³	be⁵³	u³¹-ɕa²²	ne
什么	什么	PL.N-ANM	PFV-做	TOP

什么，什么事都做好了。（2.7 日常生活）

用 a³³的例句：

a³³na³³	dʑi³¹,	a³³na³³	kʰe²²	ʃə³³	la³³	tɕa⁵³	ge³¹	ke⁵³	tɕo²²	dʑi³¹.
a³³na³³	dʑi³¹	a³³na³³	kʰe²²	ʃə³³	la³³	tɕa⁵³	ge³¹	ke⁵³	tɕo²²	dʑi³¹
何时	吃	何时	给	拿	CS	TOP	锅	LOC	煮	吃

你什么时候想吃，就什么时候拿来在锅里煮着吃。（2.22 多续人传统饭菜）

1.4.1.3 数词

多续语的数词是十进位的：十个"十"为"百"，十个"百"为"千"，十个"千"为"万"，与汉语数词系统一致。数词可分为系数和位数两部分。多续语系数词（1 至 9）如下：系数词不单用（非自由语素），与量词 a 连用，合音形式见表 8。

表 8 多续语的系数词

1	tɕi³³	tɕi³³a³³	6	kʰu²²	kʰu²²a³³
2	ni⁵³	ni⁵³a³³	7	nje²²	nje²²a³³
3	so³³	so³³a³³	8	ɕe²²	ɕe²²a³³
4	vu²²	vu²²a³³	9	ŋge³¹	ŋge²²a³³
5	ŋo³¹	ŋo³¹a³³			

位数词为：tɕʰi³³ "十"，ja⁵³ "百"，tu⁵³ "千"，me³¹ "万"。

系数词放在位词之后表示的是两者相加的结果。例如：

表 9 多续语系数词与位数词之间的相加关系

11=10＋1	tɕʰi³³tɕe²²	16=10＋6	tɕʰi³³kʰu²²
12=10＋2	tɕʰi³³ni⁵³	17=10＋7	tɕʰi³³nje²²

13=10＋3	tɕʰi³³so³³	18=10＋8	tɕʰi³³ɕe²²
14=10＋4	tɕʰi³³vu²²	19=10＋9	tɕʰi³³ŋge³¹
15=10＋5	tɕʰi³³ŋo³¹		

系数词放在位词之前表示的是两者相乘的结果。例如:

表 10 多续语系数词与位数词之间的相乘关系

20=2×10	nje²²tɕʰi³³	200=2×100	ni⁵³ ja⁵³
30=3×10	so³³tɕʰi³³	300=3×100	so³³ ja⁵³
40=4×10	vu²²tɕʰi³³ vu²²ʐi³³	400=4×100	vu²² ja⁵³
50=5×10	ŋo³¹tɕʰi³³ ŋo³¹ʐi³³	500=5×100	ŋo³¹ ja⁵³
60=6×10	kʰu²²tɕʰi³³ kʰu²²ʐi³³	600=6×100	kʰu²² ja⁵³
70=7×10	nje²²tɕʰi³³ nje²²ʐi³³	700=7×100	nje²² ja⁵³
80=8×10	ɕe²²tɕʰi³³ ɕe²²ʐi³³	800=8×100	ɕe²² ja⁵³
90=9×10	ŋge³¹tɕʰi³³ ŋge³¹ʐi³³	900=9×100	ŋge³¹ ja⁵³
100=1×100	tɕi³³ ja⁵³	1000=1×1000	tɕi³³ tu⁵³

一个数列中有空位时, 即位数词前没有系数词, 可以加连接词 nje²², 如 tɕi³³ ja⁵³ nje²² tɕi³³ "一百零一"。

下面的数目有不规则的称数法:

（1）位数后加 "一" 念作 tɕe²², 如 tɕʰi³³tɕe²² "十一"、nje²²tɕʰi³³tɕe²² "二十一" 等。

（2）20 念作 nje²²tɕʰi³³。

（3）40 至 90 数词中分两种形式。第一种是规则形式: 位数 "十" 念 tɕʰi³³, 即 vu²²tɕʰi³³ "四十", ŋo³¹tɕʰi³³ "五十", kʰu²²tɕʰi³³ "六十", nje²²tɕʰi³³ "七十", ɕe²²tɕʰi³³ "八十", ŋge³¹tɕʰi³³ "九十"。第二种是不规则形式: 位数 "十" 念 ʐi³³, 即 vu²²ʐi³³ "四十", ŋo³¹ʐi³³ "五十", kʰu²²ʐi³³ "六十", nje²²ʐi³³ "七十", ɕe²²ʐi³³ "八十", ŋge³¹ʐi³³

"九十"（黄布凡、尹蔚彬，2012：65）。标注文本中的用例一律按照发音人的实际发音标音。

概数用两个相邻的数词连用表示。例如：

ni⁵³　　so³³　ne³³　du⁵³　la³³　　t^he³³　tɕəu　ji³³na³³　tɕe²²　la³³.

ni⁵³　　so³³　ne³³　du⁵³　la³³　　t^he³³　tɕəu　ji³³na³³　tɕe²²　la³³

二　　三　天　完　CS　　那　就　菜　酸　CS

过几天（两三天）那些酸菜就腌好了。（2.22 多续人传统饭菜）

1.4.1.4 量词

多续语有相当丰富的量词系统，有名量词和动量词的区别。

多续语的数词不能直接与名词连用，中间要加量词；而多续语指示代词则直接修饰名词，中间不需加量词。多续语名量词可以直接（光杆）修饰名词。

多续语名量词与数词结合成数量词组置于名词后做定语。多续语名量词主要可分为专用量词和借用量词。

专用量词可进一步分为个体量词、集合量词、度量量词、不定量词等，分别介绍如下。

个体量词是与表示个体事物名词要求要有的特定量词。多续语量词一般轻读，使用频率最高的个体量词包括以下几种。

（1）a³³（又能读成 wa³³）"个"，是多续语通用个体量词。a³³因为没有声母，与前面的数词或名词的韵母结合程度比较紧，合成一个音节。例如：

ts^ho³³ tɕi³³ a³³ [tɕa³³] "一个人"

za³³mi³³ ni⁵³ a³³ [nja⁵³] "两个女儿"

（2）ku~gu "个，位"，主要用于指人名词或代词之后。人称代词加 ku，后加 ni⁵³ a³³ "两个，俩"，构成人称代词双数形式，即 ŋa³³ku ni⁵³ a³³ "我们两个"，no³³ku ni⁵³ a³³ "你们两个"，t^he³³ku ni⁵³ a³³ "他们两个"。

（3）pu³¹ "只，块"，主要用于无生命的、块状或片状的事物。例如：

me⁵³t^ho³¹ tɕi^{33[55]}pu³¹ "一把刀"

ɕe⁵³ tɕi^{33[55]}pu³¹ "一棵树"

pu³¹也用于钱币，等于"元"，如 ba³³dʒe³³ tɕi^{33[55]}pu³¹ "一元"。多续语还有另外一个用于钱币的量词：me³¹，如 ba³³dʒe³³ tɕi^{33[55]}me³¹ "一元钱"。me³¹是"万"的意思，指一万文铜钱，等于一两白银，是中国古代钱币单位。

（4）ka³¹ "条，根"，主要用于无生命的、长条形的事物。例如：

pa⁵³pa³¹ tɕi^{33[55]}ka³¹ "一根棍子"

ja²²tsʰə³³ tɕi³³[⁵⁵]ka³¹ "一条裤子"

（5）tɕʰa³¹ "件（衣服）"，用于衣服。例如：

be²²tɕʰe³³ tɕʰa³¹ "那件衣服"

可数名词后加光杆个体量词有表示单数的功能，也有表示定指的功能（见 1.4.1.1）。多续语可数单音节名词，一般和与其相搭配的个体量词一起使用，用来表示事物的单数。如 ɕe⁵³pu³¹ "树（一棵树）"，ʃɯ⁵³pu³¹ "头巾（一条头巾）"。

多续语集合量词包括 ko³³ "只"，如 ʑi³³ tɕi³³ ko³³ "一只鞋"、dza³¹ "双、对"，如 ʑi³³ tɕi³³[⁵⁵]dza³¹ "一双鞋"。度量词（度量衡的计算单位）主要包括 ke²² "斤"，如 vu⁵³ tɕi³³[⁵⁵]ke²² "一斤酒"、lo⁵³ "两"，如 tʃʰe⁵³ ŋo³¹ lo⁵³ "五两米"。不定量词（表示不定数量的量词）包括 tsu⁵³（tɕi³³ tsu⁵³ "一点"），（无声命名词复数标记）be（tɕi³³ be[⁵³] "一些"）。

借用量词指的是可以临时用作量词的名词（一般表示容器）。例如：

lo³¹tʰo³¹ "水桶"：vu³³ ni⁵³ lo³¹tʰo³¹ "两桶水"

ko⁵³tsə³¹ "罐子，瓶子"：vu⁵³ tɕi³³ ko⁵³tsə³¹ "一瓶酒"

名词同时有数量结构定语和形容词性定语时，语序为：名词＋形容词＋（数）量词。如 tʰe³³ be²²tɕʰe³³ xaɚ²⁵ tɕʰa³¹ "那件黄色的衣服"。

动量词是表示动作次数的量词，位置在动词之前，主要包括：

tʃa⁵³ "次"。例如：

tɕi³³	tʃa⁵³	me²²le³³	me²²tɕʰa³³	nja⁵³-gu	dʑe⁵³dʑe³¹.
tɕi³³	tʃa⁵³	me²²le³³	me²²tɕʰa³³	nja⁵³-gu	dʑe⁵³dʑe³¹
一	次	风	阳光	两.个-个	争吵

有一次，风和太阳两个在争论。（2.2 北风和太阳的故事）

go²² dʐo³³是动词"转圈"，如 tɕi⁵³ go²²dʐo³³ ɕe⁵³转一下（2.1 乞丐的故事）；go²² dʐo³³也能当作动量词"圈"来使用，如 mo³¹ so³³ go²² dʐo³³ pʰo³³ ji³³ la "马跑了三圈"。

tʰu⁵³ "时刻，会儿"。例如：

tɕi³³	tʰu⁵³	du⁵³	la.
tɕi³³	tʰu⁵³	du⁵³	la
一	时刻	完	CS

过了一会儿。（2.10 狼和喜鹊）

表示动作次数也可以把数词直接置于动词之前，动词之后加上尝试体助词 ɕe⁵³。

如 so³³ tɕʰu³³ ɕe⁵³ "砍三刀，砍三下"。

1.4.1.5 动词

1.4.1.5.1 动词的分类

（1）根据动词是否能带宾语，动词可分为及物动词和不及物动词两类。

及物动词，如 vu³³ "买"，dʑi³¹ "吃"，to⁵³to³¹ "抱"。例如：

tʰe³³	ne³³	ɹ	u⁵³nju³¹	a³³	vu³³	ʃə⁵³	la.
tʰe³³	ne³³	ɹ	u⁵³nju³¹	a³³	vu³³	ʃə³¹	la
那	天	TOP	水牛	个	买	拿	CS

那天呢，买了一头牛。（2.16 打老牛）

不及物动词，如 ji³³ "去"，be³¹la³³ "劳动"，la³¹ "来"，ɕe³³ɕe³³ "走"。例如：

na³³pu³³	va³³pʰo⁵³	ji³³	be³¹la³³	ji³³	la³¹	la³³	ja³³kʰe	la³¹	la³³.
na³³pu³³	va³³pʰo⁵³	ji³³	be³¹la³³	ji³³	la³¹	la³³	ja³³kʰe	la³¹	la³³
丈夫	外面	去	劳动	去	来	CS	家里	来	CS

丈夫从外面干活回到家里了。（2.16 蟒蛇的故事）

（2）多续语的能愿动词，即表示意愿或对事情发生的可能性的判断的动词，主要包括以下两种。

表示意愿的动词 xuŋ³³（xu³³~xo³³）"要"、njo⁵³（nju⁵³）"敢"、pa³¹tʃe³³ "想"。例如：

tʰe³³	a³³ma³³	tʰe³³	za³³mi³³	pu	tɕa⁵³	ŋa³³	tʃʰa⁵³tʃʰa³¹	xuŋ³³	ŋa³³
tʰe³³	a³³ma³³	tʰe³³	za³³mi³³	pu	tɕa⁵³	ŋa³³	tʃʰa⁵³tʃʰa³¹	xuŋ³³	ŋa³³
那	母亲	那	女儿	只	TOP	我	喜鹊	要	我

tʃʰa⁵³tʃʰa³¹	xuŋ³³.
tʃʰa⁵³tʃʰa³¹	xuŋ³³
喜鹊	要

那个小姑娘就说，我要喜鹊我要喜鹊。（2.10 狼和喜鹊）

ŋa³³de	va³³pʰo⁵³	ji³³	ma³¹	njo⁵³.
ŋa³³-de	va³³pʰo⁵³	ji³³	ma³¹	njo⁵³
我-PL	外面	去	NEG	敢

我们就不敢出去了。（2.14 野人和人）

ni³³	a³³pu³³	a³³tɕi³³	a⁵³va³¹	pu³¹	ʃe³³	dʑi³¹	pa³¹tʃe³³	la.
ni³³	a³³pu³³	a³³tɕi³³	a⁵³va³¹	pu³¹	ʃe³³	dʑi³¹	pa³¹tʃe³³	la
你.GEN	爷爷	祖母	奶奶	只	肉	吃	想要	CS

你爷爷奶奶想吃肉了。（2.17 母亲吩咐女儿的话）

　　表示对主客观条件可能性判断的动词 pʰa³¹ "能" 和 dʒo³¹ "会"。dʒo³¹ 主要表示学习后有某种能力，而 pʰa³¹ "能" 则表示主观上有某种能力，试比较：

tɕʰe⁵³pu³¹	kʰa⁵³	la	ja²²ʃu³³ma⁵³	lja²²lja⁵³	mi³¹va⁵³	ma⁵³	pʰa³¹.
tɕʰe⁵³pu³¹	kʰa⁵³	la	ja²²ʃu³³ma⁵³	lja²²-lja⁵³	mi³¹-va⁵³	ma⁵³	pʰa³¹
年龄	大	CS	妻子	寻找-寻找	PFV-获得	NEG	能

人长大了讨不到老婆。（2.11 狡猾的孤儿）

ŋe³³	i³³	a³¹pʰe³³mu⁵³	a³¹ni³³mu⁵³	ni⁵³	a³³	ku	xaiʃə	ŋe²²	dʒo³¹.
ŋe³³	i³³	a³¹pʰe³³mu⁵³	a³¹ni³³mu⁵³	ni⁵³	a³³	ku	xaiʃə	ŋe²²	dʒo³¹
我.GEN	GEN	公公	外婆	二	个	位	还是	说	会

我的公公外婆两个还是会说（多续语）。（2.20 多续语老师）

　　（3）多续语感知动词包括：se²² "知道"、do³³ "看见"、ge²² "听见"；心理动词主要包括动词 de²²mje³³ "想，想念"；言说动词包括：ŋe²² "说，告诉"、mi²²ndo⁵³ "问" 等。能源、感知、心理和言说动词能带上补语句宾语。补语句形式与分句相同，但是动词不能后带完整体、持续体等助词。补语句的位置一般在以上几个动词之前。例如：

dʐe⁵³dʐe³¹	se³³gu³³	nja⁵³	ma³¹	nja⁵³	ma⁵³	se²².
dʐe⁵³dʐe³¹	se³³gu³³	nja⁵³	ma³¹	nja⁵³	ma⁵³	se²²
争吵	谁	强壮	NEG	强壮	NEG	知道

争来争去就是分不出高低来（不知道谁最强）。（2.2 北风和太阳的故事）

ŋa³³de	ni³³	tʰe³³	vu⁵³	kʰa⁵³	pa³¹	ma³¹	tʃe³³.
ŋa³³-de	ni³³	tʰe³³	vu⁵³	kʰa⁵³	pa³¹	ma³¹	tʃe³³
我-PL	你.GEN	那	老鼠	关	想要1	NEG	想要2

我们不敢帮你关老鼠。（2.11 狡猾的孤儿）

（4）存在动词有四个表示存在或领有的动词：dʐo³³ "存在，有，在"，bo⁵³ "拥有"，ni³³ "有，附着有"，dʒe⁵³ "含有，里面有"。对存在动词的选择依靠所陈述物品的性质与形状决定。

dʐo³³主要用于表示有生命事物的存在和领有。例如：

a⁵³mi³¹	i³³tʰu³³	ŋo³¹	a³³	dʐo³³	a⁵³mi³¹	tɕi³³	ka³³	dʐo³³.
a⁵³mi³¹	i³³tʰu³³	ŋo³¹	a³³	dʐo³³	a⁵³mi³¹	tɕi³³	ka³³	dʐo³³
现在	孙子	五	个	存在	现在	一	家	存在

现在有五个孙子，我们现在住在一起。（2.9 伍荣福回忆）

dʐo³³也可以表示一般事物的存在。例如：

tʰe³³	tʃʰe³³ʑi³³	i²²tɕa³³	tɕa⁵³	ŋe²²	ɹ	sə⁵³	ma³¹	dʐo³³.
tʰe³³	tʃʰe³³ʑi³³	i²²tɕa³³	tɕa⁵³	ŋe²²	ɹ	sə⁵³	ma³¹	dʐo³³
那	孤儿	孩子	TOP	说	TOP	事情	NEG	存在

孤儿就说，没关系（没事）。（2.11 狡猾的孤儿）

bo⁵³主要表示无生命事物的存在，也表示人领有事物。例如：

xo³³tɕa³³	təu	bo⁵³	dʑi³¹lju³¹	iɛ⁵³	bo⁵³	ba⁵³lju³¹	iɛ⁵³
xo³³tɕa³³	təu	bo⁵³	dʑi³¹-lju³¹	iɛ⁵³	bo⁵³	ba⁵³-lju³¹	iɛ⁵³
什么	都	拥有	吃-NMLZ	也	拥有	喝-NMLZ	也

bo⁵³	ja³³	iɛ⁵³	bo⁵³	xo³³tɕa³³	təu	bo⁵³.
bo⁵³	ja³³	iɛ⁵³	bo⁵³	xo³³tɕa³³	təu	bo⁵³
拥有	房屋	也	拥有	什么	都	拥有

什么都有，吃的也有，喝的也有，家也有，什么都有。（2.1 乞丐的故事）

ni³³主要用于表示抽象事物，也可用于附着或固定于某处（一般不能移动）的事物的存在。例如：

tsʰo³³le³³ma²²mu³³	i	za³³mi³³	ka³³	ni³³.
tsʰo³³le³³ma²²mu³³	i	za³³mi³³	ka³³	ni³³
吃人婆	GEN	女儿	样子	有

这好像是吃人婆的女儿（直译：她有吃人婆的样子）。（2.13 吃人婆的故事）

dʒe^{53}表示某物存在于容器或某事物之内。例如：

tɕi^{33}	do^{33}	ɕe^{53}	la	u^{31}do^{33}	ne	tɕa^{53}	ʃe^{33}	vu^{53}	ʃe^{33}	ʒo^{31}
tɕi^{33}	do^{33}	ɕe^{53}	la	u^{31}-do^{33}	ne	tɕa^{53}	ʃe^{33}	vu^{53}	ʃe^{33}	ʒo^{31}
一	看见	TNT	CS	PFV-看见	TOP	TOP	肉	酒	肉	饭

ja^{22}ka^{33}	ma^{31}	dʒe^{53}	la.
ja^{22}ka^{33}	ma^{31}	dʒe^{53}	la
全部	NEG	含有	CS

一看，（包里的）饭和肉都没有了。（2.10 狼和喜鹊）

在我们所记录的语料当中，bo^{53}是出现频率最高的存在动词，呈现变成通用存在动词的趋势，在很多情况下能代替其他三个存在动词，如下面的例句中，bo^{53}代替dʐo^{33}。

tʰe^{33}	tɕəu	i^{22}tɕa^{33}	ni^{53}	a^{33}	bo^{53}	za^{33}mi^{33}	a^{33}	tɕi^{33}	a^{33}	bo^{53}.
tʰe^{33}	tɕəu	i^{22}tɕa^{33}	ni^{53}	a^{33}	bo^{53}	za^{33}mi^{33}	a^{33}	tɕi^{33}	a^{33}	bo^{53}
那	就	孩子	二	个	拥有	女儿	个	一	个	拥有

他们有两个儿子和一个女儿。（2.13 吃人婆的故事）

1.4.1.5.2 动词的语法范畴
1.4.1.5.2.1 体范畴

多续语的体系统（即表达动词行为或者过程的状态的范畴）包括完整体与非完整体、经验体、尝试体、将行体、进行体。

（1）完整体与非完整体

多续语体系统的核心部分是完整体与非完整体的对立，用词汇和派生手段即动词和动词前缀加以表现。其表达主要依靠动词前缀 mi 和 u。两个前缀语法化程度高，可以互换使用。除了状态动词以外（即以上所列的能愿、感觉、存在动词），多续语动词都有两种形式，一为光杆形式（单音节或双音节），另一为前缀（mi 和 u）形式。动词的两种形式之间的主要区别如下：动词光杆形式表达没有终点（unbounded）和开放性动作行为或状态，即非完整体（imperfective）的意义（Smith，1991：103）。如 dʑi^{31}"吃"、ba^{53}"喝"、kʰo^{53}"给"、lo^{53}"等"等。动词添加前缀则表示动作行为有终点（bounded），属有界事件结构，即完整体（perfective）的意义（Smith，1991：111）。如 mi^{31}dʑi^{31}"吃（下）"、mi^{31}ba^{53}"喝（下）"、mi^{31}kʰo^{53}"给，交给"、u^{31}lo^{53}"等，等到"等。试比较下面例句中动词 dʑi³¹"吃"两种形式的用法：

be³¹la³³ɕu³³	la³¹	la³³	le	xe³³	ja⁵³	ʃə	mə	dʒa²²	ba⁵³	o.
be³¹la³³-ɕu³³	la³¹	la³³	le	xe³³	ja⁵³	ʃə	mə	dʒa²²	ba⁵³	o
劳动-者	来	CS	TOP	先	睡	是	嘛	早饭	喝	ITRJ

劳动的人来了，先睡，是嘛，（再）吃早饭。

dʒa²²	mi³¹ba⁵³	la³³	le	ŋa³³de	iəu	vo³¹tɕʰa³³	kʰe²²	ji³³.
dʒa²²	mi³¹-ba⁵³	la³³	le	ŋa³³-de	iəu	vo³¹tɕʰa³³	kʰe²²	ji³³
早饭	PFV-喝	CS	TOP	我-PL	又	猪食	拿	去

吃好早饭了，我又去喂猪。（2.7 日常生活）

动词的光杆形式以及添加前缀的形式是独立构成动词完整体与非完整体的手段。动词完整体与非完整体的用法与动词所关涉的对象有关。动词所关涉的对象不定指，时间、空间范围没有划定或数量没有界限时，要用不带前缀的动词形式（非完整体）。以动词 dʑi³¹"吃"的用法为例：

no³³	zu²²gu³³	tsu⁵³	lja²²lja⁵³	ʃə³³	la	ŋa³³	dʑi³¹	ma³¹
no³³	zu²²gu³³	tsu⁵³	lja²²-lja⁵³	ʃə³³	la	ŋa³³	dʑi³¹	ma³¹
你	东西	点	寻找-寻找	拿	CS	我	吃	NEG

你找点东西（给）我吃，

dʑi⁵³	ŋa³³	na²²	mi³¹dʑi³¹	o.
dʑi⁵³	ŋa³³	na²²	mi³¹-dʑi³¹	o
是	我	你.DAT	PFV-吃	PRO

不然的话（原意：是的），我就把你吃了。（2.10 狼和喜鹊）

动词命令式有两种表示形式，一种是动词添加前缀，另一种是光杆形式。两者之间的区别与动作行为有无终点有关。若动词使用不带前缀的形式，则表示"不关注（要求）所做的事情是否完成"。例如：

dʒa⁵³-pu³¹	tɕʰi³³!
dʒa⁵³-pu³¹	tɕʰi³³
门-只	开

（给我）开门！

若动词使用添加前缀的形式，则表示"要求对方完成动词的动作行为"。例如：

no³³ pu³³	ka³¹	ʃə³³ la	ŋa³³	ni	dʑu³¹	tʰo⁵³	u³¹-tɕʰa²²!
no³³ pu³³	ka³¹	ʃə³³ la	ŋa³³	ni	dʑu³¹	tʰo⁵³	u³¹-tɕʰa²²
2SG 绳子	条	拿 CS	1SG	GEN	腰	之上	PFV-拴

（请）你用一根绳子拴在我的腰上！

总之，多续语动词添加前缀是构成完整体的手段，与动词光杆形式（表示非完整体）相对立。这一特点与尔苏语和里汝语相吻合（参见齐卡佳、王德和，2016；Chirkova，2017）。

以词汇和派生手段构成的完整体与非完整体是多续语体系统的核心部分，动词的两种形式能与句末不同助词相结合，表达不同体种类的意义。

多续语句末有体意义的助词共有 6 个：la、tɕʰe⁵³、izo 或 idzo、ɕe⁵³、o⁵³、ge，分别介绍如下。

（2）状态转变标记 la

la 是多续语虚化程度最高、与动词结合程度最紧密的体标记。la 有下面几种功能。

当叙述一个事件时，表达"事件达成其结点"的语义。例如：

ŋe³³	i	a³³ma³³	a³³ke	ji³³	la?
ŋe³³	i	a³³ma³³	a³³ke	ji³³	la
我.GEN	GEN	母亲	何.LOC	去	CS

我妈妈哪里去了？（2.13 吃人婆的故事）

当叙述两个事件时，la 加在表示第一个事件的动词之后表示该事件发生在第二个事件之前。例如：

no³³	u³¹ge²²	la³³	ŋa³³	dʑi⁵³	no³³	ɕa³¹	le.
no³³	u³¹-ge²²	la³³	ŋa³³	dʑi⁵³	no³³	ɕa³¹	le
你	PFV-听	CS	我	是	你	讲	TOP

你听了，我就讲，你讲呢……（2.14 野人和人）

la 也能与不带前缀的动词（如状态动词）、表示状态的短语和其他一些助词连用，表示"动作行为开始发生、事件开始启动"的意义。例如：

va³³pʰo⁵³	ji³³	ma³¹	njo⁵³	la.
va³³pʰo⁵³	ji³³	ma³¹	njo⁵³	la

外面　　　　去　　NEG　　　敢　　　CS

不敢到外面去了（不敢出去了）。

我们把多续语 la 视为多义词，把它的三种功能概括为表示动作状态有（开始或结束）界限并在跨过这一界限以后出现新状态，将 la 视为状态转变标记。从其所出现的语境与功能范围的角度来讲，la 结合完整体与完成的特性，强调事件达成其结点或开始启动之后出现新状态以及该状态与现在或其他参考时间之间的关联性，即据 Bybee & Dahl（1989：67）分析，完整体范畴的最重要的特征。

（3）经验体标记 tɕʰe⁵³

tɕʰe⁵³表示曾经发生过某一动作或存在过某一状态，强调所陈述的动作行为状态与现在或其他参考时间之间的间断性，即该动作已经不再进行，该状态不再存在。我们将 tɕʰe⁵³分析为经验体助词。例如：

ke³³　　ke　　ɕa³¹　　ne　　ge²²　　tɕʰe⁵³　　do³³　　ma³¹　　tɕʰe⁵³　　dʐi⁵³.
ke³³　　ke　　ɕa³¹　　ne　　ge²²　　tɕʰe⁵³　　do³³　　ma³¹　　tɕʰe⁵³　　dʐi⁵³
这　　LOC　　讲　　TOP　　听见　　EXP　　看见　　NEG　　EXP　　是
这里讲呢，（我）听过，但是没有看到过，是的。（2.14 野人和人）

（4）进行体标记 izo 或 idzo

izo 和 idzo 与动词光杆形式（即非完整体形式）一起使用，表示事件正在进行，能用于过去、现在和将来语境中。伍荣福先生用的形式为 izo，而吴德才所用的形式为 idzo。例如：

dʐu²²　i　　dʐu²²　　i　　be²²tɕʰe³³　　tɕʰa　　ve²²　　izo.
dʐu²²　i　　dʐu²²　　i　　be²²tɕʰe³³　　tɕʰa　　ve²²　　izo
厚　　GEN　　厚　　GEN　　衣服　　　件　　穿　　PROG
（过路的人）穿着厚厚的大衣。（2.2 北风和太阳的故事）

tɕəu　　tɕʰi³³　　i　　tʰe³³　　a³³ba³³　　ʑu³³　　idzo.
tɕəu　　tɕʰi³³　　i　　tʰe³³　　a³³ba³³　　ʑu³³　　idzo
就　　他.GEN　　GEN　　那　　父亲　　养活　　PROG
就由她们的父亲来养着。（2.6 蟒蛇的故事）

（5）尝试体标记 ɕe⁵³

尝试体，表示尝试做某件事。尝试体在多续语里的表现形式是动词前加上数词 tɕi³³ "一"，动词后加上尝试体助词 ɕe⁵³。例如：

no³³	tɕi³³	njo³³njo³³	ɕe⁵³	da⁵³	ko	tɕi³³	njo³³njo³³	ɕe⁵³	la³³.
no³³	tɕi³³	njo³³-njo³³	ɕe⁵³	da⁵³	ko	tɕi³³	njo³³-njo³³	ɕe⁵³	la³³
你	一	看-看	TNT	地	LOC	一	看-看	TNT	CS

你看一下，到田地里去看一下。（2.7 日常生活）

（6）将行体助词 o⁵³

多续语助词 o⁵³ 添加在动词之后，表示动词所陈述的动作行为即将要发生或状态即将要发生变化（参见黄布凡、尹蔚彬，2012：70-71）。例如：

ta³³ne³³	ŋa³³	ni³³	xe³³pʰo⁵³	ji³³	ni³³	za³³mi³³	ŋe²²	o⁵³.
ta³³ne³³	ŋa³³	ni³³	xe³³pʰo⁵³	ji³³	ni³³	za³³mi³³	ŋe²²	o⁵³
今天	我	你.GEN	前-边	去	你.GEN	女儿	说	PRO

那么今天我要去你那儿说你的女儿（求亲）。（2.6 蟒蛇的故事）

ŋa³³	se²²	no³³	ŋa³³	ni	do³¹	nja⁵³	ŋe²²	o⁵³	la³³	ka³³	ni³³
ŋa³³	se²²	no³³	ŋa³³	ni	do³¹	nja⁵³	ŋe²²	o⁵³	la³³	ka³³	ni³³.
我	知道	你	我	GEN	话	强壮	说	PRO	CS	样子	有

我知道你会欺骗人。（2.12 假话大王）

（7）用于将来语境中的 ge

助词 ge 能与动词光杆形式和动词添加前缀的形式一起使用，表示动作行为即将进行或将要达到结果。例如：

tʰe³³	dʐe²²du³³	pu³¹	ke⁵³	vu⁵³	me³³	o	ŋa³³	tʰe³³	ke
tʰe³³	dʐe²²du³³	pu³¹	ke⁵³	vu⁵³	me³³	o	ŋa³³	tʰe³³	ke
那	边上	村寨	LOC	酒	做	ITRJ	我	那	LOC

zu²²gu³³	tsu⁵³	lja²²lja⁵³	dʑi³¹	ge.
zu²²gu³³	tsu⁵³	lja²²-lja⁵³	dʑi³¹	ge
东西	点	寻找-寻找	吃	PRO

附近寨子里有人在办宴席，我们再去找点东西吃。（2.10 狼和喜鹊）

助词 ge 出现频率低，我们的两个发音人用法也不完全相同。伍荣福能单独使用 ge（如上述例句所示），而吴德才在"ge"之后一般都要加助词"dʑi"或者其清化了的形式"tɕi"（dʑi 很有可能是表示肯定语气的 dʑi⁵³"是"）。例如：

nje²²ma⁵³	ma³¹	dje⁵³	no³³	tɕəu	ŋe³³	i	xe³³pʰo⁵³···	ŋe³³	i
nje²²ma⁵³	ma³¹	dje⁵³	no³³	tɕəu	ŋe³³	i	xe³³-pʰo⁵³	ŋe³³	i
心脏	NEG	好	你	就	我.NEG	NEG	前-边	我的	NEG

kʰɯ⁵³pʰo⁵³	mi³¹tɕʰa⁵³	ge	dʑi	tʰe³³	me³³	ŋe²².
kʰɯ⁵³-pʰo⁵³	mi³¹-tɕʰa⁵³	ge	dʑi	tʰe³³	me³³	ŋe²²
上-边	PFV-跨	PRO	是	那	做	说

心不好的话就从我上头跨过去，就那么说。（2.1 乞丐的故事）

ja²²ku³³	me³³	za³³mi³³	no³³	a³³ke	no³³	ŋa²²	u³¹mo²²	ge	dʑi.
ja²²ku³³	me³³	za³³mi³³	no³³	a³³ke	no³³	ŋa²²	u³¹-mo²²	ge	dʑi
快	做	女儿	你	哪里	你	我.DAT	PFV-藏	PRO	是

（吃人婆对妹妹说）妹妹，快点把我藏起来吧。（2.13 吃人婆的故事）

mi³¹dʐa²²dʐa³³	la	ŋa³³de	tɕəu	tɕa⁵³	mi³¹pʰo³³	ge	tɕi³³.
mi³¹-dʐa²²-dʐa³³	la	ŋa³³-de	tɕəu	tɕa⁵³	mi³¹-pʰo³³	ge	tɕi³³
PFV-玩-玩	CS	我-PL	就	TOP	PFV-跑	PRO	是

要好了，我们就要跑掉了。（2.14 野人和人）

伍荣福口语中还有一种固定的结构，由动词+ ge + ma³¹ tʃʰe⁵³组成，表示动词所表示的动作行为不可能进行或者没有效果。例如：

tʰe³³	lju⁵³bu³¹ kʰa⁵³	tʰo⁵³	so³³ tɕʰu³³ ɕe⁵³	ne	kʰe²²	ge	ma³¹
tʰe³³	lju⁵³bu³¹ kʰa⁵³	tʰo⁵³	so³³ tɕʰu³³ ɕe⁵³	ne	kʰe²²	ge	ma³¹
那	石头 大	之上	三 打 砍	TOP	割	PRO	NEG

tʃʰe⁵³	la.
tʃʰe⁵³	la
可能	CS

在那个石头上砍了三斧头，但是怎么也砍不动。

以上结构中的 ge，起到动词名物化标记的作用，把动词转换成名词性成分。

多续语中的 ge 在形式与用法上对应于尔苏语和里汝语的进行体标记 gə~gɛ~ge（参见 Zhang，2013：506—513；齐卡佳、王德和，2017；Chirkova，2017）。该标记表示事件正在进行，能用于过去、现在和将来语境中，在多续语中用法缩小其范围，使用频率下降，用法词汇化，体现了多续语的濒危性特征。

1.4.1.5.2.2 式

（1）陈述式包括肯定式和否定式

肯定式，表示说话人对客观事实的肯定态度。例如：

ŋa³³de	la³¹ga³¹dʐo³³	dʐo³³	a³³ba³³	sə³¹ka³³	tɕa⁵³	ko³¹.
ŋa³³-de	la³¹ga³¹dʐo³³	dʐo³³	a³³ba³³	sə³¹ka³³	tɕa⁵³	ko³¹
我-PL	伍宿	存在	父亲	死	TOP	早

我们住在伍宿。父亲死得早。（2.19 伍荣福自传）

否定式，传递否定信息，含有否定词 ma，添加在动词词根之前。例如：

ŋa³³	tɕʰa⁵³	ma⁵³	lja²²	la	ŋa³³	tɕɔu	ja²²ʃu³³ma⁵³	ŋe²²	la.
ŋa³³	tɕʰa⁵³	ma⁵³	lja²²	la	ŋa³³	tɕɔu	ja²²ʃu³³ma⁵³	ŋe²²	la
我	晚饭	NEG	寻找	CS	我	就	妻子	说	CS

我就不要讨饭了，就要娶媳妇。（2.1 乞丐的故事）

tɕʰi³³	be²²tɕʰe³³	ʃə³³	tsa³³	ji³³	ɹ	tʰe³³	ma⁵³	ʃo²²ʃo⁵³.
tɕʰi³³	be²²tɕʰe³³	ʃə³³	tsa³³	ji³³	ɹ	tʰe³³	ma⁵³	ʃo²²ʃo⁵³
他.GEN	衣服	拿	带	去	TOP	那	NEG	干净-干净

把他们的衣服带回来，估计脏了。（2.17 母亲吩咐女儿的话）

（2）疑问式

疑问句是指提出疑问并要求对方回答问题的句子，往往用升调。根据疑问方式的不同，疑问句可以分为特指问、是非问、选择问和正反问四类。特指问是用疑问代词来表明疑问点。例如：

no³³	xo³³tɕa³³	dʑi³¹	no³³	pʰje²²	ʃə³³	pe³³	la³³.
no³³	xo³³tɕa³³	dʑi³¹	no³³	pʰje²²	ʃə³³	pe³³	la³³
你	什么	吃	你	吐	CAUS	出来	CS

你在吃些什么？你吐出来（给我看）。（2.3 老虎和青蛙的故事）

tɕəu	ʃə⁵³	tsa³³	tɕʰi³³	i	tʰe³³	a³³ke	tɕʰa²²	idzo?
tɕəu	ʃə³¹	tsa³³	tɕʰi³³	i	tʰe³³	a³³ke	tɕʰa²²	idzo
就	拿	带	他.GEN	GEN	哪	何.LOC	拴	PROG

拿了（一条绳子）就拴到他哪里来着？（2.4 傻女婿）

是非问句是要求对方做出肯定或否定回答的疑问句。多续语是非问句采用陈述句结构，整个句子有疑问语调（升调），并加上疑问助词 a。动词性和形容词性谓语句，动词或形容词前加上疑问助词 a。例如：

a³³me³³	za³³mi³³	no³³	ke³³	ke	mu⁵³ka³¹ma³³	a³¹=do³³	la?
a³³me³³	za³³mi³³	no³³	ke³³	ke	mu⁵³ka³¹-ma³³	a³¹=do³³	la
啊哟	女儿	你	这	LOC	老-母	Q=看见	CS

（他们就说，）姑娘，你在这里有没有看见一个老妈妈？（2.13 吃人婆的故事）

名词性谓语句中，疑问助词 a 加在句子末尾，名词性谓语之后，念轻声。例如：

no³³	ŋu³³tɕʰu³³ɕu	a?
no³³	ŋu³³-tɕʰu³³-ɕu	a
你	银子-春打-者	Q

你是银匠吧？

选择问句由两个供给对方选择的部分组成，让回答的人从中选择一种。构成选择问句的两个部分结构相同，中间一般要加上疑问助词兼连接词 a。例如：

i³³tɕa³³	a	za³³mi³³	o?
i³³tɕa³³	a	za³³mi³³	o
孩子	Q	女儿	ITRJ

（你的孩子）是男孩还是女孩？

（3）命令式

命令句是用于命令、请求对方做某件事。肯定命令句结构采取陈述句的形式。多续语动词没有命令形式，祈使句运用动词原形。命令句有如下几种形式。

最常用的命令形式用动词光杆形式或者带前缀形式。两者之间的区别与动作行为有无终点有关。若使用不带前缀的形式，则表示不关注请求对方所做的事要完成与否。只有光杆形式的动词（如 ɕe³³-ɕe³³ "走路"）或者只有带前缀形式的动词（如 u³¹ni³¹

"坐"），命令句中采用动词原形。例如：

no³³ ɕe³³-ɕe³³.

no³³ ɕe³³-ɕe³³

你　走-走

你走吧。

no³³　　xaiʃə　　do³³ɕu³³　　na³¹　　me³³　　ŋe²²　　pə.

no³³　　xaiʃə　　do³³ɕu³³　　na³¹　　me³³　　ŋe²²　　pə

你　　还是　　多续藏族　　语言　　做　　说　　吧

你还是用多续语说。（2.8 教多续语）

u³¹ni³¹!

u³¹-ni³¹

PFV-坐

请坐（坐下）！

　　动词之后加趋向动词"去"。例如：

no³³　　ʃə³³　　tsa³³　　ji³³.

no³³　　ʃə³³　　tsa³³　　ji³³

你　　拿　　带　　去

你拿去吧。（2.11 狡猾的孤儿）

ʒo³¹　　dʑi³¹　　　　ji³³.

ʒo³¹　　dʑi³¹　　　　ji³³

饭　　吃　　　　去

去吃饭。

ko³¹tsa⁵³　　kʰɯ³¹　　ji³³.

ko³¹tsa⁵³　　kʰɯ³¹　　ji³³

快　　下　　去

赶快下来。

　　否定命令句（禁止句）是用于禁止或劝阻对方做某件事。结构与命令句一样，但是动词要加禁止助词 tʰa，添加在动词之前。例如：

do³³ɕu³³	na³¹	kʰa³³tʰo³³	dʑe³¹na³¹	tʰa³¹	kʰa³³tʰo³³	la³³.
do³³ɕu³³	na³¹	kʰa³³tʰo³³	dʑe³¹-na³¹	tʰa³¹	kʰa³³tʰo³³	la³³
多续藏族	语言	说	汉族-语言	PROH	说	CS

（我们现在录音的时候，要）说多续语，不要说汉语。（2.8 教多续语）

（4）致使句式

多续语有致使范畴，通过动词原形后加使役意义的致使标记 ʃə³³表示。例如：

se³³gu³³	tɕʰi²²	ve²²le³³	tɕʰa	ka³³	ʃə³³	la³³	tɕa⁵³	tʰe³³	tɕa⁵³
se³³gu³³	tɕʰi²²	ve²²le³³	tɕʰa	ka³³	ʃə³³	la³³	tɕa⁵³	tʰe³³	tɕa⁵³
谁	他.GEN	衣服	件	脱	CAUS	CS	TOP	那	TOP

pe³³sə⁵³	kʰa⁵³
pe³³sə⁵³	kʰa⁵³
本事	大

谁能先叫这个过路的人脱下他的大衣，就算谁的本事大。

ŋe³³	a³³-ma³³	ɕe³³-ɕe³³	xa⁵³	tɕʰe³³ni³³tsaŋ³³laŋ³³	i	me³³-me³³
ŋe³³	a³³-ma³³	ɕe³³-ɕe³³	xa⁵³	tɕʰe³³ni³³tsaŋ³³laŋ³³	i	me³³-me³³
我.GEN	母亲	走-走	时候	ONOM	GEN	响-响

ʃə³³	la³¹	la
ʃə³³	la³¹	la
CAUS	来	CS

我们的妈妈走路的时候，有（银手镯和钥匙）叮当的响声（直译：妈妈走路的时候，使手镯和钥匙发出叮当的响声）。

1.4.1.5.2.3 动词名物化

多续语的动词修饰名词时，必须进行名词化操作。名物化方式有以下四种。

（1）动词短语后添加领属标记 i（领属助词详细讨论，参见 1.4.1.8）。

tʰe³³	tsʰo³³	sə³¹ka³¹	i	tʰe³³	mu⁵³ka³¹	tʰe³³	va³³ma³³	dʑe²²du³³pʰo⁵³
tʰe³³	tsʰo³³	sə³³ka³³	i	tʰe³³	mu⁵³ka³¹	tʰe³³	va³³ma³³	dʑe²²du³³-pʰo⁵³
那	人	死	GEN	那	老	那	路	边上-边

u³¹tsʰu²².

u³¹-tsʰu²²

PFV-修

（孤儿）把死的那个人的尸体，就像一个活的人坐得起一样，摆到路边上。（2.11 狡猾的孤儿）

（2）动词短语后添加名词化标记 ɕu "者"，表示动作行为者，是施事者名物化助词（agentive nominalizer）。例如：

tʰe³³	tsʰo³³	tʰa³³ɕu	bu	ja²²ka³³	u³¹dʑa³¹	la.
tʰe³³	tsʰo³³	tʰa³³-ɕu	bu	ja²²ka³³	u³¹-dʑa³¹	la
那	人	抬-者	PL.ANM	全部	PFV-喜欢	CS

抬尸体的人就高兴了。（2.11 狡猾的孤儿）

ɕu 是自由语素，原意为"人"，多用于固定词组中（如 do³³ɕu³³ "多续人"）。独立运用时，ɕu³³有"人，他人"的意思。例如：

ja⁵³no³¹	ɕu³³	i	xo³³tɕa³³	dzu²²gu³³	la	ma³¹	xuŋ³³.
ja⁵³no³¹	ɕu³³	i	xo³³tɕa³³	dzu²²gu³³	la	ma³¹	xuŋ³³
后面	人	GEN	什么	东西	CS	NEG	要

从来没有要过别人任何东西。（2.12 假话大王）

（3）动词短语后添加名词化标记 lju "用以……的"，表示动作行为受事者，是受事者名物化标记（patientive nominalizer）。例如：

ŋa³³	tɕa⁵³	tʰa⁵³tɕʰu³³	me³³	va³³ma³³	ka³¹	tʰo⁵³	dʑi³¹lju³¹	lja²²lja⁵³.
ŋa³³	tɕa⁵³	tʰa⁵³tɕʰu³³	me³³	va³³ma³³	ka³¹	tʰo⁵³	dʑi³¹-lju³¹	lja²²-lja⁵³
我	TOP	悄悄	做	路	条	之上	吃-NMLZ	寻找-寻找

我呢，就假装在路上找吃的。（2.10 狼和喜鹊）

lju 是非自由语素，词汇化程度最高，只能与出现频率较高的少数动词相搭配，如 dʑi³¹ "吃"、ba⁵³ "喝"、ba⁵³ "穿"、ŋe²² "说"、ni³¹ "住"。例如：

tɕʰi³³	a³³ma³³	tɕa⁵³	ŋe²²lju³¹	ma³¹	bo⁵³	la.
tɕʰi³³	a³³ma³³	tɕa⁵³	ŋe²²-lju³¹	ma³¹	bo⁵³	la
他.GEN	母亲	TOP	说-NMLZ	NEG	拥有	CS

妈妈无话可说。

ma³¹	ke³³	go³³le³³ja³³	ni³¹lju³¹	bo⁵³.
ma³¹	ke³³	go³³le³³-ja³³	ni³¹-lju³¹	bo⁵³
NEG	害怕	瓦-房	住-NMLZ	拥有

不要紧，大瓦房有你住的。

其他两个名物化标记搭配相对自由，能产性较高，所能搭配的动词范围广泛。

1.4.1.6 形容词

多续语的形容词属于动词的一类（不及物状态动词），能够前加前缀 mi、u、ja、否定和禁止词，后加致使标记和体助词。但是作修饰语用时，多续语形容词后置于被修饰者。当修饰名词时，多续语的动词须进行名物化操作，前置于被修饰语。例如：

tsʰo³³	kʰa⁵³	tsʰo³³	go²²tɕi³³	bu	ja²²ka³³	tɕa⁵³	tʰe³³	vu⁵³
tsʰo³³	kʰa⁵³	tsʰo³³	go²²tɕi³³	bu	ja²²ka³³	tɕa⁵³	tʰe³³	vu⁵³
人	大	人	小	PL.ANM	全部	TOP	那	老鼠

lja²²lja⁵³	ne	lja²².
lja²²-lja⁵³	ne	lja²²
寻找-寻找	TOP	寻找

那家的人大大小小（大人和小人）全部去给孤儿捉耗子。（2.11 狡猾的孤儿）

形容词修饰名词也能添加领属标记 i，使其名物化，前置于被修饰者。例如：

tʰe³³	nju³³xu⁵³	i	be²²tɕʰe³³	ɑ̱	ja²²ʃu³³ma⁵³	ve²².
tʰe³³	nju³³xu⁵³	i	be²²tɕʰe³³	ɑ̱	ja²²ʃu³³ma⁵³	ve²²
那	红	GEN	衣服	TOP	妻子	穿

红色的衣服呢，是媳妇穿的。（2.18 新娘穿的衣服）

以上两种结构，传递信息的功能不一样，后者一般是已知信息，而前者既可为已知信息也可为新知信息。

形容词表示程度深，以词为单位重叠（参见 1.3.3）。例如：

tʰe³³	tsʰo³³	mo³³	i	mo³³.
tʰe³³	tsʰo³³	mo³³	i	mo³³.

他　　　人　　　高　　　GEN　高

那个人很高。

表示状态、性状的程度增加多续语使用前缀 ja（参见 1.3.2）。例如：

tɕi³³　　　　tʃa⁵³　　　me²²le³³　　　　me³²tɕʰa³³　　　nja⁵³-gu　　　dʑe⁵³dʑe³¹

tɕi³³　　　　tʃa⁵³　　　me²²le³³　　　　me³¹tɕʰa³³　　　nja⁵³-gu　　　dʑe⁵³dʑe³¹

一　　　　　次　　　风　　　　　　阳光　　　　　两.个-个　　　争吵

se³³gu³³　　　i　　　pe³³sə⁵³　　ja³³kʰa⁵³.

se³³gu³³　　　i　　　pe³³sə⁵³　　ja³³-kʰa⁵³

谁　　　　　GEN　本事　　　更-大

有一次风和太阳两个在争论谁的本事大。（2.2 北风和太阳的故事）

比较句结构如下：

第一个比较的事物——第二个比较的事物——比较助词 ba⁵³——形容词

例如：

tʰe³³　　　çu³³　　　　ba⁵³　　　ja³¹mo³³

tʰe³³　　　çu³³　　　　ba⁵³　　　ja³¹-mo³³

他　　　人　　　　边　　　更-高

他比其他人都高。

ɬa³¹pʰa³³　　　a³³ja³³　　　ŋa³³　　　na²²ba³³　　　ja³¹ko³¹

ɬa³¹pʰa³³　　　a³³ja³³　　　ŋa³³　　　na²²-ba³³　　　ja³¹-ko³¹

老虎　　　　哥哥　　我　　　你.DAT-边　　　更-早

（青蛙说：）"虎大哥，我比你快。"

1.4.1.7 副词

从语义上，副词可以分为程度副词、范围副词、时间副词、性状副词等，分别介绍如下。

（1）程度副词

这类副词出现频率最高的副词有 ba⁵³dʑe³¹ "很"，ja³¹tɕi³¹ "怎么，有一点"，a⁵³pi³¹（tsu⁵³）"一点"。例如：

ba⁵³dʑe³¹　　　gu²²tɕi³³　　　i　　　　gu²²tɕi³³

ba⁵³dʑe³¹	gu²²tɕi³³	i	gu²²tɕi³³
很	小	GEN	小

（我那时候）特别小。（2.19 伍荣福自传）

ja³¹tɕi³¹	ma⁵³	se²²	la³³
ja³¹tɕi³¹	ma⁵³	se²²	la³³
怎么	NEG	知道	CS

（我）有点不知道了（说什么）。（2.8 教多续语）

ŋa³³de	ɹe	a⁵³pi³¹	tsu⁵³	ba⁵³	tʰa⁵³	je³¹	me³³	ba⁵³
ŋa³³-de	ɹe	a⁵³pi³¹	tsu⁵³	ba⁵³	tʰa⁵³	je³¹	me³³	ba⁵³
我-PL	TOP	一点	点	喝	PROH	醉	做	喝

我们就只要喝一点点，不能喝醉，就那样喝。（2.14 野人和人）

（2）范围副词

范围副词主要包括 ja²²ka³³ "全部，一起，都"。例如：

tʰe³³	bu	tɕa⁵³	ja²²ka³³	ja³³kʰe	ke	mo²²	la.
tʰe³³	bu	tɕa⁵³	ja²²ka³³	ja³³kʰe	ke	mo²²	la
那	PL.ANM	TOP	全部	家里	LOC	藏	CS

他们全部在家里藏起来了。（2.10 狼和喜鹊）

（3）时间副词

时间副词包括 a⁵³mi³¹ "现在"，ja⁵³no³¹ "过去"，ja²²nje³³ xe⁵³nje³³ "从前" 等。
例如：

a⁵³mi³¹	ɹe	ŋa³³de	ka³³pa³³	tʰo³¹.
a⁵³mi³¹	ɹe	ŋa³³-de	ka³³pa³³	tʰo³¹
现在	TOP	我-PL	社会	妥当

现在呢，我们生活好了。（2.20 多续语老师）

ja²²nje³³	xe⁵³nje³³	tʃʰe³³ʑi³³	i²²tɕa³³	dʐo³³	no³³pʰo⁵³	za²²gu³³	ka²²	ne
ja²²nje³³	xe⁵³nje³³	tʃʰe³³ʑi³³	i²²tɕa³³	dʐo³³	no³³-pʰo⁵³	za²²gu³³	ka²²	ne
去年	前年	孤儿	孩子	存在	外-边	东西	捡	TOP

从前有一个孤儿，在外面捡东西吃。（2.11 狡猾的孤儿）

（4）性状副词

动词充当描写性状语时，位置在所修饰的动词之前，中间不加任何助词，用于描写动词所表示的动作方式。例如：

ja⁵³no³¹	tɕa⁵³	ka³¹tsa³³	ɕe³³	tsa³³	ji³³	la.
ja⁵³no³¹	tɕa⁵³	ka³¹tsa³³	ɕe³³	tsa³³	ji³³	la
后面	TOP	马	拉	带	去	CS

孤儿就牵着马走了。（2.11 狡猾的孤儿）

形容词（不及物状态动词）作描写性状语时，位置也在动词之前，但是形容词和动词之间要加上动词 me³³ "做"。例如：

ŋa³³de	ɹɛ	a⁵³pi³¹	tsu⁵³	ba⁵³	tʰa⁵³	je³¹	me³³	ba⁵³.
ŋa³³-de	ɹɛ	a⁵³pi³¹	tsu⁵³	ba⁵³	tʰa⁵³	je³¹	me³³	ba⁵³
我-PL	TOP	一点	点	喝	PROH	醉	做	喝

我们只要喝一点点，不能喝醉地那么喝。（2.14 野人和人）

形容词作补语时，位置在所修饰的动词之后，中间可加助词 de，功能是补充说明动作行为的状态和结果。例如：

dʑi³¹	de	ma³¹	nja⁵³	i	tʰe³³	ɹɛ³³	tɕi³³	kʰu⁵³	dʑi³¹.
dʑi³¹	de	ma³¹	nja⁵³	i	tʰe³³	ɹɛ³³	tɕi³³	kʰu⁵³	dʑi³¹
吃	得	NEG	强壮	GEN	那	TOP	一	碗	吃

吃得不狠的那些就只吃了一碗。（2.14 野人和人）

这种形式很有可能是借到汉语中动词+得+补语形式。

动词后加上形容词 tɕʰo⁵³"美丽"，形容动词所表示的动作容易做到或做起来方便。例如：

dʐa²²dʐa³³	tɕʰo⁵³	i	tʰe³³	ke	ja³¹ja³¹	tɕʰe⁵³	o.
dʐa²²-dʐa³³	tɕʰo⁵³	i	tʰe³³	ke	ja³¹-ja³¹	tɕʰe⁵³	o
玩-玩	美丽	GEN	那	LOC	打-打	EXP	ITRJ

玩耍得很高兴，在（人们）玩的那个地方互相打闹。（2.14 野人和人）

来自汉语的出现频率高的副词包括 tɕəu "就"、iɛ⁵³ "也"和 təu⁴⁴ "都"。例如：

ɕe²²dʑi³³	vu³³	gi⁵³	la	vu³³	gi⁵³	la	la	le	tɕəu	tsʰo³³	bu.

çe^{22}dʑi^{33}	vu^{33}	gi^{53}	la	vu^{33}	gi^{53}	la	la	le	tɕəu	tsʰo^{33}	bu
洪水	水	落	CS	水	落	CS	CS	TOP	就	人	PL.ANM

洪水来了呢，人就全部死了。

ja^{22}ka^{33}	sə^{31}ka^{31}	sə^{31}ka^{31}	pi^{53}	la.
ja^{22}ka^{33}	sə^{33}ka^{33}	sə^{33}ka^{33}	pi^{53}	la
全部	死	死	毕	CS

死完了。（2.15 洪水朝天）

tʰe^{33}de	tɕa^{53}	la^{31}	la^{33}	tɕəu	vu^{53}	iɛ^{53}	tʰe^{33}	ke	bo^{53}.
tʰe^{33}-de	tɕa^{53}	la^{31}	la^{33}	tɕəu	vu^{53}	iɛ^{53}	tʰe^{33}	ke	bo^{53}
他-PL	TOP	来	CS	就	酒	也	那	LOC	拥有

他们就来了，那里也有酒。

kʰu^{53}	iɛ^{53}	tʰe^{33}	ke	tɕi^{33}	idzo.
kʰu^{53}	iɛ^{53}	tʰe^{33}	ke	tɕi^{33}	idzo
碗	也	那	LOC	放	PROG

碗也放着了。（2.14 野人和人）

ko^{33}	ko^{33}	tsʰo^{33}	bu	a^{33}ke	təu^{44}	a^{33}ke	təu^{44}	u^{31}dʑa^{31}	la.
ko^{33}	ko^{33}	tsʰo^{33}	bu	a^{33}ke	təu^{44}	a^{33}ke	təu^{44}	u^{31}-dʑa^{31}	la
这里	LOC	人	PL.ANM	哪里	都	哪里	都	PFV-站	CS

这里，到处（哪里都）有人了。（2.15 洪水朝天）

1.4.1.8 格助词

多续语句子里，词和词之间的各种关系（如领属关系，方位、处所关系，受动关系，比较关系等），要靠格助词来表达。主要格助词包括：领属助词 i 和处所助词 ke（比较助词 ba^{53}）。

领属结构指的是表达领有关系（拥有关系或所有权），即领属物和领属者之间的关系。领属结构在多续语里的语序是领属者在前，领属物在后。多续语领属结构形式分两种。一种是领属者直接置于领属物前方，中间不加领属助词。这种多指所谓不可分割的领属（不可让渡领属关系），如部分与整体关系。如 vo^{31}mu^{31} "猪毛"、tsʰo^{33} mi^{53} "人命"、ʐu^{53} ja^{33} "草房"。

另一种是在领属者和领属物之间加上领属助词。这一种一般指可分割的领属或描述领属物的属性、性质等。多续语的领属助词 i 用在领属者和领属物之间，表示领属和限制的意义。i 用于名词、代词、动词、形容词之后，有以下几个功能。

（1）用在以名词充任的定语之后，i 表示可分割的领属。例如：

tʰe³³	mu⁵³tʃʰu³¹	i	mu³¹	be	pʰje²²	ʃə³¹	pe³³	la³¹	la.
tʰe³³	mu⁵³tʃʰu³¹	i	mu³¹	be	pʰje²²	ʃə³¹	pe³³	la³¹	la
那	尾巴	GEN	毛	PL.N-ANM	吐	拿	出来	来	CS

（青蛙就把）老虎尾巴上的毛吐出来了。

（2）用在以动词或形容词充任的定语之后，i 起动词或形容词名词化作用。动词、形容词后加上 i，使其相当于一个名词，在偏正结构中起描写、限制中心语的作用，位置在中心语之前，与名词当定语时相同。例如：

me³¹tɕʰa³³	kʰo³³	i	tʰe³³	da²²pʰo⁵³	me²²le³³	iɛ⁵³	me⁵³
me³¹tɕʰa³³	kʰo³³	i	tʰe³³	da²²pʰo⁵³	me²²le³³	iɛ⁵³	me⁵³
阳光	晒	GEN	那	那边	风	也	吹

在有阳光的那边又刮风，（又下雨）。（2.1 乞丐的故事）

处所标记用在名词或名词性短语之后，表时间、处所、方式等，多续语有两个方位助词：ke 或 ko（go）和 tʰo⁵³。

ke 或 ko（go）"在某处之上、里"，一般读高降调，但在某些固定词组中轻读。伍荣福主要用 ke，而吴德才则主要用 ko（go），两个标记用法和意义相同。ke 或 ko（go）置于所修饰的名词之后，使用范围广。例如：

tʰe³³	dʑe²²du³³	pu³¹	ke⁵³	vu⁵³	me³³	o	ŋa³³	tʰe³³	ke
tʰe³³	dʑe²²du³³	pu³¹	ke⁵³	vu⁵³	me³³	o	ŋa³³	tʰe³³	ke
那	边上	村寨	LOC	酒	做	ITRJ	我	那	LOC

zu²²gu³³	tsu⁵³	lja²²lja⁵³	dʑi³¹	ge
zu²²gu³³	tsu⁵³	lja²²-lja⁵³	dʑi³¹	ge
东西	点	寻找-寻找	吃	PRO

附近寨子里有人在办宴席，我们再去找点东西吃。（2.10 狼和喜鹊）

da⁵³	ko	ji³³	tɕi³³	njo³³njo³³	çe⁵³	la³³
da⁵³	ko	ji³³	tɕi³³	njo³³-njo³³	çe⁵³	la³³

地	LOC	去	一	看-看	TNT	CS

到田地里去看一下。（2.7 日常生活）

t^ho^{53}置于所修饰的名词之后，表示"在某处之上"。例如：

ŋa³³	tɕa⁵³	tʰa⁵³tɕʰu³³	me³³	va³³ma³³	ka³¹	tʰo⁵³	dʑi³¹lju³¹
ŋa³³	tɕa⁵³	tʰa⁵³tɕʰu³³	me³³	va³³ma³³	ka³¹	tʰo⁵³	dʑi³¹-lju³¹
我	TOP	悄悄	做	路	条	之上	吃-NMLZ

lja²²lja⁵³.
lja²²lja⁵³
寻找-寻找

我呢，就假装在路上找吃的。（2.10 狼和喜鹊）

表示处所的词，除了方位词，可以直接用地名（专用名词），如 dʒo²²no³³ "城里，冕宁城"，mo²²mbo³³lo³³ "和尚村"，la³¹ga³¹dʑo³³ "伍宿村" 等。作宾语时，专用名词不带方位助词。例如：

ni³³	jo²²pʰo³³	bu	tɕi⁵³	mi³¹ndo⁵³	ɕe⁵³	a	dʒo²²no³³	a³¹	ji³³?
ni³³	jo²²pʰo³³	bu	tɕi⁵³	mi³¹ndo⁵³	ɕe⁵³	a	dʒo²²no³³	a³¹	ji³³
你.GEN	朋友	PL.ANM	一	问	TNT	ITRJ	冕宁城	Q	去

问一下你的朋友们，去不去县城？（2.17 母亲吩咐女儿的话）

1.4.1.9 语气词和叹词

语气词分多续语固有语气词和汉语借词两种。

多续语固有语气词，主要包括 o 和 a³³me³³。o 很有可能是结合几种功能的虚词。读高降调的 o⁵³添加在动词之后，表示动词所陈述的动作行为即将要发生或状态即将要发生变化。同时读轻声的 o 既能用在句末（动词之后）也能用在句首，跟语调一起表达语气。如：

no³³	xo³³tɕa³³	dʒo³³ko³³	dʑi³¹	o?
no³³	xo³³tɕa³³	dʒo³³ko³³	dʑi³¹	o
你	什么	筷子	吃	ITRJ

你用什么样的筷子吃饭？

a³³me³³	ŋa³³	ja³³kʰeɹe	ni³³	dʒo³³ko³³	za²²	o.

a³³me³³	ŋa³³	ja³³kʰe	ɹe	ni³³	dʒo³³ko³³	za²²	o
啊哟	我	家里		TOP	金子	筷子	用	ITRJ

（女儿说：）啊哟，我家里是用金筷子。（2.6 蟒蛇的故事）

no³³	ja²²ka³³	no³³	mi³¹dʑi³¹	la	ɕu³³	i	tʰe³³
no³³	ja²²ka³³	no³³	mi³¹-dʑi³¹	la	ɕu³³	i	tʰe³³
你	全部	你	PFV-吃	CS	人	GEN	那

ŋa³³	ni	jo²²pʰo³³	bu	xo³³tɕa³³	be	dʑi³¹	o?
ŋa	ni	jo²²pʰo³³	bu	xo³³tɕa³³	be	dʑi³¹	o
我	GEN	朋友	PL.ANM	什么	PL.N-ANM	吃	ITRJ

"你把所有的东西都吃了，那其他的朋友又吃什么呢？"（2.4 傻女婿）

o	ke³³tʰe³³	pa³³ma⁵³	pu	iɛ⁵³	ʁa⁵³	dʑi	ma⁵³	pʰa³¹	la	tɕou	tʰe³³
o	ke³³tʰe³³	pa³³ma⁵³	pu	iɛ⁵³	ʁa⁵³	dʑi	ma⁵³	pʰa³¹	la	tɕou	tʰe³³
ITRJ	这	癞蛤蟆	只	也	饱	是	NEG	能	CS	就	那

mi³¹pʰo³³	la.
mi³¹-pʰo³³	la
PFV-跑	CS

（老虎想）哦，我赢不了那个青蛙，只好逃跑。（2.3 老虎和青蛙的故事）

以上几个例句中，o 分别表示陈述、疑问和感叹语气。o 也常用在表示追问的词组 a³¹ dʑi⁵³ o "是不是" 中。例如：

vu³¹pʰa⁵³	tʰe³³	me³³	ŋe²²	a³¹	dʑi⁵³	o	tʰe³³	me³³	kʰi³¹kʰi³³.
vu³¹pʰa⁵³	tʰe³³	me³³	ŋe²²	a³¹	dʑi⁵³	o	tʰe³³	me³³	kʰi³¹-kʰi³³
蛇	那	做	说	Q	是	ITRJ	那	做	嚷-嚷

"你去吧"，蟒蛇就这么说，是不是？就那么喊。（2.6 蟒蛇的故事）

a³³me³³ "哎哟，啊唷" 表示惊奇和赞叹。例如：

tʰe³³	ʃuo³³	a³³me³³	dʑi⁵³	dʑi⁵³.
tʰe³³	ʃuo³³	a³³me³³	dʑi⁵³	dʑi⁵³
那	说	啊哟	是	是

他说，啊哟，好，好。（2.1 乞丐的故事）

a³³me³³　no³³　xo³³　me³³　pa³³ma⁵³　pu　təu　no³³　ke³¹ʃa³³
a³³me³³　no³³　xo³³　me³³　pa³³ma⁵³　pu　təu　no³³　ke³¹ʃa³³
啊哟　　你　　何　　做　　癞蛤蟆　　只　都　你　怕
蜜蜂（猴子）说，你怎么怕一个青蛙？（2.3 老虎和青蛙的故事）

a³³me³³　　nu⁵³　ka　　ni³³tɕi³³　　nje³³　tɕʰi³³　nje³³　ma⁵³tɕa²².
a³³me³³　　nu⁵³　ka　　ni³³tɕi³³　　nje³³　tɕʰi³³　nje³³　ma⁵³tɕa²²
啊哟　　彝　家　二十　　年　　十　　年　　打工
啊哟，在彝族家呆过二十年，十年打工。（2.19 伍荣福自传）

　　汉语借词语气词包括 pə "吧" 和 mə "嘛"。借到多续语以后，两个语气词仍然表示猜度或商量口气。例如：

so³³　nje³³　ma⁵³tɕa²²　la　tʰi³³　xa⁵³　ʃa³¹ʃa³³lo³³lo³³　pə.
so³³　nje³³　ma⁵³tɕa²²　la　tʰi³³　xa⁵³　ʃa³¹ʃa³³lo³³lo³³　pə
三　　年　　打工　　CS　那　时候　可怜　　吧
三年，打工的那时候，很困难吧。（2.19 伍荣福自传）

no³³　xaiʃə　do³³ɕu³³　na³¹　me³³　ŋe²²　pə.
no³³　xaiʃə　do³³ɕu³³　na³¹　me³³　ŋe²²　pə
你　还是　多续藏族　语言　做　说　吧
你还是用多续语说吧。（2.8 教多续语）

do³³ɕu³³　na³¹　me³³　tɕi⁵³　ŋe²²　ɕe⁵³　mə.
do³³ɕu³³　na³¹　me³³　tɕi⁵³　ŋe²²　ɕe⁵³　mə
多续藏族　语言　做　一　说　TNT　嘛
用多续语说一下，教你们一下。（2.8 教多续语）

a³³me³³　ŋa³³de　tɕəu　zə³¹　tɕʰa⁵³　la　mə.
a³³me³³　ŋa³³-de　tɕəu　zə³¹　tɕʰa⁵³　la　mə
啊哟　我-PL　就　药　卖　CS　嘛
啊哟，我们就是卖药的嘛。（2.13 吃人婆的故事）

除了以上几个语气词以外，长篇语料当中会出现其他频率相对较低的语气词，如 a "啊"。这个语气词很有可能是汉语借词。

WDC	ŋa³³	ʃuo³³	no³³	a	ne³³de	u³¹ʒə⁵³	ge³³	dʑi	mə
	ŋa³³	ʃuo³³	no³³	a	ne³³-de	u³¹-ʒə⁵³	ge³³	dʑi	mə
	我	说	你	ITRJ	你-PL	PFV-写	PRO	是	嘛

我说："你啊，你们把它写了嘛。"（2.21 用多续语聊天）

语气词和话语标记借用是语言接触常见的现象。据 Matras（1998）、Sakel 和 Matras（2008），口传语言较容易借到强势文字语言的话语组织标记及其功能与分布特点，是因为这些标记在话语结构、质量和流向方面能直接影响说话者和听话者之间的交互方式。

1.4.2 句法

多续语是分析型、SOV 型语言，其语法意义的表达主要依靠语序、虚词和附加成分。多续语属于句末动词语言，没有具有格位标记的主语和宾语。信息关系（语用关系）是决定多续语词序的主要因素。

1.4.2.1 语序

多续语无标记语序为：主语——直接宾语——间接宾语——谓语。例如：

tʰe³³	ni³³	i	kʰu⁵³	tʰa²²	mi³¹kʰo⁵³	la³³
tʰe³³	ni³³	i	kʰu⁵³	tʰa²²	mi³¹-kʰo⁵³	la³³
那	金子	GEN	碗	他.DAT	PFV-给	CS

（妹妹）就把金碗送给她（姐姐）。（2.6 蟒蛇的故事）

1.4.2.2 句型

（1）话题与评论

多续语是话题突显的语言。话题结构可以用位置表示，亦即话题可以通过置于句首的方式来表现。例如：

tʰe³³	tsʰo³³tɕa³³	ma⁵³	se²².
tʰe³³	tsʰo³³tɕa³³	ma⁵³	se²²
那	傻瓜	NEG	知道

至于他是个傻瓜，（他们）就不知道。（2.4 傻瓜女婿）

这个例句中，tʰe³³ tsʰo³³tɕa³³ "他是个傻瓜" 是话题（即上下文已经出现过的已知信息），ma⁵³ se²² "不知道" 是评论（对话题的补充说明）。两个部分之间往往有停顿。

话题也可以通过话题标记来标明。多续语话题标记有两个：tɕa⁵³和 le（ɻe，ne）。tɕa⁵³的作用是标志句子中已知信息部分。试比较下面两个句子，这是故事 2.10 "狼和喜鹊" 开头的两句话：

tɕi³³	ne³³	tʰe³³	ʐe²²pʰu⁵³	xo	tʃʰa⁵³tʃʰa³¹	ʐu⁵³ʐu³¹	la
tɕi³³	ne³³	tʰe³³	ʐe²²pʰu⁵³	xo	tʃʰa⁵³tʃʰa³¹	ʐu⁵³ʐu³¹	la
一	天	那	狼	和	喜鹊	遇见-遇见	cs

有一天，那只狼和一个喜鹊碰到了。

tʰe³³	ʐe²²pʰu⁵³	tɕa⁵³	tʰe³³	tʃʰa⁵³tʃʰa³¹	dʑi³¹	pa³¹tʃe³³
tʰe³³	ʐe²²pʰu⁵³	tɕa⁵³	tʰe³³	tʃʰa⁵³tʃʰa³¹	dʑi³¹	pa³¹tʃe³³
那	狼	TOP	那	喜鹊	吃	想要

那只狼呢，想吃那只喜鹊。

第一句话介绍这个故事的两个主角，狼和喜鹊。第二句话，对已出现在上下文的主角之一（狼）做补充说明（它想吃喜鹊）。话题标记 tɕa⁵³用来标出句中已知信息部分。

le 的作用是标志话题所表示的事物，属于同类事物之间对比，可分析为对比话题标记。例如：

na³³pu³³	le	tsʰo³³tɕa³³	ja²²ʃu³³ma⁵³	le	tʰo³¹.
na³³pu³³	le	tsʰo³³tɕa³³	ja²²ʃu³³ma⁵³	le	tʰo³¹
丈夫	TOP	傻瓜	妻子	TOP	妥当

那个丈夫是个傻瓜，他的媳妇就聪明。

le 有两个变体，ɻe 和 ne，是吴德才说话的特点。例如：

ta³³ne³³	ne	no³³	tɕi³³	a³³	ʃɯ⁵³ne³³	no³³	ni³³	ja²²ʃu³³ma⁵³.
ta³³ne³³	ne	no³³	tɕi³³	a³³	ʃɯ⁵³ne³³	no³³	ni³³	ja²²ʃu³³ma⁵³
今天	TOP	你	一	个	明天	你	你.GEN	妻子

今天呢你一个，明天呢你就做媳妇了。（2.5 结婚那天吩咐女儿的话）

ŋa³³	a⁵³mi³¹	ɹe	ja³³kʰe	ji³³	la³³.
ŋa³³	a⁵³mi³¹	ɹe	ja³³kʰe	ji³³	la³³
我	现在	TOP	家里	去	CS

我现在呢，就回家了。（2.6 蟒蛇的故事）

除了 tɕa⁵³和 le（ɹe，ne），长篇语料中的话题标记还包括汉语借词 tɕəu "就"。

tʰe³³de	tɕəu	du³³la³³	tɕa⁵³	ŋa³³de	tʰe³³	ɕe⁵³	ʃə³³	la
tʰe³³-de	tɕəu	du³³la³³	tɕa⁵³	ŋa³³-de	tʰe³³	ɕe⁵³	ʃ	la
他-PL	就	商量	TOP	我-PL	那	树	拿	CS

他们就商量了，我们拿一些柴……（2.14 野人和人）

tɕəu "就" 也往往与非对比话题标记 tɕa⁵³一起使用。例如：

tʰe³³de	tɕəu	tɕa⁵³	vu⁵³	je³¹	la³³.
tʰe³³-de	tɕəu	tɕa⁵³	vu⁵³	je³¹	la³³
他-PL	就	TOP	酒	醉	CS

他们就喝醉了。（2.14 野人和人）

名词性结构（包括代词和名量结构）、动词性结构和形容词性结构都可以充当话题结构。例如：

zə³¹	tsu⁵³	mi³¹dʑi³¹	la	tɕa⁵³	zu³³ga⁵³	tʰe³³	me³³	ŋe²²	la
zə³¹	tsu⁵³	mi³¹-dʑi³¹	la	tɕa⁵³	zu³³ga⁵³	tʰe³³	me³³	ŋe²²	la
药	点	PFV-吃	CS	TOP	好	那	做	说	CS

吃点药后你就会好的。（2.13 吃人婆的故事）

no³³	so³³	ne³³	du⁵³	le	no³³	tʰe³³	ka³³tsə⁵³	tɕʰi³³	la
no³³	so³³	ne³³	du⁵³	le	no³³	tʰe³³	ka³³tsə⁵³	tɕʰi³³	la
你	三	天	完	TOP	你	那	柜子	开	CS

过了三天，你就打开柜子。（2.13 吃人婆的故事）

换言之，话题标记也能起到连接小句的作用。除了起到突出重点、相互对比的作用，话题标记也能表达转折、时间、条件等语义。

（2）单句与复句

从句子结构角度来看，句子可以分成单句和复句两种。单句是由短语充当的，是有特定的语调、能独立表达一定意思的语言单位。复句是由两个或两个以上，在意思上有联系的单句（分句）构成的，表达一个完整意思的句子。

单句可分为主谓句和非主谓句。主谓句由主谓结构构成。例如：

ja²²nje³³　　xe⁵³nje³³　　tsʰo³³　　a³³　　tɕʰe⁵³pʰu³¹　　go²²tɕi³³　　a³³　　dʐo³³.
ja²²nje³³　　xe⁵³nje³³　　tsʰo³³　　a³³　　tɕʰe⁵³pʰu³¹　　go²²tɕi³³　　a³³　　dʐo³³
去年　　　　前年　　　　人　　　个　　年龄　　　　　小　　　　个　　存在
从前，有一个年轻人。（2.12 假话大王）

多续语名词当谓语时，采用主语与名词性谓语并列结构，不需要加系动词 dʑi⁵³ "是"。例如：

tʰe³³　　njo²²bo³³　　tsʰo³³　　a³³.
tʰe³³　　njo²²bo³³　　tsʰo³³　　a³³
那　　　聋子　　　　人　　　个
他是个聋子。（2.11 狡猾的孤儿）

名词当谓语句的否定形式需要加系动词 dʑi⁵³ "是"。例如：

tʰe³³　　njo²²bo³³　　tsʰo³³　　a　　　　ma³¹　　dʑi⁵³.
tʰe³³　　njo²²bo³³　　tsʰo³³　　a　　　　ma³¹　　dʑi⁵³
那　　　聋子　　　　人　　　个　　　NEG　　是
他不是个聋子。

非主谓句由非主谓结构构成，包括省略句、独词句等。例如：

ja³³kʰe　　la³¹　　　la…　　ja³³kʰe　　la³¹　　　la　　tɕəu　　ja⁵³no³¹　　tɕəu
ja³³kʰe　　la³¹　　　la　　 ja³³kʰe　　la³¹　　　la　　tɕəu　　ja⁵³no³¹　　tɕəu
家里　　　来　　　CS　　家里　　　来　　　CS　　就　　后面　　　就
回家了，回家了就……后来呢……

多续语复句一般采用分句并列方式构成，中间不加关联词。例如：

no³³　　ma⁵³　　dʑi³¹　　ŋa³³de　　dʑi³¹　　la　　tʰe³³　　me³³　　ŋe²²　　tɕʰi³³　　i　　tʰe³³
no³³　　ma⁵³　　dʑi³¹　　ŋa³³-de　　dʑi³¹　　la　　tʰe³³　　me³³　　ŋe²²　　tɕʰi³³　　i　　tʰe³³
你　　　NEG　　吃　　我-PL　　吃　　CS　　那　　做　　说　　他.GEN　GEN　那

a³³ja³³	ni⁵³	a	ku	dʑi³¹	la.
a³³ja³³	ni⁵³	a	ku	dʑi³¹	la.
姐姐	二	个	位	吃	CS

你不吃，我们就吃，这么说，两个哥哥就吃饭。（2.13 吃人婆的故事）

复句的分句之间一般也有停顿，停顿的地方也可以插入话题助词 tɕa⁵³、tɕəu、le(ɹe，ne)。例如：

tɕʰi³³	ja³¹	le	tɕʰi³³	go²²tɕi³³	tɕʰi³³	ja³¹	le	tɕʰi³³	go²²tɕi³³	la
tɕʰi³³	ja³¹	le	tɕʰi³³	go²²tɕi³³	tɕʰi³³	ja³¹	le	tɕʰi³³	go²²tɕi³³	la
他.GEN	打	TOP	他.GEN	小	他.GEN	打	TOP	他.GEN	小	CS

（两个哥哥）越打，吃人婆变得越小。（2.13 吃人婆的故事）

复句中，分句之间的语法关系平等、不相互修饰的复句叫作联合复句（如以上两个句子）。分句之间的语法关系不平等，一个分句修饰或说明其他分句的复句叫作偏正复句。偏正复句中表达主要意思的分句叫作正句，另一个分句是偏句。按偏句与正句的意义关系，偏正复句可分为以下几种。

连贯联合复句，即复句中的分句按照一定的顺序叙述有联系的几件事情。多续语的连贯复句中分句的语序遵循时间顺序原则，即叙述按照时间顺序展开，分句中间一般不加关联词。例如：

zə³¹	tsu⁵³	mi³¹dʑi³¹	la	tɕa⁵³	zu³³ga⁵³.
zə³¹	tsu⁵³	mi³¹-dʑi³¹	la	tɕa⁵³	zu³³ga⁵³
药	点	PFV-吃	CS	TOP	对

吃点药后你就会好的。（2.13 吃人婆的故事）

条件偏正复句，即分句之间是条件和结果的关系。例如：

no³³	pe³³sə⁵³	dʑe⁵³	ŋa³³	ni	tʰe³³	ge³¹	ga²²kʰu³³	to⁵³to³¹	dʑi³¹.
no³³	pe³³sə⁵³	dʑe⁵³	ŋa³³	ni	tʰe³³	ge³¹	ga²²kʰu³³	to⁵³-to³¹	dʑi³¹
你	本事	含有	我	GEN	那	锅	饼子	抱-抱	进来

如果你有本事的话，就把我的锅饼子抱走。

la³³	ŋa³³	tɕa⁵³	na²²	dʑa³¹	la³³.
la³³	ŋa³³	tɕa⁵³	na²²	dʑa³¹	la³³
来	我	TOP	你.DAT	喜欢	CS

那我就服了你（喜欢你了）。（2.12 假话大王）

假设偏正复句，即分句之间是假设和结果的关系。例如：

no³³	zu²²gu³³	tsu⁵³	lja²²lja⁵³	ʃə³³	la	ŋa³³	dʑi³¹	ma³¹,
no³³	zu²²gu³³	tsu⁵³	lja²²-lja⁵³	ʃə³³	la	ŋa³³	dʑi³¹	ma³¹
你	东西	点	寻找-寻找	CAUS	CS	我	吃	NEG

你找点东西给我吃，

dʑi⁵³	ŋa³³	na²²	mi³¹dʑi³¹	o.
dʑi⁵³	ŋa³³	na²²	mi³¹-dʑi³¹	o
是	我	你.DAT	PFV-吃	ITRJ

不然的话，我就把你吃了。（2.10 狼和喜鹊）

时间偏正复句，即分句表达时间关系，强调所描述的动作行为在某一特定的时间段内发生，能用时间名词 tʰu⁵³ "时刻"、ne³³ "天"、xa⁵³ "时候" 等。例如：

dʑi³¹	tʰu⁵³	tɕəu	tɕʰi³³	i	na³¹ma⁵³	kʰi³¹kʰi³³	dʑi³¹	la.
dʑi³¹	tʰu⁵³	tɕəu	tɕʰi³³	i	na³¹ma⁵³	kʰi³¹-kʰi³³	dʑi³¹	la
吃	时刻	就	他.GEN	GEN	妹妹	嚷-嚷	吃	CS

吃的时候就喊妹妹一起吃。（2.13 吃人婆的故事）

ŋa³³	a³³ba³³	sə³¹ka³³	xa⁵³	ŋa³³	be³³be³³.
ŋa³³	a³³ba³³	sə³¹ka³³	xa⁵³	ŋa³³	be³³-be³³
我	父亲	死	时候	我	爬-爬

我父亲死的时候，我只会爬。（2.19 伍荣福自传）

1.4.3 语码转换

作为多续语和汉语双语者，我们的发音人往往会在说话时交错运用多续语和汉语的元素。比如，下面的来自伍荣福先生自传的句子由两个小句组成，第一句用汉语，而第二句用多续语。

xao⁵³ɕian²¹	tɕi²¹ɕiŋ²¹³	iəu⁵³	tjɛn⁵³	pu²¹	tʰai²¹³	xao⁵³	ma⁵³tɕa²²
xao⁵³ɕian²¹	tɕi²¹ɕiŋ²¹³	iəu⁵³	tjɛn⁵³	pu²¹	tʰai²¹³	xao⁵³	ma⁵³tɕa²²
好像	记性	有	点	不	太	好	打工

çu³³	i	ve³³	me³³.

çu³³	i	ve³³	me³³
人	GEN	奴仆	做

我好像记性有点不太好，做工，给别人做佣人。（2.9 伍荣福回忆）

　　我们两个发音老师比较注意在使用多续语的时候尽量少用汉语，因为我们调查的目标是要记录研究多续语。但是在注意的状态下，还是会使用大量的汉语连接词（如 na²¹mə²¹ "那么"、xai²¹ʃə²¹ "还是"、tçəu "就"）、话题标记（如 le/ne "呢"、tçəu "就"）和语气词（如 pə "吧"、ʃə pə "是吧"），体现出汉语对多续语的深度影响。

1.5　文本采集说明

　　本书所用的语言材料，一律为笔者带领的课题组于 2013~2017 年在四川省冕宁县所做的田野调查中获得，也是与由四川省民族研究所袁晓文研究员、西南大学研究生韩正康、西昌学院王德和教授组成的英国濒危语言典藏项目（Endangered Languages Documentation Programme，SOAS）课题组 "中国西南地区尔苏语旭米语抢救"（"Ersu and Xumi:Comparative and Cross-Varietal Documentation of Highly Endangered Languages of South-West China"，2013 年 4 月至 2017 年 1 月，项目批准号 MDP0257）合作的结果。

　　本书所用的语言材料，主要语料种类和发音人信息如表 11 所示。[①]

表 11　主要语料的种类和发音人信息

编号/名称	语料种类	发音人
2.1 乞丐的故事	民间文学	吴德才
2.2 北风和太阳的故事	翻译	伍荣福
2.3 老虎和青蛙的故事	翻译：民间文学	伍荣福
2.4 傻女婿	民间文学	吴德才
2.5 结婚那天吩咐女儿的话	独白	吴德才
2.6 蟒蛇的故事	民间文学	吴德才
2.7 日常生活	采访：独白	吴德才
2.8 教多续语	采访：独白	伍荣福

---

　　① 本书语料的相关数据（音频、视频与 ELAN 标注文件）由英国伦敦大学亚非学院濒危语言档案（Endangered Languages Archive，ELAR）保存，可登录 https:elar.soas.ac.ukCollectionMPl655546 进行下载查阅。

2.9 伍荣福回忆	采访：独白	伍荣福
2.10 狼和喜鹊	翻译：民间文学	伍荣福
2.11 狡猾的孤儿	翻译：民间文学	伍荣福
2.12 假话大王	翻译：民间文学	伍荣福
2.13 吃人婆的故事	民间文学	吴德才
2.14 野人和人	民间文学	吴德才
2.15 洪水朝天	民间文学	吴德才
2.16 打老牛	采访：独白	吴德才
2.17 母亲吩咐女儿的话	采访：独白	吴德才
2.18 新娘穿的衣服	采访：独白	吴德才
2.19 伍荣福自传	采访：自传	伍荣福
2.20 多续语老师	采访：独白	吴德才
2.21 用多续语聊天	对话	伍荣福和吴德才
2.22 多续人传统饭菜的做法	对话	伍荣福和吴德才

1.6 参考文献

Andersen, Roger W. 1982. Determining the Linguistic Attributes of Language Attrition. In R. Lambert & B. Freed (eds.), *The Loss of Language Skills*, 83-118. Rowley, Mass.:Newbury House Publishing.

Campbell, Lyle & Martha C. Muntzel. 1989. The Structural Consequences of Language Death. In Nancy C. Dorian (ed.), *Investigating Obsolescence:Studies in Contraction and Death (Studies in the Social and Cultural Foundations of Language 7)*, 181-196. Cambridge:Cambridge University Press.

Chirkova, Katia. 2014. The Duoxu Language and the Ersu-Lizu-Duoxu Relationship. *Linguistics of the Tibeto-Burman Area* 37.1 (2014):104-146.

Chirkova, Katia. 2015. A Phonological Sketch of Duoxu. *Cahiers de Linguistique Asie Orientale* 44.2:97-121.

Chirkova, Katia. 2017. Revitalization of Duoxu:A first-hand account. *The Routledge Handbook of Language Revitalization*, ed. by Leanne Hinton, Leena Huss and Gerald Roche. New York:Routledge.

Chirkova, Katia. 2017. Lizu (Ersu). In *The Sino-Tibetan Languages* (Second Edition), edited by Randy J. LaPolla and Graham Thurgood, pp. 823-839. New York:Routledge.

Matras, Yaron. 1998. Utterance Modifiers and Universals of Grammatical Borrowing. *Linguistics* 36-2, 281-331.

Sakel, Jeanette and Yaron Matras (eds.). 2008. *Grammatical Borrowing in Cross-Linguistic Perspective*. Empirical Approaches to Language Typology [EALT] 38. Berlin:Mouton de Gruyter.

Smith, Carlota S. 1991. *The Parameter of Aspect*. Dordrecht:Kluwer Academic Press.

Stanford, James N. & Dennis R. Preston. 2009. *Variation in Indigenous Minority Languages (Impact:Studies in Language and Society 25)*. Amsterdam & Philadelphia:John Benjamins Publishing Company.

Zhang, Sihong. 2013. *A Reference Grammar of Ersu:A Tibeto-Burman Language of China*. PhD Thesis:James Cook University.

韩正康：《多续藏族文化保护的可行性研究》，《四川民族学院学报》2012 年第 3 期。

韩正康、袁晓文、齐卡佳：《多续语抢救工作及经验介绍》，第 4 届中国云南濒危语言遗产保护国际学术研讨会，玉溪师范大学，2014 年 10 月 20 日至 22 日。

韩正康、袁晓文：《藏彝走廊：族群互动背景下的多续藏族认同研究》，《中南民族大学学报》2014 年第 2 期。

韩正康、齐卡佳、袁晓文：《四川冕宁多续话》，商务印书馆，2019。

黄布凡、尹蔚彬：《多续语概况》，《汉藏语学报》2012 年第 6 期。

黄布凡、尹蔚彬：《从多续语看高濒危语的结构特点》，《民族语文》2015 年第 3 期。

聂鸿音、孙伯君：《<西番译语>校录及汇编》，社会科学文献出版社，2010。

四川省冕宁县地方志编纂委员会：《冕宁县志》，西南交通大学出版社，2010。

齐卡佳、韩正康：《实用多续语语法》，民族出版社，2017。

齐卡佳、韩正康、王德和：《吴万才手稿多续话语料集初探》，《汉藏语学报》2019 年第 11 期。

孙宏开：《尔苏（多续）话简介》，《语言研究》1982 年第 2 期。

孙宏开：《六江流域的民族语言及其系属分类》，《民族学报》1983 年第 3 期。

孙宏开：《论藏缅语族中的羌语支语言》，《语言暨语言学》2001 年第 2 期。

西田龍雄：《多續譯語の研究：新言語トス語の構造と系統》 /A Study of the Tosu-Chinese Vocabulary, Tosu I-Yu:The Structure and Lineage of Tosu, A New Language. 京都：松香堂，1973。

西田龍雄、孙宏开：《白馬譯語の研究：白馬語の構造と系統》 /A Study of the Baima-Chinese Vocabulary Baima I-Yu:The Structure and Lineage of the Baima

Language. 京都：松香堂，1990。

王振：《〈多续译语〉中藏文的音变规律及其性质初探》，第 49 届国际汉藏语言暨语言
　　学大会（49 ICSTLL），暨南大学，广州，中国，2016 年 11 月 11 日至 13 日。

王振：《清代〈多续译语〉〈栗苏译语〉〈嘉绒译语〉及相关历史语音问题研究》 /A Study
　　of *Duoxu Yiyu, Lizu Yiyu, rGyal-rong Yuyi* in Qing Dynasty and Related Aspects of
　　Historical Phonology，博士学位论文，南开大学文学院，2018。

袁晓文：《多续藏族的地方性知识》，《西藏民族学院学报》2011 年第 4 期。

袁晓文、陈东：《尔苏、多续藏族研究及其关系辨析》，《中国藏学》2011 年第 3 期。

袁晓文、韩正康：《多续藏族土司研究》，《中国藏学》2015 年第 2 期。

袁家华等：《汉语方言概要》（第二版），语文出版社，2001。

2 标注文本

2.1 乞丐的故事[①]

xe³³	tɕəu	tɕa⁵³	tɕʰi³³	lo³³lo³³ɕu³¹…	lo³³lo³³ɕu³¹	bo⁵³
xe³³	tɕəu	tɕa⁵³	tɕʰi³³	lo³³lo³³-ɕu³¹	lo³³lo³³-ɕu³¹	bo⁵³
先	就	TOP	他.GEN	乞丐-者	乞丐-者	拥有

从前有一个乞丐，

lo³³lo³³ɕu³¹	bo⁵³	la	tɕəu	tɕʰa⁵³	lja²²…	tɕʰa⁵³	lja²²ɕu
lo³³lo³³-ɕu³¹	bo⁵³	la	tɕəu	tɕʰa⁵³	lja²²	tɕʰa⁵³	lja²²-ɕu
乞丐-者	拥有	CS	就	晚饭	寻找	晚饭	寻找-者

他就要饭吃。

va³³pʰo⁵³	ji³³	tɕʰa⁵³	lja²²…	tɕʰa⁵³	lja²²…	tɕʰa⁵³	lja²²	tɕəu
va³³-pʰo⁵³	ji³³	tɕʰa⁵³	lja²²	tɕʰa⁵³	lja²²	tɕʰa⁵³	lja²²	tɕəu
外-边	去	晚饭	寻找	晚饭	寻找	晚饭	寻找	就

就在外面讨饭

kʰu⁵³	pʰa³³la³³	i	tʰe³³	tɕa²²…	tsa³³…	tsa³³	idzo
kʰu⁵³	pʰa³³la³³	i	tʰe³³	tɕa²²	tsa³³	tsa³³	idzo
碗	烂	GEN	那	捡	带	带	PROG

他就带上一个破碗，

kʰu⁵³	pʰa³³la³³	tsa³³	idzo	tɕəu	tɕʰa⁵³	lja²²	la
kʰu⁵³	pʰa³³la³³	tsa³³	idzo	tɕəu	tɕʰa⁵³	lja²²	la
碗	烂	带	PROG	就	晚饭	寻找	CS

带上一个破碗讨饭。

tɕʰa⁵³	lja²²	la	le	tɕəu	ji³³	la	le

---

① 该故事采用吴德才讲述的版本，标注文本已收入《四川冕宁多续语》中。

tɕʰa⁵³　 lja²²　la　le　tɕəu　ji³³　la　le
晚饭　寻找　CS　TOP　就　去　CS　TOP
讨饭呢，就去了。

tɕʰa⁵³　lja²²　ke³³　ke　tɕi⁵³　lja²²　ɕe⁵³　tɕo⁵³　ge　tɕi⁵³　lja²²
tɕʰa⁵³　lja²²　ke³³　ke　tɕi⁵³　lja²²　ɕe⁵³　tɕo⁵³　ke　tɕi⁵³　lja²²
晚饭　寻找　这　LOC　一　寻找　TNT　那里　LOC　一　寻找
他就走啊走，这里要点那里要点，然后他就说，

ɕe⁵³　　lja²²　　la　　tʰe³³　tɕəu　ʃuo³³　ʃə　　a³³me³³
ɕe⁵³　　lja²²　　la　　tʰe³³　tɕəu　ʃuo³³　ʃə　　a³³me³³
TNT　　寻找　　CS　　那　　就　　说　　是　　啊哟

ŋa³³　le　ja⁵³no³¹　le　ŋa³³　xaiʃə　a³³na³³　a³³na³³　ŋa³³　tʰo³¹
ŋa³³　le　ja⁵³no³¹　le　ŋa³³　xaiʃə　a³³na³³　a³³na³³　ŋa³³　tʰo³¹
我　TOP　后面　TOP　我　还是　几时　几时　我　妥当

la　le　ŋa³³　xaiʃə　ja²²ʃu³³ma⁵³　ŋe²²　la
la　le　ŋa³³　xaiʃə　ja²²ʃu³³ma⁵³　ŋe²²　la
CS　TOP　我　还是　妻子　说　CS
啊唷，我以后，有一天日子好转一些，我还是要娶媳妇的。

ŋa³³　tɕʰa⁵³　ma⁵³　lja²²　la　ŋa³³　tɕəu　ja²²ʃu³³ma⁵³　ŋe²²　la···　ŋe²²
ŋa³³　tɕʰa⁵³　ma⁵³　lja²²　la　ŋa³³　tɕəu　ja²²ʃu³³ma⁵³　ŋe²²　la　　ŋe²²
我　晚饭　NEG　寻找　CS　我　就　妻子　说　CS　说
我就不要讨饭了，就要娶媳妇。

la　tʰe³³　me³³　fu³³　la　ja²²ʃu³³ma⁵³　fu³³　la　tʰe³³　me³³　ŋe²²
la　tʰe³³　me³³　fu³³　la　ja²²ʃu³³ma⁵³　fu³³　la　tʰe³³　me³³　ŋe²²
CS　那　做　领　CS　妻子　领　CS　那　做　说

tʰe³³　tɕəu　tʰe³³　ke　ji³³　vu³³···　vu³³　vo⁵³xo³¹　i　ɕu　i　tʰe³³
tʰe³³　tɕəu　tʰe³³　ke　ji³³　vu³³　　vu³³　vo⁵³xo³¹　i　ɕu　i　tʰe³³

那　　就　　那　　LOC　去　水　　水　　背　　　　GEN　者　GEN　那

那就他在那里……背水……在一个发财人家里睡。

ʁa³³ma³³　　ko　u³¹ja⁵³　　　u³¹ja⁵³　la　le　tɕəu　　tɕʰi³³　i

ʁa³³ma³³　　ko　u³¹-ja⁵³　　u³¹-ja⁵³　la　le　tɕəu　　tɕʰi³³　i

路　　　　　LOC　PFV-睡　　　PFV-睡　CS　TOP　就　　　他.GEN　GEN

tʰe³³　　ʁa²²ma³³ɕu　kʰa⁵³　　tɕʰi³³　i　tʰe³³

tʰe³³　　ʁa²²ma³³-ɕu　kʰa⁵³　tɕʰi³³　i　tʰe³³

那　　　发财-者　　大　　　他.GEN　GEN　那

za³³mi³³　　kʰa⁵³　　i　tʰe³³　la³¹　　la

za³³mi³³　　kʰa⁵³　　i　tʰe³³　la³¹　　la

女儿　　大　　　GEN　那　　来　CS

在那里睡，然后有钱人家的大女儿到那里来。

la³¹　la　ne　vu³³…　vu³³　vo⁵³xo³¹　lo³³lo³³ɕu³¹　lo³³lo³³ɕu³¹

la³¹　la　ne　vu³³　　vu³³　vo⁵³xo³¹　lo³³lo³³-ɕu³¹　lo³³lo³³-ɕu³¹

来　CS　TOP　水　　水　背　　　乞丐-者　　　乞丐-者

ve⁵³　no³³la　ŋa³³　ke³³　　ke　　vu³³　　vo⁵³xo³¹　la

ve⁵³　no³³la　ŋa³³　ke³³　　ke　　vu³³　　vo⁵³xo³¹　la

你　起　CS　我　　这　　LOC　水　　背　　　CS

来了以后说，要饭的，要饭的，你起来，我（要）在这里背水。

tʰe³³　ʃuo³³　no³³　nje²²ma⁵³　dje⁵³　ɹe　no³³　tɕi⁵³…　tɕi⁵³　go²²dʐo³³　ɕe⁵³

tʰe³³　ʃuo³³　no³³　nje²²ma⁵³　dje⁵³　ɹe　no³³　tɕi⁵³　　tɕi⁵³　go²²dʐo³³　ɕe⁵³

那　　说　　你　　心脏　　　好　　TOP　你　一　　　一　　转　　　　TNT

他说，你心好的话，就绕过去，

nje²²ma⁵³　ma³¹　dje⁵³　no³³　ni　　ŋe³³　i　kʰɯ⁵³　tɕi⁵³…　tɕi⁵³…

nje²²ma⁵³　ma³¹　dje⁵³　no³³　ni　　ŋe³³　i　kʰɯ⁵³　tɕi⁵³　　tɕi⁵³

心脏　　　NEG　好　　你　　你.GEN　我.GEN　GEN　上面　一　　　一

心不好的话，你就从我上面

kʰɯ⁵³··· ŋe³³ i kʰɯ⁵³··· kʰɯ⁵³ ji³³ mə··· ŋe³³ i kʰɯ⁵³ me³³
kʰɯ⁵³ ŋe³³ i kʰɯ⁵³ kʰɯ⁵³ ji³³ mə ŋe³³ i kʰɯ⁵³ me³³
上面 我.GEN GEN 上面 上面 去 嘛 我.GEN GEN 上面 做
从我上面跨过去，就那么说。

ji³³ tʰe³³ me³³ ŋe²²
ji³³ tʰe³³ me³³ ŋe²²
去 那 做 说

tʰe³³ ʃuo³³ ʃə a³³me³³ ji³³ a tɕəu ji³³ tʰe³³ me³³ ŋe²² la
tʰe³³ ʃuo³³ ʃə a³³me³³ ji³³ a tɕəu ji³³ tʰe³³ me³³ ŋe²² la
那 说 是 啊哟 去 啊 就 去 那 做 说 CS
他说，你去，就那样说。

tɕʰi³³ i tʰe³³ nje³³··· nje³³ku³³pa⁵³ i tʰe³³ la³¹ la iəu
tɕʰi³³ i tʰe³³ nje³³ nje³³ku³³pa⁵³ i tʰe³³ la³¹ la iəu
他.GEN GEN 那 年 老二 GEN 那 来 CS 又
然后第二个女儿出来，也来了，

la³¹ la³¹ la xaiʃə vu³³ vo⁵³xo³¹ la³¹ la tɕəu a³³me³³ lo³³lo³³ɕu³¹
la³¹ la³¹ la xaiʃə vu³³ vo⁵³xo³¹ la³¹ la tɕəu a³³me³³ lo³³lo³³-ɕu³¹
来 来 CS 还是 水 背 来 CS 就 啊哟 乞丐-者
来了还是背水，啊唷，要饭的，

no³³ xo³³ me³³ ke³³ ke u³¹ja⁵³ ve⁵³ dʑi³¹ la³³ ŋa³³
no³³ xo³³ me³³ ke³³ ke u³¹-ja⁵³ ve⁵³ dʑi³¹ la³³ ŋa³³
你 什么 做 这 LOC PFV-睡 起 进 来 我
你怎么在这里睡，起来，我（要）在这里背水。

vu³³ vo⁵³xo³¹ la
vu³³ vo⁵³xo³¹ la

水　背　　　　CS

no³³　nje²²ma⁵³　gi⁵³　la　le　no³³　tɕəu　tɕi⁵³…　tʰe³³　da²²pʰo⁵³　tɕi⁵³…
no³³　nje²²ma⁵³　gi⁵³　la　le　no³³　tɕəu　tɕi⁵³　　tʰe³³　da²²pʰo⁵³　tɕi⁵³
你　心脏　　　落　CS　TOP　你　就　一　那　那边　一
他还是说，你心好的话，就绕过去，

ɕe³³ɕe³³　ɕe⁵³　la…　tɕi⁵³　go²²dʐo³³　ɕe⁵³　pə…　tɕi⁵³　go²²dʐo³³　ɕe⁵³　la
ɕe³³ɕe³³　ɕe⁵³　la　　tɕi⁵³　go²²dʐo³³　ɕe⁵³　pə　　tɕi⁵³　go²²dʐo³³　ɕe⁵³　la
走　　TNT　CS　一　转　　　TNT　吧　一　转　　　TNT　CS
走了一下……转了一下吧……转了一下。

nje²²ma⁵³　ma³¹　dje⁵³　no³³　tɕəu　ŋe³³　i　xe³³pʰo⁵³…　ŋe³³　i
nje²²ma⁵³　ma³¹　dje⁵³　no³³　tɕəu　ŋe³³　i　xe³³-pʰo⁵³　　ŋe³³　i
心脏　　　NEG　好　你　就　我.GEN　GEN　前-边　　我.GEN　GEN

kʰɯ⁵³pʰo⁵³　mi³¹tɕʰa⁵³　ge　dʑi　tʰe³³　me³³　ŋe²²
kʰɯ⁵³-pʰo⁵³　mi³¹-tɕʰa⁵³　ge　dʑi　tʰe³³　me³³　ŋe²²
上-边　　　　PFV-跨　　PRO　是　那　做　说
心不好的话就从我上头跨过去，就那么说。

ŋe²²　la　tɕəu　tʰe³³　tɕəu　tɕa⁵³　xaiʃə　vu³³　vo⁵³xo³¹　ʃə⁵³　tsa³³
ŋe²²　la　tɕəu　tʰe³³　tɕəu　tɕa⁵³　xaiʃə　vu³³　vo⁵³xo³¹　ʃə³¹　tsa³³
说　CS　就　那　就　TOP　还是　水　背　拿　带

ja³³kʰe　ji³³　la
ja³³kʰe　ji³³　la
家里　去　CS
说了，她还是背水回家了。

ja⁵³no³¹　i　tʰe³³　la³¹　la　lo³³lo³³ɕu³¹　no³³　xo³³　me³³　ke³³　ke
ja⁵³no³¹　i　tʰe³³　la³¹　la　lo³³lo³³-ɕu³¹　no³³　xo³³　me³³　ke³³　ke
后面　GEN　那　来　CS　乞丐-者　　你　什么　做　这　LOC

然后第三个女儿出来说，要饭的，你怎么在这里睡，起来，

u³¹ja⁵³	ve⁵³	dʑi³¹	la³¹	ŋa³³	tɕəu	ke³³	ke	vu³³	vo⁵³xo³¹	la³¹
u³¹-ja⁵³	ve⁵³	dʑi³¹	la³¹	ŋa³³	tɕəu	ke³³	ke	vu³³	vo⁵³xo³¹	la³¹
PFV-睡	起	进	来	我	就	这	LOC	水	背	来

我就在这里背水。

a³³me³³	no³³	nje²²ma⁵³	dje⁵³	ɹ	no³³	tɕəu	tɕi⁵³	go²²dʐo³³	ɕe⁵³
a³³me³³	no³³	nje²²ma⁵³	dje⁵³	ɹ	no³³	tɕəu	tɕi⁵³	go²²dʐo³³	ɕe⁵³
啊哟	你	心脏	好	TOP	你	就	一	转	TNT

（他还是说，）啊哟，你心好的话，就绕过去，

nje²²ma⁵³	ma³¹	dje⁵³	ɹ	no³³	tɕəu	ŋe³³	i	kʰɯ⁵³…	kʰɯ⁵³
nje²²ma⁵³	ma³¹	dje⁵³	ɹ	no³³	tɕəu	ŋe³³	i	kʰɯ⁵³	kʰɯ⁵³
心脏	NEG	好	TOP	你	就	我.GEN	GEN	上	上

mi³¹tɕʰa⁵³	ge	dʑi	ji³³	la
mi³¹-tɕʰa⁵³	ge	dʑi	ji³³	la
PFV-跨	PRO	是	去	CS

心不好的话就从我上头跨过去，就那么说。

ke³³	ji³³	la	tsʰo³³	le	tɕʰi³³	ka³³	ni³³	la	pə	ŋa³³	xo³³
ke³³	ji³³	la	tsʰo³³	le	tɕʰi³³	ka³³	ni³³	la	pə	ŋa³³	xo³³
这	去	CS	人	TOP	他.GEN	样	有	CS	吧	我	什么

她说，人都是一样的嘛，我怎么会从你身上跨过去？

me³³	ni³³	kʰɯ⁵³	ji³³	ŋa³³	tɕəu	ke³³	ke	tɕi⁵³	go²²dʐo³³	ɕe⁵³	la
me³³	ni³³	kʰɯ⁵³	ji³³	ŋa³³	tɕəu	ke³³	ke	tɕi⁵³	go²²dʐo³³	ɕe⁵³	la
做	你.GEN	上	去	我	就	这	LOC	一	转	TNT	CS

那么我就从这里绕一下。

tʰe³³	tɕəu	tɕi⁵³	go²²dʐo³³	ɕe⁵³	tʰe³³	tɕəu	vu³³	be
tʰe³³	tɕəu	tɕi⁵³	go²²dʐo³³	ɕe⁵³	tʰe³³	tɕəu	vu³³	be

那　　就　　一　　转　　　　TNT　那　　就　　　水　　　PL.N-ANM
她就绕了一圈，把水

vo⁵³xo³¹　ja³³kʰe　ji³³　　la　　ja³³kʰe　　ji³³　　　la　　lo³³lo³³ɕu³¹
vo⁵³xo³¹　ja³³kʰe　ji³³　　la　　ja³³kʰe　　ji³³　　　la　　lo³³lo³³-ɕu³¹
背　　　家里　　去　　CS　　家里　　　去　　　CS　　乞丐-者
背回家去了。乞丐就说，

ʃuo³³…　lo³³lo³³ɕu³¹　ʃuo³³
ʃuo³³　　lo³³lo³³-ɕu³¹　ʃuo³³
说　　　乞丐-者　　　说
乞丐就说，

ke³³tʰe³³　　ʁa²²ma³³ɕu　　kʰa⁵³　　tɕʰi³³　　ke³³tʰe³³…　ke³³tʰe³³…
ke³³tʰe³³　　ʁa²²ma³³-ɕu　　kʰa⁵³　　tɕʰi³³　　ke³³tʰe³³　　ke³³tʰe³³
这　　　　　发财-者　　　　大　　　他.GEN　　这　　　　这
这个有钱人家的这个……这个……

za³³mi³³　　　gu²²tɕi³³　　ke³³tʰe³³　　nje²²ma⁵³　　dje⁵³
za³³mi³³　　　gu²²tɕi³³　　ke³³tʰe³³　　nje²²ma⁵³　　dje⁵³
女儿　　小　　　　　这　　　　　心脏　　　　好
小女儿心好。

nje²²ma⁵³　dje⁵³　　tʰa³³　　tɕəu…　　tʰe³³　　tɕəu　　ji³³　　ʐo³¹　　lja²²…
nje²²ma⁵³　dje⁵³　　tʰa³³　　tɕəu　　　tʰe³³　　tɕəu　　ji³³　　ʐo³¹　　lja²²
心脏　　　好　他　就　　那　就　　去　饭　寻找
心好，他就……他就去了，去讨饭。

ʐo³¹　　　lja²²　　i　　tɕʰi³³…
ʐo³¹　　　lja²²　　i　　tɕʰi³³
饭　寻找　　GEN　　他.GEN
讨饭就到

ke³³tʰe³³　　ʁa²²ma³³ɕu　　kʰa⁵³　　i　　　　ta⁵³men²¹kʰəu⁵³　ji³³　la
ke³³tʰe³³　　ʁa²²ma³³-ɕu　　kʰa⁵³　　i　　　　ta⁵³men²¹kʰəu⁵³　ji³³　la
这　　　　　发财-者　　　大　　GEN　　大门口　　　　　去　　CS
有钱人家的门口了。

ji³³　la　tɕəu　　tʰe³³　　ke　　tɕi⁵³　　dʐa³¹　　tɕəu　　tʰe³³…
ji³³　la　tɕəu　　tʰe³³　　ke　　tɕi⁵³　　dʐa³¹　　tɕəu　　tʰe³³
去　　CS　就　　那　　　LOC　一　　　站　　　就　　　那
去了就站在那儿。

ʁa²²ma³³ɕu　　kʰa⁵³　　tʰe³³　i　　tʰe³³　　mu⁵³ka³¹　　tɕəu　　pe³³　　la³¹　la
ʁa²²ma³³-ɕu　　kʰa⁵³　　tʰe³³　i　　tʰe³³　　mu⁵³ka³¹　　tɕəu　　pe³³　　la³¹　la
发财-者　　　大　　那　　GEN　那　　老　　　　就　　出来　来　CS
有钱人家的老妈妈就出来了。

no³³　　xo³³　　me³³　　tʰe³³　　me³³　　ʒo³¹　　lja²²
no³³　　xo³³　　me³³　　tʰe³³　　me³³　　ʒo³¹　　lja²²
你　　什么　　做　　那　　做　　饭　　寻找
她问乞丐，你怎么这样讨饭？

no³³　pu³¹　ke⁵³　ŋa³³de　　vo³³vo³³　ŋa³³　ke…　　ŋa³³de　　vo³³vo³³
no³³　pu³¹　ke⁵³　ŋa³³-de　　vo³³vo³³　ŋa³³　ke　　　ŋa³³-de　　vo³³vo³³
你　村　LOC　我-PL　　帮助　我　LOC　　我-PL　　帮助
你就到我们家帮忙做工

ji³³　la　ŋa³³de　　ke³³　ke　　ma⁵³tɕa²²　　la
ji³³　la　ŋa³³-de　　ke³³　ke　　ma⁵³tɕa²²　　la
去　CS　我-PL　这　LOC　打工　CS
到我们家做工。

ŋa³³　ma⁵³tɕa²²　no³³…　no³³　a³¹　zə³³ga⁵³　o
ŋa³³　ma⁵³tɕa²²　no³³　　no³³　a³¹　zə³³ga⁵³　o
我　打工　你　　你　Q　对　　ITRJ

你就到我们家做工，好不好？

tʰe³³   ʃuo³³   a³³me³³   dʑi⁵³   dʑi⁵³
tʰe³³   ʃuo³³   a³³me³³   dʑi⁵³   dʑi⁵³
那   说   啊哟   是   是
他说，啊哟，好，好。

ŋa³³de   ni³³   ke³³   ke   ma⁵³tɕa²²   la
ŋa³³-de   ni³³   ke³³   ke   ma⁵³tɕa²²   la
我-PL   你.GEN   这   LOC   打工   CS
到我们家做工。

ŋa³³de   ni³³   ke³³tʰe³³   ma⁵³tɕa²²   la   tɕəu
ŋa³³-de ni³³   ke³³tʰe³³   ma⁵³tɕa²²   la   tɕəu
我-PL   你.GEN   这   打工   CS   就
你就到我们家做工。

ja³³kʰe   ji³³   la   tɕəu   tʰe³³   mu⁵³ka³¹   tɕəu   ʃuo³³   no³³   ʃɯ⁵³   la
ja³³kʰe   ji³³   la   tɕəu   tʰe³³   mu⁵³ka³¹   tɕəu   ʃuo³³   no³³   ʃɯ⁵³   la
家里   去   CS   就   那   老   就   说   你   明天   CS
回到家，老妈妈就说，你明天

va³³pʰo⁵³   ji³³   tɕʰe⁵³   lju²²   la   a³¹   dʑi⁵³   tɕʰe⁵³   lju²²   la
va³³pʰo⁵³   ji³³   tɕʰe⁵³   lju²²   la   a³¹   dʑi⁵³   tɕʰe⁵³   lju²²   la
外面   去   山羊   放牧   CS   Q   是   山羊   放牧   CS
就到外面放羊，好不好？

ŋa³³   kʰa⁵³   i   ke³³tʰe³³   za³³mi³³   ŋa³³ku   ni⁵³   a   ku   ji³³   lju²²
ŋa³³   kʰa⁵³   i   ke³³tʰe³³   za³³mi³³   ŋa³³ku   ni⁵³   a   ku   ji³³   lju²²
我   大   GEN 这   女儿   我俩   二   个   位   去   放牧
你就跟我们家的大女儿一起去，

ni⁵³   a   ku   ji³³   lju²²   tɕəu   ji³³   la   tʰe³³   ʃuo³³   ʃə   no³³

ni⁵³	a	ku	ji³³	lju²²	tɕəu	ji³³	la	tʰe³³	ʃuo³³	ʃə	no³³
二	个	位	去	放	就	去	CS	那	说	是	你

两个人去放羊，就说

no³³	ke³³	da²²pʰo⁵³	lju²²	xaiʃə	tɕo⁵³	da²²pʰo⁵³	lju²²
no³³	ke³³	da²²pʰo⁵³	lju²²	xaiʃə	tɕo⁵³	da²²pʰo⁵³	lju²²
你	这	那边	放牧	还是	那里	那边	放牧

你在这边放还是在那边放？

jo³³	tɕa⁵³	tʰe³³	me³³	ŋe²²
jo³³	tɕa⁵³	tʰe³³	me³³	ŋe²²
自己	TOP	那	做	说

自己就这么说。

tʰe³³	ʃuo³³	ʃə	namə	ŋa³³	ke³³	da²²pʰo⁵³…	me³¹tɕʰa³³	ma³¹	bo⁵³
tʰe³³	ʃuo³³	ʃə	namə	ŋa³³	ke³³	da²²pʰo⁵³	me³¹tɕʰa³³	ma³¹	bo⁵³
那	说	是	那么	我	这	那边	阳光	NEG	拥有

i	ke³³	da²²pʰo⁵³	lju²²	o²³	la
i	ke³³	da²²pʰo⁵³	lju²²	o²³	la
GEN	这	那边	放牧	CS	CS

她说，那我就在这边放，在山阴处（没有阳光的那边）放羊。

no³³	tʰe³³	da²²pʰo⁵³	lju²²	ne	ŋa³³	tɕəu	me³¹tɕʰa³³	bo⁵³	i
no³³	tʰe³³	da²²pʰo⁵³	lju²²	ne	ŋa³³	tɕəu	me³¹tɕʰa³³	bo⁵³	i
你	那	那边	放牧	TOP	我	就	阳光	拥有	GEN

那你就在那边放，在有阳光的那边放，这样说。

ke³³	da²²pʰo⁵³	lju²²	ne	lju²²	o²³	la	tʰe³³	me³³	ŋe²²
ke³³	da²²pʰo⁵³	lju²²	ne	lju²²	o²³	la	tʰe³³	me³³	ŋe²²
这	那边	放牧	TOP	放牧	CS	CS	那	做	说

ŋa³³ku	ni⁵³	a	ku	tɕəu	tʰe³³	ke	lju²²	la	tɕəu

ŋa³³ku ni⁵³   a ku tɕəu   tʰe³³   ke   lju²²   la tɕəu
我俩   二 个 位   就   那   LOC   放牧   CS   就
我们两个就这么放。

ke³³   tɕʰi³³   ke³³tʰe³³   za³³mi³³   lju²²   i   tʰe³³   ke   ɹ   tɕəu   tɕa⁵³
ke³³   tɕʰi³³   ke³³tʰe³³   za³³mi³³   lju²²   i   tʰe³³   ke   ɹ   tɕəu   tɕa⁵³
这   他的   这   女儿   放牧   GEN 那   LOC TOP 就   TOP
那个女儿在那边

me³¹tɕʰa³³   iɛ⁵³   ma³¹   bo⁵³   go³¹   i   go³¹
me³¹tɕʰa³³   iɛ⁵³   ma³¹   bo⁵³   go³¹   i   go³¹
阳光   也   NEG   有   冷   GEN   冷
也没有阳光，也很冷，

me²²le³³   iɛ⁵³   bo⁵³   tɕʰi³³   i   tʰe³³
me²²le³³   iɛ⁵³   bo⁵³   tɕʰi³³   i   tʰe³³
风   也   有   他.GEN GEN 那
还刮风，

me²²le³³   me⁵³   va⁵³   dʐu³¹…   me²²le³³   me⁵³…   tɕʰi³³…   tɕʰi³³
me²²le³³   me⁵³   va⁵³   dʐu³¹   me²²le³³   me⁵³   tɕʰi³³   tɕʰi³³
风   吹   雨   下   风   吹   他.GEN   他.GEN
又刮风又下雨

tʰe³³   va⁵³   dʐu³¹   me²²le³³   me⁵³…   ke³³   da²²pʰo⁵³   ke³³…   da²²pʰo⁵³
tʰe³³   va⁵³   dʐu³¹   me²²le³³   me⁵³   ke³³   da²²pʰo⁵³   ke³³   da²²pʰo⁵³
那   雨   下   风   吹   这   那边   这   那边
在她那边，

me²²le³³   me⁵³   va⁵³   iɛ⁵³ dʐu³¹
me²²le³³   me⁵³   va⁵³   iɛ⁵³ dʐu³¹
风   吹   雨   也 下
又刮风又下雨。

na	tɕəu	tɕʰi³³	i	tʰe³³	tɕʰe⁵³	be	go³¹	mi³¹sə³¹ka³¹	la
na	tɕəu	tɕʰi³³	i	tʰe³³	tɕʰe⁵³	be	go³¹	mi³¹-sə³³ka³³	la
那	就	他的	GEN	那	山羊	PL.N-ANM	冷	PFV-死	CS

那她的羊也就冷死了。

tʰe³³	lo³³lo³³ɕu³¹	i	tʰe³³	da²²pʰo⁵³	me³¹tɕʰa³³	bo⁵³	i	tʰe³³
tʰe³³	lo³³lo³³-ɕu³¹	i	tʰe³³	da²²pʰo⁵³	me³¹tɕʰa³³	bo⁵³	i	tʰe³³
那	乞丐-者	GEN	那	那边	阳光	有	GEN	那

乞丐那边也有阳光，

da²²pʰo⁵³	le	tɕəu	ooo
da²²pʰo⁵³	le	tɕəu	ooo
那边	TOP	就	哦

tɕʰa³³	i	tɕʰa³³tɕʰa³³	me²²le³³	iɛ⁵³	ma³¹	bo⁵³	va⁵³	iɛ⁵³
tɕʰa³³	i	tɕʰa³³-tɕʰa³³	me²²le³³	iɛ⁵³	ma³¹	bo⁵³	va⁵³	iɛ⁵³
热	GEN	热-热	风	也	NEG	有	雨	也

很暖和，没有风也没有雨。

tɕʰe⁵³	bu	i	i²²tɕa³³…	i²²tɕa³³	ba³¹	la
tɕʰe⁵³	bu	i	i²²tɕa³³	i²²tɕa³³	ba³¹	la
山羊	PL.ANM	GEN	小孩	小孩	生	CS

羊生了羊羔，

i²²tɕa³³	ʁa⁵³	i²²tɕa³³	mja⁵³	i	mja⁵³	i²²tɕa³³	be	iɛ⁵³	mja⁵³	la
i²²tɕa³³	ʁa⁵³	i²²tɕa³³	mja⁵³	i	mja⁵³	i²²tɕa³³	be	iɛ⁵³	mja⁵³	la
小孩	得到	小孩	多	GEN	多	小孩	PL.N-ANM	也	多	CS

有了羊羔，羊羔很多。

tʰe³³	tɕəu	tɕa⁵³	ja⁵³no³¹	tɕəu	ja³³kʰe	me³¹kʰa³³	du⁵³	ja³³kʰe	la³¹
tʰe³³	tɕəu	tɕa⁵³	ja⁵³no³¹	tɕəu	ja³³kʰe	me³¹kʰa³³	du⁵³	ja³³kʰe	la³¹
那	就	TOP	后面	就	家里	天	完	家里	来

然后，天黑了，他们就回家了。

la	ja³³kʰe	la³¹	la	tɕəu	ooo	tɕʰi³³	i	tʰe³³
la	ja³³kʰe	la³¹	la	tɕəu	ooo	tɕʰi³³	i	tʰe³³
CS	家里	来	CS	就	哦	他.GEN	GEN	那

回家了以后，哦，他的

mu⁵³ka³¹	tʃʰa⁵³	tɕəu	tɕa⁵³	mu⁵³ka³¹	tɕəu	njo³³njo³³
mu⁵³ka³¹	tʃʰa⁵³	tɕəu	tɕa⁵³	mu⁵³ka³¹	tɕəu	njo³³-njo³³
老	鬼	就	TOP	老	就	看-看

他们家的老大一看，

tɕʰi³³	i	za³³mi³³	lju²²	i	tʰe³³	ɻ	ee	tʰe³³	be⁵³
tɕʰi³³	i	za³³mi³³	lju²²	i	tʰe³³	ɻ	ee	tʰe³³	be⁵³
他.GEN	GEN	女儿	放牧	GEN	那	TOP	呃呃	那	PL.N-ANM

他女儿放的那些羊丢了。

mi³¹ka³³po	la	tɕʰi³³	i	za³³mi³³	le	xaiʃə	va⁵³	dʑu³¹	la
mi³¹-ka³³po	la	tɕʰi³³	i	za³³mi³³	le	xaiʃə	va⁵³	dʑu³¹	la
PFV-掉	CS	他.GEN	GEN	女儿	TOP	还是	雨	下	CS

他的女儿那边下雨，

be²²tɕʰe³³	be	dza²²dza³³	la	iɛ⁵³…	mi³¹dza²²dza³³	la	tʰe³³
be²²tɕʰe³³	be	dza²²-dza³³	la	iɛ⁵³	mi³¹-dza²²dza³³	la	tʰe³³
衣服	PL.N-ANM	湿-湿	CS	也	PFV-湿-湿	CS	那

衣服也都湿了。

lo³³lo³³ɕu³¹	tʰe³³	da²²pʰo⁵³	le	tɕʰe⁵³	be	iɛ⁵³	i²²tɕa³³
lo³³lo³³-ɕu³¹	tʰe³³	da²²pʰo⁵³	le	tɕʰe⁵³	be	iɛ⁵³	i²²tɕa³³
乞丐-者	那	那边	TOP	山羊	PL.N-ANM	也	小孩

乞丐的那边呢，

bu	iɛ⁵³	ba³¹	la³³	o

bu　　　iɛ⁵³　　　ba³¹　　la³³　　o

PL.ANM　也　　生　　CS　　ITRJ

羊有了羊羔，

xa³³　mja⁵³　la　　ke³³　ke　　la³¹　　la　　ja³³kʰe　la³¹　　la　　tʰe³³

xa³³　mja⁵³　la　　ke³³　ke　　la³¹　　la　　ja³³kʰe　la³¹　　la　　tʰe³³

盖　多　　CS　这　LOC　来　　CS　家里　　来　　CS　那

羊羔（彝语？）很多，就那样回家。

mu⁵³ka³¹　tɕəu　ʃuo³³　kʰa³³pi³³　la　　ma⁵³　ŋe²²　nje²²ma⁵³　tɕəu　tɕa⁵³

mu⁵³ka³¹　tɕəu　ʃuo³³　kʰa³³pi³³　la　　ma⁵³　ŋe²²　nje²²ma⁵³　tɕəu　tɕa⁵³

老　　　就　说　嘴　　CS　NEG　说　心脏　　就　TOP

de²²mje³³

de²²mje³³

想

老妈妈什么也没说，但是心里就想，

tɕi⁵³　de²²mje³³　ɕe⁵³　ke³³tʰe³³　lo³³lo³³ɕu³¹　xo³³　me³³　i　tʰe³³

tɕi⁵³　de²²mje³³　ɕe⁵³　ke³³tʰe³³　lo³³lo³³-ɕu³¹　xo³³　me³³　i　tʰe³³

一　　想　　　TNT　这　　　乞丐-者　　什么　做　GEN　那

这个乞丐怎么回事，

go³¹　iɛ⁵³　ma³¹　bo⁵³　va⁵³　iɛ⁵³　ma⁵³　dʑu³¹　me³³　tʰe³³　ke　　lju²²

go³¹　iɛ⁵³　ma³¹　bo⁵³　va⁵³　iɛ⁵³　ma⁵³　dʑu³¹　me³³　tʰe³³　ke　　lju²²

冷　也　NEG　有.ANM　雨　也　NEG　下　　做　那　LOC　放

也没有冷到，在他那里也没有下雨，那样放羊。

la　　ʃɯ⁵³ne³³　i　　tʰe³³…　nje³³ku³³pa⁵³　i　　tʰe³³

la　　ʃɯ⁵³ne³³　i　　tʰe³³…　nje³³ku³³pa⁵³　i　　tʰe³³

CS　明天　　GEN　那　　老二　　　　GEN　那

第二天，二女儿

za³³mi³³	no³³	lo³³lo³³ɕu³¹	xe³³pʰo⁵³	ji³³	tɕʰe⁵³	lju²²	la
za³³mi³³	no³³	lo³³lo³³-ɕu³¹	xe³³-pʰo⁵³	ji³³	tɕʰe⁵³	lju²²	la
女儿	你	乞丐-者	前-边	去	山羊	放	CS

tʰe³³	me³³	ŋe²²
tʰe³³	me³³	ŋe²²
那	做	说

跟着乞丐去放羊，就这么说。

ji³³	la	le	tʰe³³	tʰe³³	ʃuo³³	ʃə	no³³	a⁵³	da²²pʰo⁵³	lju²²
ji³³	la	le	tʰe³³	tʰe³³	ʃuo³³	ʃə	no³³	a⁵³	da²²pʰo⁵³	lju²²
去	CS	TOP	那	那	说	是	你	Q	那边	放牧

去了以后，他就问她，你要在哪边放？

no³³	ke³³	ke	me³¹tɕʰa³³	kʰo³³	i	ke³³	da²²pʰo⁵³	lju²²	xaiʃə
no³³	ke³³	ke	me³¹tɕʰa³³	kʰo³³	i	ke³³	da²²pʰo⁵³	lju²²	xaiʃə
你	这	LOC	阳光	晒	GEN	这	那边	放牧	还是

我要在没有阳光的那边放。

me³¹tɕʰa³³	ma³¹	kʰo³³	i	tʰe³³	da²²pʰo⁵³	lju²²
me³¹tɕʰa³³	ma³¹	kʰo³³	i	tʰe³³	da²²pʰo⁵³	lju²²
阳光	NEG	晒	GEN	那	那边	放牧

tʰe³³	ʃuo³³	le	pə	ŋa³³	ta³³ne³³	ɹ	me³¹tɕʰa³³	kʰo³³	i	ke³³
tʰe³³	ʃuo³³	le	pə	ŋa³³	ta³³ne³³	ɹ	me³¹tɕʰa³³	kʰo³³	i	ke³³
那	说	TOP	吧	我	今天	TOP	阳光	晒	GEN	这

他说，那我今天就在有阳光的那边放羊。

da²²pʰo⁵³	lju²²	la
da²²pʰo⁵³	lju²²	la
那边	放牧	CS

no³³	me³¹tɕʰa³³	ma³¹	bo⁵³	i	tʰe³³	da²²pʰo⁵³	lju²²	la

no³³ me³¹tɕʰa³³ ma³¹ bo⁵³ i tʰe³³ da²²pʰo⁵³ lju²² la
你 阳光 NEG 有.ANM GEN 那 那边 放牧 CS
你就在没有阳光的那边放，

tʰe³³ me³³ ŋe²²
tʰe³³ me³³ ŋe²²
那 做 说
就那么说。

tʰe³³ da²²pʰo⁵³ ji³³ la le me³¹tɕʰa³³ kʰo³³ i tʰe³³ tʰe³³
tʰe³³ da²²pʰo⁵³ ji³³ la le me³¹tɕʰa³³ kʰo³³ i tʰe³³ tʰe³³
那 那边 去 CS TOP 阳光 晒 GEN 那 那
她就到那边去了，到（没）有阳光的那边去了。

da²²pʰo⁵³ me²²le³³ iɛ⁵³ me⁵³ va⁵³ i dʐu³¹ la
da²²pʰo⁵³ me²²le³³ iɛ⁵³ me⁵³ va⁵³ i dʐu³¹ la
那边 风 也 吹 雨 GEN 下 CS
她那边又刮风，又下雨，

tɕʰi³³ za³³mi³³ lju²² i tʰe³³ ke
tɕʰi³³ za³³mi³³ lju²² i tʰe³³ ke
他的 女儿 放牧 GEN 那 LOC
在姑娘放羊的那边。

lo³³lo³³ɕu³¹ lju²² i ke³³ ke ɹ
lo³³lo³³-ɕu³¹ lju²² i ke³³ ke ɹ
乞丐-者 放牧 GEN 这 LOC TOP
在乞丐放羊的那边，

va⁵³ iɛ⁵³ ma⁵³ dʐu³¹ me²²le³³ iɛ⁵³ ma³¹ bo⁵³
va⁵³ iɛ⁵³ ma⁵³ dʐu³¹ me²²le³³ iɛ⁵³ ma³¹ bo⁵³
雨 也 NEG 下 风 也 NEG 有
不下雨，也不刮风，

tʰe³³	xaiʃə	tʰe³³	tɕʰe⁵³	be	tɕʰe⁵³	i²²tɕa³³	bo⁵³	i
tʰe³³	xaiʃə	tʰe³³	tɕʰe⁵³	be	tɕʰe⁵³	i²²tɕa³³	bo⁵³	i
那	还是	那	山羊	PL.N-ANM	山羊	小孩	有	GEN

他那边山羊还生了小羊羔，

xaiʃə	ba³¹	la	tɕəu	iəu	me³¹kʰa³³	la	iəu	ja³³kʰe	la³¹	la
xaiʃə	ba³¹	la	tɕəu	iəu	me³¹kʰa³³	la	iəu	ja³³kʰe	la³¹	la
还是	生	CS	就	又	天黑	CS	又	家里	来	CS

天黑的时候他们回家了。

tɕi³³	njo³³njo³³	ɕe⁵³	tʰe³³	tɕəu	nje³³ku³³pa⁵³	i	tʰe³³	za³³mi³³
tɕi³³	njo³³- njo³³	ɕe⁵³	tʰe³³	tɕəu	nje³³ku³³pa⁵³	i	tʰe³³	za³³mi³³
一	看	TNT	那	就	老二	GEN	那	女儿

家里的人一看，老二那群羊丢了。

lju²²	i	tʰe³³	be	ɹe	mi³¹-…	tɕi³³	be⁵³…	tɕʰe⁵³	tɕi³³
lju²²	i	tʰe³³	be	ɹe	mi³¹-	tɕi³³	be⁵³	tɕʰe⁵³	tɕi³³
放牧	GEN	那	PL.N-ANM	TOP	PFV-	一	PL.N-ANM	山羊	一

be	ka³³po	la
be	ka³³po	la
PL.N-ANM	掉	CS

lo³³lo³³ɕu³¹	ke³³	ke	ɹe	tɕʰe⁵³	tɕi³³	be⁵³	iɛ⁵³	ba³¹	la
lo³³lo³³-ɕu³¹	ke³³	ke	ɹe	tɕʰe⁵³	tɕi³³	be⁵³	iɛ⁵³	ba³¹	la
乞丐-者	这	LOC	TOP	山羊	一	PL.N-ANM	也	生	CS

乞丐的那群羊（彝话）生了羊羔。

gu²²tɕi³³	be	ʁa⁵³	la	ke³³tʰe³³…	ke³³tʰe³³	lo³³lo³³ɕu³¹	a
gu²²tɕi³³	be	ʁa⁵³	la	ke³³tʰe³³	ke³³tʰe³³	lo³³lo³³-ɕu³¹	a
小	PL.N-ANM	饱	CS	这	这	乞丐-者	个

有了小羊羔，这个乞丐

tʰe³³ ke ji³³ be²²tɕʰe³³ iɛ⁵³ ma⁵³ dza²²dza³³ la
tʰe³³ ke ji³³ be²²tɕʰe³³ iɛ⁵³ ma⁵³ dza²²-dza³³ la
那 LOC 去 衣服 也 NEG 湿-湿 CS
他那边，衣服也没有湿。

ʃɯ⁵³ne³³ xaiʃə iəu so³³ ne³³ tʰe³³ ɹ̩ tɕəu ʃuo³³ no³³
ʃɯ⁵³ne³³ xaiʃə iəu so³³ ne³³ tʰe³³ ɹ̩ tɕəu ʃuo³³ no³³
明天 还是 又 三 天 那 TOP 就 说 你
明天，第三天又说，

ne³³de gu²²tɕi³³ ke³³tʰe³³ no³³ku ni⁵³ a ku ji³³ lo³³lo³³ɕu³¹
ne³³-de gu²²tɕi³³ ke³³tʰe³³ no³³ku ni⁵³ a ku ji³³ lo³³lo³³-ɕu³¹
你-PL 小 这 你俩 二 个 位 去 乞丐-者

no³³ku ni⁵³ a ku ji³³ tɕʰe⁵³ lju²² la
no³³ku ni⁵³ a ku ji³³ tɕʰe⁵³ lju²² la
你俩 二 个 位 去 山羊 放牧 CS
小女儿就和乞丐一起去放羊吧。

ji³³ la la tʰe³³ tɕəu ʃuo³³ ʃə no³³ ta³³ne³³ ne no³³ a⁵³
ji³³ la la tʰe³³ tɕəu ʃuo³³ ʃə no³³ ta³³ne³³ ne no³³ a⁵³
去 CS CS 那 就 说 是 你 今天 TOP 你 Q

da²²pʰo⁵³ dʐo³³
da²²pʰo⁵³ dʐo³³
那边 存在
去了以后，乞丐问她，你今天要在哪一边放羊？

tɕʰi³³ i tʰe³³ gu²²tɕi³³ i tʰe³³ za³³mi³³ tɕəu ʃuo³³
tɕʰi³³ i tʰe³³ gu²²tɕi³³ i tʰe³³ za³³mi³³ tɕəu ʃuo³³
他.GEN GEN 那 小 GEN 那 女儿 就 说
那个小女儿就说，

a⁵³	da²²pʰo⁵³	lju²²	la	ŋa³³de	tɕi³³	a	tsʰo³³	a

a⁵³	da²²pʰo⁵³	lju²²	la	ŋa³³-de	tɕi³³	a	tsʰo³³	a
Q	那边	放牧	CS	我-PL	一	个	人	个

在哪一边放，我们就来，

tɕəu	tɕi³³pa	me³³	lju²²	la	tɕəu	ke³³	ke	lju²²

tɕəu	tɕi³³pa	me³³	lju²²	la	tɕəu	ke³³	ke	lju²²
tɕəu	一起	做	放牧	CS	就	这	LOC	放牧

一起放吧，在这里放。

no³³	a³³ke	lju²²	la	ŋa³³	a³³ke	lju²²	ŋa³³ku	ni⁵³	a	ku	tɕi³³pa

no³³	a³³ke	lju²²	la	ŋa³³	a³³ke	lju²²	ŋa³³ku	ni⁵³	a	ku	tɕi³³pa
你	哪里	放牧	CS	我	哪里	放	我俩	二	个	位	一起

ke³³	ke	lju²²	la

ke³³	ke	lju²²	la
这	LOC	放牧	CS

你哪里放我就在哪里放，我们就一起放。

ba³³	ko⁵³	ke³³tʰe³³	u³¹tsʰu²²	ni³¹	la	no³³	ke³³	ke	tsʰu²²	ni³¹

ba³³	ko⁵³	ke³³tʰe³³	u³¹-tsʰu²²	ni³¹	la	no³³	ke³³	ke	tsʰu²²	ni³¹
山	LOC	这	PFV-修	坐	CS	你	这	LOC	修	坐

山这边坐着，这里坐着。

no³³	tʰe³³	ke	u³¹tsʰu²²	ni³¹	la	no³³	ŋa³³de	ke	no³³

no³³	tʰe³³	ke	u³¹-tsʰu²²	ni³¹	la	no³³	ŋa³³-de	ke	no³³
你	那	LOC	PFV-修	坐	CS	你	我-PL	LOC	你

ke³³	ke	u³¹tsʰu²²	ni³¹	ŋa³³	lo⁵³	la

ke³³	ke	u³¹-tsʰu²²	ni³¹	ŋa³³	lo⁵³	la
这	LOC	PFV-修	坐	我	等	CS

你就在这边坐着，我呢就在那看着。

ta³³ne³³ le ŋa³³ lju²² la a³³ke ji³³ ɹe

ta³³ne³³ le ŋa³³ lju²² la a³³ke ji³³ ɹe

今天 TOP 我 放牧 CS 哪里 去 TOP

今天（你）去哪里放羊，

ke a³³ke ko²²ko³³ ji³³ a³³ke lju²² ji³³ la tʰe³³ me³³ ŋe²²

ke a³³ke ko²²ko³³ ji³³ a³³ke lju²² ji³³ la tʰe³³ me³³ ŋe²²

LOC 哪里 跑 去 哪里 放牧 去 CS 那 做 说

我们就到哪里，就那么说。

lju²² xaiʃə ja³³kʰe me³¹kʰa³³ du⁵³ la ja³³kʰe la³¹ la tɕəu ni⁵³ a

lju²² xaiʃə ja³³kʰe me³¹kʰa³³ du⁵³ la ja³³kʰe la³¹ la tɕəu ni⁵³ a

放牧 还是 家里 天黑 完 CS 家里 来 CS 就 二 个

ku tɕi³³pa tɕʰo⁵³ me³³

ku tɕi³³pa tɕʰo⁵³ me³³

位 一起 美丽 做

放羊呢，天黑的时候回家，他们两个做好朋友了。

tɕʰe⁵³ bu iɛ⁵³ ja²²ka³³ la³¹ la

tɕʰe⁵³ bu iɛ⁵³ ja²²ka³³ la³¹ la

山羊 PL.ANM 也 全部 来 CS

羊也全部回来了。

ni⁵³ a ku iɛ⁵³ jo²²pʰo³³ tɕʰo⁵³ me³³ la³¹ la³³ ni⁵³ a

ni⁵³ a ku iɛ⁵³ jo²²pʰo³³ tɕʰo⁵³ me³³ la³¹ la³³ ni⁵³ a

二 个 位 也 朋友 美丽 做 来 CS 二 个

两个人也成了好朋友。

ku me²²le³³ iɛ⁵³ ma³¹ me⁵³ va⁵³ iɛ⁵³ ma⁵³ dʐu³¹

ku me²²le³³ iɛ⁵³ ma³¹ me⁵³ va⁵³ iɛ⁵³ ma⁵³ dʐu³¹

位 风 也 NEG 吹 雨 也 NEG 下

没有刮风，也没有下雨。

xo³³tɕa³³	sə⁵³	iɛ⁵³	ma³¹	dʐo³³	tɕəu	la³¹	la	ja³³kʰe	la³¹	la
xo³³tɕa³³	sə⁵³	iɛ⁵³	ma³¹	dʐo³³	tɕəu	la³¹	la	ja³³kʰe	la³¹	la
什么	事情	也	NEG	存在	就	来	CS	家里	来	CS

什么事也没有，他们就回家了。

ja³³kʰe	la³¹	la	tɕəu	tɕa⁵³
ja³³kʰe	la³¹	la	tɕəu	tɕa⁵³
家里	来	CS	就	TOP

就回家了，

ja³³kʰe	la³¹	la···	ja³³kʰe	la³¹	la	tɕəu	ja⁵³no³¹	tɕəu
ja³³kʰe	la³¹	la	ja³³kʰe	la³¹	la	tɕəu	ja⁵³no³¹	tɕəu
家里	来	CS	家里	来	CS	就	后面	就

回家了，回家了就……后来呢……

ni⁵³	a	ku	tɕəu	jo²²pʰo³³	tɕʰo⁵³	la
ni⁵³	a	ku	tɕəu	jo²²pʰo³³	tɕʰo⁵³	la
二	个	位	就	朋友	美丽	CS

两个人成了好朋友了。

ja⁵³no³¹	ne	tɕəu	tʰe³³de	tɕəu	nje²²me³³	ji³³	la
ja⁵³no³¹	ne	tɕəu	tʰe³³de	tɕəu	nje²²me³³	ji³³	la
后面	TOP	就	他-PL	就	祖拜	去	CS

他们就去赛马，

nje²²me³³	ji³³	la	tɕəu	tsʰo³³	bu	tʰo³¹	i	tʰo³¹	i	tsʰo³³
nje²²me³³	ji³³	la	tɕəu	tsʰo³³	bu	tʰo³¹	i	tʰo³¹	i	tsʰo³³
祖拜	去	CS	就	人	PL.ANM	妥当	GEN	妥当	GEN	人

bu	tɕəu	tʰe³³	ke	la³¹	a³¹	dʑi⁵³	o
bu	tɕəu	tʰe³³	ke	la³¹	a³¹	dʑi⁵³	o

PL.ANM	就	那	LOC	来	Q	是	ITRJ

去赛马，那里来了很多英俊的小伙子，是不是？

nei²¹	kə	pə	ʃə	tɕʰi³³	a³¹vu³³	ka···	a³¹vu³³	ka	xaiʃə	tɕʰi³³
nei²¹	kə	pə	ʃə	tɕʰi³³	a³¹vu³³	ka	a³¹vu³³	ka	xaiʃə	tɕʰi³³
那	个	吧	是	他.GEN	舅父	家	舅父	家	还是	他.GEN

那个吧是，舅舅家……舅舅家……

se³³	de²²	tʰe³³	me³³	ŋe²²	la	tɕa⁵³	a³³be³³	tʰe³³
se³³	de²²	tʰe³³	me³³	ŋe²²	la	tɕa⁵³	a³³be³³	tʰe³³
谁	家	那	做	说	CS	TOP	嫁妆	那

还是谁家就那么说，啊哟他……

dzo²²mo³³	me³³ɕu	tsʰo³³	tʰo³¹	i	tʰo³¹	zu²²gu³³	tʰo³¹	i
dzo²²mo³³	me³³-ɕu	tsʰo³³	tʰo³¹	i	tʰo³¹	zu²²gu³³	tʰo³¹	i
官	做-者	人	妥当	GEN	妥当	东西	妥当	GEN

tʰo³¹	me³³	tɕa⁵³	la³¹	la	ve²²···	ka³¹tsa³³	ve²²	ko²²ko³³
tʰo³¹	me³³	tɕa⁵³	la³¹	la	ve²²	ka³¹tsa³³	ve²²	ko²²ko³³
妥当	做	TOP	来	CS	赶	马	赶	跑

当官的，英俊的小伙子就来了，赶马，

me³³	la³¹	la	a³¹	dʑi⁵³	o	ko²²ko³³	me³³	la³¹	la	tɕa⁵³···
me³³	la³¹	la	a³¹	dʑi⁵³	o	ko²²ko³³	me³³	la³¹	la	tɕa⁵³
做	来	CS	Q	是	ITRJ	跑	做	来	CS	TOP

骑过来了，是不是？骑过来了，长相很漂亮。

zu²²gu³³	dje⁵³···	zu²²gu³³	dje⁵³	tʰo³¹	i	tʰo³¹	zu²²gu³³
zu²²gu³³	dje⁵³	zu²²gu³³	dje⁵³	tʰo³¹	i	tʰo³¹	zu²²gu³³
东西	好	东西	好	妥当	GEN	妥当	东西

dje⁵³	i	dje⁵³	tsʰo³³	tʰo³¹	i	tʰo³¹	me³³	tɕəu	la³¹	la
dje⁵³	i	dje⁵³	tsʰo³³	tʰo³¹	i	tʰo³¹	me³³	tɕəu	la³¹	la

好　　GEN　好　　人　　妥当　GEN　妥当　做　　就　　来　　CS

长相很漂亮，人很好，就那么一个小伙子来了，

la³¹　la　tɕəu···　nje²²me³³　a　ka³¹tsa³³　dzə³¹　mə　tɕʰi　ka³¹tsa³³

la³¹　la　tɕəu　　nje²²me³³　a　ka³¹tsa³³　dzə³¹　mə　tɕʰi　ka³¹tsa³³

来　　CS　就　　祖拜　　ITRJ　马　　骑　嘛　骑　　马

来了，赛马，骑马，就赛马，骑马，骑着马。

ka³¹tsa³³　dzə³¹···　mo³¹　dzə³¹　idzo···　mo³¹　dzə³¹　idzo　na　tɕəu

ka³¹tsa³³　dzə³¹　　mo³¹　dzə³¹　idzo　　mo³¹　dzə³¹　idzo　na　tɕəu

马　　　骑　　　马　　骑　　PROG　马　　骑　　PROG　那　就

tɕʰi³³　i　tʰe³³

tɕʰi³³　i　tʰe³³

他.GEN　GEN　那

他的那个

u⁵³nju³¹　iɛ⁵³　ɕe²²　la　tɕʰe⁵³　iɛ⁵³　ɕe²²　la　ʃe³³　be　　u³¹tɕo²²

u⁵³nju³¹　iɛ⁵³　ɕe²²　la　tɕʰe⁵³　iɛ⁵³　ɕe²²　la　ʃe³³　be　　u³¹-tɕo²²

水牛　　也　打死　CS　山羊　也　打死　CS　肉　PL.N-ANM　PFV-煮

杀了水牛，杀了羊，把全部的肉煮好，把肉煮好，

la　　tɕa⁵³···　tɕu²²　la···　ʃe³³　be　　　tɕu²²　la

la　　tɕa⁵³　　tɕu²²　la　　ʃe³³　be　　　tɕu²²　la

CS　TOP　　煮　　CS　肉　PL.N-ANM　煮　　CS

tɕu²²　　la　le　ʃe³³　be　　u³¹tɕo²²　　la　tɕəu

tɕu²²　　la　le　ʃe³³　be　　u³¹-tɕo²²　　la　tɕəu

煮　　CS　TOP　肉　PL.N-ANM　PFV-煮　CS　就

煮了，把全部的肉都煮好。

tɕʰi³³　i　tʰe³³　za³³mi³³　so³³　a　tɕa⁵³　na³³pu³³　lja²²lja⁵³　lai

tɕʰi³³　i　tʰe³³　za³³mi³³　so³³　a　tɕa⁵³　na³³pu³³　lja²²-lja⁵³　lai

他.GEN GEN 那 女儿 三 个 TOP 丈夫 寻找-寻找 来

la	a³¹	dʑi⁵³	o
la	a³¹	dʑi⁵³	o
CS	Q	是	ITRJ

那三个女儿就过来选丈夫，不是哦。

kʰa⁵³	i	tʰe³³	ɹ	a³³me³³	tʰe³³	zu²²gu³³	tʰo³¹	i	tʰo³¹	me³³
kʰa⁵³	i	tʰe³³	ɹ	a³³me³³	tʰe³³	zu²²gu³³	tʰo³¹	i	tʰo³¹	me³³
大	GEN	那	TOP	啊哟	那	东西	妥当	GEN	妥当	做

大女儿就找到了一个英俊的，

tʰo³¹	i	tʰo³¹	me³³	nja⁵³	a	i	tʰe³³	lja²²lja⁵³
tʰo³¹	i	tʰo³¹	me³³	nja⁵³	a	i	tʰe³³	lja²²-lja⁵³
妥当	GEN	妥当	做	强壮	个	GEN	那	寻找-寻找

选好了很好的、很厉害的一个小伙子。

nje³³ku³³pa⁵³	i	tʰe³³	xaiʃə	tʰo³¹	i	tʰo³¹	me³³	tʰe³³	me³³	lja²²lja⁵³
nje³³ku³³pa⁵³	i	tʰe³³	xaiʃə	tʰo³¹	i	tʰo³¹	me³³	tʰe³³	me³³	lja²²-lja⁵³
老二	GEN	那	还是	妥当	GEN	妥当	做	那	做	寻找-寻找

二女儿也找到了一个很好的丈夫。

ja⁵³no³¹	i	ke³³tʰe³³	so³³ku⁵³pa³³	i	ke³³tʰe³³	ɹ
ja⁵³no³¹	i	ke³³tʰe³³	so³³ku⁵³pa³³	i	ke³³tʰe³³	ɹ
后面	GEN	这	老三	GEN	这	TOP

然后三女儿呢，

no³³	tɕəu	ʃuo³³	ʃə	tɕʰi³³	i	ke³³tʰe³³	lo³³lo³³ɕu³¹	lja²²lja⁵³
no³³	tɕəu	ʃuo³³	ʃə	tɕʰi³³	i	ke³³tʰe³³	lo³³lo³³-ɕu³¹	lja²²-lja⁵³
你	就	说	是	他的	GEN	这	乞丐-者	寻找-寻找

她就找到那个乞丐。

tɕʰi³³	ke³³tʰe³³	lo³³lo³³ɕu³¹	lja²²lja⁵³	ne	tɕəu	ʃe³³	to⁵³to³¹	ʃə³³	tsa³³

tɕʰi³³　　ke³³tʰe³³　　lo³³lo³³-ɕu³¹　　lja²²-lja⁵³　　ne　　tɕəu　　ʃe³³　　to⁵³-to³¹　　ʃə³³　　tsa³³

他.GEN　　这　　　乞丐-者　　　寻找-寻找　　TOP　　就　　肉　　抱-抱　　拿　　带

ji³³　　　kʰa⁵³　　i　　　tʰe³³　　to⁵³to³¹　　ʃə⁵³　　tsa³³　　ji³³　　ɹ　　　tɕʑa⁵³

ji³³　　　kʰa⁵³　　i　　　tʰe³³　　to⁵³to³¹　　ʃə³¹　　tsa³³　　ji³³　　ɹ　　　tɕʑa⁵³

去　　　大　　　GEN　　那　　抱-抱　　拿　　带　　去　　　TOP　　　TOP

tʰe³³　　kʰa⁵³　　i　　　tʰe³³　　za³³mi³³　　tɕəu　　tɕʑa⁵³…　　du²²ka⁵³　　u³¹kʰo³³　　tɕʑa⁵³

tʰe³³　　kʰa⁵³　　i　　　tʰe³³　　za³³mi³³　　tɕəu　　tɕʑa⁵³　　du²²ka⁵³　　u³¹-kʰo³³　　tɕʑa⁵³

那　　　大　　　GEN　　那　　女儿　　　就　　TOP　　　围裙　　　PFV-给　　TOP

找到了那个乞丐；把肉端上来，那个大女儿把肉端上来，

du²²ka⁵³　　tɕʑa⁵³　　mi³¹pu²²　　la　　du²²ka⁵³　　le　　mi³¹pu²²　　la　　tɕʑa⁵³　　tɕəu

du²²ka⁵³　　tɕʑa⁵³　　mi³¹-pu²²　　la　　du²²ka⁵³　　le　　mi³¹-pu²²　　la　　tɕʑa⁵³　　tɕəu

围裙　　　TOP　　　PFV-倒　　CS　　围裙　　　TOP　　PFV-倒　　CS　　TOP　　　就

就倒在围裙上，

tɕʰi³³　　i　　　tʰe³³　　na³³pu³³　　tʰo³¹　　i　　　tʰo³¹　　tɕəu…　　tɕəu　　ʁa⁵³　　la　　tɕəu

tɕʰi³³　　i　　　tʰe³³　　na³³pu³³　　tʰo³¹　　i　　　tʰo³¹　　tɕəu　　tɕəu　　ʁa⁵³　　la　　tɕəu

他的　　GEN　　那　　丈夫　　　妥当　　GEN　　妥当　　就　　　就　　饱　　CS　　就

她就得到了一个很好的丈夫。

tʰe³³　　me³³　　zu³³ga⁵³　　la

tʰe³³　　me³³　　zu³³ga⁵³　　la

那　　做　　好　　　CS

那么就好了。

tʰe³³　　nje³³ku³³pa⁵³　　i　　　tʰe³³　　xaiʃə　　tʰe³³　　me³³　　to⁵³to³¹　　ʃə⁵³　　tsa³³　　ji³³

tʰe³³　　nje³³ku³³pa⁵³　　i　　　tʰe³³　　xaiʃə　　tʰe³³　　me³³　　to⁵³to³¹　　ʃə³¹　　tsa³³　　ji³³

那　　老二　　　　GEN　　那　　还是　　那　　做　　抱-抱　　拿　　带　　去

二女儿也是那样抱出来了，

tʰe³³　　tʰo³¹　　i　　　tʰo³¹　　i　　　tʰe³³　　na³³pu³³　　xe³³pʰo⁵³　　ji³³　　la　　tɕəu tʰe³³　　tʰo³¹　　i　　tʰo³¹　　i　　tʰe³³　　na³³pu³³　　xe³³-pʰo⁵³　　ji³³　　la　　tɕɕou

那　　妥当　　GEN　　妥当　　GEN　　那　　丈夫　　前-边　　去　　CS　　就

她就好好地到丈夫面前就（把肉）倒给他了，

mi³¹pu²²　　la　　ni⁵³　　a　　ku　　tɕɕou

mi³¹-pu²²　　la　　ni⁵³　　a　　ku　　tɕɕou

PFV-倒　　CS　　二　　个　　位　　就

两个就，

ni⁵³　　a³³　　ku　　tɕɕou　　tɕi³³ka···　　tɕi³³　　ja³³　　me³³　　la

ni⁵³　　a³³　　ku　　tɕɕou　　tɕi³³ka　　tɕi³³　　ja³³　　me³³　　la

二　　个　　位　　就　　一起　　一　　房屋　　做　　CS

两个人也就一起……成家了。

tɕi³³　　ja³³　　me³³　　la　　dʑi⁵³　　la　　a³¹　　dʑi⁵³　　dʑi⁵³　　la　　ni⁵³　　a³³

tɕi³³　　ja³³　　me³³　　la　　dʑi⁵³　　la　　a³¹　　dʑi⁵³　　dʑi⁵³　　la　　ni⁵³　　a³³

一　　房屋　　做　　CS　　是　　CS　　Q　　是　　是　　CS　　二　　个

成家了，是，成了两个人了。

ku　　tɕɕou　　dʑi⁵³　　la　　tʰe³³　　so³³ku³³pa⁵³　　i　　ke³³tʰe³³　　na³¹　　le　　tʰe³³

ku　　tɕɕou　　dʑi⁵³　　la　　tʰe³³　　so³³ku³³pa⁵³　　i　　ke³³tʰe³³　　na³¹　　le　　tʰe³³

位　　就　　是　　CS　　那　　老三　　GEN　　这　　儿媳　　TOP　　那

三女儿那个儿媳妇呢，

ke³³tʰe³³　　lo³³lo³³ɕu³¹　　tʰa²²　　pʰo⁵³　　xe³³pʰo⁵³　　la³¹　　la　　tɕɕou　　tɕa⁵³　　ʃə

ke³³tʰe³³　　lo³³lo³³-ɕu³¹　　tʰa²²　　pʰo⁵³　　xe³³pʰo⁵³　　la³¹　　la　　tɕɕou　　tɕa⁵³　　ʃə

这　　乞丐-者　　他.DAT　　边　　前-边　　来　　CS　　就　　TOP　　是

三女儿就选上了那个乞丐。

pə　　la³¹　　la　　tɕɕou　　ŋe³³···　　mu³³ko⁵³　　le　　u³¹pʰu²²　　ge　　dʑi

pə　　la³¹　　la　　tɕɕou　　ŋe³³　　mu³³ko⁵³　　le　　u³¹-pʰu²²　　ge　　dʑi

吧　　来　　CS　　就　　我.GEN　　怀抱　　TOP　　PFV-撒　　PROS　　是

来了就……撒在我的怀里。

tʰe³³　me³³　ŋe²²　la　tɕəu　tʰe³³　lo³³lo³³ɕu³¹　tʰe³³　xe³³pʰo⁵³　la³¹　la

tʰe³³　me³³　ŋe²²　la　tɕəu　tʰe³³　lo³³lo³³-ɕu³¹　tʰe³³　xe³³-pʰo⁵³　la³¹　la

那　做　说　CS　就　那　乞丐-者　那　前-边　来　CS

那么说了，就来到那个乞丐面前，就那个乞丐

tʰe³³　lo³³lo³³ɕu³¹　xe³³pʰo⁵³　la³¹　la　tʰe³³　tɕəu　tɕʰi³³　i

tʰe³³　lo³³lo³³-ɕu³¹　xe³³-pʰo⁵³　la³¹　la　tʰe³³　tɕəu　tɕʰi³³　i

那　乞丐-者　前-边　来　CS　那　就　他.GEN　GEN

来到他的面前就

tʰe³³　ʃe³³　be　tɕʰi³³　i　tʰe³³　mu³³ko⁵³　ke　mi³¹pu²²　la

tʰe³³　ʃe³³　be　tɕʰi³³　i　tʰe³³　mu³³ko⁵³　ke　mi³¹-pu²²　la

那　肉　PL.N-ANM　他.GEN　GEN　那　怀抱　LOC　PFV-倒　CS

把她的那些肉就倒到他怀里。

tɕəu　lo³³lo³³ɕu³¹　ni⁵³　a³³　ku　tɕəu　xaiʃə　tʰe³³　me³³　la³¹

tɕəu　lo³³lo³³-ɕu³¹　ni⁵³　a³³　ku　tɕəu　xaiʃə　tʰe³³　me³³　la³¹

就　乞丐-者　二　个　位　就　还是　那　做　来

两个乞丐就还是那么来了。

tʰe³³　me³³　la　tɕəu　ja⁵³no³¹　la　tɕəu　kʰa⁵³　i　tʰe³³　tɕəu

tʰe³³　me³³　la　tɕəu　ja⁵³no³¹　la　tɕəu　kʰa⁵³　i　tʰe³³　tɕəu

那　做　CS　就　后面　CS　就　大　GEN　那　就

就那么做了，后来呢，大的那个就

tʰa²²　dʒe²²　ŋa³³de　ʁa²²ma³³ɕu　kʰa⁵³　ʁa⁵³　la　nje³³ku³³pa⁵³

tʰa²²　dʒe²²　ŋa³³-de　ʁa²²ma³³-ɕu　kʰa⁵³　ʁa⁵³　la　nje³³ku³³pa⁵³

他.DAT　骂　我-PL　发财-者　大　得到　CS　老二

骂她，我们（的丈夫）是有钱人家，老二

i　tʰe³³　iɛ⁵³　tʰa²²　dʒe²²　a³³ja³³　ŋa³³ku　ni⁵³　a³³　ku　le　ʁa²²ma³³ɕu

i　tʰe³³　iɛ⁵³　tʰa²²　dʒe²²　a³³ja³³　ŋa³³ku　ni⁵³　a³³　ku　le　ʁa²²ma³³-ɕu

GEN 那 也 他.DAT 骂 姐姐 我俩 二 个 位 TOP 发财-者
那个也骂她，我们两个姐姐呢，

kʰa⁵³ ʁa⁵³ la no³³ tɕi³³ ka³³ ni³³ lo³³lo³³ɕu³¹ ʁa⁵³ la
kʰa⁵³ ʁa⁵³ la no³³ tɕi³³ ka³³ ni³³ lo³³lo³³-ɕu³¹ ʁa⁵³ la
大 得到 CS 你 一 样子 有 乞丐-者 得到 CS
嫁到有钱人家，你那样嫁给一个乞丐了。

tɕi³³ ka³³ i lo³³lo³³ɕu³¹ ŋa³³de ŋe²² i ma⁵³tɕa²² a i
tɕi³³ ka³³ i lo³³lo³³-ɕu³¹ ŋa³³-de ŋe²² i ma⁵³tɕa²² a i
一 样子 GEN 乞丐-者 我-PL 说 GEN 打工 个 GEN
他那个乞丐，我们说的做工的那个，

ke³³tʰe³³ ŋe³³ i ja³³kʰe ma⁵³tɕa²² a i no³³ ke³³tʰe³³ tɕi³³
ke³³tʰe³³ ŋe³³ i ja³³kʰe ma⁵³tɕa²² a i no³³ ke³³tʰe³³ tɕi³³
这 我.GEN GEN 家里 打工 个 GEN 你 这 一
我们家做工的那个，你跟他这样，

ka³³ ni³³ ni⁵³ a³³ xo³³ me³³ tʰe³³ me³³ ŋe²² tʰa²² dʒe²²
ka³³ ni³³ ni⁵³ a³³ xo³³ me³³ tʰe³³ me³³ ŋe²² tʰa² dʒe²²
样子 有 二 个 什么 做 那 做 说 他.DAT 骂
你是怎么搞的，就那么说，骂她。

dʒe²² xo³³ me³³ ka⁵³ la le ŋa³³de tʰa²² mi³¹kʰo⁵³ la
dʒe²² xo³³ me³³ ka⁵³ la le ŋa³³-de tʰa²² mi³¹-kʰo⁵³ la
骂 什么 做 办 CS TOP 我-PL 他.DAT PFV-给 CS
骂，怎么办呢，我们只好把你交给他。

tɕʰi³³ a³³ba³³ tɕəu tɕʰi³³ za³³mi³³ ku mi³¹fu³³ a³¹ dʑi⁵³
tɕʰi³³ a³³ba³³ tɕəu tɕʰi³³ za³³mi³³ ku mi³¹-fu³³ a³¹ dʑi⁵³
他的 父亲 就 他的 女儿 位 PFV-领 Q 是
那他的父亲就把他的女儿嫁了，是嘛。

fu³³	me³³	la	tɕəu	xo³³tɕa³³	xo³³tɕa³³	a³³be⁵³	kʰa⁵³	i
fu³³	me³³	la	tɕəu	xo³³tɕa³³	xo³³tɕa³³	a³³be⁵³	kʰa⁵³	i
领	做	CS	就	什么	什么	嫁妆	大	GEN

领走了就什么什么嫁妆。

tʰe³³	za³³mi³³	tʃʰe⁵³	iɛ⁵³	kʰo⁵³	ʐu³³mu³³	iɛ⁵³	kʰo⁵³	ka³¹tsa³³	iɛ⁵³
tʰe³³	za³³mi³³	tʃʰe⁵³	iɛ⁵³	kʰo⁵³	ʐu³³mu³³	iɛ⁵³	kʰo⁵³	ka³¹tsa³³	iɛ⁵³
那	女儿	米	也	给	家畜	也	给	马	也

大女儿，[父亲是]给了米，也给了家畜、马，

kʰo⁵³	tɕʰu³³	be	iɛ⁵³	kʰo⁵³	xo³³tɕa³³	xo³³tɕa³³	be	iɛ⁵³
kʰo⁵³	tɕʰu³³	be	iɛ⁵³	kʰo⁵³	xo³³tɕa³³	xo³³tɕa³³	be	iɛ⁵³
给	铜	PL.N-ANM	也	给	什么	什么	PL.N-ANM	也

也给了钱，什么都给了。

kʰo⁵³	ba³³dʒe³³	be	iɛ⁵³	kʰo⁵³	la
kʰo⁵³	ba³³dʒe³³	be	iɛ⁵³	kʰo⁵³	la
给	钱	PL.N-ANM	也	给	CS

钱也给了。

nje³³ku³³pa⁵³	i	tʰe³³	xaiʃə	tʰe³³	me³³	kʰo⁵³	la	a³³be³³	tʰo³¹	tʰo³¹
nje³³ku³³pa⁵³	i	tʰe³³	xaiʃə	tʰe³³	me³³	kʰo⁵³	la	a³³be³³	tʰo³¹	tʰo³¹
老二	GEN	那	还是	那	做	给	CS	嫁妆	妥当	妥当

me³³	kʰo⁵³	la
me³³	kʰo⁵³	la
做	给	CS

老二的那个，也那样给了，给了好的嫁妆。

ke³³tʰe³³	ja⁵³no³¹	ke³³tʰe³³	so³³ku³³pa⁵³	ke³³tʰe³³	ɹɛ	tɕəu	tɕa⁵³
ke³³tʰe³³	ja⁵³no³¹	ke³³tʰe³³	so³³ku³³pa⁵³	ke³³tʰe³³	ɹɛ	tɕəu	tɕa⁵³
这	后面	这	老三	这	TOP	就	TOP

后来那个老三那个

ka³¹tsa³³　　mi³¹kʰo⁵³　　ge³³　　tɕʰa²²tɕʰu³³　　tɕi⁵³　　dza³¹　　mi³¹kʰo⁵³　　la
ka³¹tsa³³　　mi³¹-kʰo⁵³　　ge³³　　tɕʰa²²tɕʰu³³　　tɕi⁵³　　dza³¹　　mi³¹-kʰo⁵³　　la
马　　　　PFV-给　　皮肤　　口袋　　　　一　　双　　　PFV-给　　CS
给了一匹马和一对皮口袋。

mi³¹kʰo⁵³　　la　　le　　tɕʰu³³　　tsu⁵³　　mi³¹kʰo⁵³　　tʰe³³　　mi³³
mi³¹-kʰo⁵³　　la　　le　　tɕʰu³³　　tsu⁵³　　mi³¹-kʰo⁵³　　tʰe³³　　mi³³
PFV-给　　CS　　TOP　　铜　　点　　PFV-给　　那　　金子
给了，也给了点铜……那个金子。

tʰe³³　　mi³³　　tsu⁵³　　mi³¹kʰo⁵³　　la　　tɕəu…　　mi³³　　tsu⁵³　　mi³¹kʰo⁵³　　la
tʰe³³　　mi³³　　tsu⁵³　　mi³¹-kʰo⁵³　　la　　tɕəu　　mi³³　　tsu⁵³　　mi³¹-kʰo⁵³　　la
那　　金子　　点　　PFV-给　　CS　　就　　金子　　点　　PFV-给　　CS
金吧，给了点金子就……给了点金子。

no³³　　ʃə³³　　tsa³³　　ji³³　　no³³　　ji³³　　la　　le　　no³³　　ke³³
no³³　　ʃə³³　　tsa³³　　ji³³　　no³³　　ji³³　　la　　le　　no³³　　ke³³
你　　拿　　带　　去　　你　　去　　CS　　TOP　　你　　这
你拿去吧，你去吧，你……

tsu⁵³　　ŋa²²　　mi³¹kʰo⁵³　　tʰe³³　　me³³　　ŋe²²　　la　　tʰe³³　　tɕəu
tsu⁵³　　ŋa²²　　mi³¹-kʰo⁵³　　tʰe³³　　me³³　　ŋe²²　　la　　tʰe³³　　tɕəu
点　　我.DAT　　PFV-给　　那　　做　　说　　CS　　那　　就
把这点给你，就那么说了。

tɕa²²　　tsa³³　　ʃə　　la　　tɕʰi³³　　i　　tʰe³³　　ja²²ʃu³³ma⁵³　　tʰe³³
tɕa²²　　tsa³³　　ʃə　　la　　tɕʰi³³　　i　　tʰe³³　　ja²²ʃu³³ma⁵³　　tʰe³³
捡　　带　　拿　　CS　　他.GEN　　GEN　　那　　妻子　　那
就拿了那些（东西），他的媳妇就，

lo³³lo³³ɕu³¹　　ʃuo³³　　no³³　　ka³¹tsa³³　　u³¹dzə³¹　　ge　　dʑi　　ŋa³³
lo³³lo³³-ɕu³¹　　ʃuo³³　　no³³　　ka³¹tsa³³　　u³¹-dzə³¹　　ge　　dʑi　　ŋa³³

乞丐-者	说	你	马	PFV-骑	PROS	是	我

那个乞丐就说，你骑上马，我牵。

na	tʰe³³	ja²²ʃu³³ma⁵³	ʃuo³³	ŋa³³ku	ni⁵³	a³³	ku	a³³ke	ji³³	la
na	tʰe³³	ja²²ʃu³³ma⁵³	ʃuo³³	ŋa³³ku	ni⁵³	a³³	ku	a³³ke	ji³³	la
那	那	妻子	说	我俩	二	个	位	哪里	去	CS

那个媳妇就说，我们两个去哪里？

a³³me³³	ŋa³³ku	ni⁵³	a³³	ku	a³³ke	ji³³	la	ŋa³³ku	ni⁵³	a³³	ku	le
a³³me³³	ŋa³³ku	ni⁵³	a³³	ku	a³³ke	ji³³	la	ŋa³³ku	ni⁵³	a³³	ku	le
啊哟	我俩	二	个	位	哪里	去	CS	我俩	二	个	位	TOP

啊哟，我们两个去哪里，我们两个呢，

lu⁵³bu³¹	i	ja³³	ko⁵³	ji³³	la…	lu⁵³	ja³³
lu⁵³bu³¹	i	ja³³	ko⁵³	ji³³	la	lu⁵³	ja³³
石头	GEN	房屋	LOC	去	CS	石头	房屋

到一个石头房子。

ko⁵³	ji³³	lu⁵³	ja³³	ko⁵³	ji³³	tʰe³³	me³³	ŋe²²
ko⁵³	ji³³	lu⁵³	ja³³	ko⁵³	ji³³	tʰe³³	me³³	ŋe²²
LOC	去	石头	房屋	LOC	去	那	做	说

到石头房子，石头房子，就那么说。

ke³³	ka³¹tsa³³	a³³ke	ji³³	la	ŋa³³de	ka³¹tsa³³…	a³³ke…
ke³³	ka³¹tsa³³	a³³ke	ji³³	la	ŋa³³-de	ka³¹tsa³³	a³³ke
这	马	哪里	去	CS	我-PL	马	哪里

这匹马去哪里，我们的马到哪里……哪里，

ni³¹	ji³³	la	tʰe³³	me³³	ŋe²²…	ka³¹tsa³³	tʰe³³	ka³¹tsa³³	ke³³tʰe³³…
ni³¹	ji³³	la	tʰe³³	me³³	ŋe²²	ka³¹tsa³³	tʰe³³	ka³¹tsa³³	ke³³tʰe³³
坐	去	CS	那	做	说	马	那	马	这

我们就住哪里，就那么说，那匹马，那匹马那个……

mo³¹ a³³ke ji³³ la a³³ke dʑa³¹ la ŋa³³de tɕəu a³³ke ni³¹
mo³¹ a³³ke ji³³ la a³³ke dʑa³¹ la ŋa³³-de tɕəu a³³ke ni³¹
马 哪里 去 CS 哪里 站 CS 我-PL 就 哪里 坐
马到哪里了，我们就住哪里了，

tʰe³³ me³³ ŋe²² la tɕəu ji³³ la ji³³ la tɕəu tʰe³³···
tʰe³³ me³³ ŋe²² la tɕəu ji³³ la ji³³ la tɕəu tʰe³³
那 做 说 CS 就 去 CS 去 CS 就 那
就那么说，就去了，去了就那个……

lu⁵³bu³¹ i ja³³ ko⁵³ ji³³ la ji³³ la le
lu⁵³bu³¹ i ja³³ ko⁵³ ji³³ la ji³³ la le
石头 GEN 房屋 LOC 去 CS 去 CS TOP
到石头房子那里去了，去了以后，

me³¹kʰa³³ du⁵³ tʰe³³ tɕəu··· ʃɯ⁵³ la le tʰe³³ tɕəu tʰe³³···
me³¹kʰa³³ du⁵³ tʰe³³ tɕəu ʃɯ⁵³ la le tʰe³³ tɕəu tʰe³³
天黑 完 那 就 明天 CS TOP 那 就 那
天黑了就……第二天呢，他就他……

mi³³ be tʰe³³ tɕʰu³³ ʃə⁵³ la··· ŋu³³··· ŋu³³··· ŋu³³
mi³³ be tʰe³³ tɕʰu³³ ʃə³¹ la ŋu³³ ŋu³³ ŋu³³
金子 PL.N-ANM 那 铜 拿 CS 银子 银子 银子
那个……金子，拿那些铜……银……银……银子了吧。

tɕi³³ njo³³njo³³ ɕe⁵³ la
tɕi³³ njo³³-njo³³ ɕe⁵³ la
一 看-看 TNT CS

tɕʰi³³ i tʰe³³ lo³³lo³³ɕu³¹ tɕa⁵³ ʃuo³³ a³³me³³ ke³³tʰe³³
tɕʰi³³ i tʰe³³ lo³³lo³³-ɕu³¹ tɕa⁵³ ʃuo³³ a³³me³³ ke³³tʰe³³
他的 GEN 那 乞丐-者 TOP 说 啊哟 这
那个乞丐就说，啊哟，这个就

ba³³dʒe³³ a³¹ dʑi⁵³ o ke³³tʰe³³ tɕəu ba³³dʒe³³ eee mi³³ be
ba³³dʒe³³ a³¹ dʑi⁵³ o ke³³tʰe³³ tɕəu ba³³dʒe³³ eee mi³³ be
钱 Q 是 ITRJ 这 就 钱 嗯 金子 PL.N-ANM
钱，是嘛，这个就钱，这些金子，

tɕʰu³³ be a³¹ dʑi⁵³ o dʑi⁵³ a³³me³³
tɕʰu³³ be a³¹ dʑi⁵³ o dʑi⁵³ a³³me³³
铜 PL.N-ANM Q 是 ITRJ 是 啊哟
这些铜，是嘛哦，是，啊哟，

tɕi³³ ka³³ ni³³ pə ŋa³³ mja⁵³ i mja⁵³
tɕi³³ ka³³ ni³³ pə ŋa³³ mja⁵³ i mja⁵³
一 样子 有 吧 我 多 GEN 多
是一样的吧，我有很多。

no³³ a³³ke mja⁵³ a³³me³³ ŋa³³ ja⁵³no³¹ pʰo⁵³ de²² ba³³ go³¹ ko⁵³
no³³ a³³ke mja⁵³ a³³me³³ ŋa³³ ja⁵³no³¹ pʰo⁵³ de²² ba³³ go³¹ ko⁵³
你 哪里 多 啊哟 我 后面 边 家 山 山沟 LOC
你哪里多，啊哟，我后面山沟里。

tʰe³³ ke ŋa³³ ʃɯ⁵³ le ke³³tʰe³³ ka³¹tsa³³ ʃə³³ tsa³³ ji³³
tʰe³³ ke ŋa³³ ʃɯ⁵³ le ke³³tʰe³³ ka³¹tsa³³ ʃə³³ tsa³³ ji³³
那 LOC 我 明天 TOP 这 马 拿来 带 去
我明天牵马去到那里。

tɕe³³tɕe³³ ʃə⁵³ la³¹ la··· tɕe³³tɕe³³ ʃə⁵³ la³¹ la no³³ njo³³njo³³
tɕe³³-tɕe³³ ʃə³¹ la³¹ la tɕe³³-tɕe³³ ʃə³¹ la³¹ la no³³ njo³³-njo³³
驮-驮 拿 来 CS 驮-驮 拿 来 CS 你 看-看
驮回来……驮回来，给你看。

ja⁵³no³¹ tɕəu ji³³ la ʃə³³ tɕəu a³³me³³ ba³³ go⁵³ ji³³ la
ja⁵³no³¹ tɕəu ji³³ la ʃə³³ tɕəu a³³me³³ ba³³ go⁵³ ji³³ la

后面	就	去	CS	拿	就	啊哟	山	LOC	去	CS

tʰe³³	mi³³	be
tʰe³³	mi³³	be
那	金子	PL.N-ANM

后面，就去拿了，就上山，金子那些，

ba³³bo³¹	ka···	ba³³	ko⁵³	ka²²	ko⁵³	ji³³	la	tɕa⁵³
ba³³-bo³¹	ka	ba³³	ko⁵³	ka²²	ko⁵³	ji³³	la	tɕa⁵³
山-沟	条	山	LOC	捡	LOC	去	CS	TOP

山沟里……山上去捡去。

tɕa⁵³	la	ʃə³³	la³¹	la	ni⁵³	a³³	ku	tɕəu	tɕa⁵³
tɕa⁵³	la	ʃə³³	la³¹	la	ni⁵³	a³³	ku	tɕəu	tɕa⁵³
TOP	CS	拿来	来	CS	二	个	位	就	TOP

就拿好了[金子]，两个就

ʁa²²ma³³	sətɕi	o	ja³³	u³¹tsʰu²²	ja³³	xa³¹ne³³
ʁa²²ma³³	sətɕi	o	ja³³	u³¹-tsʰu²²	ja³³	xa³¹ne³³
发财	特别	ITRJ	房屋	PFV-修	房屋	什么

富有得不得了了，修了房子什么的。

ja³³kʰe···	ja³³kʰe	tɕəu	dje⁵³	i	dje⁵³	tʰo³¹	i	tʰo³¹	la	tɕəu
ja³³kʰe	ja³³kʰe	tɕəu	dje⁵³	i	dje⁵³	tʰo³¹	i	tʰo³¹	la	tɕəu
家里	家里	就	好	GEN	好	妥当	GEN	妥当	CS	就

家里……家里就漂漂亮亮了，

ʁa²²ma³³	sətɕi	ʁa²²ma³³	la	tɕəu	tɕʰi³³	i	tʰe³³	ja³³kʰe	pa³³
ʁa²²ma³³	sətɕi	ʁa²²ma³³	la	tɕəu	tɕʰi³³	i	tʰe³³	ja³³kʰe	pa³³
发财	特别	发财	CS	就	他.GEN	GEN	那	家里	娘家

富裕得不得了了，富裕起来了，他的家就……

tɕəu	ja³³	mi³¹	ta²²	la

tɕəu　　ja³³　　　　mi³¹　　　ta²²　　　la
就　　　房屋　　　　火　　　　烧　　　　CS
嗯，房子烧了，

ja³³　　mi³¹　　ta²²　　la　　　le　　　tɕəu　　ji³³　　ku　　　ma³¹　　dʑo³³　　la
ja³³　　mi³¹　　ta²²　　la　　　le　　　tɕəu　　ji³³　　ku　　　ma³¹　　dʑo³³　　la
房屋　　火　　烧　　　CS　　TOP　就　　　去　　　位　　　NEG　　存在　　CS

xo³³tɕa³³　la　　　ma³¹　　bo⁵³　　ja³³　　ka　　　tɕəu　　mi³¹　　ta²²　　　la
xo³³tɕa³³　la　　　ma³¹　　bo⁵³　　ja³³　　ka　　　tɕəu　　mi³¹　　ta²²　　　la
什么　　　CS　　NEG　　有　　　房屋　　住处　　就　　　火　　　烧　　　CS
房子烧了，就没有去处了，什么也没有了，家就烧了。

ŋa³³ku　ni⁵³　　a³³　　ku　　mu⁵³ka³¹　ni⁵³　　a³³　　ku　　tʰe³³　　za³³mi³³　kʰa⁵³　　i
ŋa³³ku　ni⁵³　　a³³　　ku　　mu⁵³ka³¹　ni⁵³　　a³³　　ku　　tʰe³³　　za³³mi³³　kʰa⁵³　　i
我俩　　二　　个　　位　　老　　　　二　　个　　位　　那　　　女儿　　　大　　　GEN
我们两个，两个老年人就到他们大女儿家里。

tʰe³³　　ke　　ji³³
tʰe³³　　ke　　ji³³
那　　　LOC　去
我们两个，两个老年人就到他们大女儿家里。

za³³mi³³　tʰe³³　kʰa⁵³　i　　　tʰe³³　ke　　ji³³　　kʰa⁵³　i　　　tʰe³³　ke　　ji³³　　la
za³³mi³³　tʰe³³　kʰa⁵³　i　　　tʰe³³　ke　　ji³³　　kʰa⁵³　i　　　tʰe³³　ke　　ji³³　　la
女儿　　　那　　大　　GEN　那　LOC　去　　大　　GEN　那　LOC　去　　CS
就到他们大女儿那里，到他们大女儿那里，

tʰe³³　　ke　　kʰa⁵³　i　　　tʰe³³　ke　　xo³³tɕa³³　təu⁴⁴　ma³¹　bo⁵³　　la
tʰe³³　　ke　　kʰa⁵³　i　　　tʰe³³　ke　　xo³³tɕa³³　təu⁴⁴　ma³¹　bo⁵³　　la
那　　　LOC　大　　GEN　那　LOC　什么　　都　　NEG　有　　CS
大女儿那里什么也没有。

dʑi³¹lju³¹ iɛ⁵³ ma³¹ bo⁵³ xo³³tɕa³³ təu⁴⁴ ma³¹ bo⁵³

dʑi³¹-lju³¹ iɛ⁵³ ma³¹ bo⁵³ xo³³tɕa³³ təu⁴⁴ ma³¹ bo⁵³

吃-NMLZ 也 NEG 有 什么 都 NEG 有

吃的也没有，什么也没有了，我们两个还是去这个，

ŋa³³ku ni⁵³ a³³ ku iəu ji³³ tʰe³³ nje³³ku³³pa⁵³ i tʰe³³ ke ji³³

ŋa³³ku ni⁵³ a³³ ku iəu ji³³ tʰe³³ nje³³ku³³pa⁵³ i tʰe³³ ke ji³³

我俩 二 个 位 又 去 那 老二 GEN 那 LOC 去

那我们两个又去，就到老二那里，

nje³³ku³³pa⁵³ i tʰe³³ ke ji³³ a³³me³³

nje³³ku³³pa⁵³ i tʰe³³ ke ji³³ a³³me³³

老二 GEN 那 LOC 去 啊哟

到老二那里，啊哟，

tɕʰi³³ ja³³kʰe xaiʃə xo³³tɕa³³ la ma³¹ bo⁵³ lja²²lja⁵³

tɕʰi³³ ja³³kʰe xaiʃə xo³³tɕa³³ la ma³¹ bo⁵³ lja²²-lja⁵³

他的 家里 还是 什么 CS NEG 有 寻找-寻找

ko²²ko³³ me³³

ko²²-ko³³ me³³

跑-跑 做

她家里还是什么也没有，到处讨饭，

ke³³tʰe³³ iɛ⁵³ lja²² tɕo⁵³ tʰe³³ iɛ⁵³ lja²² lja²²lja⁵³… lja²²lja⁵³

ke³³tʰe³³ iɛ⁵³ lja²² tɕo⁵³ tʰe³³ iɛ⁵³ lja²² lja²²-lja⁵³ lja²²lja⁵³

这 也 寻找 那里 那 也 寻找 寻找-寻找 寻找-寻找

ko²²ko³³ me³³ la³¹

ko²²-ko³³ me³³ la³¹

跑-跑 做 来

这里也讨那里也讨，讨来讨去，到处跑。

a³³me³³ namə tʰe³³ gu²²tɕi³³ i tʰe³³ so³³ku³³pa⁵³ i tʰe³³ ŋa³³ku
a³³me³³ namə tʰe³³ gu²²tɕi³³ i tʰe³³ so³³ku³³pa⁵³ i tʰe³³ ŋa³³ku
啊哟 那么 那 小 GEN 那 老三 GEN 那 我俩
啊哟，那么，我们两个就到老三那里去看一下啊。

ni⁵³ a³³ ku tɕi³³ njo³³njo³³ ɕe⁵³ tʰe³³ lo³³lo³³ɕu³¹ mi³¹kʰo⁵³ la
ni⁵³ a³³ ku tɕi³³ njo³³-njo³³ ɕe⁵³ tʰe³³ lo³³lo³³ɕu³¹ mi³¹-kʰo⁵³ la
二 个 位 一 看-看 TNT 那 乞丐-者 PFV-给 CS
嫁给一个乞丐了。

ɕiao⁵³ tə zu³³ga⁵³ ma³¹ zu³³ga⁵³ iɛ⁵³ ma⁵³=se²² ŋa³³ku ni⁵³ a³³ ku
ɕiao⁵³ tə zu³³ga⁵³ ma³¹ zu³³ga⁵³ iɛ⁵³ ma⁵³=se²² ŋa³³ku ni⁵³ a³³ ku
小 的 好 NEG 好 也 NEG=知道 我俩 二 个 位
小的（女儿）好不好，就不知道，我们两个去一下，看一下吧。

tɕi³³ ji³³ ɕe⁵³ la tɕi³³ njo³³njo³³ ɕe⁵³ a³³me³³ ji³³ la
tɕi³³ ji³³ ɕe⁵³ la tɕi³³ njo³³-njo³³ ɕe⁵³ a³³me³³ ji³³ la
一 去 TNT CS 一 看 TNT 啊哟 去 CS
啊哟，去了就……

lo³³lo³³ɕu³¹ de²² a ʁa²²ma³³ sətɕi o xo³³tɕa³³ təu⁴⁴ bo⁵³
lo³³lo³³-ɕu³¹ de²² a ʁa²²ma³³ sətɕi o xo³³tɕa³³ təu⁴⁴ bo⁵³
乞丐-者 家 个 发财 特别 ITRJ 什么 都 有
乞丐家很富裕哦，什么都有，

xo³³tɕa³³ təu⁴⁴ ʁa⁵³ la
xo³³tɕa³³ təu⁴⁴ ʁa⁵³ la
什么 都 得到 CS
什么都有了。

xo³³tɕa³³ təu⁴⁴ bo⁵³ dʑi³¹lju³¹ iɛ⁵³ bo⁵³ ba⁵³lju³¹ iɛ⁵³
xo³³tɕa³³ təu⁴⁴ bo⁵³ dʑi³¹-lju³¹ iɛ⁵³ bo⁵³ ba⁵³-lju³¹ iɛ⁵³
什么 都 有 吃-NMLZ 也 有 喝-NMLZ 也

bo⁵³	ja³³	iɛ⁵³	bo⁵³	xo³³tɕa³³	təu⁴⁴	bo⁵³

bo^{53} ja^{33} iɛ^{53} bo^{53} xo^{33}tɕa^{33} təu^{44} bo^{53}

有　　房屋　　也　　有　　什么　　都　　有

什么都有，吃的也有，喝的也有，家也有，什么都有。

　　从前，有一个乞丐，他在外面讨饭，带上一个破碗去讨饭。他走啊走，这里要点儿那里要点儿。然后，他就说："以后，有一天日子好一些了，我还是要娶媳妇。我就不要讨饭了就要娶媳妇。"（有一天，）他在背水的那里睡觉，然后有钱人家的大女儿到那里去（背水）。来了以后说："要饭的，要饭的，你起来，我（要）在这里背水。"他说："你心好的话，就绕过去，心不好的话，你就从我上面跨过去。"他说："你去。"就那样说。然后第二个女儿也来了，还是背水。"要饭的，你怎么在这里睡，起来，我（要）在这里背水。"他还是说："你心好的话，就绕过去，转一下。心不好的话就从我上头跨过去。"就那么说。她还是背水回家了。然后第三个女儿出来说："要饭的，你怎么在这里睡，起来，我要在这里背水。"他还是说："啊哟，你心好的话，就绕过去。心不好的话就从我上头跨过去。"她说："啊哟，人都是一样的嘛，我怎么会从你身上跨过去？那么我就从这里绕一下。"她就绕了一圈，把水背回家去了。乞丐就说："有钱人家的这个小女儿心好。他就去讨饭。讨到了有钱人家的门口。就在那儿站着。有钱人家的老妈妈出来了。她问乞丐："你怎么这样讨饭？你就到我们家帮忙做工，好不好？"他说："啊哟，好，好。"回到家，老妈妈就说："你明天就到外面放羊，好不好？你就跟我们家的大女儿一起去，两个人去放羊。"他就说："你在这边放还是在那边放？"她说："那我就在这边放，在山阴（没有阳光的那方）这边放。你就在那边放，在有阳光的那边放。"这样说。"我们两个就这么放吧。"（山阴那边）没有阳光，也很冷，还刮风。又刮风又下雨的，她的羊就冷死了。乞丐那边，有阳光很暖和，没有风也没有雨羊还生了羊羔。有了很多羊羔。然后，天黑了，他们就回家了。回家后，他们家的母亲一看，他女儿放的那些羊丢了，衣服也都湿了。乞丐的那边呢，羊有了羊羔，羊羔很多。老妈妈什么也没说，但是心里就想："这个乞丐怎么回事？也没有冷到，在他那里也没有下雨。"第二天，二女儿跟着乞丐去放羊。去了以后，他就问她："你要在哪边放？""我要在没有阳光的山阴那边放。"他说："那我今天就在有阳光的那边放羊。你就在没有阳光的那边放。"她就到那边去了，到（没）有阳光的那边去了。在姑娘放羊的那边，又刮风，又下雨。乞丐放羊的那边，不下雨，也不刮风。他那边山羊还生了小羊羔。天黑的时候他们回家了。家里的人一看，老二那群羊羔丢了。乞丐的那群羊生了羊羔。他那边，衣服也没有湿。第三天，小女儿就和乞丐一起去放羊。去了以后，乞丐问她："你今天要在哪一边放羊？"那个小女儿就说："在哪一边放？我们就来一起放吧。就在这里放。你在哪里放我就在哪里放，我们就一起放。""你就在这边坐着，我呢就在那看着。"天黑的时候回家，羊也全都回来了。两个人也成了好朋友。（那天）没有刮风，也没有下雨，什么事也没有，他们就回家了。后来呢，他们就去赛马。那里来了很多英俊的小伙子。当官的，英俊的小伙子来赛马。（那天）杀了水牛，杀了羊，把全部的肉煮好后，那三个女儿就过来选丈夫。大女儿就找到了一个英俊的。她选了一个很好的，很厉害的小伙子。二女儿也找到了一个很好的丈夫。然后三女儿呢，她就找到那个乞丐。那个大女儿把肉端上来，倒在（那人的）围裙上，她就得到了一个很好的丈夫。二女儿也是那样抱着（肉）就出来了。她就好好地到丈夫面前（把肉）倒给他，两个人就成了。三女儿呢，她就选上了那个乞丐。来到那个乞丐的面前，把她的那些肉就倒到他怀里。就那么做了。后来呢，大的那个就骂她："我们（的丈夫）是有钱人家。"老二也骂她："我们两个姐姐呢，嫁到有钱人家，你那样嫁给一个乞丐了。他那个乞丐，在我们家做工的那个，你跟他这样，你是怎么搞的。"就那么说，骂她。怎么办呢，"我们只好把你交给他。"他的父亲就把他的女儿嫁了。大女儿，（父亲是）给了米，也给了家畜、马，什么都给了，钱也给了。老二的那个，也那样给了好的嫁妆。后来老三那个给了一匹马和一对皮口袋，也给了点儿金子。"你拿去吧，你去吧，把这点儿给你。"就那么说。就拿了那些（东西）。那个乞丐就说，你骑上马，我（来）牵。那个媳妇就说："我们两个去哪里？啊哟，我们两个去哪里？""我们两个呢到一个石头房子去。"他就那么说，"这匹马去哪里，我们就住哪里。"就那么说。到石头房子那里去了以后，天就黑了。第二天呢，他就拿（着）那些金子，就说："啊哟，这个金子我有很多。""你哪里多，啊哟。""（就在）后面那个山沟里，我明天牵马去那儿驮回来给你看。"然后，就上山到山沟里捡了那些金子。两个就富有得不得了了。修了房子什么的。家里就漂漂亮亮的了。他家就富裕起来了。（有一天，三女儿娘家的）房子烧了。（老两口）就没有了去处，什么也没有了，家也烧了。两个老年人就到他们大女儿家去。到了他们大女儿那里（一看），大女儿那里什么也没有。吃的也没有，什么也没有了。"我们两个还是去老二那里吧。"二女儿家里也是什么都没有，到处讨饭。这里讨那里也讨，讨来讨去，到处跑。"啊哟，那么，我们两个就到老三那里去看一下啊。嫁给一个乞丐了小女儿好不好，就不知道，我们两个去一下，看一下吧。"就去了。乞丐家很富裕哦，什么都有。吃的也有，喝的也有，家也有，什么都有。

2.2 北风和太阳的故事

tɕi³³　tʃa⁵³　me²²le³³　me²²tɕʰa³³　nja⁵³-gu　dʑe⁵³dʑe³¹
tɕi³³　tʃa⁵³　me²²le³³　me²²tɕʰa³³　nja⁵³-gu　dʑe⁵³dʑe³¹

一	次	风	阳光	两.个-个	争吵

有一次风和太阳两个在争论

se³³gu³³	i	pe³³sə⁵³	ja³³kʰa⁵³
se³³gu³³	i	pe³³sə⁵³	ja³³-kʰa⁵³
谁	GEN	本事	更-大

谁的本事大。

dʐe⁵³dʐe³¹	se³³gu³³	nja⁵³	ma³¹=nja⁵³	ma⁵³=se²²
dʐe⁵³dʐe³¹	se³³gu³³	nja⁵³	ma³¹=nja⁵³	ma⁵³=se²²
争吵	谁	强壮	NEG=强壮	NEG=知道

争来争去就是分不出高低来。

ja⁵³no³¹	va³³ma³³	ɕe³³ɕe³³ɕu	a³³	la³¹	la³³	ge⁵³ma³¹	tʰo⁵³
ja⁵³no³¹	va³³ma³³	ɕe³³-ɕe³³-ɕu	a³³	la³¹	la³³	ge⁵³ma³¹	tʰo⁵³
后面	路	走-走-者	个	来	CS	身体	上

这时候路上来了一个过路的人，身上

dʐu²²	i	dʐu²²	i	be²²tɕʰe³³	tɕʰa	ve²²	izo
dʐu²²	i	dʐu²²	i	be²²tɕʰe³³	tɕʰa	ve²²	izo
厚	GEN	厚	GEN	衣服	件	穿	PROG

穿着厚厚的大衣。

tɕʰi³³gu³³	ni⁵³	a³³	kʰa³³tʰo³³	du⁵³	la³³
tɕʰi³³-gu³³	ni⁵³	a³³	kʰa³³tʰo³³	du⁵³	la³³
他.GEN-位	二	个	说	完	CS

他们两个就说好了，

se³³gu³³	tɕʰi²²	ve²²le³³	tɕʰa	ka³³	ka³³	ʃə³³	la³³	tɕa⁵³	tʰe³³	tɕa⁵³
se³³gu³³	tɕʰi²²	ve²²le³³	tɕʰa	ka³³	ka³³	ʃə³³	la³³	tɕa⁵³	tʰe³³	tɕa⁵³
谁	他.GEN	衣服	件	脱	脱	拿	CS	TOP	那	TOP

pe³³sə⁵³	kʰa⁵³

pe³³sə⁵³   kʰa⁵³
本事   大
谁能先叫这个过路的人脱下他的大衣，就算谁的本事大。

me²²le³³   tɕa⁵³   ja³³kʰa⁵³   me³³   me⁵³
me²²le³³   tɕa⁵³   ja³³-kʰa⁵³   me³³   me⁵³
风   TOP   更-大   做   吹
风就使劲地吹。

me²²le³³   ja³³tɕi³³xo³³   me³³   me⁵³   la³³   jo²²   me³³   me⁵³
me²²le³³   ja³³-tɕi³³xo³³   me³³   me⁵³   la³³   jo²²   me³³   me⁵³
风   更-使劲   做   吹   CS   快   做   吹
使劲地吹，快快地吹。

ve²²le³³   tɕʰa   le²²le²²   ne   tɕi³³xo³³   ja⁵³no³¹   tɕa⁵³   ma³³   dʑi⁵³   la³³
ve²²le³³   tɕʰa   le²²-le²²   ne   tɕi³³xo³³   ja⁵³no³¹   tɕa⁵³   ma³³   dʑi⁵³   la³³
衣服   件   裹-裹   TOP   使劲   后面   TOP   NEG   是   CS
（但是那个过路的人）只是把大衣裹得紧紧的而已（没有脱），后来风总算停了。

ja⁵³no³¹   tɕa⁵³   me²²tɕʰa³³   pe³³   la³¹   la³³   me²²tɕʰa³³   tɕa⁵³
ja⁵³no³¹   tɕa⁵³   me²²tɕʰa³³   pe³³   la³¹   la³³   me²²tɕʰa³³   tɕa⁵³
后面   TOP   阳光   出来   来   CS   阳光   TOP
后来呢，太阳出来了，太阳就

ja²²-ko³³   me³³   tʰa²²   u³¹tɕʰa³³   ja⁵³no³¹   va³³ma³³   ɕe³³ɕe³³ɕu
ja²²-ko³³   me³³   tʰa²²   u³¹-tɕʰa³³   ja⁵³no³¹   va³³ma³³   ɕe³³-ɕe³³-ɕu
更-快   做   他.DAT   PFV-晒   后面   路   走-走-者
快快地晒了一下，然后

i   tʰe³³   i   tɕʰa   tɕʰi³³   ve²²le³³   tɕʰa³³   ka³³   gi⁵³   la³³
i   tʰe³³   i   tɕʰa   tɕʰi³³   ve²²le³³   tɕʰa³³   ka³³   gi⁵³   la³³
GEN 那   GEN 件   他.GEN   衣服   热   脱   落   CS
那个过路的人就把他的大衣脱了。

tɕʰi³³	tʰe³³	dʑu²²	i	tʰe³³	ve²²le³³	ka³³	gi⁵³	la³³
tɕʰi³³	tʰe³³	dʑu²²	i	tʰe³³	ve²²le³³	ka³³	gi⁵³	la³³
他.GEN	那	厚	GEN	那	衣服	脱	落	CS

脱下了他的那件厚大衣。

ja⁵³no³¹	tɕa⁵³	me²²le³³	tɕa⁵³	dʑi⁵³	la³³
ja⁵³no³¹	tɕa⁵³	me²²le³³	tɕa⁵³	dʑi⁵³	la³³
后面	TOP	风	TOP	是	CS

这下风就承认，

ni⁵³	a³³	gu	tɕa⁵³	me²²tɕʰa³³	i	pe³³sə⁵³	ja³³dʒe⁵³
ni⁵³	a³³	gu	tɕa⁵³	me²²tɕʰa³³	i	pe³³sə⁵³	ja³³-dʒe⁵³
二	个	位	TOP	阳光	GEN	本事	更-含有

它们俩当中还是太阳的本事大。

有一次风和太阳两个在争论谁的本事大。争来争去就是分不出高低来。这时候，路上来了一个过路的人。身上穿着件厚厚的大衣。他们两个就说好了，谁能先叫这个过路的人脱下他的大衣，就算谁的本事大。风就使劲地吹，快快地吹。（但是那个过路的人）只是把大衣裹得紧紧的而已（没有脱），后来风就只好算了。后来呢，太阳出来了，太阳就快快地晒了一下，然后那个过路的人把他的大衣脱了。就脱下了他的那件厚大衣。这下风就承认，它们俩当中还是太阳的本事大。

2.3 老虎和青蛙的故事

tʰe³³	la³¹pʰa³³	i	tʰe³³	pa³³ma⁵³	pu	ni⁵³	a³³	ku	tɕi³³pa	me³³
tʰe³³	la³¹pʰa³³	i	tʰe³³	pa³³ma⁵³	pu	ni⁵³	a³³	ku	tɕi³³pa	me³³
那	老虎	GEN	那	癞蛤蟆	只	二	个	位	一起	做

有一次那个老虎和那青蛙聚在一起

du⁵³	la	tʰe³³	gu	ni⁵³	a³³	ku	tɕi⁵³	ŋe²²	ɕe⁵³	kʰan²¹³
du⁵³	la	tʰe³³	gu	ni⁵³	a³³	ku	tɕi⁵³	ŋe²²	ɕe⁵³	kʰan²¹³
完	CS	他	位	二	个	位	一	说	TNT	看

争论（看）他们两个谁厉害。

no³³ nja⁵³ a³³ ŋa³³ku ni⁵³ a³³ ku ke³³ ke ba³³ ke³³ ke
no³³ nja⁵³ a³³ ŋa³³ku ni⁵³ a³³ ku ke³³ ke ba³³ ke³³ ke
你 强壮 Q 我俩 二 个 位 这 LOC 山 这 LOC

ba³³ ko⁵³ tɕa³³tɕa³³ me³³ tʰe³³ ke³³ da²²pʰo⁵³ ji³³ no³³ xe³³
ba³³ ko⁵³ tɕa³³-tɕa³³ me³³ tʰe³³ ke³³ da²²pʰo⁵³ ji³³ no³³ xe³³
山 LOC 玩-玩 做 那 这 那边 去 你 先

ji³³ xaiʃə ŋa³³ xe³³ ji³³
ji³³ xaiʃə ŋa³³ xe³³ ji³³
去 还是 我 先 去
看你厉害还是我厉害，我们两个使劲地往山那边跑，看谁先到。

ŋa³³ xe³³ ji³³ ne ŋa³³ xe³³ ji³³ xaiʃə no³³ xe³³ ji³³
ŋa³³ xe³³ ji³³ ne ŋa³³ xe³³ ji³³ xaiʃə no³³ xe³³ ji³³
我 先 去 TOP 我 先 去 还是 你 先 去
（看）我先到还是你先到。

tʰe³³… la³¹pʰa³³ tʰe³³ tɕa⁵³ ʃə pə dʑa³³dʑa³³ me³³ ji³³ tʰe³³…
tʰe³³ la³¹pʰa³³ tʰe³³ tɕa⁵³ ʃə pə dʑa³³-dʑa³³ me³³ ji³³ tʰe³³
那 老虎 那 TOP 是 吧 飞-飞 做 去 那
那个老虎就使劲地跑，

pa³³ma⁵³ pu tɕa⁵³ tɕəu tɕʰi³³ i tʰe³³ mu⁵³tʃʰu³¹ kʰɯ⁵³ u³¹kʰa³¹
pa³³ma⁵³ pu tɕa⁵³ tɕəu tɕʰi³³ i tʰe³³ mu⁵³tʃʰu³¹ kʰɯ⁵³ u³¹-kʰa³¹
癞蛤蟆 只 TOP 就 他.GEN GEN 那 尾巴 上 PFV-咬
青蛙就咬着他的尾巴。

ja⁵³no³¹ pʰo⁵³ tʰe³³ ke ji³³ la tɕo⁵³da²²pʰo⁵³ ji³³ la³³ ji³³ la
ja⁵³no³¹ pʰo⁵³ tʰe³³ ke ji³³ la tɕo⁵³-da²²pʰo⁵³ ji³³ la³³ ji³³ la
后面 边 那 LOC 去 CS 那-那边 去 CS 去 CS
后来，老虎到了山那边就也把青蛙带上了。

tʰe³³ tɕəu mi³¹fu³³ ʃuo³³ ʃuo³³ ŋa³³ ni na²²
tʰe³³ tɕəu mi³¹-fu³³ ʃuo³³ ʃuo³³ ŋa³³ ni na²²
那 就 PFV-领 说 说 我 GEN 你.DAT
青蛙说，我的……给你……

no³³ a⁵³ se²² no³³ ni na²² ŋa³³ xe³³ la³¹ la³³ tʰe³³ ke³³
no³³ a⁵³ se²² no³³ ni na²² ŋa³³ xe³³ la³¹ la³³ tʰe³³ ke³³
你 Q 知道 你 GEN 你.DAT 我 先 来 CS 那 这
你知道吗，你的，我是先到的，到那里了，

ke la³¹ la³³ ŋa³³ təu⁴⁴ ke³³ ke dʑa²²dʑa³³ la ke³³ ke
ke la³¹ la³³ ŋa³³ təu⁴⁴ ke³³ ke dʑa²²-dʑa³³ la ke³³ ke
LOC 来 CS 我 都 这 LOC 玩-玩 CS 这 LOC

u³¹dʑa³¹ la
u-dʑa³¹ la
PFV-站 CS
已经站在这里玩了一会儿。

tʰe³³ me³³ ŋe²² tʰa³³ ʃuo³³ no³³ le··· ŋa³³ na²² dʑi³¹ xaiʃə no³³
tʰe³³ me³³ ŋe²² tʰa³³ ʃuo³³ no³³ le ŋa³³ na²² dʑi³¹ xaiʃə no³³
那 做 说 抬 说 你 TOP 我 你.DAT 吃 还是 你

ŋa²² dʑi³¹ o ŋa²² dʑi³¹ o
ŋa²² dʑi³¹ o ŋa²² dʑi³¹ o
我.DAT 吃 ITRJ 我.DAT 吃 ITRJ
那么说，然后他们又要比赛，说，你吃我还是我吃你。

no³³ xo³³tɕa³³ dʑi³¹ no³³ pʰje²² ʃə³³ pe³³ la³³ no³³ pʰje²² la
no³³ xo³³tɕa³³ dʑi³¹ no³³ pʰje²² ʃə³³ pe³³ la³³ no³³ pʰje²² la
你 什么 吃 你 吐 拿 出来 CS 你 吐 CS
你在吃些什么，你吐出来给我看，

tʰe³³ ʃə pə tʰe³³ u⁵³nju³¹ ʃe³³ be   pʰje²² ʃə⁵³ la ke³³tʰe³³
tʰe³³ ʃə pə tʰe³³ u⁵³nju³¹ ʃe³³ be   pʰje²² ʃə³¹ la ke³³tʰe³³
那 是 吧 那 水牛 肉 PL.N-ANM 吐 拿 CS 这

pʰje²² tɕəu tɕa⁵³ ʃə pə tɕʰi³³ i tʰe³³ na²²…
pʰje²² tɕəu tɕa⁵³ ʃə pə tɕʰi³³ i tʰe³³ na²²
吐 就 TOP 是 吧 他.GEN GEN 那 你.DAT
老虎吐出来的是水牛的肉，青蛙吐出来的是那个

tʰe³³ na²² i tʰe³³ mu⁵³tʃʰu³¹ i mu³¹ be
tʰe³³ na²² i tʰe³³ mu⁵³tʃʰu³¹ i mu³¹ be
那 你.DAT GEN 那 尾巴 GEN 毛 PL.N-ANM

pʰje²² ʃə³¹… pʰje²² ʃə³¹ pe³³ la³¹ la
pʰje²² ʃə³¹ pʰje²² ʃə³¹ pe³³ la³¹ la
吐 拿 吐 拿 出来 来 CS
老虎尾巴上的毛，吐出来了。

ke³³tʰe³³ xo³³tɕa³³ kʰa⁵³ i kʰa⁵³ i tʰe³³ kʰa⁵³ i kʰa⁵³
ke³³tʰe³³ xo³³tɕa³³ kʰa⁵³ i kʰa⁵³ i tʰe³³ kʰa⁵³ i kʰa⁵³
这 什么 大 GEN 大 GEN 那 大 GEN 大
你什么？大大的气……

i tʰe³³ kʰa⁵³ i kʰa⁵³ i tʰe³³ so²² be
i tʰe³³ kʰa⁵³ i kʰa⁵³ i tʰe³³ so²² be
GEN 那 大 GEN 大 GEN 那 气息 PL.N-ANM

u³¹kʰa²² idzo a³¹ dʑi⁵³ kʰa⁵³ i kʰa⁵³ i tʰe³³ so²²
u³¹-kʰa²² idzo a³¹ dʑi⁵³ kʰa⁵³ i kʰa⁵³ i tʰe³³ so²²
PFV-呼 PROG Q 是 大 GEN 大 GEN 那 气息

u³¹kʰa²² idzo

u³¹-kʰa²² idzo

PFV-呼　　PROG

使劲地呼气，

tʰe³³	tɕəu	tʰe³³	pʰje²²	ʃə⁵³	pe³³	la	ʃuo³³	o	njo³³njo³³	ni³³
tʰe³³	tɕəu	tʰe³³	pʰje²²	ʃə³¹	pe³³	la	ʃuo³³	o	njo³³-njo³³	ni³³
那	就	那	吐	拿	出来	CS	说	ITRJ	看-看	你.GEN

他吐出来了就说，你看看，是你的毛。

mu³¹	i	ŋe²²	ŋe³³	i	kʰa³³pi³³	kʰɯ⁵³	bo⁵³
mu³¹	i	ŋe²²	ŋe³³	i	kʰa³³pi³³	kʰɯ⁵³	bo⁵³
毛	GEN	说	我.GEN	GEN	嘴	上	有

我的嘴巴里有你的毛。

ni³³…	mi⁵³sə³¹	i	ŋe³³	a³¹	dʑi⁵³	mi⁵³sə³¹	i	ŋe³³	kʰa³³pi³³
ni³³	mi⁵³sə³¹	i	ŋe³³	a³¹	dʑi⁵³	mi⁵³sə³¹	i	ŋe³³	kʰa³³pi³³
你.GEN	眼睛	GEN	我.GEN	Q	是	眼睛	GEN	我.GEN	嘴

我的嘴巴里，是不是，（还）有你的眼睛。

ko⁵³	bo⁵³	tʰe³³	me³³	ŋe²²	la	no³³…	ŋa³³	na²²	dʑi³¹	la
ko⁵³	bo⁵³	tʰe³³	me³³	ŋe²²	la	no³³	ŋa³³	na²²	dʑi³¹	la
LOC	有	那	做	说	CS	你	我	你.DAT	吃	CS

我就要把你吃了。

tʰe³³	me³³	ŋe²²	la	tɕəu	no³³	ŋa³³	na²²	dʑi³¹
tʰe³³	me³³	ŋe²²	la	tɕəu	no³³	ŋa³³	na²²	dʑi³¹
那	做	说	CS	就	你	我	你.DAT	吃

这么说，我要吃你了。

ŋa³³	tɕəu	tɕa⁵³	ʃə	pə	tʰe³³	mo³³	tɕəu	tɕa⁵³	ʃə	pə	mi³¹pʰo³³pʰo³³
ŋa³³	tɕəu	tɕa⁵³	ʃə	pə	tʰe³³	mo³³	tɕəu	tɕa⁵³	ʃə	pə	mi³¹-pʰo³³-pʰo³³
我	就	TOP	是	吧	那	高	就	TOP	是	吧	PFV-跑-跑

la⋯   mi³¹pʰo³³   la
la   mi³¹-pʰo³³   la
CS   PFV-跑   CS
老虎害怕就跑了。

mi³¹pʰo³³   la³¹ le   kʰɯ⁵³ ji³³ la   le   mi³¹pʰo³³   la   tɕəu
mi³¹-pʰo³³   la³¹ le   kʰɯ⁵³ ji³³ la   le   mi³¹-pʰo³³ la   tɕəu
PFV-跑   来   TOP 上   去   CS   TOP PFV-跑   CS   就
逃跑，就跑到上面去了。

o   ke³³tʰe³³ pa³³ma⁵³ pu iɛ⁵³ ʁa⁵³ dʑi ma⁵³ pʰa³¹ la   tɕəu tʰe³³
o   ke³³tʰe³³ pa³³ma⁵³ pu iɛ⁵³ ʁa⁵³ dʑi ma⁵³ pʰa³¹ la   tɕəu tʰe³³
ITRJ 这   癞蛤蟆   只   也   饱   是   NEG   能   CS   就   那

mi³¹pʰo³³   la
mi³¹-pʰo³³   la
PFV-跑   CS
（老虎想）我赢不了那个青蛙，只好逃跑，

mi³¹pʰo³³   la   ji³³ la   le   kʰɯ⁵³   la   tʰe³³ tɕəu bi³¹ a³³ a³¹ dʑi⁵³
mi³¹-pʰo³³   la   ji³³ la   le   kʰɯ⁵³   la   tʰe³³ tɕəu bi³¹ a³³ a³¹ dʑi⁵³
PFV-跑   CS   去   CS   TOP 上   CS   那   就   蜜蜂   个   Q   是
老虎就跑到上面去了，碰到了一个蜜蜂，是不是？

o   bi³¹   a³³   u³¹ʐu⁵³ʐu³¹   la
o   bi³¹   a³³   u³¹-ʐu⁵³-ʐu³¹   la
ITRJ 蜜蜂   个   PFV-遇到-遇到   CS
碰到了一个蜜蜂（猴子），

bi³¹ a³³ u³¹ʐu⁵³ʐu³¹   la   ʃuo³³ a³³me³³ no³³ ke³³ ke xo³³tɕa³³
bi³¹ a³³ u³¹-ʐu⁵³-ʐu³¹   la   ʃuo³³ a³³me³³ no³³ ke³³ ke xo³³tɕa³³
蜜蜂   个   PFV-遇到-遇到   CS   说   啊哟   你   这   LOC 什么
碰到一个蜜蜂（猴子），蜜蜂（猴子）就问他，你怎么这样跑。

be	ko²²ko³³	a³³me³³	ŋa³³	tʰe³³	pa³³ma⁵³	pu³¹	ŋa²²	dʑi³¹
be	ko²²-ko³³	a³³me³³	ŋa³³	tʰe³³	pa³³ma⁵³	pu³¹	ŋa²²	dʑi³¹
PL.N-ANM	跑-跑	啊哟	我	那	癞蛤蟆	只	我.DAT	吃

o	ŋa³³	mi³¹ko²²ko³³	la
o	ŋa³³	mi³¹-ko²²-ko³³	la
ITRJ	我	PFV-跑-跑	CS

老虎说，啊哟，青蛙要吃我才跑。

no³³	xo³³	me³³	pa³³ma⁵³	pu³¹	təu⁴⁴	no³³	ke³¹ʃa³³	ma³¹	ke³³
no³³	xo³³	me³³	pa³³ma⁵³	pu³¹	təu⁴⁴	no³³	ke³¹ʃa³³	ma³¹	ke³³
你	什么	做	癞蛤蟆	只	都	你	怕	NEG	怕

蜜蜂（猴子）说，你怎么怕一个青蛙，不要怕，

ma³¹	ke³³	ŋa³³ku	ni⁵³	a³³	ku	ji³³	la
ma³¹	ke³³	ŋa³³-ku	ni⁵³	a³³	ku	ji³³	la
NEG	怕	我-位	二	个	位	去	CS

我带你去（我们两个一起去吧）。

ŋa³³	ji³³…	ŋa³³ku	ni⁵³	ku	ji³³	la³³	tʰe³³…	mi³¹ɕe²²
ŋa³³	ji³³	ŋa³³-ku	ni⁵³	ku	ji³³	la³³	tʰe³³	mi³¹-ɕe²²
我	去	我-位	二	位	去	CS	那	PFV-杀

我去，我们两个去打死那个青蛙，

no³³	ŋa²²	ke³¹ʃa³³	no³³	ja⁵³no³¹	ŋa³³	xe³³	ji³³	la
no³³	ŋa²²	ke³¹ʃa³³	no³³	ja⁵³no³¹	ŋa³³	xe³³	ji³³	la
你	我.DAT	怕	你	后面	我	先	去	CS

你怕我（的话），你就走在后面，我走在前面。

tʰe³³	ba³³go³¹	kʰɯ⁵³	i	tʰe³³…	ba³³go³¹	kʰɯ⁵³	i	tʰe³³
tʰe³³	ba³³-go³¹	kʰɯ⁵³	i	tʰe³³	ba³³-go³¹	kʰɯ⁵³	i	tʰe³³
那	山-沟	上	GEN	那	山-沟	上	GEN	那

他就在山坡上拿了一条绳子，

pu³³	ka	tʰe³³	me³³	a³¹	dʑi⁵³	o
pu³³	ka	tʰe³³	me³³	a³¹	dʑi⁵³	o
绳子	条	那	做	Q	是	ITRJ

是不是那样？

ba³³go³¹	kʰɯ⁵³	i	tʰe³³	pu³³	ka	ʃə⁵³	la	tɕa⁵³
ba³³-go³¹	kʰɯ⁵³	i	tʰe³³	pu³³	ka	ʃə³¹	la	tɕa⁵³
山-沟	上	GEN	那	绳子	条	拿	CS	TOP

在山上拿了一条绳子。

tɕʰi³³…	tɕʰi³³	ke³³…	ke³³	da²²pʰo⁵³	no³³…	no³³…	tɕʰi³³
tɕʰi³³	tɕʰi³³	ke³³	ke³³	da²²pʰo⁵³	no³³	no³³	tɕʰi³³
他.GEN	他.GEN	这	这	那边	你	你	他.GEN

我在这边，你……

da²²pʰo⁵³	nju³¹	kʰɯ⁵³…	nju³¹	kʰɯ⁵³	u³¹tɕʰa²²	ke³³	da²²pʰo⁵³	le
da²²pʰo⁵³	nju³¹	kʰɯ⁵³	nju³¹	kʰɯ⁵³	u³¹-tɕʰa²²	ke³³	da²²pʰo⁵³	le
那边	牛	上	牛	上	PFV-拴	这	那边	TOP

拴在这边的牛上，这边的牛上。

nju³¹	kʰɯ⁵³	u³¹tɕʰa²²-tɕʰa²²	le	ŋa³³	xe³³	no³³	ja⁵³no³¹
nju³¹	kʰɯ⁵³	u³¹-tɕʰa²²-tɕʰa²²	le	ŋa³³	xe³³	no³³	ja⁵³no³¹
牛	上	PFV-拴-拴	TOP	我	先	你	后面

拴了以后我在前你在后，

ja⁵³no³¹	le	ji³³	la	tɕa⁵³	ʃə	pə	ɕe³³ɕe³³	tʰe³³	ji³³	la	tʰe³³
ja⁵³no³¹	le	ji³³	la	tɕa⁵³	ʃə	pə	ɕe³³-ɕe³³	tʰe³³	ji³³	la	tʰe³³
后面	TOP	去	CS	TOP	是	吧	走-走	那	去	CS	那

然后就去了，走啊走，

pa³³ma⁵³	pu	a³³me³³

pa³³ma⁵³ pu a³³me³³

癞蛤蟆 只 啊哟

（走到青蛙那里）那个青蛙就说，

no³³ la³¹ la³³ ŋa³³ dʑa³¹ a³³me³³ ta³³ne³³ ŋa³³ dʑa³¹ sə³³tɕi³³
no³³ la³¹ la³³ ŋa³³ dʑa³¹ a³³me³³ ta³³ne³³ ŋa³³ dʑa³¹ sə³³tɕi³³
你 来 CS 我 喜欢 啊哟 今天 我 喜欢 特别

你来了，今天我特别高兴。

no³³ la³¹ la tʰe³³ me³³ ŋe²² la tʰe³³ ŋa³¹ tɕəu
no³³ la³¹ la tʰe³³ me³³ ŋe²² la tʰe³³ ŋa³¹ tɕəu
你 来 CS 那 做 说 CS 他 受惊 就

你来了，青蛙就那么说，他（老虎）就特别害怕

tɕa⁵³ mi³¹ko²²ko³³ la
tɕa⁵³ mi³¹-ko²²-ko³³ la
TOP PFV-跑-跑 CS

就开始跑。

mi³¹ko²²ko³³ la tʰe³³ ba³³go³¹ ji³³ mi³¹ko²²ko³³ la tɕəu
mi³¹-ko²²-ko³³ la tʰe³³ ba³³-go³¹ ji³³ mi³¹-ko²²-ko³³ la tɕəu
PFV-跑-跑 CS 那 山-沟 去 PFV-跑-跑 CS 就

使劲地跑，他在山上跑。

tʰe³³ mi²² tɕəu tɕa⁵³
tʰe³³ mi²² tɕəu tɕa⁵³
那 猴子 就 TOP

那只猴子呢，

çe³³ le mi³¹sə³¹ka³¹ la o ke³³ ke tɕi⁵³ tɕu²² çe⁵³ ke³³ ke
çe³³ le mi³¹-sə³³ka³³ la o ke³³ ke tɕi⁵³ tɕu²² çe⁵³ ke³³ ke
拉 TOP PFV-死 CS ITRJ 这 LOC 一 杀 TNT 这 LOC

拴在老虎脖子上的猴子，就被老虎拉死了（撞死了），就打死了。

tɕəu　　　sə³¹ka³¹ la³³
tɕəu　　　sə³³ka³³ la³³
就　　　死　　CS
（猴子）就死了。

sə³¹ka³¹　la　ne　tʰe³³…　tʰe³³　ji³³　la　tʰe³³　ʃuo³³　ʃə　no³³　tʰe³³　ke
sə³³ka³³　la　ne　tʰe³³　　tʰe³³　ji³³　la　tʰe³³　ʃuo³³　ʃə　no³³　tʰe³³　ke
死　　CS　TOP　那　　那　去　CS　那　说　是　你　那　LOC
死了以后，他（老虎停下来），就说，

xa²²xa⁵³　　a³¹　　dʑi⁵³
xa²²xa⁵³　　a³¹　　dʑi⁵³
笑　　Q　　是
你在笑，是不是？

ŋa³³de　ko³³　ke　ba⁵³　sətɕi　ka²²　ma⁵³　pʰa³¹　la
ŋa³³-de　ko³³　ke　ba⁵³　sətɕi　ka²²　ma⁵³　pʰa³¹　la
我-PL　这里　LOC　累　特别　捡　NEG　能　CS
我们这里累得不得了，

tɕi³³　　njo³³njo³³　　çe⁵³　tʰe³³　tɕəu　mi³¹sə³¹ka³¹　　　la³³
tɕi³³　　njo³³-njo³³　çe⁵³　tʰe³³　tɕəu　mi³¹-sə³³ka³³　　la³³
一　　看-看　　TNT　那　就　PFV-死　　　CS
仔细一看，（猴子已经）死掉

mi³¹sə³¹ka³¹　　la　ŋa³³　tɕəu　mi³¹dʑi³¹　ge　dʑi　tʰe³³　me³³　ŋe²²
mi³¹-sə³³ka³³　la　ŋa³³　tɕəu　mi³¹-dʑi³¹　ge　dʑi　tʰe³³　me³³　ŋe²²
PFV-死　　CS　我　就　吃　　PRO　是　那　做　说
死掉，我就吃了，就那么一个故事。

　　有一次老虎和青蛙聚在一起争论他们两个谁厉害。"看你厉害还是我厉害。我们两个使劲地往山那边跑，看谁先到。（看）我先到还是你先到。"那个老虎就使劲地跑，青蛙就咬着他的尾巴。后来，老虎到了山那边就把青蛙带（过去了）。青蛙说："我先到了，已经站在这里玩了一会儿了。"然后他们又要比赛。说："（是）你吃我还是我吃你。""你吃了些什么，你吐出来给我看。"老虎吐出来的是水牛的肉。青蛙吐出来的是那个老虎尾巴上的毛。（青蛙）使劲地呼气，他就吐出来了。就说："你看看，是你的毛。我的嘴巴里有你的毛。（还）有你的眼睛。我要吃你了。"老虎害怕就跑了。跑到上面去了。（老虎想）"我赢不了那个青蛙，只好逃跑。"老虎跑到上面，碰到了一只蜜蜂（猴子）。蜜蜂（猴子）就问他：你跑什么？"老虎说："啊哟，青蛙要吃我，我才跑。"蜜蜂（猴子）说："你怎么怕青蛙，不要怕，我带你（找他）去（我们两个一起去吧）。我们两个去打死那个青蛙。你怕，你就走在后面，我走在前面。"他（猴子）就在山坡上拿了一条绳子（藤子）。（一头拴着老虎，一头拴着猴子）拴了以后，（猴子说）"我在前你在后。"然后就去了，走啊走，（走到青蛙那里）那个青蛙就说："你来了，今天我特别高兴。"青蛙就那么说。他（老虎）就特别害怕，就开始跑，在山上使劲地跑。那只猴子呢，拴在老虎脖子上的猴子，就被老虎拉死了。他（老虎停下来），就说："你在笑，是不是？我们这儿累得不得了。哦。"仔细一看，（猴子已经）死掉了。"（既然）死掉了，那我就吃了。"就那么一个故事。

2.4 傻女婿[①]

tɕʰi³³	i	tʰe³³	na³³pu³³	le	tsʰo³³tɕa³³
tɕʰi³³	i	tʰe³³	na³³pu³³	le	tsʰo³³tɕa³³
他. GEN	GEN	那	丈夫	TOP	傻瓜

她的那个丈夫是个傻瓜，

tsʰo³³tɕa³³	le	mə	na³³pu³³	le	tsʰo³³tɕa³³	ja²²ʃu³³ma⁵³	le	tʰo³¹
tsʰo³³tɕa³³	le	mə	na³³pu³³	le	tsʰo³³tɕa³³	ja²²ʃu³³ma⁵³	le	tʰo³¹
傻瓜	TOP	嘛	丈夫	TOP	傻瓜	妻子	TOP	妥当

傻瓜，那个丈夫是个傻瓜，他的媳妇聪明。

tʰo³¹	le	tʰe³³	tɕəu	xaiʃə	zu²²ku³³	le…	tʰe³³	tsʰo³³tɕa³³	ʃə
tʰo³¹	le	tʰe³³	tɕəu	xaiʃə	zu²²ku³³	le…	tʰe³³	tsʰo³³tɕa³³	ʃə
妥当	TOP	那	就	还是	长相	TOP	那	傻瓜	是

聪明呢，（但）他就是长相好。

---

① 该故事采用吴德才讲述的版本，标注文本已收入《四川冕宁多续语》中。

zu²²gu³³··· zu²²ku³³ le tʰo³¹ nje²²ma⁵³ ma⁵³ ke²²tsʰə³³

zu²²gu³³ zu²²ku³³ le tʰo³¹ nje²²ma⁵³ ma⁵³ ke²²tsʰə³³

长相 长相 TOP 妥当 心脏 NEG 聪明

长相好，但是不聪明。

nje²²ma⁵³ ma⁵³ ke²²tsʰə³³ tɕou be²²tɕʰe³³ xaiʃ ve²²le³³ zu³³ga⁵³

nje²²ma⁵³ ma⁵³ ke²²tsʰə³³ tɕou be²²tɕʰe³³ xaiʃ ve²²le³³ zu³³ga⁵³

心脏 NEG 聪明 就 衣服 还是 衣服 好

不聪明，但就是衣服穿得好。

ja⁵³no³¹ i tʰe³³ tɕʰi³³ i tʰe³³ ʁa²²ma³³ɕu³³ kʰa⁵³ tʰe³³ tɕou

ja⁵³no³¹ i tʰe³³ tɕʰi³³ i tʰe³³ ʁa²²ma³³-ɕu³³ kʰa⁵³ tʰe³³ tɕou

后面 GEN 那 他.GEN GEN 那 发财-者 大 那 就

后来他就娶了一个大财主的女儿。

tɕʰi³³ i za³³mi³³ tɕou tʰa²² mi³¹kʰo⁵³ la

tɕʰi³³ i za³³mi³³ tɕou tʰa²² mi³¹-kʰo⁵³ la

他的 GEN 女儿 就 他.DAT PFV-给 CS

（大财主）就把他的女儿嫁给他。

mi³¹kʰo⁵³ la za³³mi³³ fu³³ la le mi³¹fu³³ la le tɕou

mi³¹-kʰo⁵³ la za³³mi³³ fu³³ la le mi³¹-fu³³ la le tɕou

PFV-给 CS 女儿 领 CS TOP 领 CS TOP 就

嫁给他，娶了他的女儿。

ja⁵³no³¹ tɕou xe³³ ja³³ tɕou tʰe³³ tsʰo³³tɕa³³ ma⁵³ se²²

ja⁵³no³¹ tɕou xe³³ ja³³ tɕou tʰe³³ tsʰo³³tɕa³³ ma⁵³ se²²

后面 就 先 家 就 那 傻瓜 NEG 知道

后来就……以前他们不知道他是个傻瓜。

ja⁵³no³¹ tsʰai²¹³ ʃuo³³ ke³³ tɕʰi³³ ke³³tʰe³³ za³³mi³³ na³³pu³³ le

ja⁵³no³¹ tsʰai²¹³ ʃuo³³ ke³³ tɕʰi³³ ke³³tʰe³³ za³³mi³³ na³³pu³³ le

后面	才	说	这	他.GEN	这	女儿	丈夫	TOP

tsʰo³³tɕa³³

tsʰo³³tɕa³³

傻瓜

后来才说，你这个丈夫是个傻瓜。

no³³	xo³³	me³³	ka⁵³	la	xe³³	i	ja³³	tɕa⁵³	xe³³
no³³	xo³³	me³³	ka⁵³	la	xe³³	i	ja³³	tɕa⁵³	xe³³
你	什么	做	办	CS	先	GEN	家	TOP	先

你怎么办呢？

ja³³	tɕəu	tɕa⁵³	mi³¹fu³³	la	tɕəu	tsʰo³³tɕa³³	iɛ⁵³	xaiʃə
ja³³	tɕəu	tɕa⁵³	mi³¹-fu³³	la	tɕəu	tsʰo³³tɕa³³	iɛ⁵³	xaiʃə
家	就	TOP	PFV-领	CS	就	傻瓜	也	还是

tsʰo³³tɕa³³	xaiʃə	tɕi³³	ja³³me³³
tsʰo³³tɕa³³	xaiʃə	tɕi³³	ja³³me³³
傻瓜	还是	一	当家

以前嫁给傻瓜就跟着傻瓜。

tsʰo³³	tʰo³¹	iɛ⁵³	tɕi³³	ja³³me³³	tsʰo³³	ma⁵³	tʰo³¹	iɛ⁵³	tɕi³³	ja³³me³³
tsʰo³³	tʰo³¹	iɛ⁵³	tɕi³³	ja³³me³³	tsʰo³³	ma⁵³	tʰo³¹	iɛ⁵³	tɕi³³	ja³³me³³
人	妥当	也	一	当家	人	NEG	妥当	也	一	当家

嫁给好的人是一家子，嫁给不好的人也是一家子。

tsʰo³³tɕa³³	mi³¹kʰo⁵³	la	xaiʃə	tɕəu	tɕi³³	ja³³me³³	la
tsʰo³³tɕa³³	mi³¹-kʰo⁵³	la	xaiʃə	tɕəu	tɕi³³	ja³³me³³	la
傻瓜	PFV-给	CS	还是	就	一	当家	CS

嫁给傻瓜还是一家子。

tɕi³³	ja³³me³³	la³³	tɕəu	ja⁵³no³¹	tɕəu	tɕʰi³³	i	tʰe³³
tɕi³³	ja³³me³³	la³³	tɕəu	ja⁵³no³¹	tɕəu	tɕʰi³³	i	tʰe³³

一　　当家　　CS　　就　　后面　　就　　他.GEN　GEN　那

成家了以后她的那个……

tɕʰi³³　　i　　tʰe³³…　　a³³ma³³ de²²　　tɕəu　　ja³³kʰe　　pa²²　　tɕəu
tɕʰi³³　　i　　tʰe³³　　a³³ma³³ de²²　　tɕəu　　ja³³kʰe　　pa²²　　tɕəu
他.GEN　GEN 那　　母亲　家　　就　　家里　娘家　　就

她的那个……母亲家就娘家

pan²¹tɕəu⁵³　　ŋa³³de　　do³³ɕu³³na³¹　　xo³³　　me³³　　ŋe²²　　pan²¹tɕəu⁵³
pan²¹tɕəu⁵³　　ŋa³³-de　　do³³ɕu³³-na³¹　　xo³³　　me³³　　ŋe²²　　pan²¹tɕəu⁵³
办酒　　　我-PL　　多续-语　　什么　做　　说　　办酒

tɕəu　　vu⁵³　　me³³　　pə
tɕəu　　vu⁵³　　me³³　　pə
就　　酒　　做　　吧

办酒席，我们多续语怎么说？办酒席就是 vu⁵³ me³³ 吧。

tɕʰi³³　　　ja³³kʰe　　　pa²²　　la³¹　　vu⁵³　　me³³　　la
tɕʰi³³　　　ja³³kʰe　　　pa²²　　la³¹　　vu⁵³　　me³³　　la
她.GEN　　家里　　　娘家　　来　　酒　　做　　CS

她娘家就办酒席。

vu⁵³　　me³³　　la　　tʰe³³　　tɕəu　　tɕʰi³³　　i　　tʰe³³　　ja²²ʃu³³ma⁵³　　tɕəu
vu⁵³　　me³³　　la　　tʰe³³　　tɕəu　　tɕʰi³³　　i　　tʰe³³　　ja²²ʃu³³ma⁵³　　tɕəu
酒　　做　　CS 那　　就　　他.GEN　GEN 那　　妻子　　　就

tʰa²²　　pʰo⁵³　　ŋe²²
tʰa²²　　pʰo⁵³　　ŋe²²
那.DAT　边　　说

办酒席，他的媳妇就对他说。

namə　　　ŋa³³　　le　　xe³³　　vo³³vo³³　　ji³³　　la³³
namə　　　ŋa³³　　le　　xe³³　　vo³³vo³³　　ji³³　　la³³

那么　　　我　　　TOP　　先　　　　帮助　　　去　　　CS

那么，我先去帮忙。

no³³　　　le　　ja⁵³no³¹　la³¹　la　　no³³　ja⁵³no³¹　la³¹　le　　　no³³　be²²tɕʰe³³

no³³　　　le　　ja⁵³no³¹　la³¹　la　　no³³　ja⁵³no³¹　la³¹　le　　　no³³　be²²tɕʰe³³

你　　　TOP　　后面　　　来　　CS　　你　　　后面　　来　　TOP　你　　衣服

ɹe　　tʰo³¹　　　tʰo³¹　　　me³³　　u³¹ve²²

ɹe　　tʰo³¹　　　tʰo³¹　　　me³³　　u³¹-ve²²

TOP　妥当　　　妥当　　　做　　　PFV-穿

你过会儿来，你过会儿再来，你就把衣裳穿得好好的。

mu⁵³　　le　　　tʰo³¹　　tʰo³¹　　me³³　　kʰɯ⁵³　　kʰa⁵³　　kʰa⁵³　　tʰe³³　　u³¹tsu²²

mu⁵³　　le　　　tʰo³¹　　tʰo³¹　　me³³　　kʰɯ⁵³　　kʰa⁵³　　kʰa⁵³　　tʰe³³　　u³¹-tsu²²

帽子　　TOP　　妥当　　妥当　　做　　　上　　　大　　　大　　　那　　　PFV-戴

戴个大一点的帽子。

ja³¹kʰa⁵³　　i　　　　tʰe³³　　u³¹tsu²²　　　tʰe³³　　　me³³　　　ŋe²²

ja³¹-kʰa⁵³　　i　　　　tʰe³³　　u³¹-tsu²²　　tʰe³³　　　me³³　　　ŋe²²

更-大　　　　GEN　　那　　　PFV-戴　　　那　　　做　　　说

戴大一点的，就那么说了。

be²²tɕʰe³³　　tʰo³¹　　　tʰo³¹　　　me³³　　u³¹ve²²

be²²tɕʰe³³　　tʰo³¹　　　tʰo³¹　　　me³³　　u³¹-ve²²

衣服　　　　妥当　　　妥当　　　做　　　PFV-穿

衣裳穿得好好的。

ba³³dʒe³³　　le　　li³¹　　i　　　li³¹　　me³³　　ʃə³¹　　la　　ba³³dʒe³³　　le　　li³¹

ba³³dʒe³³　　le　　li³¹　　i　　　li³¹　　me³³　　ʃə³¹　　la　　ba³³dʒe³³　　le　　li³¹

钱　　　　　TOP　重　　GEN　重　　做　　　拿　　CS　　钱　　　　　TOP　重

把钱多带一点（带重一点）。

i　　　li³¹　　me³³　　ʃə³¹　　tsa³³　　la　　　tʰe³³　　me³³　　ŋe²²　　tʰe³³　　ʃuo³³　dʑi⁵³

i li³¹ me³³ ʃə³¹ tsa³³ la tʰe³³ me³³ ŋe²² tʰe³³ ʃuo³³ dʑi⁵³
GEN 重 做 拿 带 CS 那 做 说 那 说 是
就那么说，傻女婿就同意了。

ja⁵³no³¹ le tɕəu tʰe³³ ne vu⁵³ tɕəu ba⁵³ la³¹ la³³ vu⁵³ ba⁵³ la³¹
ja⁵³no³¹ le tɕəu tʰe³³ ne vu⁵³ tɕəu ba⁵³ la³¹ la³³ vu⁵³ ba⁵³ la³¹
后面 TOP 就 那 TOP 酒 就 喝 来 CS 酒 喝 来
然后他就来喝酒，来喝酒。

la³³ tʰe³³ tɕəu ji³³ la³³ tɕəu
la³³ tʰe³³ tɕəu ji³³ la³³ tɕəu
CS 那 就 去 CS 就
他就去了。

ʒo²²le³³ pu tɕəu ʃə³³ la u³¹xa³³xa³³ tɕəu
ʒo²²le³³ pu tɕəu ʃə³³ la u³¹-xa³³-xa³³ tɕəu
席子 只 就 拿 CS PFV-盖-盖 就
盖上一条席子，

tʰe³³ dʐo³¹xa⁵³ ka ʃə³³ la u³¹tɕʰa²² ge dʑi dʐo³¹xa⁵³ ka ʃə³³
tʰe³³ dʐo³¹xa⁵³ ka ʃə³³ la u³¹-tɕʰa²² ge dʑi dʐo³¹xa⁵³ ka ʃə³³
那 腰带 条 拿 CS PFV-拴 PRO 是 腰带 条 拿
拿了一条腰带拴上，

tɕʰi³³ i tʰe³³ mu⁵³ le tʰe³³ ju³³ pʰa²² i tʰe³³ bu³³lju⁵³
tɕʰi³³ i tʰe³³ mu⁵³ le tʰe³³ ju³³ pʰa²² i tʰe³³ bu³³lju⁵³
他.GEN GEN 那 帽子 TOP 那 鱼 捉 GEN 那 背兜
他的帽子呢，就拿了捕鱼的笼子，

ju³³ pʰa²² i tʰe³³ kʰɯ⁵³ mu⁵³ kʰɯ⁵³ tsu²² ge tsu²²
ju³³ pʰa²² i tʰe³³ kʰɯ⁵³ mu⁵³ kʰɯ⁵³ tsu²² ge tsu²²
鱼 捉 GEN 那 上 帽子 上 戴 LOC 戴
（把）捕鱼的笼子戴在头上。

tʰe³³   ʐu²²tʰu³³…   ʐu²²tʰu³³   tɕi³³   a   tɕi⁵³   pʰo²²pi⁵³   u³¹vo⁵³xo³¹   la
tʰe³³   ʐu²²tʰu³³   ʐu²²tʰu³³   tɕi³³   a   tɕi⁵³   pʰo²²pi⁵³   u³¹-vo⁵³xo³¹   la
那   磨子   磨子   一   个   一半   PFV-背   CS
背上半拉磨子

ʐu²²tʰu³³   tɕi⁵³   pʰo²²pi⁵³   vo⁵³xo³¹   la   vo⁵³xo³¹   ʃə³³   la   tɕəu   ji³³   la³³
ʐu²²tʰu³³   tɕi⁵³   pʰo²²pi⁵³   vo⁵³xo³¹   la   vo⁵³xo³¹   ʃə³³   la   tɕəu   ji³³   la³³
磨子   一   半   背   CS   背   拿   CS   就   去   CS
背上半拉磨子，他就去了。

ji³³   la   le   tɕʰi³³   i   tʰe³³   ja²²ʃu³³ma⁵³   tɕəu…   xaiʃə   se²²
ji³³   la   le   tɕʰi³³   i   tʰe³³   ja²²ʃu³³ma⁵³   tɕəu   xaiʃə   se²²
去   CS   TOP   他.GEN   GEN   那   妻子   就   还是   知道
去了，他的媳妇就知道，

tɕʰi³³   i   tʰe³³   na³³pu³³   ta³³ne³³   tsʰo³³tɕa³³   ka³³   ni³³   la³¹   la³³
tɕʰi³³   i   tʰe³³   na³³pu³³   ta³³ne³³   tsʰo³³tɕa³³   ka³³   ni³³   la³¹   la³³
他.GEN   GEN   那   丈夫   今天   傻瓜   样子   有   来   CS
他的傻瓜丈夫今天要那副傻瓜样子来了。

ta⁵³men²¹kʰəu⁵³   u³¹dʐa³¹   la   tɕi³³   njo³³njo³³   ɕe⁵³
ta⁵³men²¹kʰəu⁵³   u³¹-dʐa³¹   la   tɕi³³   njo³³-njo³³   ɕe⁵³
大门口   PFV-站   CS   一   看-看   TNT
就站在大门口看一下。

tʰe³³de   xo³³tɕa³³   ka³³   ni³³   me³³   la³¹   tʰe³³   u³¹dʐa³¹
tʰe³³-de   xo³³tɕa³³   ka³³   ni³³   me³³   la³¹   tʰe³³   u³¹-dʐa³¹
他-PL   什么   样子   有   做   来   那   PFV-站
他们（他）是什么样子来了，她就站那儿。

tʰe³³   tɕəu   ji³³   la³³   tɕəu   ʐo²²le³³   pu   iɛ⁵³   u³¹ve²²
tʰe³³   tɕəu   ji³³   la³³   tɕəu   ʐo²²le³³   pu   iɛ⁵³   u³¹-ve²²

那　　　　就　　　　去　CS　就　　　　席子　　　　　只　　　也　　　PFV-穿

他就去了，就穿上席子。

be²²tɕʰe³³　u³¹ve²²　u³¹tɕʰa³³　me³³　ji³³　la³³
be²²tɕʰe³³　u³¹-ve²²　u³¹-tɕʰa³³　me³³　ji³³　la³³
衣服　　　　PFV-穿　　PFV-拴　　做　　　去　　　CS
穿上，拴上衣服去了。

tʰe³³　ju³³　pʰa²²　i　　tʰe³³　tʰe³³　mi³³　　ɕa²²　　i　　　tʰe³³
tʰe³³　ʐu³³　pʰa²²　i　　tʰe³³　tʰe³³　mi³³　　ɕa²²　　i　　　tʰe³³
那　　鱼　　捉　　GEN　那　　那　　竹子　　做　　GEN　那

vu⁵³dʑu³¹　kʰɯ⁵³　u³¹tsu²²tsu³³　ji³³　　la
vu⁵³dʑu³¹　kʰɯ⁵³　u³¹-tsu²²-tsu³³　ji³³　　la
头　　　　　上　　　PFV-戴-戴　　去　　CS
把阿哥捕鱼的，竹子编的那个东西戴在头上，

tʰe³³　　　ʐu²²tʰu³³　tɕi⁵³　　pʰo²²pi⁵³　u³¹vo⁵³xo³¹　tɕa⁵³　　ji³³　　　la³³
tʰe³³　　　ʐu²²tʰu³³　tɕi⁵³　　pʰo²²pi⁵³　u³¹-vo⁵³xo³¹　tɕa⁵³　　ji³³　　　la³³
那　　　磨子　　　一　　　半　　　PFV-背　　　TOP　　去　　　CS
背上半拉磨子去了。

ji³³　la³³　　tʰe³³　tɕəu　tɕa⁵³　no³³　a³³me³³　no³³　tʰe³³　me³³　ma³¹　zə³³ga⁵³
ji³³　la³³　　tʰe³³　tɕəu　tɕa⁵³　no³³　a³³me³³　no³³　tʰe³³　me³³　ma³¹　zə³³ga⁵³
去　PROG　那　　就　　TOP　你　　啊哟　　你　　那　　做　　NEG　对
去了，他就是，是吧，啊唷，你这样不好。

ja²³ku³³　me³³　ke³³　ke　ta⁵³men²¹　tʰa³¹　ji³³　me³³　tɕo⁵³　da²²pʰo⁵³
ja²³ku³³　me³³　ke³³　ke　ta⁵³men²¹　tʰa³¹　ji³³　me³³　tɕo⁵³　da²²pʰo⁵³
快快　　做　　这　LOC　大门　　　PROH　去　　做　　那　　那边

i　　tʰe³³　ta⁵³men²¹kʰəu⁵³　ji³³　　la³³
i　　tʰe³³　ta⁵³men²¹kʰəu⁵³　ji³³　　la³³

GEN 那 大门口 去 CS

快点到那个大门，后门去。

ji³³	la	le	tɕʰi³³	i	tʰe³³	ji³¹no³¹	i	be²²tɕʰe³³	tsu⁵³	tʰa²²
ji³³	la	le	tɕʰi³³	i	tʰe³³	ji³¹no³¹	i	be²²tɕʰe³³	tsu⁵³	tʰa²²
去	CS	TOP	他.GEN	GEN	那	弟弟	GEN	衣服	点	那.DAT

u³¹kʰo⁵³	u³¹ve²²	tɕi³³	tsu⁵³	tʰa²²	u³¹ve²²
u³¹-kʰo⁵³	u³¹-ve²²	tɕi³³	tsu⁵³	tʰa²²	u³¹-ve²²
PFV-给	PFV-穿	一	点	那.DAT	PFV-穿

去了，媳妇就给他穿她弟弟的衣服。

ja²²tsʰə³³	be	u³¹ve²²	la	xaiʃə…	xaiʃə	tɕi³³	tsu⁵³
ja²²tsʰə³³	be	u³¹-ve²²	la	xaiʃə	xaiʃə	tɕi³³	tsu⁵³
裤子	PL.N-ANM	PFV-穿	CS	还是	还是	一	点

给他穿裤子，穿上了，还是穿一点儿，他人长相还是……讲究，漂亮。

u³¹ve²²	xaiʃə	tsʰo³³	xaiʃə	zu²²gu³³	xaiʃə	tʰo³¹	na²¹	tɕəu	zu³³ga⁵³
u³¹-ve²²	xaiʃə	tsʰo³³	xaiʃə	zu²²gu³³	xaiʃə	tʰo³¹	na²¹	tɕəu	zu³³ga⁵³
PFV-穿	还是	人	还是	长相	还是	妥当	那	就	好

zu³³ga⁵³	la	le	tɕəu	ji³³	la	tɕəu	tɕʰa⁵³	dʑi³¹	ji³³	la
zu³³ga⁵³	la	le	tɕəu	ji³³	la	tɕəu	tɕʰa⁵³	dʑi³¹	ji³³	la
好	CS	TOP	就	去	CS	就	晚饭	吃	去	CS

长相好，他就去了，吃饭去了。

dʑi³¹	la	tɕəu	ja²²ka³³	tsʰo³³	bu	tʰe³³	ke	u³¹ni³¹	la
dʑi³¹	la	tɕəu	ja²²ka³³	tsʰo³³	bu	tʰe³³	ke	u³¹-ni³¹	la
吃	CS	就	全部	人	PL.ANM	那	LOC	PFV-坐	CS

去吃，人全部坐下了，

u³¹ni³¹	la	tɕəu	tɕʰi³³	i	tʰe³³	ja²²ʃu³³ma⁵³	tɕəu	tɕa⁵³	pu³³	ka
u³¹-ni³¹	la	tɕəu	tɕʰi³³	i	tʰe³³	ja²²ʃu³³ma⁵³	tɕəu	tɕa⁵³	pu³³	ka

PFV-坐	CS	就	他.GEN	GEN	那	妻子	就	TOP	绳子	条

坐下了，他的媳妇就拿了一条绳子。

tɕəu	ʃə⁵³	tsa³³	tɕʰi³³	i	tʰe³³	a³³ke	tɕʰa²²	idzo
tɕəu	ʃə³¹	tsa³³	tɕʰi³³	i	tʰe³³	a³³ke	tɕʰa²²	idzo
就	拿	带	他.GEN	GEN	那	哪里	拴	PROG

拿了一下就拴到他哪里来着？

tɕʰi³³	i	tʰe³³	dʐu³¹	go⁵³…	dʐu³¹	kʰɯ⁵³	tɕʰa²²	idzo
tɕʰi³³	i	tʰe³³	dʐu³¹	go⁵³	dʐu³¹	kʰɯ⁵³	tɕʰa²²	idzo
他.GEN	GEN	那	腰	LOC	腰	上	拴	PROG

是拴到他腰上，

xaiʃə	gu⁵³du³¹	tɕʰa²²	idzo
xaiʃə	gu⁵³du³¹	tɕʰa²²	idzo
还是	脚	拴	PROG

还是他的脚上？

gu⁵³du³¹	kʰɯ⁵³	tɕʰa²²	idzo	a³¹	dʑi⁵³	o	a³³ba³³	gu⁵³du³¹
gu⁵³du³¹	kʰɯ⁵³	tɕʰa²²	idzo	a³¹	dʑi⁵³	o	a³³ba³³	gu⁵³du³¹
脚	上	拴	PROG	Q	是	ITRJ	父亲	脚

是拴在他的脚上，是不是？

kʰɯ⁵³	tɕʰa²²	idzo	gu⁵³du³¹	kʰɯ⁵³	tɕʰa²²	idzo	tɕəu
kʰɯ⁵³	tɕʰa²²	idzo	gu⁵³du³¹	kʰɯ⁵³	tɕʰa²²	idzo	tɕəu
上	拴	PROG	脚	上	拴	PROG	就

就拴在他的脚上，

ŋa³³	na²²	tɕi³³	ɕe³³ɕe³³	ɕe⁵³	no³³	tɕəu	vu⁵³	ba⁵³
ŋa³³	na²²	tɕi³³	ɕe³³-ɕe³³	ɕe⁵³	no³³	tɕəu	vu⁵³	ba⁵³
我	你.DAT	一	拉-拉	TNT	你	就	酒	喝

我拉一下你，你就喝酒，

tʰe³³	me³³	ŋe²²	a³¹	dʑi⁵³	tɕi³³	ɕe³³ɕe³³	ŋa³³	tɕəu	vu⁵³	ba⁵³	la
tʰe³³	me³³	ŋe²²	a³¹	dʑi⁵³	tɕi³³	ɕe³³-ɕe³³	ŋa³³	tɕəu	vu⁵³	ba⁵³	la
那	做	说	Q	是	一	拉-拉	我	就	酒	喝	CS

就那么说，是不是？拉一下，你就喝酒。

ja⁵³no³¹	i	tɕi³³	ɕe³³ɕe³³	ŋa³³de	ji³³	la	tɕəu	ji³³na³³	tsu⁵³	ka²²
ja⁵³no³¹	i	tɕi³³	ɕe³³-ɕe³³	ŋa³³-de	ji³³	la	tɕəu	ji³³na³³	tsu⁵³	ka²²
后面	GEN	一	拉-拉	我-PL	去	CS	就	菜	点	捡

然后呢，拉你一下，你就拿点菜，

la	tʰe³³	me³³	ŋe²²
la	tʰe³³	me³³	ŋe²²
CS	那	做	说

就那么说。

tʰe³³de	tɕa⁵³	tʰe³³	jo²²pʰo³³	bu	xaiʃə	ʃuo³³	ke³³tʰe³³	xaiʃə
tʰe³³-de	tɕa⁵³	tʰe³³	jo²²pʰo³³	bu	xaiʃə	ʃuo³³	ke³³tʰe³³	xaiʃə
他-PL	TOP	那	朋友	PL.ANM	还是	说	这	还是

她的朋友还说，这个人还可以。

tʰo³¹	ɕu³³	xaiʃə	ʃuo³³	ma⁵³	tʰo³¹	ɕu³³	xaiʃə	tʰo³¹	tʰe³³	me³³	ŋe²²
tʰo³¹	ɕu³³	xaiʃə	ʃuo³³	ma⁵³	tʰo³¹	ɕu³³	xaiʃə	tʰo³¹	tʰe³³	me³³	ŋe²²
妥当	人	还是	说	NEG	妥当	人	还是	妥当	那	做	说

别人说，这个人还行，就那么说。

ja⁵³no³¹	tɕəu	tɕʰi³³	i	tɕa⁵³	tɕəu	tsʰə³³	nja³³xa⁵³	ji³³	la	tɕʰi³³
ja⁵³no³¹	tɕəu	tɕʰi³³	i	tɕa⁵³	tɕəu	tsʰə³³	nja³³xa⁵³	ji³³	la	tɕʰi³³
后面	就	他.GEN	GEN	TOP	就	粪	拉	去	CS	他.GEN

然后呢他的媳妇就去解大手。

i	ja²²ʃu³³ma⁵³	tɕəu	tɕa⁵³	tʰe³³	ke	ji³³	ji³³	la	tɕəu	tʰe³³
i	ja²²ʃu³³ma⁵³	tɕəu	tɕa⁵³	tʰe³³	ke	ji³³	ji³³	la	tɕəu	tʰe³³
GEN	妻子	就	TOP	那	LOC	去	去	CS	就	那

pu³³　　ka　　tɕa⁵³　　ʃə　　pə　　tʰe³³　　lu⁵³bu³¹　　kʰɯ⁵³　　u³¹tɕʰa²²　　la
pu³³　　ka　　tɕa⁵³　　ʃə　　pə　　tʰe³³　　lu⁵³bu³¹　　kʰɯ⁵³　　u³¹-tɕʰa²²　　la
绳子　　条　　TOP　　是　　吧　　那　　石头　　　上　　　PFV-拴　　　CS
她就去了，把那条绳子就拴在石头上

pu³³　　ka　　tʰe³³　　lu⁵³bu³¹　　kʰɯ⁵³　　u³¹tɕʰa²²　　la　　tɕa⁵³　　tʰe³³　　kʰe⁵³ni³¹
pu³³　　ka　　tʰe³³　　lu⁵³bu³¹　　kʰɯ⁵³　　u³¹-tɕʰa²²　　la　　tɕa⁵³　　tʰe³³　　kʰe⁵³ni³¹
　绳子　　条　　那　　石头　　　上　　PFV-拴　　　CS　　TOP　　那　　狗
把绳子拴在石头上，

ni⁵³　　a³³　　ku　　tɕa⁵³　　tʰe³³　　ke　　kʰa³¹kʰa³³　　ne　　dʑe⁵³dʑe³¹　　kʰe⁵³ni³¹　　ni⁵³
ni⁵³　　a³³　　ku　　tɕa⁵³　　tʰe³³　　ke　　kʰa³¹-kʰa³³　　ne　　dʑe⁵³dʑe³¹　　kʰe⁵³ni³¹　　ni⁵³
二　　个　　位　　TOP　　那　　LOC　　咬-咬　　　TOP　　争吵　　　狗　　　二

a³³　　ku　　tʰe³³　　dʑe⁵³dʑe³¹　　la　　tɕəu　　tɕa⁵³　　pu³³　　ka　　tɕi³³　　ɕe³³ɕe³³
a³³　　ku　　tʰe³³　　dʑe⁵³dʑe³¹　　la　　tɕəu　　tɕa⁵³　　pu³³　　ka　　tɕi³³　　ɕe³³-ɕe³³
个　　位　　那　　争吵　　　CS　　就　　TOP　　绳子　　条　　一　　拉-拉

tɕi³³　　ɕe³³ɕe³³　　la
tɕi³³　　ɕe³³-ɕe³³　　la
一　　拉-拉　　CS
有两只狗吃骨头，互相争骨头，就拉一下绳子，拉一下绳子。

tɕi³³　　ɕe³³ɕe³³　　la　　tɕəu　　tʰe³³　　tɕəu　　tɕi³³　　ɕe³³ɕe³³　　tɕəu　　ja²²ku³³
tɕi³³　　ɕe³³-ɕe³³　　la　　tɕəu　　tʰe³³　　tɕəu　　tɕi³³　　ɕe³³-ɕe³³　　tɕəu　　ja²²ku³³
一　　拉-拉　　CS　　就　　那　　就　　一　　拉-拉　　就　　快
就很快地在那里拉绳子，

me³³　　ɕe³³　　la　　tɕəu　　tʰe³³　　ke　　ɕe³³　　la　　tʰe³³　　tɕəu　　ʃuo³³　　ʃə　　a³³me³³
me³³　　ɕe³³　　la　　tɕəu　　tʰe³³　　ke　　ɕe³³　　la　　tʰe³³　　tɕəu　　ʃuo³³　　ʃə　　a³³me³³
做　　拉　　CS　　就　　那　　LOC　　拉　　CS　　那　　就　　说　　是　　啊哟

ja²²ku³³	me³³	vu⁵³	dʑi³¹	vu⁵³	dʑi³¹	o	ʃe³³	dʑi³¹	ʃe³³	dʑi³¹
ja²²ku³³	me³³	vu⁵³	dʑi³¹	vu⁵³	dʑi³¹	o	ʃe³³	dʑi³¹	ʃe³³	dʑi³¹
快快	做	酒	吃	酒	吃	ITRJ	肉	吃	肉	吃

很快地拉，他就说，啊哟，我得赶紧喝酒吃肉。

ʃe³³	ka²²	vu⁵³	ba⁵³	ʃe³³	ka²²	vu⁵³	ka²²	tʰe³³	me³³	ŋe²²	tɕəu
ʃe³³	ka²²	vu⁵³	ba⁵³	ʃe³³	ka²²	vu⁵³	ka²²	tʰe³³	me³³	ŋe²²	tɕəu
肉	捡	酒	喝	肉	捡	酒	捡	那	做	说	就

喝酒，吃肉就那么说。

ja²²ka³³	tʰe³³	tʰe³³	i	ɕe³³	tʰe³³	ja²²ka³³	tʰe³³	dʑi³¹	pi⁵³	la
ja²²ka³³	tʰe³³	tʰe³³	i	ɕe³³	tʰe³³	ja²²ka³³	tʰe³³	dʑi³¹	pi⁵³	la
全部	那	那	GEN	拉	那	全部	那	吃	完	CS

就把全部的东西吃掉了。

ja²²ka³³	tʰe³³	dʑi³¹	pi⁵³	la	tɕəu	tɕʰi³³	i	tʰe³³	a³³ba³³	tɕa⁵³
ja²²ka³³	tʰe³³	dʑi³¹	pi⁵³	la	tɕəu	tɕʰi³³	i	tʰe³³	a³³ba³³	tɕa⁵³
全部	那	吃	完	CS	就	他.GEN	GEN	那	父亲	TOP

把全部的东西吃了以后，她的父亲出来说。

pe³³	la³¹	la	ʃuo³³	a³³ma³³	no³³	ja²²ka³³	no³³	mi³¹dʑi³¹	la
pe³³	la³¹	la	ʃuo³³	a³³ma³³	no³³	ja²²ka³³	no³³	mi³¹-dʑi³¹	la
出来	来	CS	说	母亲	你	全部	你	PFV-吃	CS

"啊哟，你把所有的东西都吃了，"

ɕu³³	i	tʰe³³	ŋa³³	ni	jo²²pʰo³³	bu	xo³³tɕa³³	be	dʑi³¹	o
ɕu³³	i	tʰe³³	ŋa	ni	jo²²pʰo³³	bu	xo³³tɕa³³	be	dʑi³¹	o
人	GEN	那	我	GEN	朋友	PL.ANM	什么	PL.N-ANM	吃	ITRJ

"那其他的朋友又吃什么呢？"

　　有个傻瓜长得好看，穿的衣服好看，后来他就娶了一个大财主的女儿。他的媳妇很聪明。以前他们不知道他是个傻瓜。后来才说："你这个丈夫是个傻瓜，你怎么办呢？"以前，嫁给傻瓜就跟着傻瓜。嫁给好的人是一家子，嫁给不好的人也是一家子。嫁给傻瓜还是一家子。成家了以后，她的那个娘家办酒席。他的媳妇就对他说："那么，我先去帮忙。你过会儿来，你就把衣裳穿得好好的。戴个大一点的帽子。戴大一点的。"就那么说："衣裳穿得好好的。把钱多带一点（带重一点）。"就那么说。傻女婿就同意了。然后他就来喝酒。盖上一条席子，拿了一条腰带拴上，他的帽子呢，就拿了捕鱼的笼子（当帽子），（把）捕鱼的笼子戴在头上，（还）背上半拉磨子，他就去了。他的媳妇就知道，他的傻瓜丈夫今天要那副傻瓜样子来。就站在大门口看，看他们（他）是什么模样来。他就（那样）去了。穿上席子，拴上衣服，把阿哥捕鱼的，竹子编的那个东西戴在头上，还背上半拉磨子就去了。"啊唷，你这样不好。快点到那个后门去。"（他就）去了。媳妇就给他穿她弟弟的衣服。给他穿裤子。他长相还是讲究、漂亮。（然后）他就吃饭去了。人全部坐下了。他的媳妇就拿了一条绳子，拴在他的脚上。"我拉一下你，你就喝酒。"就那么说。"拉一下，你就喝酒。"然后呢，"（再）拉你一下，你就拿点菜。"就那么说。她的朋友还说，这个人还是可以。别人（也）说，这个人还行。就那么说。然后呢，他的媳妇就去解大手。（就）把那条绳子就拴在石头上。有两只狗吃骨头，互相争骨头，就很快地在那里拉绳子。他就说："啊哟，我得赶紧喝酒吃肉。"就那么说。就把全部的东西吃掉了。把全部的东西吃了以后，她的父亲出来说："啊哟，你把所有的东西都吃了，""那其他的朋友又吃什么呢？"

2.5 结婚那天吩咐女儿的话

na³¹fu³³	ne	ŋa³³de	ji³³	ŋa³³	ji³³	na³¹fu³³
na³¹-fu³³	ne	ŋa³³-de	ji³³	ŋa³³	ji³³	na³¹-fu³³
媳妇-领	TOP	我-PL	去	我	去	媳妇-领

嫁人呢，我们去，我去嫁人（女儿），

ta³³ne³³	na³¹fu³³	la	ta³³ne³³	ɹ	tɕiŋ²¹ʃɛn²¹	la³¹	la	ne
ta³³ne³³	na³¹-fu³³	la	ta³³ne³³	ɹ	tɕiŋ²¹ʃɛn²¹	la³¹	la	ne
今天	媳妇-领	CS	今天		TOP	敬神	来	CS	TOP

今天结婚了，今天呢敬神。

ɕaŋ³³	u³¹nu⁵³	ʃa³³vu³³	ta²²	ma²²mi³³	u³¹nu⁵³	la
ɕaŋ³³	u³¹-nu⁵³	ʃa³³vu³³	ta²²	ma²²mi³³	u³¹-nu⁵³	la
香	PFV-点	纸	烧	灯	PFV-点	CS

ŋa³³de　　　tɕəu　　ʃe³³　　be

ŋa³³-de　　　tɕəu　　ʃe³³　　be

我-PL　　　就　　肉　　PL.N-ANM

来了呢烧香，烧纸，点油灯，我们就

vo³¹ʃe³³　ʃə⁵³　la　　tʰe³³　ke　　ji³³　　tʰe³³　ke　　u³¹tɕi³³　la

vo³¹-ʃe³³　ʃə³¹　la　　tʰe³³　ke　　ji³³　　tʰe³³　ke　　u³¹-tɕi³³　la

猪-肉　　拿　CS　那　LOC　去　　那　LOC　PFV-放　CS

把肉，拿些猪肉，就去那里，那里摆起来，

tʃʰoŋ²²dje³³　kʰe²²　tʃʰo⁵³　tʃʰo⁵³　me³³　　tʰe³³　　me³³　　tʃʰoŋ²²dje³³　kʰe²²

tʃʰoŋ²²dje³³　kʰe²²　tʃʰo⁵³　tʃʰo⁵³　me³³　　tʰe³³　　me³³　　tʃʰoŋ²²dje³³　kʰe²²

吉祥　　　　喊　　吉祥　　吉祥　　做　　那　　做　　吉祥　　　　喊

喊一声"吉祥"，"吉祥吉祥"就那么喊。

kʰe²²　la　　ne　　ʃuo³³　ta³³ne³³　ne　　no³³　ne　　ta³³ne³³　no³³　kʰa⁵³

kʰe²²　la　　ne　　ʃuo³³　ta³³ne³³　ne　　no³³　ne　　ta³³ne³³　no³³　kʰa⁵³

喊　　CS　TOP　说　　今天　　TOP　你　TOP　今天　　你　大

喊了以后就说，今天呢，你，你呢，今天你大了，

no³³　　ja⁵³no³¹　le　　dzo²²mo³³　me³³　　ni³³　　i²²tɕa³³　ʁa⁵³

no³³　　ja⁵³no³¹　le　　dzo²²mo³³　me³³　　ni³³　　i²²tɕa³³　ʁa⁵³

你　　后面　　TOP　官　　　做　　你.GEN　孩子　　得到

你将来呢做官，你的孩子，孩子

la　　le　　dzo²²mo³³　me³³　　la　　no³³　i²²tɕa³³　ʁa⁵³　la　　ne

la　　le　　dzo²²mo³³　me³³　　la　　no³³　i²²tɕa³³　ʁa⁵³　la　　ne

CS　TOP　官　　　做　　CS　你　孩子　　得到　CS　TOP

有了孩子就要做官，你有了孩子呢，

kʰa⁵³　　kʰɯ⁵³　　me³³　　u³¹be³³be³³　　　tʰe³³　　me³³

kʰa⁵³　　kʰɯ⁵³　　me³³　　u³¹-be³³-be³³　　tʰe³³　　me³³

大	上	做	PFV-爬-爬	那	做

大了就往上走（爬），就那么（说）

no^{33}	ja^{53}no^{31}	ne	zu^{31}ga^{53}	t^{h}o^{31}	la	ta^{33}ne^{33}	ne	no^{33}
no^{33}	ja^{53}no^{31}	ne	zu^{31}ga^{53}	t^{h}o^{31}	la	ta^{33}ne^{33}	ne	no^{33}
你	后面	TOP	好	妥当	CS	今天	TOP	你

你将来呢就好好地，今天呢你

ta^{33}ne^{33}	ne	no^{33}	tɕi^{33}	a	ʃɯ^{53}ne^{33}	no^{33}	ni^{33}	ja^{22}ʃu^{33}ma^{53}	tɕou
ta^{33}ne^{33}	ne	no^{33}	tɕi^{33}	a	ʃɯ^{53}ne^{33}	no^{33}	ni^{33}	ja^{22}ʃu^{33}ma^{53}	tɕou
今天	TOP	你	一	个	明天	你	你.GEN	妻子	就

今天呢你一个，明天呢你就做媳妇了，就两个人，

ni^{53}	a^{33}	ni^{53}	a^{33}	ʁa^{53}	la	ni^{33}de	zu^{31}ga^{53}	la
ni^{53}	a^{33}	ni^{53}	a^{33}	ʁa^{53}	la	ni^{33}-de	zu^{31}ga^{53}	la
二	个	二	个	得到	CS	你-PL	好	CS

就两个了，你们就好好的。

　　嫁女儿呢，今天结婚，（要）敬神。来了（就）烧香、烧纸、点油灯，我们就把肉，拿些猪肉，就去那里摆起来，喊一声"吉祥"。"吉祥吉祥"就那么喊。喊了以后就说："今天呢，今天你大了。你将来呢做官，你有了孩子就要做官。你有了孩子呢，大了就往上走（爬）。"就那么说。"你将来呢就好好地，今天呢你一个，明天呢你就做媳妇了，就两个人了，你们就好好地。"

2.6 蟒蛇的故事

t^{h}e^{33}	ni^{53}ɕu^{31}	k^{h}a^{53}	ja^{33}me^{33}	o
t^{h}e^{33}	ni^{53}-ɕu^{31}	k^{h}a^{53}	ja^{33}me^{33}	o
那	二-者	大	当家	ITRJ

那两个人成家。

ni^{53}ɕu^{31}…	ni^{53}ɕu^{31}	k^{h}a^{53}	ja^{33}me^{33}	lə	tɕou
ni^{53}-ɕu^{31}	ni^{53}-ɕu^{31}	k^{h}a^{53}	ja^{33}me^{33}	lə	tɕou

二-者　　　　二-者　　　　大　　　当家　　　　了　　　就
那两个人成家了就

za³³mi³³　　ni⁵³　　　a³³　bo⁵³
za³³mi³³　　ni⁵³　　　a³³　bo⁵³
女儿　　二　　个　　有
有两个女儿。

za³³mi³³　ni⁵³　　a³³　　bo⁵³　　lə　　tɕəu　　tɕʰi³³　　ja²²ʃu³³ma⁵³　sə³¹ka³¹　la³³
za³³mi³³　ni⁵³　　a³³　　bo⁵³　　lə　　tɕəu　　tɕʰi³³　　ja²²ʃu³³ma⁵³　sə³³ka³³　la³³
女儿　　二　　个　　有　　了　　就　　他.GEN　妻子　　　　死　　　CS
有两个女儿，妻子死了

tɕʰi³³　ja²²ʃu³³ma⁵³　sə³¹ka³¹　la³³　i　　　tʰe³³　za³³mi³³　ni⁵³　a³³　ku
tɕʰi³³　ja²²ʃu³³ma⁵³　sə³³ka³³　la³³　i　　　tʰe³³　za³³mi³³　ni⁵³　a³³　ku
他.GEN　妻子　　　死　　　CS　GEN　那　　女儿　　二　个　位
他的妻子死了，她的两个女儿

tɕəu　　tɕʰi³³　i　　　tʰe³³　a³³ba³³　ʐu³³　　idzo
tɕəu　　tɕʰi³³　i　　　tʰe³³　a³³ba³³　ʐu³³　　idzo
就　　他.GEN　GEN　那　　父亲　　养活　　PROG
就她们的父亲来养。

u³¹ʐu³³　idzo　　lə　tɕəu　tɕʰi³³　a³³ba³³　tɕəu　ɕe⁵³　mje²²　ji³³　la³³
u³¹-ʐu³³　idzo　　lə　tɕəu　tɕʰi³³　a³³ba³³　tɕəu　ɕe⁵³　mje²²　ji³³　la³³
PFV-养活　PROG　了　就　他.GEN　父亲　就　树　砍　去　CS
父亲来养，她们的父亲就去砍柴，去背柴。

ɕe⁵³　vo⁵³xo³¹　ji³³　la³³　ɕe⁵³　vo⁵³xo³¹　ji³³　la³³　lə　tɕəu
ɕe⁵³　vo⁵³xo³¹　ji³³　la³³　ɕe⁵³　vo⁵³xo³¹　ji³³　la³³　lə　tɕəu
树　背　去　CS　树　背　去　CS　了　就
他就去背柴，

tɕi³³	ne³³	ma⁵³ku	ɕe⁵³	vo⁵³xo³¹	le	tɕʰi³³	ja³³kʰe	la³¹
tɕi³³	ne³³	ma⁵³ku	ɕe⁵³	vo⁵³xo³¹	le	tɕʰi³³	ja³³kʰe	la³¹
一	天	每	树	背	TOP	他.GEN	家里	来

每天背完柴就回家，

tɕʰi³³	vo⁵³xo³¹	ʃə⁵³	la³¹	la³³	lə	tʰe³³	ke³³
tɕʰi³³	vo⁵³xo³¹	ʃə³¹	la³¹	la³³	lə	tʰe³³	ke³³
他.GEN	背	拿	来	CS	了	那	LOC

（把柴）背来就那里，

tɕʰi³³	za³³mi³³	be	xo³³	tɕi³³	tɕa²²tɕa³³	ɕe⁵³	la³³
tɕʰi³³	za³³mi³³	be	xo³³	tɕi³³	dʐa²²-dʐa³³	ɕe⁵³	la³³
他.GEN	女儿	PL.N-ANM	什么	一	玩-玩	TNT	CS

（每次）都要给女儿带点好玩的东西。

njo³³njo³³	la³³	tʰe³³	ja⁵³no³¹	le	kʰe²²	le
njo³³-njo³³	la³³	tʰe³³	ja⁵³no³¹	le	kʰe²²	le
看-看	CS	那	后面	TOP	拿	TOP

然后他拿……

kʰe²²	la³³	le	tʰe³³	maŋ⁵⁵ʃɛ²¹	tɕəu	tʰe³³	me³³	ŋe²²
kʰe²²	la³³	le	tʰe³³	maŋ⁵⁵ʃɛ²¹	tɕəu	tʰe³³	me³³	ŋe²²
拿	CS	TOP	那	蟒蛇	就	那	做	说

拿了（每次都拿），那个蟒蛇就那样说。

no³³…	tʰe³³…	maŋ⁵⁵ʃɛ²¹	ŋe²²	no³³	tɕi³³	ne³³	ma⁵³ko³¹
no³³	tʰe³³	maŋ⁵⁵ʃɛ²¹	ŋe²²	no³³	tɕi³³	ne³³	ma⁵³ko³¹
你	那	蟒蛇	说	你	一	天	每

你……他……蟒蛇说，你

ŋe³³	ke³³tʰe³³	ju³³	kʰe²²	ni³³	za³³mi³³	u³¹kʰo⁵³
ŋe³³	ke³³tʰe³³	ju³³	kʰe²²	ni³³	za³³mi³³	u³¹-kʰo⁵³
我.GEN	这	鱼	拿	你.GEN	女儿	PFV-给

你每天都把我这里的鱼拿给你的女儿，

ta³³ne³³	ŋa³³	ni³³	xe³³pʰo⁵³	ji³³	ni³³	za³³mi³³	ŋe²²	o⁵³
ta³³ne³³	ŋa³³	ni³³	xe³³pʰo⁵³	ji³³	ni³³	za³³mi³³	ŋe²²	o⁵³
今天	我	你.GEN	前-边	去	你.GEN	女儿	说	PRO

那么今天我要去你那儿说你的女儿（求亲）。

ni³³	xe³³pʰo⁵³	ji³³	ni³³	za³³mi³³	ŋe²²	o⁵³	tʰe³³	me³³	ŋe²²
ni³³	xe³³pʰo⁵³	ji³³	ni³³	za³³mi³³	ŋe²²	o⁵³	tʰe³³	me³³	ŋe²²
你.GEN	前-边	去	你的	女儿	说	PRO	那	做	说

要去你那儿娶你的女儿，那样说。

na²¹	tɕəu	tɕʰi³³	a³³ba³³	ni⁵³	a³³	ku	tɕəu	ja³³kʰe	ji³³	la³³	tʰe³³
na²¹	tɕəu	tɕʰi³³	a³³ba³³	ni⁵³	a³³	ku	tɕəu	ja³³kʰe	ji³³	la³³	tʰe³³
那	就	他.GEN	父亲	二	个	位	就	家里	去	CS	那

那他（她们）的父亲（和蟒蛇）两个就去他家……

tʰe³³	vu³¹pʰa⁵³	ni⁵³	a³³	ku	tɕəu	ja³³kʰe	ji³³	la³³
tʰe³³	vu³¹pʰa⁵³	ni⁵³	a³³	ku	tɕəu	ja³³kʰe	ji³³	la³³
那	蛇	二	个	位	就	家里	去	CS

他和蛇两个就去（父亲的）家。

ji³³	la³³	ne	tɕəu	tɕʰi³³	i	tʰe³³	kʰa⁵³	i	tʰe³³	za³³mi³³	tɕəu
ji³³	la³³	ne	tɕəu	tɕʰi³³	i	tʰe³³	kʰa⁵³	i	tʰe³³	za³³mi³³	tɕəu
去	CS	TOP	就	他.GEN	GEN	那	大	GEN	那	女儿	就

去了呢他的大姑娘（老大）就

bə⁵³ko³¹	bo⁵³	tʰe³³	tɕəu	tʰe³³	ma³¹	xo³³
bə⁵³ko³¹	bo⁵³	tʰe³³	tɕəu	tʰe³³	ma³¹	xo³³
麻子	拥有	那	就	那	NEG	要

有麻子，蟒蛇就不要她。

gu²²tɕi³³	tʰe³³	ʑe	tʰo³¹	tʰe³³	tɕəu	tʰo³¹	gu²²tɕi³³	tʰe³³	ŋe²²

gu²²tɕi³³	tʰe³³	ɹɛ	tʰo³¹	tʰe³³	tɕəu	tʰo³¹	gu²²tɕi³³	tʰe³³	ŋe²²
小	那	TOP	妥当	那	就	妥当	小	那	说

小姑娘就很好。她好，蟒蛇就要了那个小姑娘。

zu²²ku³³	tʰo³¹	tɕəu	tʰe³³	ŋe²²	ŋe²²	la³³	lə	tɕəu
zu²²gu³³	tʰo³¹	tɕəu	tʰe³³	ŋe²²	ŋe²²	la³³	lə	tɕəu
长相	妥当	就	那	说	说	CS	了	就

长相好的，就要了那个了。

tʰe³³	tɕʰi³³	a³³ba³³	tɕəu	ʃuo³³	dʑi⁵³
tʰe³³	tɕʰi³³	a³³ba³³	tɕəu	ʃuo³³	dʑi⁵³
那	他.GEN	父亲	就	说	是

她父亲就同意了。

na³¹	gu²²tɕi³³	tʰe³³	za³³mi³³	tɕəu	tʰe³³	tʰa²²	mi³¹kʰo⁵³
na³¹	gu²²tɕi³³	tʰe³³	za³³mi³³	tɕəu	tʰe³³	tʰa²²	mi³¹-kʰo⁵³
儿媳	小	那	女儿	就	那	他.DAT	PFV-给

就把小的女儿嫁给了蟒蛇。

na³¹	mi³¹kʰo⁵³	la
na³¹	mi³¹-kʰo⁵³	la
儿媳	PFV-给	CS

嫁给了他。

tʰe³³	za³³mi³³	tɕəu	dʑi⁵³	tɕəu	ni⁵³	a³³	ku	tɕəu	ji³³	la³³
tʰe³³	za³³mi³³	tɕəu	dʑi⁵³	tɕəu	ni⁵³	a³³	ku	tɕəu	ji³³	la³³
那	女儿	就	是	就	二	个	位	就	去	CS

那个女儿同意了，他们两个就去了。

ni⁵³	a³³	ku	ji³³	la³³	tɕəu	vu³¹pʰa⁵³	go	ji³³	la³³
ni⁵³	a³³	ku	ji³³	la³³	tɕəu	vu³¹pʰa⁵³	go	ji³³	la³³
二	个	位	去	CS	就	蛇	LOC	去	CS

两个就去，去蟒蛇那里。

vu³¹pʰa⁵³ ni⁵³ a³³ ku tɕəu ji³³ la³³ ji³³ la³³ tɕəu
vu³¹pʰa⁵³ ni⁵³ a³³ ku tɕəu ji³³ la³³ ji³³ la³³ tɕəu
蛇　　　二　个　位　就　去　CS　去　CS　就
女儿和蟒蛇两个去了。

ʁa³³ma³³ ɕe³³ɕe³³ tɕʰi³³ i tʰe³³ za³³mi³³ ŋe²² a³³ba³³ no³³
ʁa³³ma³³ ɕe³³-ɕe³³ tɕʰi³³ i tʰe³³ za³³mi³³ ŋe²² a³³ba³³ no³³
路　　走-走　　他.GEN　GEN　那　女儿　说　父亲　你
路上那个女儿就说："父亲，你"

tsʰe⁵³tsə³¹ tɕʰi³³ na²² kʰo⁵³ la³³ na²² kʰo⁵³ la³³ no³³ ʁa³³ma³³
tsʰe⁵³tsə³¹ tɕʰi³³ na²² kʰo⁵³ la³³ na²² kʰo⁵³ la³³ no³³ ʁa³³ma³³
菜籽　　他.GEN　你.DAT　给　CS　你.DAT　给　CS　你　路
"给你那些菜籽，你路上"

ko⁵³ tɕʰi³³ u³¹lju³³lju⁵³… ʁa³³ma³³ ko⁵³ u³¹lju³³lju⁵³ lə ji³³ la³³
ko⁵³ tɕʰi³³ u³¹-lju³³lju⁵³ ʁa³³ma³³ ko⁵³ u³¹-lju³³lju⁵³ lə ji³³ la³³
LOC　他.GEN　PFV-撒-撒　　路　LOC　PFV-撒-撒　了　去　CS
"就把它撒了，路上边撒边走。"

a³³ke ji³³ la³³ a³³ke pa⁵³ la³¹ la³³ ŋa³³ tɕəu tʰe³³ ja²²ka³³
a³³ke ji³³ la³³ a³³ke pa⁵³ la³¹ la³³ ŋa³³ tɕəu tʰe³³ ja²²ka³³
哪里　去　CS　哪里　到达　来　CS　我　就　那　全部

tʰe³³ ke u³¹pu³¹ la³³
tʰe³³ ke u³¹-pu³¹ la³³
那　LOC　PFV-撒　CS
"不管到哪里，我就全部把它撒了。"

no³³ ŋa²² nja³³nja⁵³ lə no³³ la³¹ la³³ ne no³³ tɕəu tʰe³³ ke
no³³ ŋa²² nja³³nja⁵³ lə no³³ la³¹ la³³ ne no³³ tɕəu tʰe³³ ke
你　我.DAT　寻找-寻找　了　你　来　CS　TOP　你　就　那　LOC

"你要找我，你来了呢你就喊我一声。"

ŋa²²	kʰi³¹kʰi³³	la³³	ja⁵³no³¹	ne	tʰe³³	tsʰe⁵³tsə³¹	be
ŋa²²	kʰi³¹-kʰi³³	la³³	ja⁵³no³¹	ne	tʰe³³	tsʰe⁵³tsə³¹	be
我.DAT	嚷-嚷	CS	后面	TOP	那	菜籽	PL.N-ANM

pe³³	la³³
pe³³	la³³
出来	CS

后来呢，等到那些菜籽就（长）出来了，

tʰe³³	tɕəu	ji³³	la³³	tɕʰi³³	a³³ba³³	tɕəu	ji³³	la³³
tʰe³³	tɕəu	ji³³	la³³	tɕʰi³³	a³³ba³³	tɕəu	ji³³	la³³
那	就	去	CS	他.GEN	父亲	就	去	CS

他就去了，他的父亲就去了（找他的女儿）。

tɕʰi³³	za³³mi³³	kʰi³¹kʰi³³	la³³	pa³³ma⁵³	pu	be	ja²²ka³³	pe³³	la³¹
tɕʰi³³	za³³mi³³	kʰi³¹-kʰi³³	la³³	pa³³ma⁵³	pu	be	ja²²ka³³	pe³³	la³¹
他.GEN	女儿	嚷-嚷	CS	癞蛤蟆	只	PL.N-ANM	全部	出来	来

他喊了一声他的女儿，青蛙就全部出来了。

la³³	tʰa³¹	kʰi³¹kʰi³³	la³¹	la³³	tɕəu	tɕʰi³³	a³³ba³³	kʰi³¹kʰi³³	la³¹	la³³
la³³	tʰa³¹	kʰi³¹-kʰi³³	la³¹	la³³	tɕəu	tɕʰi³³	a³³ba³³	kʰi³¹-kʰi³³	la³¹	la³³
CS	他.GEN	嚷-嚷	来	CS	就	他.GEN	父亲	嚷-嚷	来	CS

（父亲）叫她（他的女儿）就喊了一声，

tʰe³³	a³³ba³³	kʰi³¹kʰi³³	tɕəu	no³³	tɕʰi³³	za³³mi³³	ka³³	ji³³
tʰe³³	a³³ba³³	kʰi³¹-kʰi³³	tɕəu	no³³	tɕʰi³³	za³³mi³³	ka³³	ji³³
那	父亲	嚷-嚷	就	你	他.GEN	女儿	家	去

那个父亲就说，我要到我女儿那里。

ŋe³³	a³³ba³³	no³³…	ke³³tʰe³³	ŋa³³	vo⁵³xo³¹	la
ŋe³³	a³³ba³³	no³³…	ke³³tʰe³³	ŋa³³	vo⁵³xo³¹	la

我.GEN	父亲	你	这	我	背	CS

（青蛙就说：）"我的父亲，我背你。"

ni³³	i	tʰe³³	mi⁵³sə³¹	u³¹pi³¹pi³³	tɕi³³	a³¹	dʑi⁵³	o
ni³³	i	tʰe³³	mi⁵³sə³¹	u³¹-pi³¹-pi³³	tɕi³³	a³¹	dʑi⁵³	o
你.GEN	GEN	那	眼睛	PFV-闭-闭	是	Q	是	ITRJ

"你闭一下眼睛"，是不是？

tʰe³³	me³³	ŋe²²	tɕəu	tɕʰi³³	a³³ba³³	tɕʰi³³	mi⁵³sə³¹	u³¹pi³¹pi³³	la
tʰe³³	me³³	ŋe²²	tɕəu	tɕʰi³³	a³³ba³³	tɕʰi³³	mi⁵³sə³¹	u³¹-pi³¹-pi³³	la
那	做	说	就	她.GEN	父亲	他.GEN	眼睛	PFV-闭-闭	CS

就那么说了，她的父亲就闭上眼睛，

tʰe³³	pa³³ma⁵³	pu³¹	tʰa²²	vo⁵³xo³¹	tɕa⁵³	ji³³	la³³
tʰe³³	pa³³ma⁵³	pu³¹	tʰa²²	vo⁵³xo³¹	tɕa⁵³	ji³³	la³³
那	癞蛤蟆	只	他.DAT	背	TOP	去	CS

青蛙就背着他，去了。

tʰe³³	vu³¹pʰa⁵³	tʰe³³	ke	ta⁵³me³¹	dʐo³³	no³³	ji³³	ne
tʰe³³	vu³¹pʰa⁵³	tʰe³³	ke	ta⁵³me³¹	dʐo³³	no³³	ji³³	ne
那	蛇	那	LOC	大门	存在	你	去	TOP

那条蟒蛇就在大门那里等他。

vu³¹pʰa⁵³	tʰe³³	me³³	ŋe²²	a³¹	dʑi⁵³	o	tʰe³³	me³³	kʰi³¹kʰi³³
vu³¹pʰa⁵³	tʰe³³	me³³	ŋe²²	a³¹	dʑi⁵³	o	tʰe³³	me³³	kʰi³¹-kʰi³³
蛇	那	做	说	Q	是	ITRJ	那	做	嚷-嚷

"你去吧"，蟒蛇就这么说，是不是？就那么喊。

tʰe³³	tɕəu	ko²²ko³³	ji³³	la³³	tɕʰi³³	ja³³kʰe	ji³³	la³³
tʰe³³	tɕəu	ko²²-ko³³	ji³³	la³³	tɕʰi³³	ja³³kʰe	ji³³	la³³
那	就	跑-跑	去	CS	他.GEN	家里	去	CS

他就去了，到他家里，

ja³³kʰe	ji³³	la³³	lə	tɕʰa⁵³	dʑi³¹	o⁵³				
ja³³kʰe	ji³³	la³³	lə	tɕʰa⁵³	dʑi³¹	o⁵³				
家里	去	CS	了	晚饭	吃	PRO				

到家里准备吃晚饭。

a³³ba³³	no³³	ke³³tʰe³³	kʰu⁵³	dʑɨ³¹	ne	no³³	ni³³	kʰu⁵³	dʑɨ³¹	ʃə
a³³ba³³	no³³	ke³³tʰe³³	kʰu⁵³	dʑɨ³¹	ne	no³³	ni³³	kʰu⁵³	dʑɨ³¹	ʃə
父亲	你	这	碗	吃	TOP	你	GEN	碗	吃	是

父亲（问）："你这个饭碗呢，你这个饭碗

xo³³tɕa³³	dʑi³¹	tʰe³³	ʃuo³³	a³³me³³	za³³mi³³	ŋa³³	ja³³kʰe	ɹ
xo³³tɕa³³	dʑi³¹	tʰe³³	ʃuo³³	a³³me³³	za³³mi³³	ŋa³³	ja³³kʰe	ɹ
什么	吃	那	说	啊哟	女儿	我	家里	TOP

是用什么做的？"她说："啊哟，我家里

ni³³	kʰu⁵³	i	kʰu⁵³	dʑi³¹	lə	mə	tʰe³³	me³³	ŋe²²
ni³³	kʰu⁵³	i	kʰu⁵³	dʑi³¹	lə	mə	tʰe³³	me³³	ŋe²²
金子	碗	GEN	碗	吃	了	嘛	那	做	说

用金碗吃饭。"

tɕəu	tʰe³³	ni³³	i	kʰu⁵³	tʰa²²	mi³¹kʰo⁵³	la³³
tɕəu	tʰe³³	ni³³	i	kʰu⁵³	tʰa²²	mi³¹-kʰo⁵³	la³³
就	那	金子	GEN	碗	他.DAT	PFV-给	CS

那么说，就给他金碗。

no³³	xo³³tɕa³³	dʑo³³ko³³	dʑi³¹	o⁵³	za²²	ɹ	xo³³tɕa³³	dʑo³³ko³³
no³³	xo³³tɕa³³	dʑo³³ko³³	dʑi³¹	o⁵³	za²²	ɹ	xo³³tɕa³³	dʑo³³ko³³
你	什么	筷子	吃	PRO	用	TOP	什么	筷子

你用什么样的筷子吃饭？

za²²	o	a³³me³³	ŋa³³	ja³³kʰe	ɹ	ni³³	dʑo³³ko³³	za²²	o
za²²	o	a³³me³³	ŋa³³	ja³³kʰe	ɹ	ni³³	dʑo³³ko³³	za²²	o
用	ITRJ	啊哟	我	家里	TOP	金子	筷子	用	ITRJ

用什么样的筷子？女儿说：啊哟，我家里是用金筷子。

tʰe³³	ni³³	i	dʒo³³ko³³	tʰa²²	mi³¹kʰo⁵³	la³³
tʰe³³	ni³³	i	dʒo³³ko³³	tʰa²²	mi³¹-kʰo⁵³	la³³
那	金子	GEN	筷子	他.DAT	PFV-给	CS

她就给他金筷子。

dzu²²gu³³	mi³¹kʰo⁵³	la³³	tʰe³³	tɕəu	tʰe³³	ke	tɕʰa⁵³	dʑi³¹
dzu²²gu³³	mi³¹-kʰo⁵³	la³³	tʰe³³	tɕəu	tʰe³³	ke	tɕʰa⁵³	dʑi³¹
东西	PFV-给	CS	那	就	那	LOC	晚饭	吃

把东西给他了，他就在那里吃了晚饭。

la³³	tʰe³³	ke	dʑa²²dʑa³³	tɕəu	tɕʰi³³	za³³mi³³	de²²	dʑa²²dʑa³³
la³³	tʰe³³	ke	dʑa²²-dʑa³³	tɕəu	tɕʰi³³	za³³mi³³	de²²	dʑa²²-dʑa³³
CS	那	LOC	玩-玩	就	他.GEN	女儿	家	玩-玩

然后他就在那里耍，就在他的女儿家里玩。

ja⁵³no³¹	tɕəu	dʑa²²dʑa³³	la³³	tɕəu	tʰe³³	ʃuo³³	tɕʰi³³	a³³ba³³	tɕəu
ja⁵³no³¹	tɕəu	dʑa²²-dʑa³³	la³³	tɕəu	tʰe³³	ʃuo³³	tɕʰi³³	a³³ba³³	tɕəu
后面	就	玩-玩	CS	就	那	说	他的	父亲	就

玩了以后他就说，父亲就说，

za³³mi³³	ŋa³³	dʑa²²dʑa³³	i	dʑa²²dʑa³³	la³³	dʑi³¹	i	dʑi³¹	la³³
za³³mi³³	ŋa³³	dʑa²²-dʑa³³	i	dʑa²²-dʑa³³	la³³	dʑi³¹	i	dʑi³¹	la³³
女儿	我	玩-玩	GEN	玩-玩	CS	吃	GEN	吃	CS

女儿，我玩也玩了，吃也吃了，

ba⁵³	i	ba⁵³	la	ŋa³³	a⁵³mi³¹	ɹe	ja³³kʰe	ji³³	la³³
ba⁵³	i	ba⁵³	la	ŋa³³	a⁵³mi³¹	ɹe	ja³³kʰe	ji³³	la³³
喝	GEN	喝	CS	我	现在	TOP	家里	去	CS

喝也喝了，我现在就回家了。

ni³³	a³³ja³³	ja³³kʰe	dʑo³³	tʰe³³	me³³	ŋe²²	tɕəu	la³¹	la³³

ni³³　　a³³ja³³　ja³³kʰe　dʐo³³　tʰe³³　　me³³　　ŋe²²　tɕou　　la³¹　　la³³
你.GEN　姐姐　家里　存在　那　　做　　说　　就　　来　　CS
你的姐姐在家里，就这么说，就来了。

la³¹　la³³　tɕʰi³³　pa³³ma⁵³　pu　be　　ja²²ka³³　tʰa²²　vo⁵³xo³¹　la
la³¹　la³³　tɕʰi³³　pa³³ma⁵³　pu　be　　ja²²ka³³　tʰa²²　vo⁵³xo³¹　la
来　CS　他.GEN　癞蛤蟆　只　PL.N-ANM　全部　他.DAT　背　　CS
来了，那些青蛙全部就背他，

tʰe³³　ke　la³¹　la³³　tɕʰi³³　i³³　tʰe³³　ke　la³¹　la³³
tʰe³³　ke　la³¹　la³³　tɕʰi³³　i³³　tʰe³³　ke　la³¹　la³³
那　LOC　来　CS　他.GEN　GEN　那　LOC　来　CS
来到那里了，就来到那里了。

la³¹　la³³　pə　tɕou　tʰe³³　tɕou　ja³³kʰe　la³¹　la³³　ja³³kʰe　la³¹　la³³
la³¹　la³³　pə　tɕou　tʰe³³　tɕou　ja³³kʰe　la³¹　la³³　ja³³kʰe　la³¹　la³³
来　CS　吧　就　那　就　家里　来　CS　家里　来　CS
来了吧，他就回家了，回家了。

a³³me³³　za³³mi³³　a⁵³mi³¹　ʁa²²ma³³　i　ʁa²²ma³³　la³³　xo³³tɕa³³　la
a³³me³³　za³³mi³³　a⁵³mi³¹　va²²ma³³　i　va²²ma³³　la³³　xo³³tɕa³³　la
啊哟　女儿　现在　发财　GEN　发财　CS　什么　CS
（他说）（你妹妹的家）很富裕，什么都

bo⁵³　tʰe³³　me³³　ŋe²²　la³³
bo⁵³　tʰe³³　me³³　ŋe²²　la³³
拥有　那　做　说　CS
有，那么说。

tʰe³³　me³³　ŋe²²　la³¹　la　tɕou　tɕʰi³³　i　tʰe³³　a³³ja³³　kʰa⁵³　tɕou
tʰe³³　me³³　ŋe²²　la³¹　la　tɕou　tɕʰi³³　i　tʰe³³　a³³ja³³　kʰa⁵³　tɕou
那　做　说　来　CS　就　他.GEN　GEN　那　姐姐　大　就
他那么一说，那个大姑娘（说）

a³³me³³　a³³ba³³　ʃɯ⁵³　lə　ŋa³³　ji³³　la³³　ja⁵³no³¹　ŋa³³　ji³³　la³³
a³³me³³　a³³ba³³　ʃɯ⁵³　lə　ŋa³³　ji³³　la³³　ja⁵³no³¹　ŋa³³　ji³³　la³³
啊哟　父亲　明天　了　我　去　CS　后面　我　去　CS
啊哟，父亲，我明天也去，以后也去。

ja⁵³no³¹　le　tɕəu　tɕʰi³³　i　tʰe³³　a³³ja³³　tɕəu　ji³³
ja⁵³no³¹　le　tɕəu　tɕʰi³³　i　tʰe³³　a³³ja³³　tɕəu　ji³³
后面　TOP　就　他.GEN　GEN　那　姐姐　就　去
然后那个姐姐就去了。

tɕəu　tʰe³³　ke　ji³³　la　tɕəu　tʰe³³　ji³³　tɕʰi³³　i　tʰe³³　na³¹ma⁵³　i
tɕəu　tʰe³³　ke　ji³³　la　tɕəu　tʰe³³　ji³³　tɕʰi³³　i　tʰe³³　na³¹ma⁵³　i
就　那　LOC　去　CS　就　那　去　他的　GEN　那　妹妹　GEN
就去那里，

mje³³kʰe　kʰi³¹kʰi³³　kʰi³¹kʰi³³　la　tɕəu
mje³³kʰe　kʰi³¹-kʰi³³　kʰi³¹-kʰi³³　la　tɕəu
名字　嚷-嚷　嚷-嚷　CS
就喊妹妹的名字。叫她，

xaiʃə　tʰe³³　pa³³ma⁵³　pu　ja²²ka³³　tɕəu　tʰa²²　vo⁵³xo³¹　la
xaiʃə　tʰe³³　pa³³ma⁵³　pu　ja²²ka³³　tɕəu　tʰa²²　vo⁵³xo³¹　la
还是　那　癞蛤蟆　只　全部　就　他.DAT　背　CS
还是所有的青蛙就背她。

vo⁵³xo³¹　la　tɕəu　no³³　tɕʰi³³　ji³¹no³¹　xaiʃə　ʃuo³³　ni³³　mi⁵³sə³¹
vo⁵³xo³¹　la　tɕəu　no³³　tɕʰi³³　ji³¹no³¹　xaiʃə　ʃuo³³　ni³³　mi⁵³sə³¹
背　CS　就　你　他.GEN　弟弟　还是　说　你.GEN　眼睛
背她就她的妹妹还是说，你闭上眼睛，

u³¹pi³¹pi³³　a³¹　dʑi⁵³　tʰe³³　ke　ji³³　ne　no³³　ta⁵³me³¹　kʰa⁵³　ji³³　la³³
u³¹-pi³¹-pi³³　a³¹　dʑi⁵³　tʰe³³　ke　ji³³　ne　no³³　ta⁵³me³¹　kʰa⁵³　ji³³　la³³

PFV-闭-闭　　Q　　是　　那　　LOC　　去　　TOP　　你　　大门　　大　　去　　CS

是不是？你到了大门

tɕəu	ʃuo³³	vu³¹pʰa⁵³	a³³ja³³	tʰe³³	me³³	ŋe²²	tʰe³³	me³³	kʰi³¹kʰi³³
tɕəu	ʃuo³³	vu³¹pʰa⁵³	a³³ja³³	tʰe³³	me³³	ŋe²²	tʰe³³	me³³	kʰi³¹-kʰi³³
就	说	蛇	姐姐	那	做	说	那	做	嚷-嚷

就说，蟒蛇哥哥，那么说，那么喊。

tʰe³³	ji³³	la	tɕəu	tʰe³³	ta⁵³me³¹	kʰa⁵³	ji³³	la³³	o	vu³¹pʰa⁵³	a³³ja³³
tʰe³³	ji³³	la	tɕəu	tʰe³³	ta⁵³me³¹	kʰa⁵³	ji³³	la³³	o	vu³¹pʰa⁵³	a³³ja³³
那	去	CS	就	那	大门	大	去	CS	ITRJ	蛇	姐姐

她到了大门就喊蟒蛇哥哥

tʰe³³	me³³	ŋe²²	tʰe³³	me³³	tʰa²²	so³¹tʰe⁵³	la
tʰe³³	me³³	ŋe²²	tʰe³³	me³³	tʰa²²	so³¹tʰe⁵³	la
那	做	说	那	做	他.DAT	答应	CS

那么说，（蛇）就答应（接待她）。

ja³³kʰe	ji³³	la³³	ja³³kʰe	ji³³	la³³	tɕəu	tʰe³³	a³³ma³³	de²²	ja³³kʰe
ja³³kʰe	ji³³	la³³	ja³³kʰe	ji³³	la³³	tɕəu	tʰe³³	a³³ma³³	de²²	ja³³kʰe
家里	去	CS	家里	去	CS	就	那	母亲	家	家里

她就到家，到家，到她妹妹的家。

ji³³	la³³	tɕəu	tɕʰa⁵³	dʑi³¹	la³³	tɕʰa⁵³	dʑi³¹	la	tɕəu	a³³ja³³
ji³³	la³³	tɕəu	tɕʰa⁵³	dʑi³¹	la³³	tɕʰa⁵³	dʑi³¹	la	tɕəu	a³³ja³³
去	CS	就	晚饭	吃	CS	晚饭	吃	CS	就	姐姐

就吃晚饭，吃晚饭（的时候），她就说，哦，姐姐（妹妹）

no³³	xo³³	tɕi³³	kʰu⁵³	tsa²²
no³³	xo³³	tɕi³³	kʰu⁵³	tsa²²
你	什么	一	碗	还

你用什么样的碗？

a³³me³³	ŋa³³	ŋa³³	ni³³…	ni³³	kʰu⁵³	tsa²²	o
a³³me³³	ŋa³³	ŋa³³	ni³³	ni³³	kʰu⁵³	tsa²²	o
啊哟	我	我	金子	金子	碗	还	ITRJ

她说，啊哟，我用金……金碗。

na²¹	tɕəu	tɕʰi³³	tʰe³³	na³¹ma⁵³	tɕa⁵³	nju²²kʰu⁵³	i	kʰu⁵³	tʰa²²
na²¹	tɕəu	tɕʰi³³	tʰe³³	na³¹ma⁵³	tɕa⁵³	nju²²kʰu⁵³	i	kʰu⁵³	tʰa²²
那	就	他.GEN	那	妹妹	TOP	泥巴	GEN	碗	他.DAT

那就她的妹妹就给她泥巴做的碗。

mi³¹kʰo⁵³	la³³	no³³	xo³³tɕa³³	dʐo³³ko³³	za²²	o²³
mi³¹-kʰo⁵³	la³³	no³³	xo³³tɕa³³	dʐo³³ko³³	za²²	o²³
PFV-给	CS	你	什么	筷子	用	CS

（姐姐又问妹妹：）你用什么样的筷子？

tʰe³³	ʃə	ʃuo³³	a³³me³³	ŋa³³	tʰe³³…	tɕʰu³³	i	dʐo³³ko³³	za²²	o
tʰe³³	ʃə	ʃuo³³	a³³me³³	ŋa³³	tʰe³³	tɕʰu³³	i	dʐo³³ko³³	za²²	o
那	是	说	啊哟	我	那	银	GEN	筷子	用	ITRJ

妹妹就说，啊哟，我用银子做的筷子。

tɕʰi³³	na³¹ma⁵³	tɕəu	tɕa⁵³	mi³³	dʐo³³ko³³	tʰa²²	mi³¹kʰo⁵³	la
tɕʰi³³	na³¹ma⁵³	tɕəu	tɕa⁵³	mi³³	dʐo³³ko³³	tʰa²²	mi³¹-kʰo⁵³	la
他.GEN	妹妹	就	TOP	金子	筷子	他.DAT	PFV-给	CS

她的妹妹就给她金子做的筷子。

tɕəu	tʰe³³	me³³	la³³	tɕəu	tʰe³³	ke	tɕʰi³³	ka	dʐa²²dʐa³³
tɕəu	tʰe³³	me³³	la³³	tɕəu	tʰe³³	ke	tɕʰi³³	ka	dʐa²²-dʐa³³
就	那	做	CS	就	那	LOC	他.GEN	家	玩-玩

那么就啊哟，在她的家玩。

tɕʰi³³	ka	dʐa²²dʐa³³	o	dʐa²²dʐa³³	le	ja⁵³no³¹	tʰe³³	tɕəu
tɕʰi³³	ka	dʐa²²-dʐa³³	o	dʐa²²-dʐa³³	le	ja⁵³no³¹	tʰe³³	tɕəu
他.GEN	家	玩-玩	ITRJ	玩-玩	TOP	后面	那	就

nje²²ma⁵³　　ma³¹　　dje⁵³
nje²²ma⁵³　　ma³¹　　dje⁵³
心脏　　　　NEG　　好

在她家玩啊玩，后来呢，姐姐就有了坏心思。

nje²²ma⁵³　　ma³¹　　dje⁵³　　tɕəu　　xo³³tɕa³³…　　tɕʰi³³　　i³³　　na³¹ma⁵³　　de²²
nje²²ma⁵³　　ma³¹　　dje⁵³　　tɕəu　　xo³³tɕa³³　　　tɕʰi³³　　i³³　　na³¹ma⁵³　　de²²
心脏　　　　NEG　　好　　　就　　什么　　　　他.GEN　　GEN　　妹妹　　　家

tɕəu　　xo³³tɕa³³　　la　　bo⁵³
tɕəu　　xo³³tɕa³³　　la　　bo⁵³
就　　　什么　　　　CS　　拥有

有了坏心思，她的妹妹家什么都有。

tɕʰi³³　　i³³　　tʰe³³　　vu³¹pʰa⁵³　　le　　a³³ba³³　　tʰo³¹　　i　　tsʰo³³　　tʰa³³　　ʃə
tɕʰi³³　　i³³　　tʰe³³　　vu³¹pʰa⁵³　　le　　a³³ba³³　　tʰo³¹　　i　　tsʰo³³　　tʰa³³　　ʃə
他　　　那.GEN　那　　蛇　　　　　TOP　父亲　　妥当　　GEN　人　　他　　是

她的那个蟒蛇那个人很好，他是（汉语）

tʰe³³　　tɕəu　　u³¹do³³　　la³³　　tʰe³³　　tɕəu　　ʃuo³³　　ʃə
tʰe³³　　tɕəu　　u³¹-do³³　　la³³　　tʰe³³　　tɕəu　　ʃuo³³　　ʃə
那　　　就　　PFV-看见　　CS　　那　　　就　　说　　　是

她看见了就说，

na³¹ma⁵³　　ŋa³³ku　　ni⁵³　　a³³　　ku　　be²²tɕʰe³³　　to³³ke³³　　la
na³¹ma⁵³　　ŋa³³-ku　　ni⁵³　　a³³　　ku　　be²²tɕʰe³³　　to³³ke³³　　la
妹妹　　　我-位　　二　　个　　位　　衣服　　　　换　　　　CS

妹妹，我俩交换一下衣裳，

ŋa³³ku　　ni⁵³　　a³³　　ku　　be²²tɕʰe³³　　to³³ke³³　　no³³　　ve²²　　i　　be²²tɕʰe³³
ŋa³³-ku　　ni⁵³　　a³³　　ku　　be²²tɕʰe³³　　to³³ke³³　　no³³　　ve²²　　i　　be²²tɕʰe³³
我-位　　二　　个　　位　　衣服　　　　换　　　　你　　穿　　GEN　衣服

我俩交换一下衣裳，

na²²	kʰo⁵³	ŋa³³	ve²²	i	be²²tɕʰe³³	na²²	kʰo⁵³	ŋa³³ku
na²²	kʰo⁵³	ŋa³³	ve²²	i	be²²tɕʰe³³	na²²	kʰo⁵³	ŋa³³-ku
你.DAT	给	我	穿	GEN	衣服	你.DAT	给	我-位

ni⁵³	a³³	ku	be²²tɕʰe³³	to³³ke³³
ni⁵³	a³³	ku	be²²tɕʰe³³	to³³ke³³
二	个	位	衣服	换

你穿的衣服给我，我穿的衣服给你，我们两个交换一下衣服。

ni⁵³	a³³	ku	be²²tɕʰe³³	to³³ke³³	la	u³¹ve²²	la	ŋa³³ku	ni⁵³
ni⁵³	a³³	ku	be²²tɕʰe³³	to³³ke³³	la	u³¹-ve²²	la	ŋa³³-ku	ni⁵³
二	个	位	衣服	换	CS	PFV-穿	CS	我-位	二

两个交换衣服，衣服穿上了，她就说，我们两个去

a³³	ku	ʒe²³	tʰe³³	vu³³	ke⁵³	pe³³ma³³	tɕi³³	njo³³njo³³	ɕe⁵³
a³³	ku	ʒe²³	tʰe³³	vu³³	ke⁵³	pe³³ma³³	tɕi³³	njo³³-njo³³	ɕe⁵³
个	位	走	那	水	LOC	脸	一	看-看	TNT

我们到水边照照，

ŋa³³	tʰe³³	vu³³	ke⁵³	pe³³ma³³	tɕi³³	njo³³	ni⁵³	a³³	ku	tʰe³³	ke
ŋa³³	tʰe³³	vu³³	ke⁵³	pe³³ma³³	tɕi³³	njo³³	ni⁵³	a³³	ku	tʰe³³	ke
我	那	水	LOC	脸	一	看	二	个	位	那	LOC

在水边照一下，

tɕi³³	njo³³	ɕe⁵³	se³³gu³³	tɕi³³	ja³¹tʰo³¹	tʰe³³	me³³	ŋe²²
tɕi³³	njo³³	ɕe⁵³	se³³gu³³	tɕi³³	ja³¹-tʰo³¹	tʰe³³	me³³	ŋe²²
一	看	TNT	谁	一	更-妥当	那	做	说

看我们两个当中哪个美，那么说了。

ni⁵³	a³³	ku	tʰe³³	ke	tɕi³³	njo³³njo³³	tʰa³³	jɛ	tɕəu	tɕʰi³³
ni⁵³	a³³	ku	tʰe³³	ke	tɕi³³	njo³³-njo³³	tʰa³³	jɛ	tɕəu	tɕʰi³³

二	个	位	那	LOC	一	看-看	他	也	就	他.GEN

她们两个看影子的时候，

i	tʰe³³	na³¹ma⁵³	u³¹dje⁵³	la³³
i	tʰe³³	na³¹ma⁵³	u³¹-dje⁵³	la³³
GEN	那	妹妹	PFV-推	CS

姐姐就把妹妹推到水里去了。

u³¹dje⁵³	la³³	tʰe³³	vu³³	ko	ji³³	la³³	tɕa⁵³	tʰe³³	mi³¹sə³¹ka³¹	la³³
u³¹-dje⁵³	la³³	tʰe³³	vu³³	ko	ji³³	la³³	tɕa⁵³	tʰe³³	mi³¹-sə³³ka³³	la³³
PFV-推	CS	那	水	LOC	去	CS	TOP	那	PFV-死	CS

推下去了以后，妹妹就死了。

mi³¹sə³¹ka³¹	la³³	tʰe³³	tɕəu	ja³³kʰe	la³¹
mi³¹-sə³³ka³³	la³³	tʰe³³	tɕəu	ja³³kʰe	la³¹
CS		那	就	家里	来

妹妹死了以后，姐姐回家。

ja³³kʰe	la³¹	la³³	ne	tɕəu	tʰe³³	vu³¹pʰa⁵³	tɕəu	ŋe²²
ja³³kʰe	la³¹	la³³	ne	tɕəu	tʰe³³	vu³¹pʰa⁵³	tɕəu	ŋe²²
家里	来	CS	TOP	就	那	蛇	就	说

回家呢，那条蟒蛇就说，

ŋe³³	i³³	ja²²ʃu³³ma⁵³	a³³ke	ji³³	la³³
ŋe³³	i³³	ja²²ʃu³³ma⁵³	a³³ke	ji³³	la³³
我.GEN	GEN	妻子	哪里	去	CS

我的媳妇到哪里去了？

no³³	ja²²ʃu³³ma⁵³	ŋa³³	lə	mə
no³³	ja²²ʃu³³ma⁵³	ŋa³³	lə	mə
你	妻子	我	了	嘛

（姐姐回答说）你的媳妇就是我。

ŋe³³　　i³³　　a³³ja³³　de²²　　ja³³kʰe　ji³³　　la³³

ŋe³³　　i³³　　a³³ja³³　de²²　　ja³³kʰe　ji³³　　la³³

我.GEN　GEN　姐姐　　家　　　家里　　去　　　CS

我的姐姐回家了。

ŋe³³　　　i³³　　ja²²ʃu³³ma⁵³　ni³³　　　pe³³ma³³　ma³¹　　dʑi⁵³

ŋe³³　　　i³³　　ja²²ʃu³³ma⁵³　ni³³　　　pe³³ma³³　ma³¹　　dʑi⁵³

我.GEN　GEN　妻子　　　　你.GEN　脸　　　NEG　　是

你的脸不是我媳妇的脸，

ŋe³³　　i³³　　ja²²ʃu³³ma⁵³　pe³³ma³³　tʰo³¹　　i　　tʰo³¹　ni³³

ŋe³³　　i³³　　ja²²ʃu³³ma⁵³　pe³³ma³³　tʰo³¹　　i　　tʰo³¹　ni³³

我.GEN　GEN　妻子　　　　脸　　　妥当　GEN　妥当　你.GEN

我的媳妇的脸很好，

ke³³tʰe³³　pe³³ma³³　gu²²tɕi³³　bə⁵³ko³¹　kʰɯ⁵³　　dzo²²　i　　dzo²²

ke³³tʰe³³　pe³³ma³³　gu²²tɕi³³　bə⁵³ko³¹　kʰɯ⁵³　　dzo²²　i　　dzo²²

这　　　脸　　　小　　　麻子　　上　　　装　　GEN　装

你这个脸上有麻子。

tʰe³³　me³³　ŋe²²　la³³　tʰe³³　tɕəu　ʃuo³³　ʃə　　ŋa³³　ji³³　ʒu⁵³　dzo²²

tʰe³³　me³³　ŋe²²　la³³　tʰe³³　tɕəu　ʃuo³³　ʃə　　ŋa³³　ji³³　ʒu⁵³　dzo²²

那　　做　　说　　CS　　那　　就　　说　　是　　我　　去　　草　　装

那么说，她就说我去装草，

dzɯ⁵³　kʰɯ⁵³　i　　ʒu⁵³　dzo²²　ve⁵³　lje²²lje³³　　la³³

dzɯ⁵³　kʰɯ⁵³　i　　ʒu⁵³　dzo²²　ve⁵³　lje²²-lje³³　la³³

楼　　　上　　GEN　草　　装　　起　　裹-裹　　　CS

楼上的堆草掉下来了，（滚下来了）

ke³³　pe³³ma³³　u³¹tɕʰu³³tɕʰu³³　la³³　　tʰe³³　me³³　ŋe²²　tɕʰi³³　i³³

ke³³　pe³³ma³³　u³¹-tɕʰu³³-tɕʰu³³　la³³　tʰe³³　me³³　ŋe²²　tɕʰi³³　i³³

这　　脸　　　PFV-刺-刺　　　　CS　　那　　做　　说　　他.GEN　GEN

刺了我的脸，姐姐就那么说了。

tʰe³³	tɕʰi³³	i³³	tʰe³³	na³³pu³³	tɕəu	xaiʃə	ma⁵³	ŋe²²
tʰe³³	tɕʰi³³	i³³	tʰe³³	na³³pu³³	tɕəu	xaiʃə	ma⁵³	ŋe²²
那	他.GEN	GEN	那	丈夫	就	还是	NEG	说

他的丈夫还是什么也没有说。

tʰe³³	tɕa⁵³	tʰe³³	me³³	ni⁵³	a³³	ku	tɕəu	tɕi³³	ja³³me³³
tʰe³³	tɕa⁵³	tʰe³³	me³³	ni⁵³	a³³	ku	tɕəu	tɕi³³	ja³³me³³
那	TOP	那	做	二	个	位	就	一	当家

他就那样他们两个就成一家了。

tʰe³³	na³¹ma⁵³	tʰe³³	ke	u³¹dje⁵³	i	tʰe³³	ke	vu³³ka³¹
tʰe³³	na³¹ma⁵³	tʰe³³	ke	u³¹-dje⁵³	i	tʰe³³	ke	vu³³ka³¹
那	妹妹	那	LOC	PFV-推	GEN	那	LOC	水池

她妹妹落水的那个水池

ɕe⁵³	a³³	pe³³	la³¹	la³³
ɕe⁵³	a³³	pe³³	la³¹	la³³
树	个	出来	来	CS

长出来了一棵树，

ɕe⁵³	a³³	pe³³	la³¹	la³³	tɕəu	tɕʰi³³	i³³	kʰa⁵³	ɕe⁵³	a³³
ɕe⁵³	a³³	pe³³	la³¹	la³³	tɕəu	tɕʰi³³	i³³	kʰa⁵³	ɕe⁵³	a³³
树	个	出来	来	CS	就	他.GEN	GEN	大	树	个

长出来了一棵树。

pe³³	la³¹	la³³	tɕəu	ŋo³³tɕi³³	kʰɯ⁵³	u³¹dʑa³¹	la³³
pe³³	la³¹	la³³	tɕəu	ŋo³³tɕi³³	kʰɯ⁵³	u³¹-dʑa³¹	la³³
出来	来	CS	就	鸟	上	PFV-站	CS

有一只小鸟坐在树上，

ŋe³³	i³³	a³³ja³³	ne	ŋe³³	i³³	na³³pu³³	pʰo⁵³	jo²²pʰo³³	tɕi³³

ŋe³³　　i³³　　a³³ja³³　　ne　　ŋe³³　　i³³　　na³³pu³³　　pʰo⁵³　　jo²²pʰo³³　　tɕi³³
我.GEN　GEN　姐姐　　TOP　我.GEN　GEN　丈夫　　边　　朋友　　一

（在说）我的姐姐跟我的丈夫成了一家，

ja³³me³³　　la³³　　ŋe³³　　i³³　　a³³ja³³　　ne　　ŋe³³　　i³³　　na³³pu³³　　pʰo⁵³
ja³³me³³　　la³³　　ŋe³³　　i³³　　a³³ja³³　　ne　　ŋe³³　　i³³　　na³³pu³³　　pʰo⁵³
当家　　　CS　　我.GEN　GEN　姐姐　　TOP　我.GEN　GEN　丈夫　　边

我的姐姐跟我的丈夫成了一家。

jo²²pʰo³³　　me³³　　la³³　　tʰe³³　　tɕa⁵³　　tʰe³³　　me³³　　ʒa²²
jo²²pʰo³³　　me³³　　la³³　　tʰe³³　　tɕa⁵³　　tʰe³³　　me³³　　ʒa²²
朋友　　　做　　CS　　那　　TOP　　那　　做　　喊叫

就那样喊。

ʒa²²　　la　　le　　tɕʰi³³　　i³³　　tʰe³³　　a³³ja³³　　se²²　　la³³
ʒa²²　　la　　le　　tɕʰi³³　　i³³　　tʰe³³　　a³³ja³³　　se²²　　la³³
喊叫　CS　TOP　他.GEN　GEN　那　　姐姐　　知道　CS

小鸟那么叫，她的姐姐就知道了。

tɕəu　　tʰe³³　　ɕi³³xo　　la³³　　tʰe³³　　tɕəu　　me⁵³tʰo³¹　　ʃə⁵³　　tsa³³　　ji³³
tɕəu　　tʰe³³　　ɕi³³xo　　la³³　　tʰe³³　　tɕəu　　me⁵³tʰo³¹　　ʃə³¹　　tsa³³　　ji³³
就　　那　　害羞　　CS　　那　　就　　刀　　　拿　　带　　去

她的姐姐知道了以后就很羞恼，就拿着刀

tʰe³³　　ke　　i　　tʰe³³…　　mi³¹to³³　　ke　　dʑi³¹　　la³³
tʰe³³　　ke　　i　　tʰe³³　　mi³¹-to³³　　ke　　dʑi³¹　　la³³
那　　LOC　GEN　那　　PFV-砍　　LOC　吃　　CS

就把它砍了吃了。

mi³¹to³³　　pə　　tʰe³³　　tɕəu　　tʰe³³　　ɕe⁵³　　ɕe⁵³pʰje³³　　la　　to³³　　la³³
mi³¹-to³³　　pə　　tʰe³³　　tɕəu　　tʰe³³　　ɕe⁵³　　ɕe⁵³pʰje³³　　la　　to³³　　la³³
PFV-砍　　吧　　那　　就　　那　　树　　板子　　CS　砍　　CS

把那棵树也劈成木板了。

ɕe⁵³pʰje³³ to³³　　la³³　　tʰe³³　tɕəu　　be²²tɕʰe³³　tsʰə³³

ɕe⁵³pʰje³³ to³³　　la³³　　tʰe³³　tɕəu　　be²²tɕʰe³³　tsʰə³³

板子　　砍　　CS　　那　　就　　衣服　　洗

把那棵树劈成木板以后，姐姐就洗衣服。

tɕʰi³³　i³³　na³³pu³³　i　be²²tɕʰe³³　tsʰə³³　tɕəu　ʃo²²ʃo³³　i　ʃo²²ʃo³³

tɕʰi³³　i³³　na³³pu³³　i　be²²tɕʰe³³　tsʰə³³　tɕəu　ʃo²²ʃo³³　i　ʃo²²ʃo³³

他.GEN　GEN　丈夫　GEN　衣服　洗　就　干净　GEN　干净

tʰo³¹　i　tʰo³¹

tʰo³¹　i　tʰo³¹

妥当　GEN　妥当

她妹妹洗她丈夫的衣服，洗得干干净净，好好地，

tɕʰi³³　i³³　tsʰə³³　la　tɕəu　ja²²ka³³　ma⁵³　tʰo³¹　tɕəu　pʰa³³la³³　la³³

tɕʰi³³　i³³　tsʰə³³　la　tɕəu　ja²²ka³³　ma⁵³　tʰo³¹　tɕəu　pʰa³³la³³　la³³

他.GEN　GEN　洗　CS　就　全部　NEG　妥当　就　烂　CS

姐姐洗，洗得不好，衣服全破了，

pʰa³³la³³　la　tʰe³³　tɕəu　nje²²ma⁵³　tɕʰi⁵³　la　tʰe³³　tɕəuʃə

pʰa³³la³³　la　tʰe³³　tɕəu　nje²²ma⁵³　tɕʰi⁵³　la　tʰe³³　tɕəuʃə

烂　CS　那　就　心脏　生气　CS　那　就是

把衣服洗破了，姐姐就很生气，

ʃətsai　tʰe³³　ke　mi³¹　ta²²　ke　tɕi³³

ʃətsai　tʰe³³　ke　mi³¹　ta²²　ke　tɕi³³

实在　那　LOC　火　烧　LOC　放

烧一堆火，把衣服放在上面（烧了），

tʰe³³　ɕe⁵³pʰje³³　mi³¹　ta²²　la³³

tʰe³³　ɕe⁵³pʰje³³　mi³¹　ta²²　la³³

那　板子　火　烧　CS

把木板也烧了。

tʰe³³	ke	mi³¹ta²²	la³³	le	tɕəu	va³³pʰo⁵³	tɕəu
tʰe³³	ke	mi³¹	ta³¹	le	tɕəu	va³³-pʰo⁵³	tɕəu
那	LOC	火	烧	TOP	就	外-边	就

mu⁵³ka³¹ma³³	a³³	bo⁵³
mu⁵³ka³¹-ma³³	a³³	bo⁵³
老-母	个	拥有

姐姐在那里烧火的时候外面就有一个老太婆。

mu⁵³ka³¹ma³³	tɕəu	ŋa³³	mi³¹	ma³¹	bo⁵³	la³³	ŋa³³	ni³³	i³³
mu⁵³ka³¹-ma³³	tɕəu	ŋa³³	mi³¹	ma³¹	bo⁵³	la³³	ŋa³³	ni³³	i³³
老-母	就	我	火	NEG	拥有	CS	我	你.GEN	GEN

ke³³	ke	mi³¹	a	tɕa²²	tsa³³	ʃə³³
ke³³	ke	mi³¹	a	tɕa²²	tsa³³	ʃə³³
这	LOC	火	个	捡	带	拿

那个老太婆说，我没有火，能捡点火吗？

tɕʰi³³	i³³	tʰe³³	na³¹ma⁵³	tɕəu	tɕʰi³³	ka	ji³³	la³³
tɕʰi³³	i³³	tʰe³³	na³¹ma⁵³	tɕəu	tɕʰi³³	ka	ji³³	la³³
他.GEN	GEN	那	妹妹	就	他.GEN	家	去	CS

老太婆就到妹妹家去了。

tɕəu	tɕʰi³³	mu⁵³ka³¹ma³³	tɕəu	ji³³	la³³
tɕəu	tɕʰi³³	mu⁵³ka³¹-ma³³	tɕəu	ji³³	la³³
就	他.GEN	老-母	就	去	CS

那个老太婆就去了。

na³³pu³³	va³³pʰo⁵³	ji³³	be³¹la³³	ji³³	la³¹	la³³	ja³³kʰe	la³¹	la³³	tɕəu
na³³pu³³	va³³pʰo⁵³	ji³³	be³¹la³³	ji³³	la³¹	la³³	ja³³kʰe	la³¹	la³³	tɕəu
丈夫	外面	去	劳动	去	来	CS	家里	来	CS	就

丈夫到外面去干活回来了，

a³³me³³　tɕʰi³³　　i³³　ja³³kʰe　xo³³tɕa³³　təu⁴⁴　bo⁵³　dʐi³¹lju³¹　iɛ⁵³　bo⁵³
a³³me³³　tɕʰi³³　　i³³　ja³³kʰe　xo³³tɕa³³　təu⁴⁴　bo⁵³　dʐi³¹-lju³¹　iɛ⁵³　bo⁵³
啊哟　　他.GEN　GEN　家里　什么　　都　　拥有　吃-NMLZ　也　拥有
啊哟他家里什么都有，吃的、

ba⁵³lju³¹　iɛ⁵³　bo⁵³
ba⁵³-lju³¹　iɛ⁵³　bo⁵³
喝-NMLZ　也　拥有
喝的都有。

tɕʰa⁵³　iɛ⁵³　u³¹ɕa²²　la³³　ji³³na³³　iɛ⁵³　u³¹ɕa²²　la³³　ʃe³³　be
tɕʰa⁵³　iɛ⁵³　u³¹-ɕa²²　la³³　ji³³na³³　iɛ⁵³　u³¹-ɕa²²　la³³　ʃe³³　be
晚饭　也　PFV-做　CS　菜　　也　PFV-做　CS　肉　PL.N-ANM
晚饭也做好了，菜也做好了，肉呢，

xo³³tɕa³³　təu⁴⁴　bo⁵³　la　tʰe³³　ke　ku³³　tɕi³³　idzo
xo³³tɕa³³　təu⁴⁴　bo⁵³　la　tʰe³³　ke　ku³³　tɕi³³　idzo
什么　　都　　拥有　CS　那　LOC　舀　放　PROG
各种各样的都有，就摆在那里。

tʰe³³　mu⁵³ka³¹ma³³　　tɕəu　ʃuo³³　ni³³　i³³　ja³³kʰe
tʰe³³　mu⁵³ka³¹-ma³³　tɕəu　ʃuo³³　ni³³　i³³　ja³³kʰe
那　老-母　　　　　就　说　你.GEN　GEN　家里
然后那个老太婆就说，

xo³³tɕi³³　tɕi³³　ka³³　ni³³　a³³　tsʰo³³　dʐo³³　la³³
xo³³-tɕi³³　tɕi³³　ka³³　ni³³　a³³　tsʰo³³　dʐo³³　la³³
什么-一　一　样子　有　个　人　存在　CS
你家有什么样的人？

ŋa³³　tɕəu　tɕa⁵³　tʰe³³　ke　mi³¹　a³³　mi³¹　a³³　ka²²　la³³

ŋa³³	tɕəu	tɕa⁵³	tʰe³³	ke	mi³¹	a³³	mi³¹	a³³	ka²²	la³³
我	就	TOP	那	LOC	火	个	火	个	捡	CS

我就在那边捡火。

tʰe³³	me³³	ŋe²²	la	tɕəu	ni³³	i³³	tʰe³³	ja²²ʃu³³ma⁵³	ma³¹	dʐo³³
tʰe³³	me³³	ŋe²²	la	tɕəu	ni³³	i³³	tʰe³³	ja²²ʃu³³ma⁵³	ma³¹	dʐo³³
那	做	说	CS	就	你.GEN	GEN	那	妻子	NEG	存在

就那样说，（恐怕）你没有妻子。

tɕʰi³³	ja⁵³no³¹	ke³³tʰe³³	ja²²ʃu³³ma⁵³	ma³¹	dʐo³³	la
tɕʰi³³	ja⁵³no³¹	ke³³tʰe³³	ja²²ʃu³³ma⁵³	ma³¹	dʐo³³	la
他.GEN	后面	这	妻子	NEG	存在	CS

你以前（？）的媳妇没有了。

tʰe³³	mu⁵³ka³¹ma³³	tɕəu	tɕʰi³³	i³³	na³³pu³³	pʰo⁵³
tʰe³³	mu⁵³ka³¹-ma³³	tɕəu	tɕʰi³³	i³³	na³³pu³³	pʰo⁵³
那	老-母	就	他.GEN	GEN	丈夫	边

tɕi⁵³	ŋe²²	ɕe⁵³	la	tʰe³³	na³³pu³³	tɕəu	se²²	la	o
tɕi⁵³	ŋe²²	ɕe⁵³	la	tʰe³³	na³³pu³³	tɕəu	se²²	la	o
一	说	TNT	CS	那	丈夫	就	知道	CS	ITRJ

老太婆就（把整个事情）对丈夫说了，他就知道了。

se²²	la³³	tɕəu	ke³³	ke	la³¹	la³³	tɕəu	ŋe²²	la³³	tɕəu
se²²	la³³	tɕəu	ke³³	ke	la³¹	la³³	tɕəu	ŋe²²	la³³	tɕəu
知道	CS	就	这	LOC	来	CS	就	说	CS	就

知道了以后，就说了，

ke³³tʰe³³	mi⁵³zo³¹	tɕʰi³³	i³³	ke³³tʰe³³	ja²²ʃu³³ma⁵³	tɕəu	u³¹do³³	la³³
ke³³tʰe³³	mi⁵³zo³¹	tɕʰi³³	i³³	ke³³tʰe³³	ja²²ʃu³³ma⁵³	tɕəu	u³¹-do³³	la³³
这	妇女	他.GEN	GEN	这	妻子	就	PFV-看见	CS

就看见了他的媳妇。

u³¹do³³	la³³	tʰe³³	tɕəu	ja³³kʰe	ji³³	la³³	tɕəu	tɕʰi³³	i³³
u³¹-do³³	la³³	tʰe³³	tɕəu	ja³³kʰe	ji³³	la³³	tɕəu	tɕʰi³³	i³³
PFV-看见	CS	那	就	家里	去	CS	就	他.GEN	GEN

看见了以后回家就抓住媳妇的头发，

tʰe³³	tsa²²	pu	ʃə³³	la³³	tɕəu	tɕʰi³³	i³³	tʰe³³	ka³¹tsa³³	i³³
tʰe³³	tsa²²	pu	ʃə³³	la³³	tɕəu	tɕʰi³³	i³³	tʰe³³	ka³¹tsa³³	i³³
那	头发	拿	CS	就		他.GEN	GEN	那	马	GEN

就抓住她的头发，

mu⁵³tʃʰu³¹	ko³³	ku²²ku³³	ge	tɕi	la³³	tɕəu	tɕa⁵³	ʃə	pə
mu⁵³tʃʰu³¹	ko³³	ku²²-ku³³	ge	tɕi	la³³	tɕəu	tɕa⁵³	ʃə	pə
尾巴	LOC	裹-裹	PRO	是	CS	就	TOP	是	吧

拴在马尾巴上，

tʰe³³	kʰɯ⁵³	u³¹dzə³³	la³³	tɕəu	tɕa⁵³	ɕe³³	sə³³tɕi³³
tʰe³³	kʰɯ⁵³	u³¹-dzə³³	la³³	tɕəu	tɕa⁵³	ɕe³³	sə³³tɕi³³
那	上	PFV-骑	CS	就	TOP	拉	使劲

就骑上马，使劲地拉，

ʁa³³ma³³	ko³³	ɕe³³	la³³	tɕəu	tɕʰi³³	i³³	a³³ja³³	ɕe³³	sə³¹ka³¹	la³³
ʁa³³ma³³	ko³³	ɕe³³	la³³	tɕəu	tɕʰi³³	i³³	a³³ja³³	ɕe³³	sə³¹ka³¹	la³³
路	LOC	拉	CS	就	他.GEN	GEN	姐姐	拉	死	CS

在路上拉，就把那个姐姐拉死了。

sə³¹ka³¹	la³³	ja⁵³no³¹	tɕəu	la³¹	la³³	tɕəu	tʰe³³	mu⁵³ka³¹ma³³
sə³³ka³³	la³³	ja⁵³no³¹	tɕəu	la³¹	la³³	tɕəu	tʰe³³	mu⁵³ka³¹-ma³³
死	CS	后面	就	来	CS	就	那	老-母

死了以后呢，来了就那个老年人，

tɕʰi³³	ja²²ʃu³³ma⁵³	tʰe³³	de²²	so³³	a³³	iəu	tɕi³³	ja³³me³³	la³³
tɕʰi³³	ja²²ʃu³³ma⁵³	tʰe³³	de²²	so³³	a³³	iəu	tɕi³³	ja³³me³³	la³³
他.GEN	妻子	那	家	三	个	又	一	当家	CS

他的媳妇，他们三个又成一家了。

　　那两个人成家。成家了（以后）就有了两个女儿。（后来）他的妻子死了。两个女儿由她们的父亲来养。她们的父亲就去砍柴、背柴。每天背完柴回家（每次）都要给女儿带点好玩的东西。那个蟒蛇就说："你每天都把我这里的鱼拿给你的女儿，那么今天我要去你那儿说你的女儿（求亲）。要去你那儿娶你的女儿。"那样说。那她们的父亲（和蟒蛇）两个就去他。去了呢，他的大姑娘（脸上）有麻子，蟒蛇就不要她。小姑娘就很好。蟒蛇就要了那个小姑娘。就要了那个长相好的了。父亲就同意了。就把小的女儿嫁给蟒蛇了。那个女儿（也）同意了，他们两个就去了。去到蟒蛇那里。路上那个女儿就说："父亲，给你的那些菜籽，你路上就撒了，路上走着撒着。""不管到哪里，我就全部把它撒了。""你要找我，你来呢，你就喊我一声。"后来呢，等到那些菜籽都（长）出来了，他就去了，就去（找他的女儿）了。他喊了一声他的女儿，青蛙就全部出来了。那个父亲就说："我要到我女儿那里。"（青蛙就说：）"我的父亲，我背你。你闭一下眼睛。"就那么说了，父亲就闭上眼睛，青蛙就背着他去了。那条蟒蛇就在大门那里等他，"你去（家里）吧。"蟒蛇就这么说。他就去了，到他家里。到家里准备吃晚饭，父亲（问）："你这个饭碗呢，是用什么做的？"她说："啊哟，我家里用金碗吃饭。"就那样说，就给他金碗。"你用什么样的筷子吃饭？"女儿说："啊哟，我家里是用金筷子。"她就给他金筷子。把东西给他了，他就在那里吃了晚饭。然后他就在他的女儿家里玩。玩了以后他就说："女儿，我玩也玩了，吃也吃了，喝也喝了，我现在就回家了。你的姐姐在家里。"就这么说。（然后）就走了。还是那些青蛙背他。他就回家了。（回到家他说：）"（你妹妹的家）很富裕，什么都有。"他那么一说，那个大姑娘（说：）"啊哟，父亲，那我明天也去。"然后那个姐姐就去了。路上就喊妹妹的名字。还是所有的青蛙就背她（去）。还是说："你闭上眼睛，你到了大门就喊，蟒蛇哥哥，那么说，那么喊。"她到了大门就喊蟒蛇哥哥。（蛇）就答应（接待她）。吃晚饭（的时候），她就说："哦，妹妹，你用什么样的碗？"她说："啊哟，我用金碗。"她的妹妹就给她泥巴做的碗。（姐姐又问妹妹：）"你用什么样的筷子？"妹妹就说："啊哟，我用银子做的筷子。"她的妹妹就给她金子做的筷子。在她家玩啊玩，后来呢姐姐就有了坏心思。（她见）她妹妹家什么都有。那个蟒蛇人也很好。就说："妹妹，我俩交换一下衣裳。你穿的衣服给我，我穿的衣服给你，我们两个交换一下衣服。"两个换了衣服，她就说："我们到水边照照去。看我们两个当中哪个美。"那么说了。她们看影子的时候，姐姐就把妹妹推到水里去了，妹妹就死了。妹妹死了以后，姐姐回了家。回到家呢，那条蟒蛇就说："我的媳妇到哪里去了？"（姐姐回答说：）"你的媳妇就是我。我的姐姐回家了。""你的脸不是我媳妇的脸。我的媳妇的脸很好。你这个脸上有麻子。"（蟒蛇就）那样说。她就说："我去装草，楼上的堆草掉下来了，刺了我的脸。"姐姐就那么说了。他的丈夫就再没说什么。就那样他们两个就过日子了。她妹妹落水的那个水池长出了一棵树。有一只小鸟坐在树上说："我的姐姐跟我的丈夫成了一家，我的姐姐跟我的丈夫成了一家。"就那样喊。小鸟那么叫，姐姐就知道了。姐姐知道了以后就很羞恼，就拿着刀，把它砍了吃了。把那棵树也劈成木板了。劈成木板以后，姐姐就洗衣服。她妹妹洗她丈夫的衣服，洗得干干净净，好好的。姐姐洗呢，就洗得不好，衣服全破了。姐姐就很生气。烧起一堆火，把衣服放在上面（烧了），把木板也烧了。姐姐在那里烧火的时候外面就有一个老太婆。那个老太婆说："我没有火，能捡点火吗？"老太婆就到妹妹家去了。丈夫从外面干活回来了看见家里什么都有，吃的、喝的都有。晚饭也做好了，菜也做好了，各种各样的肉都有，就摆在那里。然后那个老太婆就说："你家有什么样的人？我是在那边捡火。"就那样说。"（恐怕）你没有妻子，你以前的媳妇没有了。"老太婆就（把整个事情）对丈夫说了，他就知道了。知道了以后，见了他媳妇就抓住她的头发，拴在马尾巴上。骑上马，使劲地拉。在路上拉，就把那个姐姐拖死了。死了以后呢，那个老年人就来了，（原来是）他的媳妇，他们三个又成一家了。

2.7 日常生活

ŋa³³de	a⁵³mi³¹	tsʰo³³ɕa⁵³	la³³	ŋa³³de	mu⁵³ka³¹	la³³
ŋa³³-de	a⁵³mi³¹	tsʰo³³ɕa⁵³	la³³	ŋa³³-de	mu⁵³ka³¹	la³³
我-PL	现在	空闲	CS	我-PL	老	CS

我们现在空闲了，我们年龄大了，

ŋa³³de	ja³³kʰe	be³¹la³³	i	ma⁵³	be³¹la³³	la³³
ŋa³³-de	ja³³kʰe	be³¹la³³	i	ma⁵³	be³¹la³³	la³³
我-PL	家里	劳动	GEN	NEG	劳动	CS

我们不劳动了。

ŋa³³	xe³³	ne	be³¹la³³	a⁵³mi³¹	mu⁵³ka³¹	la³³	ma⁵³	be³¹la³³
ŋa³³	xe³³	ne	be³¹la³³	a⁵³mi³¹	mu⁵³ka³¹	la³³	ma⁵³	be³¹la³³
我	先	TOP	劳动	现在	老	CS	NEG	劳动

以前劳动，现在老了就不劳动了，

ja³³kʰe	dʒa²²	ɕa³¹	dʒa²²	tsu⁵³	ɕa²²	la³³
ja³³kʰe	dʒa²²	ɕa³¹	dʒa²²	tsu⁵³	ɕa³¹	la³³

家里　　　早饭　　做　　　早饭　　点　　做　　　CS
在家里做早饭，做点早饭，

ji³³na³³	tsu⁵³	ji³³	kʰe²²	la	vo³¹tɕʰa³³	tsu⁵³	kʰe²²	la³³
ji³³na³³	tsu⁵³	ji³³	kʰe²²	la	vo³¹tɕʰa³³	tsu⁵³	kʰe²²	la³³
菜	点	去	拿	CS	猪食	点	拿	CS

买点菜，拿点猪食，

ja³³kʰe	ne	vo³¹	to²²	da⁵³	ɕo³³ɕo³³
ja³³kʰe	ne	vo³¹	to²²	da⁵³	ɕo³³-ɕo³³
家里	TOP	猪	喂	地	擦-擦

在家里喂猪、扫地。

ŋa³³de	tɕəu	a⁵³mi³¹	le	ŋa³³de	tɕi³³	ka³³	ni³³	tsu⁵³	ɕa²²
ŋa³³-de	tɕəu	a⁵³mi³¹	le	ŋa³³-de	tɕi³³	ka³³	ni³³	tsu⁵³	ɕa²²
我-PL	就	现在	TOP	我-PL	一	样子	有	点	做

我们现在都是做些一样的（事情）。

tɕi³³	ka³³	ni³³	tsu⁵³	mi³¹	ɕa²²	la³³	dʒa²²	mi³¹ba⁵³	la
tɕi³³	ka³³	ni³³	tsu⁵³	mi³¹	ɕa²²	la³³	dʒa²²	mi³¹-ba⁵³	la
一	样子	有	点	火	做	CS	早饭	PFV-喝	CS

都是一样的，生火，吃早饭，吃了早饭，

tɕəu	dʒo³³	ɕa²²	dʒo³³	mi³¹ba⁵³	la³³	tɕəu	tɕʰa⁵³	ɕa²²
tɕəu	dʒo³³	ɕa²²	dʒo³³	mi³¹-ba⁵³	la³³	tɕəu	tɕʰa⁵³	ɕa²²
就	午饭	做	午饭	PFV-喝	CS	就	晚饭	做

就煮中午饭，中午饭吃完了就煮晚饭，

tɕʰa⁵³	ɕa²²	la³³	mi³¹ba⁵³	la³³	tɕəu	dʒa²²dʒa³³	ŋa³³de	tɕəu
tɕʰa⁵³	ɕa²²	la³³	mi³¹-ba⁵³	la³³	tɕəu	dʒa²²-dʒa³³	ŋa³³-de	tɕəu
晚饭	做	CS	PFV-喝	CS	就	玩-玩	我-PL	就

吃完了晚饭就要，我们就要一下，

dʐa²²dʐa³³ va³³pʰo⁵³ ji³³ jo²²pʰo³³ bo⁵³ i tʰe³³ ke

dʐa²²-dʐa³³ va³³pʰo⁵³ ji³³ jo²²pʰo³³ bo⁵³ i tʰe³³ ke

玩-玩 外面 去 朋友 拥有 GEN 那 LOC

到外面有朋友的地方那里去玩一下，

ji³³ dʐa²²dʐa³³ tɕi⁵³ dʐa²²dʐa³³ çe⁵³ la³¹ le iəu la³¹ la³³ le

ji³³ dʐa²²-dʐa³³ tɕi⁵³ dʐa²²-dʐa³³ çe⁵³ la³¹ le iəu la³¹ la³³ le

去 玩-玩 一 玩-玩 TNT 来 TOP 又 来 CS TOP

玩一下就回来了。

dʒa²² ça²² la me³¹kʰa³³ du⁵³ le me³¹kʰa³³ du⁵³ le

dʒa²² ça²² la me³¹kʰa³³ du⁵³ le me³¹kʰa³³ du⁵³ le

早饭 做 CS 天黑 完 TOP 天黑 完 TOP

做早餐，天黑了，天黑了。

ko³¹ le ŋa³³de va³³pʰo⁵³ ji³³ tɕi⁵³ dʐa²²dʐa³³ çe⁵³ ma⁵³ ko³¹

go³¹ le ŋa³³-de va³³pʰo⁵³ ji³³ tɕi⁵³ dʐa²²-dʐa³³ çe⁵³ ma⁵³ go³¹

冷 TOP 我-PL 外面 去 一 玩-玩 TNT NEG 冷

不冷的时候，我们就到外面去玩一下，冷的时候，

ŋa³³ tɕəu ja³³kʰe mi³¹ tɕi⁵³ tɕʰa³¹ çe⁵³

ŋa³³ tɕəu ja³³kʰe mi³¹ tɕi⁵³ tɕʰa³¹ çe⁵³

我 就 家里 火 一 烤 TNT

就在家里烤一下火。

ʃɯ⁵³ ne mi⁵³do³³ la³³ iəu²¹ ve⁵³dʐi³³ la³³

ʃɯ⁵³ ne mi⁵³do³³ la³³ iəu²¹ ve⁵³dʐi³³ la³³

早晨 TOP 天亮 CS 又 起来 CS

早晨呢，天亮的时候又起来了。

ve⁵³dʐi³³ la³³ iəu²¹ dʒa²² ça²² la³³ dʒa²² ça²² ne

ve⁵³dʐi³³ la³³ iəu²¹ dʒa²² ça²² la³³ dʒa²² ça²² ne

起来 CS 又 早饭 做 CS 早饭 做 TOP

起来了又做早饭，做早饭呢。

xo³³tɕa³³	xo³³tɕa³³	be⁵³	u³¹ɕa²²	ne	ja²²ka³³
xo³³tɕa³³	xo³³tɕa³³	be⁵³	u³¹-ɕa²²	ne	ja²²ka³³
什么	什么	PL.N-ANM	PFV-做	TOP	全部

什么，什么事都做好了，全部

be³¹la³³	ɕu³³	la³¹	la³³	le	xe³³	ja⁵³	ʃə	mə	dʒa²²	ba⁵³	o
be³¹la³³	ɕu³³	la³¹	la³³	le	xe³³	ja⁵³	ʃə	mə	dʒa²²	ba⁵³	o
劳动	人	来	CS	TOP	先	睡	是	嘛	早饭	喝	ITRJ

劳动的人来了，先吃早饭，

dʒa²²	mi³¹ba⁵³	la³³	le	ŋa³³de	iəu²¹	vo³¹tɕʰa³³	kʰe²²	ji³³
dʒa²²	mi³¹-ba⁵³	la³³	le	ŋa³³-de	iəu²¹	vo³¹tɕʰa³³	kʰe²²	ji³³
早饭	PFV-喝	CS	TOP	我-PL	又	猪食	拿	去

吃了早饭，我又去喂猪，

la³³	ji³³na³³	kʰe²²	ji³³	la³³
la³³	ji³³na³³	kʰe²²	ji³³	la³³
CS	菜	拿	去	CS

去买菜，

da⁵³	ko	ji³³	tɕi³³	njo³³njo³³	ɕe⁵³	la³³
da⁵³	ko	ji³³	tɕi³³	njo³³-njo³³	ɕe⁵³	la³³
地	LOC	去	一	看-看	TNT	CS

到田地里去看一下，

no³³	tɕi³³	njo³³njo³³	ɕe⁵³	da⁵³	ko	tɕi³³	njo³³njo³³	ɕe⁵³	la³³
no³³	tɕi³³	njo³³-njo³³	ɕe⁵³	da⁵³	ko	tɕi³³	njo³³-njo³³	ɕe⁵³	la³³
你	一	看-看	TNT	地	LOC	一	看-看	TNT	CS

到田地里去看一下，看了一下又回家。

ja³³kʰe	la³¹	jo²²pʰo³³	dʐo³³ɕu	ke⁵³	tɕi⁵³	dʑa²²dʑa³³	ɕe⁵³	la

ja³³kʰe　la³¹　jo²²pʰo³³　dʐo³³-ɕu　ke⁵³　tɕi⁵³　dʐa²²-dʐa³³　ɕe⁵³　la
家里　　来　　朋友　　　存在-者　　LOC　一　　玩-玩　　　TNT　　CS

回到家，有朋友来就玩一下。

iəu²¹　la³¹　ɕe⁵³　ta²²　la³³　ɕe⁵³　ta²²　la　iəu²¹　dʐa²²　ɕa²²　la
iəu²¹　la³¹　ɕe⁵³　ta²²　la³³　ɕe⁵³　ta²²　la　iəu²¹　dʐa²²　ɕa²²　la
又　　来　　TNT　烧　　CS　　树　　烧　　CS　又　　早饭　　做　　CS

又回来生火，生了火又做早饭。

dʐa²²　ɕa²²　la　mi³¹ba⁵³　la　ŋa³³　i　tsʰo³³　pu
dʐa²²　ɕa²²　la　mi³¹-ba⁵³　la　ŋa³³　i　tsʰo³³　bu
早饭　　做　　CS　PFV-喝　　CS　我　GEN　人　　PL.ANM

吃完了早饭，我们家的人

i²²tɕa³³　pu　ji³³tʰu³³　pu　na³³pu³³　la³¹　la³³　mi³¹dʑi³¹　la
i²²tɕa³³　bu　ji³³tʰu³³　pu　na³³pu³³　la³¹　la³³　mi³¹-dʑi³¹　la
孩子　　PL.ANM　孙子　　PL.ANM　丈夫　　来　　CS　吃　　　　CS

孩子们、孙子们、丈夫回来了，吃了饭了，

me³¹kʰa³³　la　ŋa³³de　tɕəu　ja³³kʰe　ni³¹　ji³³　la
me³¹kʰa³³　la　ŋa³³-de　tɕəu　ja³³kʰe　ni³¹　ji³³　la
天黑　　　CS　我-PL　就　　家里　　坐　　去　　CS

天黑了，我们就坐在家里。

　　我们现在空闲了，年龄大了，不劳动了。以前劳动，现在老了就不劳动了，在家里做早饭，买点菜，在家里喂猪扫地。我们现在都是做些一样的（事情）。生火，吃早饭，吃了早饭，就煮中午饭，中午饭吃完了就煮晚饭，吃完了晚饭就耍一下。到外面有朋友的地方那里去玩一下。玩一下就回来了。冷的时候，就在家里烤一下火，不冷的时候，我们就到外面去玩一下。天亮的时候又起来了，又做早饭，做早饭呢什么的。什么事都做好了。劳动的人来了，先吃早饭，吃了早饭，我又去喂猪，去买菜，（再）到田地里去看一下，到田地里看一下后又回家。回到家，有朋友来就玩一下。又回来生火，生了火又做早饭，吃完了早饭，我们家的人，孩子们、孙子们、丈夫回来了，吃了饭，天黑了，我们就坐在家里。

2.8 教多续语

do³³ɕu³³ na³¹ kʰa³³tʰo³³ dʑe³¹na³¹ tʰa³¹ kʰa³³tʰo³³ la³³
do³³ɕu³³ na³¹ kʰa³³tʰo³³ dʑe³¹-na³¹ tʰa³¹ kʰa³³tʰo³³ la³³
多续藏族 语言 说 汉族-语言 PROH 说 CS

（我们现在录音的时候，要）说多续语，不要说汉语。

ŋa³³ tɕa⁵³ no³³ ŋa³³de ma²²ma⁵³ do³³ɕu³³ na³¹ ma²²ma⁵³
ŋa³³ tɕa⁵³ no³³ ŋa³³-de ma²²ma⁵³ do³³ɕu³³ na³¹ ma²²ma⁵³
我 TOP 你 我-PL 教 多续藏族 语言 教

我呢，我们教多续语，

do³³ɕu³³ na³¹ ma²²ma⁵³ do³³ɕu³³ i dʒə³³dʑi³³ so²²
do³³ɕu³³ na³¹ ma²²ma⁵³ do³³ɕu³³ i dʒə³³dʑi³³ so²²
多续藏族 语言 教 多续藏族 GEN 文字 学

教多续语，学习多续文字。

ma²²ma⁵³ so³¹nu⁵³ tɕa⁵³ do³³ɕu³³ bu tɕi³³ ka³³ dʒə³³dʑi³³
ma²²ma⁵³ so³¹nu⁵³ tɕa⁵³ do³³ɕu³³ bu tɕi³³ ka³³ dʒə³³dʑi³³
教 第二天 TOP 多续藏族 PL.ANM 一 家 文字

将来多续人一起学习。

so²² ja³¹tɕi³¹ ma⁵³ se²² la³³
so²² ja³¹tɕi³¹ ma⁵³ se²² la³³
学 怎么 NEG 知道 CS

（我）有点不知道了（说什么），

ge²² la³³ tɕa⁵³ se²² ma⁵³ ge²² tɕa⁵³ ma⁵³ se²²
ge²² la³³ tɕa⁵³ se²² ma⁵³ ge²² tɕa⁵³ ma⁵³ se²²
听见 CS TOP 知道 NEG 听见 TOP NEG 知道

听到过的东西，我就……不知道，没有听到过的，就不知道。

ja³³kʰe nje³³kʰa³³ me³³ da⁵³ lje³³ da⁵³ tɕe²² i³³me³³ tje³¹

ja³³kʰe	nje³³kʰa³³	me³³	da⁵³	lje³³	da⁵³	tɕe²²	i³³me³³	tje³¹
家里	活路	做	地	种	地	挖	玉米	点

（我）家里干活，种地，挖地，种玉米。

i³³me³³	tje³¹	du⁵³	la	ja³³kʰe³³	la³¹…	ja³³kʰe	la³¹
i³³me³³	tje³¹	du⁵³	la	ja³³kʰe³³	la³¹	ja³³kʰe	la³¹
玉米	点	完	CS	家里	来	家里	来

玉米种完了，就回家，回家呢，

no³³	xaiʃə	do³³ɕu³³	na³¹	me³³	ŋe²²	pə
no³³	xaiʃə	do³³ɕu³³	na³¹	me³³	ŋe²²	pə
你	还是	多续藏族	语言	做	说	吧

你还是用多续语说。

do³³ɕu³³	na³¹	me³³	tɕi⁵³	ŋe²²	ɕe⁵³	mə	ni³³de	tɕi⁵³	ma²²ma⁵³
do³³ɕu³³	na³¹	me³³	tɕi⁵³	ŋe²²	ɕe⁵³	mə	ni³³-de	tɕi⁵³	ma²²ma⁵³
多续藏族	语言	做	一	说	TNT	嘛	你-PL	一	教

用多续语说一下，教你们一下，

ɕe⁵³	tɕi⁵³	ma²²ma⁵³	ɕe⁵³
ɕe⁵³	tɕi⁵³	ma²²ma⁵³	ɕe⁵³
TNT	一	教	TNT

教一下。

a³³za³³	me³³	kʰa³³tʰo³³	ŋa³³de	a³³za³³	me³³	kʰa³³tʰo³³	la
a³³za³³	me³³	kʰa³³tʰo³³	ŋa³³-de	a³³za³³	me³³	kʰa³³tʰo³³	la.
慢慢	做	说	我-PL	慢慢	做	说	CS

慢慢地说，我们慢慢地说。

　　说多续语，（我们现在录音的时候，要）说多续语，不要说汉语。我们教多续语，学习多续文字。将来多续人一起学习。（我）有点不知道了（说什么）。听到过的东西，我就……不知道，没有听到过的，就不知道。（我在）家里干活，种地，挖地，种玉米。玉米种完了，就回家，回到家呢，你还是用多续语说。用多续语说一下，教你们一下，教一下。慢慢地说，我们慢地说。

2.9 伍荣福回忆

ŋa³³ tɕəuʃə tɕi³³ kʰe³³ tɕi³³ kʰe³³ me³³ ŋe²²
ŋa³³ tɕəuʃə tɕi³³ kʰe³³ tɕi³³ kʰe³³ me³³ ŋe²²
我 就是 一 句 一 句 做 说
我就是一句一句地来说，

xao⁵³ɕiaŋ²¹ tɕi²¹ɕiŋ²¹³ iəu⁵³ tjɛn⁵³ pu²¹ tʰai²¹³ xao⁵³ ma⁵³tɕa²²
xao⁵³ɕiaŋ²¹ tɕi²¹ɕiŋ²¹³ iəu⁵³ tjɛn⁵³ pu²¹ tʰai²¹³ xao⁵³ ma⁵³tɕa²²
好像 记性 有 点 不 太 好 打工

ɕu³³ i ve³³ me³³
ɕu³³ i ve³³ me³³
人 GEN 奴仆 做
我好像记性有点不太好。做工，给别人做佣人

tɕʰe⁵³pu³¹ go²²tɕi³³ a³³ dʑi³¹lju³¹ ma³¹ bo⁵³ la ja³³kʰe
tɕʰe⁵³pu³¹ go²²tɕi³³ a³³ dʑi³¹-lju³¹ ma³¹ bo⁵³ la ja³³kʰe
年龄 小 个 吃-NMLZ NEG 拥有 CS 家里
小时候，没有吃的，家里

dʑi³¹lju³¹ ma³¹ bo⁵³ tɕa⁵³ ɕu³³ i ma⁵³tɕa²²
dʑi³¹-lju³¹ ma³¹ bo⁵³ tɕa⁵³ ɕu³³ i ma⁵³tɕa²²
吃-NMLZ NEG 拥有 TOP 人 GEN 打工
没有吃的，就给别人打工。

tʰi³³ xa⁵³ go²²tɕi³³ ŋa³³ tɕʰe⁵³pu³¹ go²²tɕi³³ a³³ba³³ mi³¹sə³³ka³³
tʰi³³ xa⁵³ go²²tɕi³³ ŋa³³ tɕʰe⁵³pu³¹ go²²tɕi³³ a³³ba³³ mi³¹-sə³³ka³³
那 时候 小 我 年龄 小 父亲 PFV-死
那时候我小啊，我小时候父亲就死了，

a³³ma³³	ŋa²²	ʐu³³	a³³ma³³	ŋa²²	ʐu³³	ne	a⁵³mi³¹
a³³ma³³	ŋa²²	ʐu³³	a³³ma³³	ŋa²²	ʐu³³	ne	a⁵³mi³¹
母亲	我.DAT	养活	母亲	我.DAT	养活	TOP	现在

母亲养我，母亲养我呢，现在

mu⁵³ka³¹	la	lə	mə	mu⁵³ka³¹	la
mu⁵³ka³¹	la	lə	mə	mu⁵³ka³¹	la
老	CS	了	嘛	老	CS

（我）老了嘛，老了，

mu⁵³ka³¹	la	a⁵³mi³¹	a³³ma³³	mi³¹sə³³ka³³	la³³
mu⁵³ka³¹	la	a⁵³mi³¹	a³³ma³³	mi³¹-sə³³ka³³	la³³
老	CS	现在	母亲	PFV-死	CS

老了，现在母亲死了。

tɕi³³	kʰe³³	tɕi³³	kʰe³³	me³³	tʰe³³	ke	pa⁵³	ma⁵³	pʰa³¹	la³³
tɕi³³	kʰe³³	tɕi³³	kʰe³³	me³³	tʰe³³	ke	pa⁵³	ma⁵³	pʰa³¹	la³³
一	句	一	句	做	那	LOC	到达	NEG	能	CS

pa⁵³	ma⁵³	pʰa³¹	la³³
pa⁵³	ma⁵³	pʰa³¹	la³³
到达	NEG	能	CS

一句一句地说，到不了那里，到不了。

a³³ma³³	mi³¹sə³³ka³³	a⁵³mi³¹	ŋa³³	ja³³me³³	i²²tɕa³³	bu···
a³³ma³³	mi³¹-sə³³ka³³	a⁵³mi³¹	ŋa³³	ja³³me³³	i²²tɕa³³	bu
母亲	PFV-死	现在	我	当家	孩子	PL.ANM

母亲死了，现在我当家了，孩子们……

ŋa³³de	i²²tɕa³³	za³³mi³³	ni⁵³	a³³	dʐo³³
ŋa³³-de	i²²tɕa³³	za³³mi³³	ni⁵³	a³³	dʐo³³
我-PL	孩子	女儿	二	个	存在

我们的儿子呢（是没有的），有两个女儿。

za³³mi³³　ni⁵³　a³³　dʐo³³　　no⁵³pʰo⁵³　fu³³　la³¹　la³³
za³³mi³³　ni⁵³　a³³　dʐo³³　　no⁵³-pʰo⁵³　fu³³　la³¹　la³³
女儿　　二　个　存在　　外-边　　领　来　CS
有两个女儿，嫁到外面去了。

a⁵³mi³¹　i³³tʰu³³　ŋo³¹　a³³　dʐo³³　a⁵³mi³¹　tɕi³³　ka³³　dʐo³³
a⁵³mi³¹　i³³tʰu³³　ŋo³¹　a³³　dʐo³³　a⁵³mi³¹　tɕi³³　ka³³　dʐo³³
现在　孙子　五　个　存在　现在　一　家　存在
现在有五个孙子，我们现在住在一起。

a³³me³³　dʐo³³　ŋo³¹　a³³　la³³　i³³tʰu³³　ŋo³¹　a³³
a³³me³³　dʐo³³　ŋo³¹　a³³　la³³　i³³tʰu³³　ŋo³¹　a³³
啊哟　存在　五　个　CS　孙子　五　个
（孙子）啊哟，有啊，有五个孙子，五个孙子。

i²²tɕa³³　ma³¹　sə³³ka³³　o　i²²tɕa³³　ma³¹　dʐo³³
i²²tɕa³³　ma³¹　sə³³ka³³　o　i²²tɕa³³　ma³¹　dʐo³³
孩子　NEG　死　ITRJ　孩子　NEG　存在
儿子不是死了，是没有儿子。

za³³mi³³　fu³³　ʃə³³　la³¹　la³³　a⁵³mi³¹　tɕa⁵³　tʰe³³　me³³　ja³³me³³　o
za³³mi³³　fu³³　ʃə³³　la³¹　la³³　a⁵³mi³¹　tɕa⁵³　tʰe³³　me³³　ja³³me³³　o
女儿　领　拿　来　CS　现在　TOP　那　做　当家　ITRJ
女儿嫁人了，现在成家了。

ŋa³³　ʃə　ja³¹tɕi³¹　kʰa³³tʰo³³　ma⁵³　dʐo³¹　la³³
ŋa³³　ʃə　ja³¹tɕi³¹　kʰa³³tʰo³³　ma⁵³　dʐo³¹　la³³
我　是　怎么　说　NEG　会　CS
我就不怎么会说话

ja²²nje³³　xe⁵³nje³³　ve³³　me³³　la³³　ɕu³³　i　ma⁵³tɕa²²　pə
ja²²nje³³　xe⁵³nje³³　ve³³　me³³　la³³　ɕu³³　i　ma⁵³tɕa²²　pə

去年　　　前年　　　奴仆　　做　　CS　　人　　GEN　　打工　　吧
以前做佣人，给别人做工。

tʰi³³	xa⁵³	dʑi³¹lju³¹	ma³¹	bo⁵³	a⁵³mi³¹	dʑi³¹lju³¹	bo⁵³	la

tʰi³³　xa⁵³　dʑi³¹-lju³¹　ma³¹　bo⁵³　a⁵³mi³¹　dʑi³¹-lju³¹　bo⁵³　la
那　　时候　　吃-NMLZ　　NEG　拥有　现在　　吃-NMLZ　拥有　CS
那时候没有吃的，现在就有了。

xe³³　ja³³　ʒu⁵³ja³³　tsʰu²²　ja⁵³no³¹…
xe³³　ja³³　ʒu⁵³-ja³³　tsʰu²²　ja⁵³no³¹
先　房屋　草-房屋　修　　后面
以前（我们的）房子，就是住的草房，后来呢，

ja⁵³no³¹　ŋgo³³lje³³　ja³³　tɕi³³　tsʰu²²　izo
ja⁵³no³¹　ŋgo³³lje³³　ja³³　tɕi³³　tsʰu²²　izo
后面　瓦　房屋　一　修　PROG
就修了一栋瓦房。

ja³³　kʰa⁵³　ma⁵³　tsʰu²²　ŋgo³³lje³³ja³³　tsʰu²²
ja³³　kʰa⁵³　ma⁵³　tsʰu²²　ŋgo³³lje³³-ja³³　tsʰu²²
房屋　大　NEG　修　瓦-房屋　修
没有修大的房子，就是修了一栋瓦房。

ta³³li⁵³　ma³¹　bo⁵³　la　la⁵³lo³¹　me³³　kʰa³³tʰo³³
ta³³li⁵³　ma³¹　bo⁵³　la　la⁵³lo³¹　me³³　kʰa³³tʰo³³
其他　NEG　拥有　CS　闲　做　说
其他的没有什么，就是闲聊。

　　我就是一句一句地来说，我好像记性有点不太好（汉语）。（我以前）做工，给别人做佣人。小时候，家里呢，没有吃的，就给别人打工。那时候我小啊，我小时候父亲死了，母亲养我。现在呢，（我）老了嘛，母亲死了。一句一句地说。到不了那里。母亲死了，现在我当家了，孩子们呢，有两个女儿，嫁到外面去了。现在有五个孙子，我们现在住在一起。（孙子）啊哟，有啊，有五个孙子。儿子不是死了，是没有儿子。女儿

嫁人了，现在成家了。我就不怎么会说话。以前做佣人，给别人做工。那时候没有吃的，现在就有了。以前（我们的）房子，就是住的草房。后来呢，就修了一栋瓦房。没有修大的房子，就是修了一栋瓦房，其他的没有什么，就是闲聊。

2.10 狼和喜鹊

tɕi³³	ne³³	tʰe³³	ʑe²²pʰu⁵³	xo	tʃʰa⁵³tʃʰa³¹	ʒu⁵³ʒu³¹	la
tɕi³³	ne³³	tʰe³³	ʑe²²pʰu⁵³	xo	tʃʰa⁵³tʃʰa³¹	ʒu⁵³ʒu³¹	la
一	天	那	狼	和	喜鹊	遇见-遇见	CS

有一天一只狼和一个喜鹊碰到了。

tʰe³³	ʑe²²pʰu⁵³	tɕa⁵³	tʰe³³	tʃʰa⁵³tʃʰa³¹	dʑi³¹	pa³¹tʃe³³	tɕa⁵³
tʰe³³	ʑe²²pʰu⁵³	tɕa⁵³	tʰe³³	tʃʰa⁵³tʃʰa³¹	dʑi³¹	pa³¹tʃe³³	tɕa⁵³
那	狼	TOP	那	喜鹊	吃	想要	TOP

那只狼想吃那只喜鹊。

do³¹	nja⁵³	tʰe³³	tʃʰa⁵³tʃʰa³¹	pʰo⁵³	ŋe²²
do³¹	nja⁵³	tʰe³³	tʃʰa⁵³tʃʰa³¹	pʰo⁵³	ŋe²²
话	强壮	那	喜鹊	边	说

（狼）很会说话，对那只喜鹊说。

ŋa³³	na²²	pʰo⁵³	ŋe²²	ŋa³³	do³³pʰa³³	va²²nja³³	i	va²²nja³³
ŋa³³	na²²	pʰo⁵³	ŋe²²	ŋa³³	do³³pʰa³³	va²²nja³³	i	va²²nja³³
我	你.DAT	边	说	我	肚子	饿	GEN	饿

我跟你说，我肚子很饿，

no³³	zu²²gu³³	tsu⁵³	lja²²lja⁵³	ʃə³³	la	ŋa³³	dʑi³¹	ma³¹
no³³	zu²²gu³³	tsu⁵³	lja²²-lja⁵³	ʃə³³	la	ŋa³³	dʑi³¹	ma³¹
你	东西	点	寻找-寻找	拿	CS	我	吃	NEG

你找点东西给我吃，

dʑi⁵³	ŋa³³	na²²	mi³¹dʑi³¹	o
dʑi⁵³	ŋa³³	na²²	mi³¹-dʑi³¹	o

是　　　我　　　你.DAT　　PFV-吃　　　ITRJ

不然的话，我就把你吃了。

t^he^{33}	$t\int^ha^{53}t\int^ha^{31}$	$t\varepsilon a^{53}$	$de^{22}mje^{33}$	t^he^{33}	$nje^{22}ma^{53}$	ma^{31}	dje^{53}	i
t^he^{33}	$t\int^ha^{53}t\int^ha^{31}$	$t\varepsilon a^{53}$	$de^{22}mje^{33}$	t^he^{33}	$nje^{22}ma^{53}$	ma^{31}	dje^{53}	i
那	喜鹊	TOP	想	那	心脏	NEG	好	GEN

那只喜鹊就想，那只狼心不好。

$\zeta e^{22}p^hu^{53}$	t^he^{33}	$t\int^ha^{53}t\int^ha^{31}$	$t\varepsilon a^{53}$	$\zeta e^{22}p^hu^{53}$	p^ho^{53}	ηe^{22}
$\zeta e^{22}p^hu^{53}$	t^he^{33}	$t\int^ha^{53}t\int^ha^{31}$	$t\varepsilon a^{53}$	$\zeta e^{22}p^hu^{53}$	p^ho^{53}	ηe^{22}
狼	那	喜鹊	TOP	狼	边	说

那只喜鹊就对狼说。

t^he^{33}	$d\zeta e^{22}du^{33}p^ho^{53}$	bu	t^he^{33}	ke	vu^{53}	me^{33}	o
t^he^{33}	$d\zeta e^{22}du^{33}$-p^ho^{53}	bu	t^he^{33}	ke	vu^{53}	me^{33}	o
那	边上-边	PL.ANM	那	LOC	酒	做	ITRJ

附近寨子里的人在办酒席，

$d\zeta e^{22}du^{33}$	pu^{31}	ke^{53}	vu^{53}	me^{33}	o	no^{33}	t^he^{33}	ke	ji^{33}	mə
$d\zeta e^{22}du^{33}$	pu^{31}	ke^{53}	vu^{53}	me^{33}	o	no^{33}	t^he^{33}	ke	ji^{33}	mə
边上	村寨	LOC	酒	做	ITRJ	你	那	LOC	去	嘛

附近寨子里的人在办酒席，你到那里去吧。

$t\varepsilon i^{33}$	t^hu^{53}	du^{53}	la	t^he^{33}	$a^{33}ma^{33}$	$mu^{53}ka^{31}ma^{33}$	$za^{33}mi^{33}$	$i^{22}t\varepsilon a^{33}$
$t\varepsilon i^{33}$	t^hu^{53}	du^{53}	la	t^he^{33}	$a^{33}ma^{33}$	$mu^{53}ka^{31}$-ma^{33}	$za^{33}mi^{33}$	$i^{22}t\varepsilon a^{33}$
一	时刻	完	CS	那	母亲	老-母	女儿	孩子

不一会儿，那个老太婆和女儿

ni^{53}	a^{33}	ku	$\textyogh o^{31}$	tsu^{53}	$to^{53}to^{31}$	ke^{33}	ke	$d\textyogh i^{31}la^{31}$	ji^{33}
ni^{53}	a^{33}	ku	$\textyogh o^{31}$	tsu^{53}	to^{53}-to^{31}	ke^{33}	ke	$d\textyogh i^{31}la^{31}$	ji^{33}
二	个	位	饭	点	抱-抱	这	LOC	进来	去

两个带着点米饭要到这里来。

pa³¹tʃe³³	tɕi³³	tʰu⁵³	ke³³	ke	tɕi³³	lo⁵³	ɕe⁵³
pa³¹tʃe³³	tɕi³³	tʰu⁵³	ke³³	ke	tɕi³³	lo⁵³	ɕe⁵³
想要	一	时刻	这	LOC	一	等	TNT

（我们就）在这里等一下。

ŋa³³	tɕa⁵³	tʰa⁵³tɕʰu³³	me³³	ʁa³³ma³³	ka	tʰo⁵³	dʑi³¹lju³¹	lja²²lja⁵³
ŋa³³	tɕa⁵³	tʰa⁵³tɕʰu³³	me³³	va³³ma³³	ka	tʰo⁵³	dʑi³¹-lju³¹	lja²²-lja⁵³
我	TOP	悄悄	做	路	条	之上	吃-NMLZ	寻找-寻找

我呢就假装在路上找吃的。

tʰe³³	bu	tɕa⁵³	tʰa²²	do³³	ne	tʰe³³	ke	lja²²lja⁵³	dʑi
tʰe³³	bu	tɕa⁵³	tʰa²²	do³³	ne	tʰe³³	ke	lja²²-lja⁵³	dʑi
那	PL.ANM	TOP	他.DAT	看见	TOP	那	LOC	寻找-寻找	是

她们看到（我）在那里找吃的，

tʰe³³	ʁa³³ma³³	ko⁵³	ja²²ka³³	bu	tɕa⁵³	tʰe³³	da⁵³	tʰo³¹	u³¹-tɕi³³
tʰe³³	va³³ma³³	ko⁵³	ja²²ka³³	bu	tɕa⁵³	tʰe³³	da⁵³	tʰo³¹	u³¹-tɕi³³
那	路	LOC	全部	PL.ANM	TOP	那	地	之上	PFV-放

就要把吃的东西放在地上。

la³³	ŋa³³	tʰe³³	bu	tɕa⁵³	fu³³	tsa³³	ji³³	dʑe²²du³³pʰo⁵³	ke	ji³³
la³³	ŋa³³	tʰe³³	bu	tɕa⁵³	fu³³	tsa³³	ji³³	dʑe²²du³³-pʰo⁵³	ke	ji³³
CS	我	那	PL.ANM	TOP	领	带	去	边上-边	LOC	去

我就把她们引开，带到路边上去。

la³³	no³³	tɕa⁵³	ja⁵³no³¹	jo²²	me³³	jo²²	me³³	dʑi³¹	la³¹
la³³	no³³	tɕa⁵³	ja⁵³no³¹	jo²²	me³³	jo²²	me³³	dʑi³¹	la³¹
CS	你	TOP	后面	快	做	快	做	吃	来

这时候，你就赶快来吃。

tɕi³³	tʰu⁵³	du⁵³	la	ŋa³³	ŋe²²ba³³	tɕi³³	tsu⁵³	u³¹ʃə³³	o
tɕi³³	tʰu⁵³	du⁵³	la	ŋa³³	ŋe²²-ba³³	tɕi³³	tsu⁵³	u³¹-ʃə³³	o
一	时刻	完	CS	我	我.GEN-边	一	点	PFV-拿	ITRJ

过了一会儿说，你要给我留一点。

ŋa³³	va²²nja³³	la³³	tʰe³³	ʑe²²pʰu⁵³	tɕa⁵³	tʰa²²	pʰo⁵³	tɕi⁵³	ŋe²²
ŋa³³	va²²nja³³	la³³	tʰe³³	ʑe²²pʰu⁵³	tɕa⁵³	tʰa²²	pʰo⁵³	tɕi⁵³	ŋe²²
我	饿	CS	那	狼	TOP	他.DAT	边	一	说

ɕe⁵³	la
ɕe⁵³	la
TNT	CS

我也饿了。喜鹊就这么对狼说了。

tɕi³³	tʰu⁵³	du⁵³	la
tɕi³³	tʰu⁵³	du⁵³	la
一	时刻	完	CS

过了一会儿

tɕi³³	tʰu⁵³	du⁵³	la	tʰe³³	a³³ma³³	za³³mi³³	a³³ma³³	pu	ʐo³¹
tɕi³³	tʰu⁵³	du⁵³	la	tʰe³³	a³³ma³³	za³³mi³³	a³³ma³³	pu	ʐo³¹
一	时刻	完	CS	那	母亲	女儿	母亲	只	饭

be	to⁵³to³¹	tʃʰu⁵³	la³¹	la³³
be	to⁵³-to³¹	tʃʰu⁵³	la³¹	la³³
PL.N-ANM	抱-抱	出来	来	CS

一会儿，有个老太婆和一个小娃娃端着一些饭走过来了。

tʰe³³	tʃʰa⁵³tʃʰa³¹	tɕa⁵³	ɕe⁵³pu³¹	ja⁵³no³¹	pʰo⁵³	u³¹dʑa³¹	la
tʰe³³	tʃʰa⁵³tʃʰa³¹	tɕa⁵³	ɕe⁵³pu³¹	ja⁵³no³¹	pʰo⁵³	u³¹-dʑa³¹	la
那	喜鹊	TOP	树	后面	边	PFV-站	CS

喜鹊就让狼躲在树背后，

tʰe³³	dʑe²²du³³	tɕʰu⁵³	ne	dʑe²²du³³pʰo⁵³	ke	tɕʰu⁵³	ʃə	tʃʰu⁵³
tʰe³³	dʑe²²du³³	tɕʰu⁵³	ne	dʑe²²du³³-pʰo⁵³	ke	tɕʰu⁵³	ʃə	tʃʰu⁵³
那	边上	跳	TOP	边上	LOC	跳	是	出来

i tɕʰu⁵³ ʃə tʃʰu⁵³ la
i tɕʰu⁵³ ʃə tʃʰu⁵³ la
GEN 跳 是 出来 CS

自己跳到路上，跳过去跳过来，跳过去跳过来，

tʰe³³ tɕa⁵³ ʁa³³ma³³ tʰe³³ ʁa³³ma³³ ka tʰo⁵³ dʑi³¹lju³¹ lja²²lja⁵³
tʰe³³ tɕa⁵³ va³³ma³³ tʰe³³ va³³ma³³ ka tʰo⁵³ dʑi³¹-lju³¹ lja²²-lja⁵³
那 TOP 路 那 路 条 之上 吃-NMLZ 寻找

ka³³ ni³³
ka³³ ni³³
样子 有

假装在马路上找吃的。

tʰe³³ a³³ma³³ tʰe³³ za³³mi³³ pu tɕa⁵³ ŋa³³ tʃʰa⁵³tʃʰa³¹ xuŋ³³ ŋa³³
tʰe³³ a³³ma³³ tʰe³³ za³³mi³³ pu tɕa⁵³ ŋa³³ tʃʰa⁵³tʃʰa³¹ xuŋ³³ ŋa³³
那 母亲 那 女儿 只 TOP 我 喜鹊 要 我

tʃʰa⁵³tʃʰa³¹ xuŋ³³
tʃʰa⁵³tʃʰa³¹ xuŋ³³
喜鹊 要

那个小姑娘就说，我要喜鹊我要喜鹊。

tʰe³³ a³³ma³³ pu³¹ tɕa⁵³ dʑi³¹lju³¹ tsu⁵³ ja²²ka³³ ʁa³³ma³³ ka
tʰe³³ a³³ma³³ pu³¹ tɕa⁵³ dʑi³¹-lju³¹ tsu⁵³ ja²²ka³³ va³³ma³³ ka
那 母亲 只 TOP 吃-NMLZ 点 全部 路 条

tʰo⁵³ tɕi³³ la³³ jo²² tʰe³³ tʃʰa⁵³tʃʰa³¹ za³¹ ka²² ku³³ ji³³ la
tʰo⁵³ tɕi³³ la³³ jo²² tʰe³³ tʃʰa⁵³tʃʰa³¹ za³¹ ka²² ku³³ ji³³ la
之上 放 CS 快 那 喜鹊 抓 捡 为 去 CS

老婆婆就把端着的吃的放在地上，跑去逮喜鹊。

tʰe³³	za³³mi³³	tɕa⁵³	ja⁵³no³¹	ve²²ve³³	ne	tɕi³³	ka³³
tʰe³³	za³³mi³³	tɕa⁵³	ja⁵³no³¹	ve²²ve³³	ne	tɕi³³	ka³³
那	女儿	TOP	后面	追	TOP	一	样子

za³¹	ka²²	ku³³	ji³³	la³³
za³¹	ka²²	ku³³	ji³³	la³³
抓	捡	为	去	CS

小姑娘也跟着去逮喜鹊。

tɕi³³	tʰu⁵³	du⁵³	la	tɕa⁵³	tɕi³³	tɕʰu⁵³	ɕe⁵³	tɕi³³	tɕʰu⁵³	ɕe⁵³	ni⁵³	a³³
tɕi³³	tʰu⁵³	du⁵³	la	tɕa⁵³	tɕi³³	tɕʰu⁵³	ɕe⁵³	tɕi³³	tɕʰu⁵³	ɕe⁵³	ni⁵³	a³³
一	时刻	完	CS	TOP	一	跳	TNT	一	跳	TNT	二	个

ku	tɕa⁵³	fu³³	tsa³³	tʃʰu⁵³	ji³³	la
ku	tɕa⁵³	fu³³	tsa³³	tʃʰu⁵³	ji³³	la
位	TOP	领	带	出来	去	CS

没多久喜鹊就蹦蹦跳跳地把一老一少两个人带走了。

tʰe³³	ʐe²²pʰu⁵³	tɕa⁵³	do³³	la	ɕe⁵³pu³¹	ja⁵³no³¹	tɕa⁵³	tʃʰu⁵³	la³¹	la
tʰe³³	ʐe²²pʰu⁵³	tɕa⁵³	do³³	la	ɕe⁵³pu³¹	ja⁵³no³¹	tɕa⁵³	tʃʰu⁵³	la³¹	la
那	狼	TOP	看见	CS	树	后面	TOP	出来	来	CS

狼看到人走远了，就从树后面钻出来，

tʰe³³	ja²²ka³³	tʰe³³	ʐo³¹	ʃe³³	pu	ja²²ka³³	dʑi³¹	le	tɕi³³
tʰe³³	ja²²ka³³	tʰe³³	ʐo³¹	ʃe³³	bu	ja²²ka³³	dʑi³¹	le	tɕi³³
那	全部	那	饭	肉	PL.ANM	全部	吃	TOP	一

kʰa³³pi³³	la	ma⁵³	ʃə³¹	me³³	dʑi³¹	pi⁵³	la
kʰa³³pi³³	la	ma⁵³	ʃə³¹	me³³	dʑi³¹	pi⁵³	la
嘴	也	NEG	拿	做	吃	毕	CS

把饭和肉吃得干干净净，一点都不剩。

tʰe³³	mi³¹dʑi³¹	la	tɕa⁵³	ja⁵³no³¹	u³¹mo²²	la

tʰe³³ mi³¹-dʑi³¹ la tɕa⁵³ ja⁵³no³¹ u³¹-mo²² la

那 PFV-吃 CS TOP 后面 PFV-藏 CS

狼吃完了东西就躲起来了。

tʰe³³ a³³ma³³ za³³mi³³ a³³ma³³ pu³¹ tɕa⁵³ tʰe³³ tʃʰa⁵³tʃʰa³¹ za³¹

tʰe³³ a³³ma³³ za³³mi³³ a³³ma³³ pu³¹ tɕa⁵³ tʰe³³ tʃʰa⁵³tʃʰa³¹ za³¹

那 母亲 女儿 母亲 只 TOP 那 喜鹊 抓

ka²² ma³¹ va⁵³ la ɕe³³ɕe³³ tʃʰu⁵³ la³¹ la³³

ka²² ma³¹ va⁵³ la ɕe³³-ɕe³³ tʃʰu⁵³ la³¹ la³³

捡 NEG 获得 CS 走-走 出来 来 CS

老婆婆和小姑娘没逮到喜鹊，只好走回来。

tɕi³³ do³³ ɕe⁵³ la u³¹do³³ ne tɕa⁵³ ʃe³³ vu⁵³ ʃe³³ ʐo³¹

tɕi³³ do³³ ɕe⁵³ la u³¹-do³³ ne tɕa⁵³ ʃe³³ vu⁵³ ʃe³³ ʐo³¹

一 看见 TNT CS PFV-看见 TOP TOP 肉 酒 肉 饭

ja²²ka³³ ma³¹ dʒe⁵³ la

ja²²ka³³ ma³¹ dʒe⁵³ la

全部 NEG 含有 CS

一看，饭和肉都没有了，

tʰe³³de tɕi⁵³ dʒe²² ɕe⁵³ tɕi⁵³ dʒe²² ɕe⁵³ tɕəu ʐe²³ ji³³ la

tʰe³³-de tɕi⁵³ de²² ɕe⁵³ tɕi⁵³ de²² ɕe⁵³ tɕəu ʐe²³ ji³³ la

他-PL 一 骂 TNT 一 骂 TNT 就 走 去 CS

她们就一边骂一边走了。

tʃʰa⁵³tʃʰa³¹ pu tɕa⁵³ tʰe³³ a³³ma³³ pu³¹ ni⁵³ a³³ ku ji³³ tɕi³³

tʃʰa⁵³tʃʰa³¹ pu tɕa⁵³ tʰe³³ a³³ma³³ pu³¹ ni⁵³ a³³ ku ji³³ tɕi³³

喜鹊 只 TOP 那 母亲 只 二 个 位 去 一

tʰu⁵³ du⁵³ la

tʰu⁵³ du⁵³ la

时刻　　完　　CS

喜鹊等老婆婆和小姑娘走了以后，

tʰe³³	ʑe²²pʰu⁵³	tɕa⁵³	ja²²ka³³	tɕʰi³³	za²²gu³³	bu	tɕi³³	tsu⁵³
tʰe³³	ʑe²²pʰu⁵³	tɕa⁵³	ja²²ka³³	tɕʰi³³	za²²gu³³	bu	tɕi³³	tsu⁵³
那	狼	TOP	全部	他.GEN	东西	PL.ANM	一	点

la	ma⁵³	ʃə³¹	la	tʰe³³	tɕi⁵³	tʃʰe²²	ɕe⁵³
la	ma⁵³	ʃə³¹	la	tʰe³³	tɕi⁵³	tʃʰe²²	ɕe⁵³
也	NEG	拿	CS	那	一	生气	TNT

看到狼一点吃的都没有留给它，它很生气。

tɕəu	tɕi⁵³	de²²mje³³	ɕe⁵³	tɕa⁵³	tʰe³³	ʑe²²pʰu⁵³	de³³mi⁵³	o	la
tɕəu	tɕi⁵³	de²²mje³³	ɕe⁵³	tɕa⁵³	tʰe³³	ʑe²²pʰu⁵³	de³³mi⁵³	o	la
就	一	想	TNT	TOP	那	狼	想	PRO	CS

就想了一个办法要收拾狼。

tʰe³³	ʑe²²pʰu⁵³	pʰo⁵³	ŋe²²
tʰe³³	ʑe²²pʰu⁵³	pʰo⁵³	ŋe²²
那	狼	边 说	

喜鹊对狼说，

tʰe³³	dʑe²²du³³	pu³¹	ke⁵³	vu⁵³	me³³	o	ŋa³³	tʰe³³	ke
tʰe³³	dʑe²²du³³	pu³¹	ke⁵³	vu⁵³	me³³	o	ŋa³³	tʰe³³	ke
那	边上	村寨	LOC	酒	做	ITRJ	我	那	LOC

zu²²gu³³	tsu⁵³	lja²²lja⁵³	dʑi³¹	ge	tʰe³³	ʑe²²pʰu⁵³	tɕa⁵³
zu²²gu³³	tsu⁵³	lja²²-lja⁵³	dʑi³¹	ge	tʰe³³	ʑe²²pʰu⁵³	tɕa⁵³
东西	点	寻找-寻找	吃	PRO	那	狼	TOP

附近寨子里有人在办宴席，我们再去找点东西吃。

xo³³tɕa³³	la	ma⁵³	se²²	ja⁵³no³¹	ji³³	la
xo³³tɕa³³	la	ma⁵³	se²²	ja⁵³no³¹	ji³³	la

什么　　　CS　NEG　　知道　后面　　去　　CS
狼不晓得是诡计，就跟它去了。

tʰe³³　bu　　　tɕa⁵³　tɕʰi³³　　tʰe³³　ja³³　i　　dʑe²²du³³pʰo⁵³
tʰe³³　bu　　　tɕa⁵³　tɕʰi³³　　tʰe³³　ja³³　i　　dʑe²²du³³-pʰo⁵³
那　　PL.ANM　TOP　他.GEN　那　房屋　GEN　边上-边

ke　　ji³³　la³³
ke　　ji³³　la³³
LOC　去　CS
它们来到那家人的附近。

tʰe³³　tʃʰa⁵³tʃʰa³¹　pu　tɕa⁵³　tʰe³³　ʐe²²pʰu⁵³　pʰo⁵³　ŋe²²
tʰe³³　tʃʰa⁵³tʃʰa³¹　pu　tɕa⁵³　tʰe³³　ʐe²²pʰu⁵³　pʰo⁵³　ŋe²²
那　喜鹊　　只　TOP　那　狼　　边　说
喜鹊就对狼说。

tʰe³³　tsʰo³³　pu　ja²²ka³³　no⁵³pʰo³¹　tɕʰa⁵³　dʑi³¹　o
tʰe³³　tsʰo³³　pu　ja²²ka³³　no⁵³-pʰo³¹　tɕʰa⁵³　dʑi³¹　o
那　人　　只　全部　外-边　　晚饭　吃　ITRJ
现在人都在外面吃饭。

tɕi³³　tʰu⁵³　ŋa³³　ku　ni⁵³　a³³　jo²²　me³³　ja³³kʰe　u³¹mo²²
tɕi³³　tʰu⁵³　ŋa³³　ku　ni⁵³　a³³　jo²²　me³³　ja³³kʰe　u³¹-mo²²
一　时刻　我　位　二　个　快　做　家里　PFV-藏

no³³　　tɕa⁵³　　ka³³tsə⁵³　ke　　u³¹mo²²
no³³　　tɕa⁵³　　ka³³tsə⁵³　ke　　u³¹-mo²²
你　　TOP　　柜子　　LOC　　PFV-藏
我们两个趁机溜到屋里去，你呢就躲到柜子里藏起来。

ŋa³³　　tɕa⁵³　　ja³³　　vu⁵³dʑu³¹　tʰo⁵³　　u³¹dʑa³¹
ŋa³³　　tɕa⁵³　　ja³³　　vu⁵³dʑu³¹　tʰo⁵³　　u³¹-dʑa³¹

我	TOP	房屋	头		之上	PFV-站

我呢跑到那个房梁上站着。

ŋa³³	tɕi⁵³	kʰi³¹	ʐa²²	no³³	tɕa⁵³	tɕi⁵³	kʰi³¹	ʐa²²
ŋa³³	tɕi⁵³	kʰi³¹	ʐa²²	no³³	tɕa⁵³	tɕi⁵³	kʰi³¹	ʐa²²
我	一	喊	喊叫	你	TOP	一	喊	喊叫

我叫一声你就吼一声，

tʰe³³	pu	tɕa⁵³	ŋa³³de	do³¹	ge²²	la	tɕa⁵³	jo²²	me³³	ko²²ko³³
tʰe³³	pu	tɕa⁵³	ŋa³³-de	do³¹	ge²²	la	tɕa⁵³	jo²²	me³³	ko²²-ko³³
那	只	TOP	我-PL	看见	听见	CS	TOP	快	做	跑-跑

ʃə³¹	la
ʃə³¹	la
拿	CS

他们听到我的叫声就会吓跑。

ja⁵³no³¹	tɕa⁵³	ŋa³³de	zu²²gu³³	dje⁵³	ʁa⁵³	i	ʁa⁵³	me³³
ja⁵³no³¹	tɕa⁵³	ŋa³³-de	zu²²gu³³	dje⁵³	ʁa⁵³	i	ʁa⁵³	me³³
后面	TOP	我-PL	东西	好	饱	GEN	饱	做

u³¹dʑi³¹	la
u³¹-dʑi³¹	la
PFV-吃	CS

到时候我们两个就可以吃一顿饱饭了。

tʰe³³	ʐe²²pʰu⁵³	tɕa⁵³	ʐe²²pʰu⁵³	tɕa⁵³	dʑi⁵³	dʑi⁵³	tɕəu	tʰe³³	me³³
tʰe³³	ʐe²²pʰu⁵³	tɕa⁵³	ʐe²²pʰu⁵³	tɕa⁵³	dʑi⁵³	dʑi⁵³	tɕəu	tʰe³³	me³³
那	狼	TOP	狼	TOP	是	是	就	那	做

狼说，好，好。

tʰe³³	bu	tɕa⁵³	ja²²ka³³	ja³³kʰe	ke	mo²²	la
tʰe³³	bu	tɕa⁵³	ja²²ka³³	ja³³kʰe	ke	mo²²	la

那	PL.ANM	TOP	全部	家里	LOC	藏	CS

他们就溜到屋子里去藏起来。

tɕi³³	tʰu⁵³	ma³¹	du⁵³
tɕi³³	tʰu⁵³	ma³¹	du⁵³
一	时刻	NEG	完

没一会儿。

tʃʰa⁵³tʃʰa³¹	tɕa⁵³	ja³³	kʰɯ⁵³	u³¹ʐa²²	la³³
tʃʰa⁵³tʃʰa³¹	tɕa⁵³	ja³³	kʰɯ⁵³	u³¹-ʐa²²	la³³
喜鹊	TOP	房屋	上	PFV-喊叫	CS

喜鹊就在房梁上叫起来。

tʰe³³	ʑe²²pʰu⁵³	tɕa⁵³	ja³³kʰe	jo²²	ʐa²²	la
tʰe³³	ʑe²²pʰu⁵³	tɕa⁵³	ja³³kʰe	jo²²	ʐa²²	la
那	狼	TOP	家里	快	喊叫	CS

狼在屋里也吼了一声。

tʰe³³	tɕʰa⁵³	dʑi³¹	i	tsʰo³³	bu	ja²²ka³³	tɕʰi³³	kʰɯ⁵³	ge²²	la
tʰe³³	tɕʰa⁵³	dʑi³¹	i	tsʰo³³	bu	ja²²ka³³	tɕʰi³³	kʰɯ⁵³	ge²²	la
那	晚饭	吃	GEN	人	PL.ANM	全部	他.GEN	上	听见	CS

吃饭的人听到声音。

ja²²ka³³	dʒo³³ko³³	u³¹tɕi³³	tɕəu	ja²²ka³³	pa⁵³pa³¹	u³¹tsa³³
ja²²ka³³	dʒo³³ko³³	u³¹-tɕi³³	tɕəu	ja²²ka³³	pa⁵³pa³¹	u³¹-tsa³³
全部	筷子	PFV-放	就	全部	拐杖	PFV 带

ko²²ko³³	ja³³kʰe	la³¹
ko²²-ko³³	ja³³kʰe	la³¹
跑-跑	家里	来

都把碗筷放下，拿起木棒跑到房里来。

tʰe³³	ʑe²²pʰu⁵³	tɕa⁵³	do³³	ne	ei	ma³¹	dje⁵³	i	ma³¹	dje⁵³

tʰe³³	ʐe²²pʰu⁵³	tɕa⁵³	do³³	ne	ei	ma³¹	dje⁵³	i	ma³¹	dje⁵³
那	狼	TOP	看见	TOP	诶	NEG	好	GEN	NEG	好

狼见看到不对头，

ma³¹	dʑi⁵³	tʰe³³	tɕa⁵³	ko²²-ko³³	pe³³	gi⁵³	la³¹	la³³
NEG	是	那	TOP	跑-跑	出来	落	来	CS

它就跑出来了。

tsʰo³³	bu	ja²²ka³³	tsʰo³³	bu	ja²²ka³³	tɕa⁵³	pa⁵³pa³¹
人	PL.ANM	全部	人	PL.ANM	全部	TOP	拐杖

u³¹-ɕe³³-ɕe³³	ne	ve²²-ve³³	pe³³	la³¹	la³³
PFV-走-走	TOP	赶-赶	出来	来	CS

人们就拿着棒棒全部撵出去了。

tʰe³³	tʃʰa⁵³tʃʰa³¹	tɕa⁵³	ja³³	kʰɯ⁵³	dʐa³³-dʐa³³	ʃə³³	la
那	喜鹊	TOP	房屋	上	飞-飞	拿	CS

喜鹊在房子上一下就飞走了。

tʰe³³	ʐe²²pʰu⁵³	tɕa⁵³	ve²²ve³³	ne	ba⁵³	i	ba⁵³	la
那	狼	TOP	赶-赶	TOP	累	GEN	累	CS

狼被撵得气喘吁吁地，

tɕa⁵³	tʰe³³	ba³³	ku²²ku³³	ke	la³¹	la³³	a⁵³mi³¹	ma³¹xa³³	la³³
TOP	那	山	洞	LOC	来	CS	现在	天黑	CS

钻到一个山洞里。这时候天已经黑了。

t^he^{33} ts^ho^{33} bu $ja^{22}ka^{33}$ $t\varphi a^{53}$ $t\varphi^he\textipa{\textrhookschwa}^{25}$ pu $\int\textschwa^{31}$ la t^he^{33} $ku^{22}ku^{33}$

t^he^{33} ts^ho^{33} bu $ja^{22}ka^{33}$ $t\varphi a^{53}$ $t\varphi^he\textipa{\textrhookschwa}^{25}$ pu $\int\textschwa^{31}$ la t^he^{33} $ku^{22}ku^{33}$

那　　人　　PL.ANM　全部　　TOP　勺　　只　　拿　　CS　那　　洞

那些人用水瓢塞到了狼的洞口。

se^{22} du^{53} la $ja^{22}ka^{33}$ ts^ho^{33} $ja^{33}k^he$ ji^{33} pi^{53} la

se^{22} du^{53} la $ja^{22}ka^{33}$ ts^ho^{33} $ja^{33}k^he$ ji^{33} pi^{53} la

塞　　完　　CS　　全部　　人　　家里　　去　　毕　　CS

把洞口堵了，人们就回家了。

t^he^{33} $\textipa{Z}e^{22}p^hu^{53}$ $t\varphi a^{53}$ $ku^{22}ku^{33}$ ke^{53} pe^{33} gi^{53} la^{31} la^{33}

t^he^{33} $\textipa{Z}e^{22}p^hu^{53}$ $t\varphi a^{53}$ $ku^{22}ku^{33}$ ke^{53} pe^{33} gi^{53} la^{31} la^{33}

那　　狼　　TOP　　洞　　LOC　　出来　　落　　来　　CS

那只狼就从洞里面钻出来。

t^he^{33} $\textipa{Z}e^{22}p^hu^{53}$ $t\varphi a^{53}$ t^he^{33} $t\varphi^he\textipa{\textrhookschwa}^{25}$ pu dje^{53} pe^{33} ke la^{31} la^{33}

t^he^{33} $\textipa{Z}e^{22}p^hu^{53}$ $t\varphi a^{53}$ t^he^{33} $t\varphi^he\textipa{\textrhookschwa}^{25}$ pu dje^{53} pe^{33} ke la^{31} la^{33}

那　　狼　　TOP　　那　　勺　　只　　推　　出来　　LOC　　来　　CS

狼把水瓢顶出来了。

t^he^{33} $\textipa{Z}e^{22}p^hu^{53}$ $t\varphi a^{53}$ ma^{53} dza^{31} la

t^he^{33} $\textipa{Z}e^{22}p^hu^{53}$ $t\varphi a^{53}$ ma^{53} dza^{31} la

那　　狼　　TOP　　NEG　　喜欢　　CS

这只狼就不高兴。

t^he^{33} $t\varphi^he\textipa{\textrhookschwa}^{25}$ pu $t\varphi a^{53}$ $\textipa{z}o^{31}$ ne $vu^{33}ma$ ka t^ho^{53} ji^{33} la

t^he^{33} $t\varphi^he\textipa{\textrhookschwa}^{25}$ pu $t\varphi a^{53}$ $\textipa{z}o^{31}$ ne $vu^{33}ma$ ka t^ho^{53} ji^{33} la

那　　勺　　只　　TOP　　饭　　TOP　　河　　条　　之上　　去　　CS

就把水瓢甩到河里面。

t^he^{33} $t\varphi^he\textipa{\textrhookschwa}^{25}$ pu $vu^{33}ma$ ka^{31} t^ho^{53} $go^{22}dzo^{33}$

t^he^{33} $t\varphi^he\textipa{\textrhookschwa}^{25}$ pu $vu^{33}ma$ ka^{31} t^ho^{53} $go^{22}dzo^{33}$

那　　勺　　只　　河　　条　　之上　　转

那个水瓢在河里面转

tɕi⁵³	go²²dʐo³³	tʰe³³	ʑe²²pʰu⁵³	tɕa⁵³	tʰe³³	tɕʰeɚ²⁵	pu	tʰe³³
tɕi⁵³	go²²dʐo³³	tʰe³³	ʑe²²pʰu⁵³	tɕa⁵³	tʰe³³	tɕʰeɚ²⁵	pu	tʰe³³
一	转	那	狼	TOP	那	勺	只	那

转了一个圈

ba⁵³nja³¹	la
ba⁵³nja³¹	la
听	CS

狼就听到了。

pu³³	ka	va⁵³	la	pu³³	ka	lja²²lja⁵³	ʃə⁵³	la³¹	la³³
pu³³	ka	va⁵³	la	pu³³	ka	lja²²-lja⁵³	ʃə³¹	la³¹	la³³
绳子	条	获得	CS	绳子	条	寻找-寻找	拿	来	CS

狼看到水瓢停下来了很生气，就找了个藤绳，

tɕi³³	la⁵³tɕe³³	ne	tɕʰi³³	dʐu³¹	tʰo⁵³	u³¹tɕʰa²²
tɕi³³	la⁵³tɕe³³	ne	tɕʰi³³	dʐu³¹	tʰo⁵³	u³¹-tɕʰa²²
一	绳子头	TOP	他.GEN	腰	之上	PFV-拴

一头拴在自己的腰上。

tɕi³³	la⁵³tɕe³³	ne	ka⁵³ta³¹	u³¹tʰa³¹	ne	ʐo³¹	ne	tʰe³³	tɕʰeɚ²⁵	pu
tɕi³³	la⁵³tɕe³³	ne	ka⁵³ta³¹	u³¹-tʰa³¹	ne	ʐo³¹	ne	tʰe³³	tɕʰeɚ²⁵	pu
一	绳子头	TOP	结子	PFV-打	TOP	扔	TOP	那	勺	只

ke	ʐo³¹	la³³
ke	ʐo³¹	la³³
LOC	扔	CS

打了一个疙瘩，甩到了那个水瓢上。

tʰe³³	ʑe²²pʰu⁵³	tɕa⁵³	tʰe³³	pu³³	ka	tɕi³³	la³¹	tɕi³³	ɕe³³	ɕe⁵³
tʰe³³	ʑe²²pʰu⁵³	tɕa⁵³	tʰe³³	pu³³	ka	tɕi³³	la³¹	tɕi³³	ɕe³³	ɕe⁵³

那	狼	TOP	那	寨子	条	一	来	一	拉	TNT

狼抓住绳子一拉,

tʰe³³	tɕʰeə˧˥	pu	tɕa⁵³	vu³³	ke	ji³³	la	vu³³	dʒo²²	be⁵³	la
tʰe³³	tɕʰeə˧˥	pu	tɕa⁵³	vu³³	ke	ji³³	la	vu³³	dʒo²²	be⁵³	la
那	勺	只	TOP	水	LOC	去	CS	水	装	满	CS

那个水瓢沉下去就装满了水。

tɕʰeə˧˥	pu	vu³³	ga	ke	ji³³	la	tɕa⁵³	tʰe³³	ze²²pʰu⁵³	ɕe³³	fu³³
tɕʰeə˧˥	pu	vu³³	ga	ke	ji³³	la	tɕa⁵³	tʰe³³	ze²²pʰu⁵³	ɕe³³	fu³³
勺	只	水	条	LOC	去	CS	TOP	那	狼	拉	领

gi⁵³	la
gi⁵³	la
落	CS

水瓢沉下去就把狼拉到水里去了。

　　有一天一只狼和一个喜鹊碰到了。狼想吃喜鹊,就找借口对喜鹊说:"我现在肚子饿得很,你要找东西给我吃,不然我要把你吃了。"喜鹊一听晓得狼的心思不对头。喜鹊就对狼说:"这有什么难的呢,那边有家人正在办宴席。一会儿,一个老太婆和一个小姑娘就要端一些饭和肉从这儿过。等他们来的时候,我就假装在路上找吃的。他们看到我,就会把东西放下来来逮我。我把他们引开。引开嘛,你就带走嘛。你就可以大口大口地吃东西了。但是你要给我留一点哦。我也饿得很。"狼假装地答应了。一会儿,果然有个老太婆和一个小娃娃端着一些饭和肉走过来了。喜鹊就让狼躲在树背后。自己跳到路上,跳过去跳过来,跳过去跳过来。它假装在路上找吃的东西。小姑娘看到喜鹊就说:"我要喜鹊我要喜鹊。"老婆婆就把端着的吃的放在地上,跑去逮喜鹊。小姑娘也跟着去逮喜鹊。没多久喜鹊就蹦蹦跳跳地把一老一少两个人带走了。狼看到人走远了,就从树后面钻出来。把饭和肉吃得干干净净一点都不剩。狼吃完了东西就躲起来了。老婆婆和小姑娘没逮到喜鹊,只好走回来。一看,饭和肉都没有了。她们就一边骂一边就走了。喜鹊等老婆婆和小姑娘走了以后,走回来看到东西被狼吃得干干净净,它很生气。就想了一个办法要收拾狼。它对狼说:"那家人正在办宴席,我们再去找点东西吃。"狼不晓得是诡计,就跟它去了。它们来到那家人的附近。喜鹊就对狼说:"现在人都在外面吃饭。我们两个趁机溜到屋里头去,你呢,就躲到柜子里头藏起来。我呢,跑到那个房梁上站着。我叫一声你就吼一声。他们听到你的叫声就会吓跑。到时候我们两个就可以吃一顿饱饭了。"狼说:"好,好,就这样。"它们就溜到屋子去藏起来。没过一会儿。喜鹊就在房梁上叫起来。狼连忙在屋子里也跟着叫起来。吃饭的人听到声音。都把碗筷放下,拿起木棒跑到房子里来。狼见看到不对头,它就跑出来了。人们就拿着棒棒全部撵去了。喜鹊在房子上一下就飞走了。狼被撵得气喘吁吁地钻到一个山洞里面。这时候天已经黑了。人们拿一个水瓢把洞口堵了。狼就从洞里面钻出来。狼把水瓢顶出来了。这狼就生气了。就把水瓢甩到河里面。那个水瓢在河里面转了一圈又停下来。狼看到水瓢停下来了很生气,就找了根藤绳,一头拴在自己的腰上,打了一个疙瘩,甩到了那个水瓢上。狼抓住绳子一拉,那个水瓢沉下去就装满了水。水瓢沉下去就把狼拉到水里面去了。

2.11 狡猾的孤儿

ja²²nje³³	xe⁵³nje³³	tʃʰe³³ʑi³³	i²²tɕa³³	dʐo³³	no³³pʰo⁵³	za²²gu³³
ja²²nje³³	xe⁵³nje³³	tʃʰe³³ʑi³³	i²²tɕa³³	dʐo³³	no³³-pʰo⁵³	za²²gu³³
去年	前年	孤儿	孩子	存在	外-边	东西

从前有一个孤儿,在外面捡东西吃。

ka²²	ne	za²²gu³³	ka²²	tɕi³³	nje³³	tɕi³³	nje³³	ni⁵³	nje³³
ka²²	ne	za²²gu³³	ka²²	tɕi³³	nje³³	tɕi³³	nje³³	ni⁵³	nje³³
捡	TOP	东西	捡	一	年	一	年	二	年

dʐu²²gu³³	ka²²	la³³
dʐu²²gu³³	ka²²	la³³
东西	捡	CS

捡了几年的破烂。

tɕʰe⁵³pu³¹	kʰa⁵³	la	ja²²ʃu³³ma⁵³	lja²²lja⁵³	mi³¹va⁵³	ma⁵³	pʰa³¹
tɕʰe⁵³pu³¹	kʰa⁵³	la	ja²²ʃu³³ma⁵³	lja²²-lja⁵³	mi³¹-va⁵³	ma⁵³	pʰa³¹
年龄	大	CS	妻子	寻找-寻找	PFV-获得	NEG	能

人长大了讨不到老婆。

tɕi³³	ne³³

tɕi³³   ne³³
一   天
有一天，

tʰe³³	tu²²	pʰa³³	ka²²	va⁵³	la	tʰe³³	tsʰo³³	ja³³	ka³³	u³¹tɕi³³
tʰe³³	tu²²	pʰa³³	ka²²	va⁵³	la	tʰe³³	tsʰo³³	ja³³	ka³³	u³¹-tɕi³³
那	豆子	粮食	捡	获得	CS	那	人	房屋	家	PFV-放

他把捡来的豆子寄放在一家人屋里。

ni³³	tu²²	ŋe³³	ga	tɕi³³	ma⁵³	tsʰə³¹	ŋe³³	ja³³	ke⁵³
ni³³	tu²²	ŋe³³	ga	tɕi³³	ma⁵³	tsʰə³¹	ŋe³³	ja³³	ke⁵³
你	豆子	我.GEN	家	放	NEG	允许	我.GEN	房屋	LOC

vu⁵³	mja⁵³	i	mja⁵³
vu⁵³	mja⁵³	i	mja⁵³
老鼠	多	GEN	多

这家人说：你不要把豆子放在我家里，我家有很多耗子（可能豆子要拿给耗子吃了）。

tʰe³³	tʃʰe³³ʑi³³	i²²tɕa³³	tɕa⁵³	ma³¹	ke³³	ma³¹	ke³³
tʰe³³	tʃʰe³³ʑi³³	i²²tɕa³³	tɕa⁵³	ma³¹	ke³³	ma³¹	ke³³
那	孤儿	孩子	TOP	NEG	怕	NEG	怕

这个孤儿说没关系的。

tʰe³³	tɕa⁵³	dʑi⁵³	a³³	la	no³³	u³¹tɕi³³	mə
tʰe³³	tɕa⁵³	dʑi⁵³	a³³	la	no³³	u³¹-tɕi³³	mə
那	TOP	是	个	CS	你	PFV-放	嘛

主人家就同意孤儿把豆子寄放在他家。

so³¹nu⁵³	tɕi³³	ʃo⁵³	ke³³tʰe³³	tʃʰe³³ʑi³³	i²²tɕa³³	tɕa⁵³
so³¹nu⁵³	tɕi³³	ʃo⁵³	ke³³tʰe³³	tʃʰe³³ʑi³³	i²²tɕa³³	tɕa⁵³
第二天	一	早上	这	孤儿	孩子	TOP

第二天早上，这个孤儿呢，

tɕʰi³³	tu²²	lja²²lja⁵³	ku³³	ji³³	la³³	tʰe³³	tsʰo³³
tɕʰi³³	tu²²	lja²²-lja⁵³	ku³³	ji³³	la³³	tʰe³³	tsʰo³³
他.GEN	豆子	寻找-寻找	为	去	CS	tʰe³³	人

孤儿去拿他的豆子。

ja³³	de²²	tɕa⁵³	tʰa²²	pʰo⁵³	ŋe²²	ni³³	tu²²	tɕa⁵³
ja³³	de²²	tɕa⁵³	tʰa²²	pʰo⁵³	ŋe²²	ni³³	tu²²	tɕa⁵³
房屋	家	TOP	他.DAT	边	说	你.GEN	豆子	TOP

vu⁵³	mi³¹ɕe³³ɕe³³		la
vu⁵³	mi³¹-ɕe³³-ɕe³³		la
老鼠	PFV-拉-拉		CS

这家人就告诉他，豆子都被耗子吃完了。

tʰe³³	tʃʰe³³ʐi³³	i²²tɕa³³	tɕa⁵³	ma⁵³	dʑa³¹	la	ŋe²²	no³³
tʰe³³	tʃʰe³³ʐi³³	i²²tɕa³³	tɕa⁵³	ma⁵³	dʑa³¹	la	ŋe²²	no³³
那	孤儿	孩子	TOP	NEG	喜欢	CS	说	你

vu⁵³	a	pʰa²²	ʃə³¹	la	mi³¹kʰo⁵³
vu⁵³	a	pʰa²²	ʃə³¹	la	mi³¹-kʰo⁵³
酒	个	捉	拿	CS	PFV-给

这个孤儿就很不高兴，就让那个主人赔他一只耗子。

tʰe³³	tsʰo³³	ja³³	ja⁵³no³¹	tɕa⁵³	de²²mje³³	le	ja²²ka³³
tʰe³³	tsʰo³³	ja³³	ja⁵³no³¹	tɕa⁵³	de²²mje³³	le	ja²²ka³³
那	人	房屋	后面	TOP	想	TOP	全部

tsʰo³³	kʰa⁵³	tsʰo³³	go²²tɕi³³	bu	ja²²ka³³	tɕa⁵³	tʰe³³	vu⁵³
tsʰo³³	kʰa⁵³	tsʰo³³	go²²tɕi³³	bu	ja²²ka³³	tɕa⁵³	tʰe³³	vu⁵³
人	大	人	小	PL.ANM	全部	TOP	那	老鼠

lja²²lja⁵³	ne	lja²²
lja²²-lja⁵³	ne	lja²²

寻找-寻找　　TOP　　寻找

那家的人大大小小全部去给孤儿捉耗子。

vu⁵³	za³¹ka³³	va⁵³	la	tɕa⁵³	tʰe³³	tʃʰe³³ʑi³³	i²²tɕa³³	mi³¹kʰo⁵³	la
vu⁵³	za³¹ka³³	va⁵³	la	tɕa⁵³	tʰe³³	tʃʰe³³ʑi³³	i²²tɕa³³	mi³¹-kʰo⁵³	la
老鼠	抓	获得	CS	TOP	那	孤儿	孩子	PFV-给	CS

逮了一只耗子拿给孤儿。

tʰe³³	tʃʰe³³ʑi³³	i²²tɕa³³	tʰe³³	vu⁵³	u³¹tsa³³	ne	tʰe³³	mu²²ni³³
tʰe³³	tʃʰe³³ʑi³³	i²²tɕa³³	tʰe³³	vu⁵³	u³¹-tsa³³	ne	tʰe³³	mu²²ni³³
那	孤儿	孩子	那	老鼠	PFV-带	TOP	那	猫

dʐo³³	i	tʰe³³	tsʰo³³	ja³³	ga	la³¹	la³³	o
dʐo³³	i	tʰe³³	tsʰo³³	ja³³	ga	la³¹	la³³	o
存在	GEN	那	人	房屋	家	来	CS	语气词

这个孤儿拿着耗子来到一家有猫的人家。

tʰe³³	tsʰo³³	de²²	pʰo⁵³	ŋe²²	ŋa³³	ni³³	tʰe³³	vu⁵³	tʰe³³	bu³³lju⁵³
tʰe³³	tsʰo³³	de²²	pʰo⁵³	ŋe²²	ŋa³³	ni³³	tʰe³³	vu⁵³	tʰe³³	bu³³lju⁵³
那	人	家	边	说	我	你.GEN	那	老鼠	那	背兜

kʰɯ³¹	u³¹kʰa⁵³	ke³³	tsʰo³³	ja³³	de²²	tʰa²²	pʰo⁵³	ŋe²²
kʰɯ³¹	u³¹-kʰa⁵³	ke³³	tsʰo³³	ja³³	de²²	tʰa²²	pʰo⁵³	ŋe²²
下	PFV-关	这	人	房屋	家	他.DAT	边	说

他要这家人帮他把耗子关在一个背斗下面。这家男主人就对他说，

ŋe³³	ga	mu²²ni³³	dʐo³³	ni³³	tʰe³³	vu⁵³	pʰa²²	ʃə³¹	dʑi³¹	ke³¹ʃa³³
ŋe³³	ga²²	mu²²ni³³	dʐo³³	ni³³	tʰe³³	vu⁵³	pʰa²²	ʃə³¹	dʑi³¹	ke³¹ʃa³³
我.GEN	家	猫	存在	你的	那	老鼠	捉	拿	吃	怕

我家有猫，你的耗子会被猫吃掉的。

ŋa³³de	ni³³	tʰe³³	vu⁵³	kʰa⁵³	pa³¹	ma³¹	tʃe³³
ŋa³³-de	ni³³	tʰe³³	vu⁵³	kʰa⁵³	pa³¹	ma³¹	tʃe³³

我-PL　　　你.GEN　那　　　老鼠　　关　　　想要1　　NEG　　想要2

我们不敢帮你关耗子。

tʰe³³　tʃʰe³³ʑi³³　i²²tɕa³³　tɕa⁵³　　ŋe²²　ɹ　sə⁵³　ma³¹　dʐo³³

tʰe³³　tʃʰe³³ʑi³³　i²²tɕa³³　tɕa⁵³　　ŋe²²　ɹ　sə⁵³　ma³¹　dʐo³³

那　　孤儿　　孩子　　TOP　　说　　TOP　事情　NEG　存在

孤儿就说，没关系，

sə⁵³　　　ma³¹　　dʐo³³　ja⁵³no³¹　tɕi³³　　ne³³

sə⁵³　　　ma³¹　　dʐo³³　ja⁵³no³¹　tɕi³³　　ne³³

事情　　NEG　　存在　　后面　　　一　　　天

没关系。第二天呢，

tɕa⁵³　tʃʰe³³ʑi³³　i²²tɕa³³　tʰe³³　　vu⁵³　　pʰa²²　la³¹　　la³³

tɕa⁵³　tʃʰe³³ʑi³³　i²²tɕa³³　tʰe³³　　vu⁵³　　pʰa²²　la³¹　　la³³

TOP　孤儿　　孩子　　那　　　老鼠　捉　　来　　CS

孤儿来拿耗子。

tʰe³³　ja³³　　a³³ma³³　tʰa²²　pʰo⁵³　ŋe²²　ni³³　　tʰe³³　vu⁵³　mu²²ni³³

tʰe³³　ja³³　　a³³ma³³　tʰa²²　pʰo⁵³　ŋe²²　ni³³　　tʰe³³　vu⁵³　mu²²ni³³

那　房屋　母亲　他.DAT　边　说　你.GEN　那　老鼠　猫

女主人就对他说，你的耗子

mi³¹dʑi³¹　la　tʰe³³　tʃʰe³³ʑi³³　i²²tɕa³³　tɕa⁵³　ma³¹　dʑi⁵³　la

mi³¹-dʑi³¹　la　tʰe³³　tʃʰe³³ʑi³³　i²²tɕa³³　tɕa⁵³　ma³¹　dʑi⁵³　la

PFV-吃　CS　那　孤儿　　孩子　　TOP　NEG　是　CS

被猫儿吃了。这个孤儿就不干了。

ŋe³³　　ŋa³³de　　vu⁵³　　tsa²²

ŋe³³　　ŋa³³-de　vu⁵³　　tsa²²

我.GEN　我-PL　老鼠　还

要主人家赔他的耗子。

ŋa³³	vu⁵³	pʰa²²	va⁵³	ma⁵³	pʰa³¹	ŋa³³	mu²²ni³³	a³³	ŋa²²	tsa²²
ŋa³³	vu⁵³	pʰa²²	va⁵³	ma⁵³	pʰa³¹	ŋa³³	mu²²ni³³	a³³	ŋa²²	tsa²²
我	老鼠	捉	获得	NEG	能	我	猫	个	我.DAT	还

那家人捉不到耗子，只好赔给他猫。

tʰe³³	tʃʰe³³ʑi³³	i²²tɕa³³	tɕa⁵³	mu²²ni³³	to⁵³to³¹	ne	kʰi³³	ʐu³³	i
tʰe³³	tʃʰe³³ʑi³³	i²²tɕa³³	tɕa⁵³	mu²²ni³³	to⁵³-to³¹	ne	kʰi³³	ʐu³³	i
那	孤儿	孩子	TOP	猫	抱-抱	TOP	狗	养活	GEN

tɕi³³	ja³³	ga	ji³³	la³³
tɕi³³	ja³³	ga	ji³³	la³³
一	房屋	家	去	CS

孤儿把猫抱到一家有狗的人家。

tʰe³³	tsʰo³³	ja³³	tɕi⁵³	ŋe²²	ɕe⁵³	u³¹ŋe²²
tʰe³³	tsʰo³³	ja³³	tɕi⁵³	ŋe²²	ɕe⁵³	u³¹-ŋe²²
那	人	房屋	一	说	TNT	PFV-说

他对那家人说，

ŋa³³	ni³³	tʰe³³	mu²²ni³³	u³¹kʰa⁵³	ŋa³³	sə⁵³	dʐo³³	ŋa³³	ʃɯ⁵³
ŋa³³	ni³³	tʰe³³	mu²²ni³³	u³¹-kʰa⁵³	ŋa³³	sə⁵³	dʐo³³	ŋa³³	ʃɯ⁵³
我	GEN	那	猫	PFV-关	我	事情	存在	我	明天

za³¹ka³³	la³¹
za³¹ka³³	la³¹
抓	来

请你帮我把这只猫放在你家，我有点事要出去，明天来取猫。

ke³³	tsʰo³³	ja³³	de²²	tʰa²²	pʰo⁵³	ŋa³³de	ŋe³³	ga	kʰe⁵³ni³¹
ke³³	tsʰo³³	ja³³	de²²	tʰa²²	pʰo⁵³	ŋa³³-de	ŋe³³	ga	kʰe⁵³ni³¹
这	人	房屋	家	他.DAT	边	我-PL	我.GEN	家	狗

dʐo³³

dʐo³³
存在
这家主人对他说，我们家有狗。

kʰe⁵³ni³¹	ni³³	vu⁵³	kʰa²²	sə³¹ka³¹	la³¹	ke³¹ʃa³³
kʰe⁵³ni³¹	ni³³	vu⁵³	kʰa³¹	sə³³ka³³	la³¹	ke³¹ʃa³³
狗	你.GEN	老鼠	咬	死	来	怕

我怕狗把你的猫咬死了。

tʰe³³	tʃʰe³³ʑi³³	i²²tɕa³³	tʰa²²	pʰo⁵³	ŋe²²	ma³¹	ke³³	ma³¹	ke³³
tʰe³³	tʃʰe³³ʑi³³	i²²tɕa³³	tʰa²²	pʰo⁵³	ŋe²²	ma³¹	ke³³	ma³¹	ke³³
那	孤儿	孩子	他.DAT	边	说	NEG	怕	NEG	怕

孤儿说，没关系，没关系。

ja⁵³no³¹	tɕi³³	ne³³	tɕa⁵³	tʰe³³	tʃʰe³³ʑi³³	i²²tɕa³³	tɕʰi³³	mu²²ni³³
ja⁵³no³¹	tɕi³³	ne³³	tɕa⁵³	tʰe³³	tʃʰe³³ʑi³³	i²²tɕa³³	tɕʰi³³	mu²²ni³³
后面	一	天	TOP	那	孤儿	孩子	他.GEN	猫

pʰa²²	la³¹	la³³
pʰa²²	la³¹	la³³
捉	来	CS

第二天，孤儿来要他的猫。

ja⁵³no³¹	tɕa⁵³	ni³³	mu²²ni³³	kʰe⁵³ni³¹	kʰa²²	sə³¹ka³¹	la	o
ja⁵³no³¹	tɕa⁵³	ni³³	mu²²ni³³	kʰe⁵³ni³¹	kʰa³¹	sə³³ka³³	la	o
后面	TOP	你.GEN	猫	狗	咬	死	CS	语气词

但是猫已经被狗咬死了。

ke³³	tɕi³³	tʰu⁵³	ma³¹	dʑi⁵³	la	iəu²¹	ŋa³³	ni³³	mu²²ni³³	tsa²²
ke³³	tɕi³³	tʰu⁵³	ma³¹	dʑi⁵³	la	iəu²¹	ŋa³³	ni³³	mu²²ni³³	tsa²²
这	一	时刻	NEG	是	CS	又	我	GEN	猫	还

这个时候孤儿不干了，喊主人一定赔他的猫。

ja⁵³no³¹ jo³³da⁵³ tʰe³³ tɕa⁵³ kʰe⁵³ni³¹ tʰa²² mi³¹kʰo⁵³ la

ja⁵³no³¹ jo³³da⁵³ tʰe³³ tɕa⁵³ kʰe⁵³ni³¹ tʰa²² mi³¹-kʰo⁵³ la

后面   主人   那   TOP   狗   他.DAT PFV-给   CS

主人没得办法，只好把狗赔给他。

ja⁵³no³¹ tʰe³³ kʰe⁵³ni³¹ fu³³ tsa³³ ka³¹tsa³³ ʐu³³ i tsʰo³³

ja⁵³no³¹ tʰe³³ kʰe⁵³ni³¹ fu³³ tsa³³ ka³¹tsa³³ ʐu³³ i tsʰo³³

后面   那   狗   领   带   马   养活   GEN   人

ja³³   ga   ji³³   la   ɕe⁵³

ja³³   ga   ji³³   la   ɕe⁵³

房屋   家   去   CS   TNT

孤儿又把狗牵到一家有马的人家。

tʰa⁵³tɕʰu³³ me³³ tʰe³³ kʰe⁵³ni³¹ tʰe³³ mo³¹… ka³¹tsa³³ i

tʰa⁵³tɕʰu³³ me³³ tʰe³³ kʰe⁵³ni³¹ tʰe³³ mo³¹ ka³¹tsa³³ i

悄悄   做   那   狗   那   马   马   GEN

mu⁵³tʃʰu³¹ u³¹pʰu⁵³ la ja⁵³no³¹ tɕi³³ ne³³ ke³³ tsʰo³³ ja³³

mu⁵³tʃʰu³¹ u³¹-pʰu⁵³ la ja⁵³no³¹ tɕi³³ ne³³ ke³³ tsʰo³³ ja³³

尾巴   PFV-捆   CS   后面   一   天   这   人   房屋

悄悄地把狗拴在马尾巴上。第二天，

tsʰo³³ ja³³ ve⁵³ la

tsʰo³³ ja³³ ve⁵³ la

人   房屋   起   CS

这家男主人起来（喂马）。

u³¹do³³ ne tʰe³³ kʰe⁵³ni³¹ ka³¹tsa³³ gu²² sə³¹ka³¹ la

u³¹-do³³ ne tʰe³³ kʰe⁵³ni³¹ ka³¹tsa³³ gu²² sə³³ka³³ la

PFV-看见 TOP 那 狗 马 踩 死 CS

看到狗被马踩死了。

ja⁵³no³¹　　tɕa⁵³　ke³³　tsʰo³³　　mu³¹ga⁵³　　la　　ka³¹tsa³³　na²²　　　tsa²²
ja⁵³no³¹　　tɕa⁵³　ke³³　tsʰo³³　　mu³¹ga⁵³　　la　　ka³¹tsa³³　na²²　　　tsa²²
后面　　　TOP　这　人　　　没办法　　CS　马　　　你.DAT　还
这家人只好把马赔给他。

ja⁵³no³¹　　tɕa⁵³　ka³¹tsa³³　çe³³　　tsa³³　ji³³　　　la
ja⁵³no³¹　　tɕa⁵³　ka³¹tsa³³　çe³³　　tsa³³　ji³³　　　la
后面　　　TOP　马　　　拉　　带　去　　　CS
孤儿就牵着马走了。

u³¹do³³　　ne　　xe³³pʰo⁵³　tsʰo³³　a³³　xo³³tɕa³³　tʰa³³　ʃə³³　tʃʰu⁵³　la³¹　la³³
u³¹-do³³　ne　　xe³³pʰo⁵³　tsʰo³³　a³³　xo³³tɕa³³　tʰa³³　ʃə³³　tʃʰu⁵³　la³¹　la³³
PFV-看见　TOP　前-边　　　人　　个　什么　　　抬　拿　出来　　来　　CS
见到前面有一伙人抬着一个东西走过来。

tʰe³³　　tʰa²²　　mi³¹ndo⁵³　ne³³de　　xo³³tɕa³³　tʰa³³　　　o
tʰe³³　　tʰa²²　　mi³¹ndo⁵³　ne³³-de　xo³³tɕa³³　tʰa³³　　　o
那　　　他.DAT　问　　　　你-PL　　什么　　　抬　　　ITRJ
他就问人家，你们抬的是什么哦？

ŋa³³de　pu³¹　　ke⁵³　i　　tsʰo³³　　mu⁵³ka³¹　sə³¹ka³¹　la
ŋa³³-de　pu³¹　ke⁵³　i　　tsʰo³³　　mu⁵³ka³¹　sə³³ka³³　la
我-PL　　村寨　LOC　GEN　人　　　老　　　死　　　CS
那些人说，我们寨子里一个（孤）老头儿死了。

ŋa³³　tʰe³³　tʃʰe³³ʑi³³　i²²tɕa³³　tɕa⁵³　tʰe³³　ka³¹tsa³³　fu³³　la　　tʰe³³　tsʰo³³
ŋa³³　tʰe³³　tʃʰe³³ʑi³³　i²²tɕa³³　tɕa⁵³　tʰe³³　ka³¹tsa³³　fu³³　la　　tʰe³³　tsʰo³³
我　那　孤儿　　　孩子　　TOP　那　马　　　　领　CS　那　人

mu⁵³ka³¹　to³³ke³³
mu⁵³ka³¹　to³³ke³³
老　　　　换
（孤儿就说，）我用这匹马儿来换这具尸体吧。

tʰe³³	tsʰo³³	tʰa³³ɕu	bu	ja²²ka³³	u³¹dʐa³¹	la
tʰe³³	tsʰo³³	tʰa³³-ɕu	bu	ja²²ka³³	u³¹-dʐa³¹	la
那	人	抬-者	PL.ANM	全部	PFV-喜欢	CS

抬尸体的人就高兴了。

tʰe³³	ja²²ka³³	pu	tɕa⁵³	dʐa³¹	ne	tʰe³³	tsʰo³³mo³³
tʰe³³	ja²²ka³³	pu	tɕa⁵³	dʐa³¹	ne	tʰe³³	tsʰo³³mo³³
那	全部	只	TOP	喜欢	TOP	那	尸体

tʃʰe³³ʐi³³	i²²tɕa³³	i	mi³¹kʰo⁵³	ne	ka³¹tsa³³	to³³ke³³	tʃʰu⁵³	ji³³	la
tʃʰe³³ʐi³³	i²²tɕa³³	i	mi³¹-kʰo⁵³	ne	ka³¹tsa³³	to³³ke³³	tʃʰu⁵³	ji³³	la
孤儿	孩子	GEN	PFV-给	TOP	马	换	出来	去	CS

高高兴兴地把尸体换成马儿走了。

tʰe³³	tʃʰe³³ʐi³³	i²²tɕa³³	ne	tʰe³³	tsʰo³³	ba²²ba³³	ne	ba³³tʰo⁵³
tʰe³³	tʃʰe³³ʐi³³	i²²tɕa³³	ne	tʰe³³	tsʰo³³	ba²²ba³³	ne	ba³³-tʰo⁵³
那	孤儿	孩子	TOP	那	人	背	TOP	山-之上

ji³³	la³³
ji³³	la³³
去	CS

孤儿背着尸体来到了山上。

tʰe³³	tsʰo³³	sə³¹ka³¹	i	tʰe³³	mu⁵³ka³¹	tʰe³³	va³³ma³³	dʑe²²du³³pʰo⁵³
tʰe³³	tsʰo³³	sə³³ka³³	i	tʰe³³	mu⁵³ka³¹	tʰe³³	va³³ma³³	dʑe²²du³³-pʰo⁵³
那	人	死	GEN	那	老	那	路	边上-边

u³¹tsʰu²²	tɕi³³	tʰu⁵³	ma³¹	du⁵³
u³¹-tsʰu²²	tɕi³³	tʰu⁵³	ma³¹	du⁵³
PFV-修	一	时刻	NEG	完

把尸体，就像一个活的人坐得起一样，摆到路边上。不一会儿，

tɕi³³	tʰu⁵³	du⁵³	tʰe³³	a³³ma³³	za³³mi³³	tɕi³³	bu⁵³	u³¹xa²²xa⁵³
tɕi³³	tʰu⁵³	du⁵³	tʰe³³	a³³ma³³	za³³mi³³	tɕi³³	bu⁵³	u³¹-xa²²-xa⁵³
一	时刻	完	那	母亲	女儿	一	PL.ANM	PFV-笑-笑

tɕəu	tʃʰu⁵³	la³¹	la³³
tɕəu	tʃʰu⁵³	la³¹	la³³
就	出来	来	CS

一群小姑娘嘻嘻哈哈地走过来。

tʰe³³	za³³mi³³	pu	tɕa⁵³	ŋe²²	mi³¹	a³³	ŋa²²	kʰo⁵³	ŋa³³de	je³³ka³³
tʰe³³	za³³mi³³	pu	tɕa⁵³	ŋe²²	mi³¹	a³³	ŋa²²	kʰo⁵³	ŋa³³-de	je³³ka³³
那	女儿	只	TOP	说	火	个	我.DAT	给	我-PL	烟袋

nu⁵³
nu⁵³
烧

她们说，借个火给我们，我们想抽根烟。

tʰe³³	nei²¹	kə	tʰe³³	tʃʰe³³ʑi³³	i²²tɕa³³	tɕa⁵³	ŋe²²	ŋa³³	mi³¹	ma³¹
tʰe³³	nei²¹	kə	tʰe³³	tʃʰe³³ʑi³³	i²²tɕa³³	tɕa⁵³	ŋe²²	ŋa³³	mi³¹	ma³¹
那	那	个	那	孤儿	孩子	TOP	说	我	火	NEG

bo⁵³	tʰe³³	dʐe²²du³³pʰo⁵³	ke	i	tʰe³³	tʰe³³	ke	tʃʰu⁵³
bo⁵³	tʰe³³	dʐe²²du³³-pʰo⁵³	ke	i	tʰe³³	tʰe³³	ke	tʃʰu⁵³
拥有	那	边上-边	LOC	GEN	那	那	LOC	出来

i	tʰe³³	tsʰo³³	bo⁵³
i	tʰe³³	tsʰo³³	bo⁵³
GEN	那	人	拥有

那个孤儿说，我没带火，那个路边上的老爷爷有。

tʰe³³	njo²²bo³³	tsʰo³³	a³³	tʰa²²	ɕu³¹ɕu⁵³	ma³¹	dʑi⁵³	tʰe³³
tʰe³³	njo²²bo³³	tsʰo³³	a³³	tʰa²²	ɕu³¹-ɕu⁵³	ma³¹	dʑi⁵³	tʰe³³

那	聋子	人	个	他.DAT	摇-摇	NEG	是	那

ma⁵³ se²²
ma⁵³ se²²
NEG 知道

他是个聋子，你们要摇他。

tʰe³³	bu	tɕa⁵³	dʑi⁵³	la	ŋe²²	dʑe²²du³³pʰo⁵³	ji³³	la
tʰe³³	bu	tɕa⁵³	dʑi⁵³	la	ŋe²²	dʑe²²du³³-pʰo⁵³	ji³³	la
那	PL.ANM	TOP	是	CS	说	边上-边	去	CS

tɕʰi³³	dʑe²²du³³pʰo⁵³	ji³³	la³³
tɕʰi³³	dʑe²²du³³-pʰo⁵³	ji³³	la³³
他.GEN	边上-边	去	CS

姑娘们就同意了，到他那边去了。

tsʰo³³	kʰa⁵³	mi³¹	a³³	ŋa²²	kʰo⁵³	tʰa²²	tɕi⁵³	ɕu³¹ɕu⁵³	ɕe⁵³
tsʰo³³	kʰa⁵³	mi³¹	a³³	ŋa²²	kʰo⁵³	tʰa²²	tɕi⁵³	ɕu³¹-ɕu⁵³	ɕe⁵³
人	大	火	个	我.DAT	给	他.DAT	一	摇-摇	TNT

老爷爷爷借个火，就摇他。

tsʰo³³	kʰa⁵³	mi³¹	a³³	ŋa²²	ji³¹	tɕi⁵³	ɕu³¹ɕu⁵³	ɕe⁵³
tsʰo³³	kʰa⁵³	mi³¹	a³³	ŋa²²	ji³¹	tɕi⁵³	ɕu³¹-ɕu⁵³	ɕe⁵³
人	大	火	个	我.DAT	借	一	摇-摇	TNT

老爷爷爷借个火，就摇他。

tʰe³³	mu⁵³ka³¹ma³³	tɕa⁵³	u³¹ɕu³¹ɕu⁵³	ne	ve⁵³lje²²lje³³	gi⁵³	la
tʰe³³	mu⁵³ka³¹-ma³³	tɕa⁵³	u³¹-ɕu³¹-ɕu⁵³	ne	ve⁵³lje²²lje³³	gi⁵³	la
那	老-母	TOP	PFV-摇-摇	TOP	滚	落	CS

摇了一下那个老头子，他就滚到山崖下面去了。

tʰe³³	tʃʰe³³ʐi³³	i²²tɕa³³	tɕa⁵³	u³¹do³³	la	jo²²	me³³	ko²²ko³³
tʰe³³	tʃʰe³³ʐi³³	i²²tɕa³³	tɕa⁵³	u³¹-do³³	la	jo²²	me³³	ko²²-ko³³

那　　孤儿　　　孩子　　TOP　　PFV-看见　　CS　快　做　　跑-跑

tʃʰu⁵³　la　kʰi³¹kʰi³³　　tɕi³³　　tʰu⁵³
tʃʰu⁵³　la　kʰi³¹-kʰi³³　　tɕi³³　　tʰu⁵³
出来　CS　嚷-嚷　　　　一　　时刻

那个孤儿看到了，就跑过来，（在悬崖上）喊。那时候，

u³¹kʰi³¹kʰi³³　　u³¹ŋe³³　　ɕi　tɕi⁵³　kʰi³¹kʰi³³　　ɕe⁵³　u³¹ŋe³³　　ɕi
u³¹-kʰi³¹-kʰi³³　u³¹-ŋe³³　ɕi　tɕi⁵³　kʰi³¹-kʰi³³　ɕe⁵³　u³¹-ŋe³³　ɕi
PFV-嚷-嚷　　　PFV-哭　再　一　　PFV-嚷-嚷　　TNT　PFV-哭　再

他一边喊一边哭。

ni³³　a³³ba³³　kʰa⁵³　no³³　xo³³　me³³　la　a³³ba³³　kʰa⁵³　no³³　xo³³　me³³
ni³³　a³³ba³³　kʰa⁵³　no³³　xo³³　me³³　la　a³³ba³³　kʰa⁵³　no³³　xo³³　me³³
你　父亲　　大　　你　什　做　　CS　父亲　　大　　你　什　　做

他说，父亲啊父亲，你老人家怎么了。

la　tʰe³³　tɕi³³　ŋe³³　ɕe⁵³　mə　tʰe³³　a³³ma³³　za³³mi³³　pu
la　tʰe³³　tɕi³³　ŋe³³　ɕe⁵³　mə　tʰe³³　a³³ma³³　za³³mi³³　pu
CS　他　　一　　哭　　TNT　嘛　那　　母亲　　女儿　　只

tɕa⁵³　ŋa³¹　la
tɕa⁵³　ŋa³¹　la
TOP　受惊　CS

他假哭了一阵，那些姑娘就很害怕。

ne³³de　se³³gu³³　ŋe³³　i　　a³³ba³³　dje⁵³　ʃə³¹　gi⁵³　la
ne³³-de　se³³gu³³　ŋe³³　i　　a³³ba³³　dje⁵³　ʃə³¹　gi⁵³　la
你-PL　谁　　　　我.GEN　GEN　父亲　推　　拿　落　　CS

你们哪个把我的父亲推到山底下去了？

ne³³de　se³³gu³³　ŋe³³　i　　a³³ba³³　dje⁵³　ʃə³¹　gi⁵³　la　tɕa⁵³　ma⁵³
ne³³-de　se³³gu³³　ŋe³³　i　　a³³ba³³　dje⁵³　ʃə³¹　gi⁵³　la　tɕa⁵³　ma⁵³

你-PL	谁		我.GEN	GEN	父亲	推	拿	落	CS	TOP	NEG

ŋe²² ŋa³³ tɕa⁵³ tʰa³¹ ja²²ʃu³³ma⁵³ me³³ o pə
ŋe²² ŋa³³ tɕa⁵³ tʰa³¹ ja²²ʃu³³ma⁵³ me³³ o pə
说 我 TOP 他 妻子 做 语气词 吧

哪个推下去的，哪个就做我的老婆。

ja⁵³no³¹ tʰe³³ za³³mi³³ tɕʰi³³ ja⁵³no³¹ ji³³ ne tɕʰi³³ ja²²ʃu³³ma⁵³
ja⁵³no³¹ tʰe³³ za³³mi³³ tɕʰi³³ ja⁵³no³¹ ji³³ ne tɕʰi³³ ja²²ʃu³³ma⁵³
后面 那 女儿 他.GEN 后面 去 TOP 他.GEN 妻子

me³³ ku³³ ji³³ la pi⁵³ la
me³³ ku³³ ji³³ la pi⁵³ la
做 为 去 CS 毕 CS

这个姑娘无可奈何地做了他的老婆。讲完了。

　　从前，有一个孤儿靠捡垃圾过日子。捡了几年的破烂。人长大了讨不到老婆。有一天，他把捡来的豆子寄放在一家人屋里。这家人说：我家有很多耗子，你把豆子放在我家，可能豆子要被耗子吃了。这个孤儿说没关系的。主人家就同意孤儿把豆子寄放在他家。第二天早上，孤儿去拿他的豆子。这家人就告诉他，豆子都被耗子吃完了。这个孤儿就很不高兴，就让那个主人赔他一只耗子。这家人就没得办法，动员全家人，逮了一只耗子拿给孤儿。这个孤儿拿到耗子来到一家有猫的人家。他要这家人帮他把耗子关在一个背斗下面。这家男主人就对他说，我家有猫，你的耗子会被猫吃掉的，我们不敢帮你关耗子。孤儿就说，没关系，没关系。第二天呢，孤儿来拿耗子。女主人就对他说，你的耗子被猫儿吃了。这个孤儿就不干了。要主人家赔他的耗子。那家人捉不到耗子，只好赔给他猫。孤儿把猫抱到一家有狗的人家。他对那家人说，请你帮我把这只猫放在你家，我有点事要出去，明天来取猫。这家主人对他说，我们家有狗，我怕狗把你的猫咬死了。孤儿说，没关系，没关系。第二天，孤儿来要他的猫。但是猫已经被狗咬死了。这个时候孤儿不干了，喊主人一定赔他的猫。主人没得办法，只好把狗赔给他。孤儿又把狗牵到一家有马的人家。悄悄地把狗拴在马尾巴上。第二天，这家男主人起来喂马儿。看到狗被马踩死了。这家人只好把马赔给他。孤儿就牵着马走了。见到前面有一伙人抬着一个东西走过来，他就问人家，你们抬的是什么？那些人说，我们寨子里一个孤老头儿死了。孤儿就说，我用这匹马儿还来换这具尸体吧。抬尸体的人就高兴了，高高兴兴地把尸体换成马儿走了。孤儿背着尸体上到了山上。把死人摆成活人的姿态坐在那里。不一会儿，一群小姑娘嘻嘻哈哈地走过来。她们说，借个火给我们，我们想抽根烟。孤儿手指着路边上的尸体说，我没带火，那个老爷爷有。你们去找他借吧，但是他是个聋子，你们要摇他。姑娘们就同意了，到他那边去了。老爷爷借个火，老爷爷借个火，一边用力气去摇他。摇了一下那个老头子，他就滚到山崖下面去了。那个孤儿看到了，就跑过来，在悬崖上喊。他一边喊一边哭。他说，父亲啊父亲，你老人家怎么了。他假哭了一阵，那些姑娘就很害怕。你们哪个把我的父亲推到山底下去了？哪个推下去的，哪个就做我的老婆，不然我就要让她抵命。就这样，那个把老爷爷推下山的姑娘就觉得十分委屈。但是没办法，只有听天由命了。这个姑娘无可奈何地做了他的老婆。

2.12 假话大王

ja²²nje³³	xe⁵³nje³³	tsʰo³³	a	tɕʰe⁵³pʰu³¹	go²²tɕi³³	a	dʐo³³
ja²²nje³³	xe⁵³nje³³	tsʰo³³	a	tɕʰe⁵³pʰu³¹	go²²tɕi³³	a	dʐo³³
去年	前年	人	个	年龄	小	个	存在

从前，有一个年轻人，

mje³³kʰe	tɕa⁵³	tsa³³ɕi³³	mje³³kʰe	tsʰo³³	dje⁵³	i	dje⁵³	a³³
mje³³kʰe	tɕa⁵³	tsa³³ɕi³³	mje³³kʰe	tsʰo³³	dje⁵³	i	dje⁵³	a³³
名字	TOP	扎西	名字	人	好	GEN	好	个

名字叫扎西，是个非常好的人。

do³¹	nja⁵³	ma⁵³	ŋe²²
do³¹	nja⁵³	ma⁵³	ŋe²²
话	强壮	NEG	说

很会撒谎（说话很厉害）。

ja²²ka³³	tʰa²²	kʰi³¹kʰi³³	ne	do³¹	nja⁵³	i	tsʰo³³
ja²²ka³³	tʰa²²	kʰi³¹-kʰi³³	ne	do³¹	nja⁵³	i	tsʰo³³
全部	他.DAT	嚷-嚷	TOP	话	强壮	GEN	人

大家都叫他"说话厉害的人"。

do³¹	nja⁵³	tsʰo³³	dje⁵³	i	dje⁵³

do³¹	nja⁵³	tsʰo³³	dje⁵³	i	dje⁵³
话	强壮	人	好	GEN	好

说话厉害的人，人很好。

ja⁵³no³¹	ɕu³³	i	xo³³tɕa³³	dzu²²gu³³	la	ma³¹	xuŋ³³	ɕu³³
ja⁵³no³¹	ɕu³³	i	xo³³tɕa³³	dzu²²gu³³	la	ma³¹	xuŋ³³	ɕu³³
后面	人	GEN	什么	东西	CS	NEG	要	人

i	dzu²²gu³³	xo³³tɕa³³	la	ma³¹	xuŋ³³
i	dzu²²gu³³	xo³³tɕa³³	la	ma³¹	xuŋ³³
GEN	东西	什么	也	NEG	要

从来没要过别人任何东西，不要别人任何的东西。

pu³³	ke⁵³	i	tsʰo³³	ja²²ka³³	bu	tʰa²²	dʑa³¹
pu³³	ke⁵³	i	tsʰo³³	ja²²ka³³	bu	tʰa²²	dʑa³¹
村寨	LOC	GEN	人	全部	PL.ANM	他.DAT	喜欢

赛子里的人都很喜欢他。

ja²²ka³³	tʰa²²	kʰi³¹kʰi³³	fu³³	la	do³¹	nja⁵³	i	ŋe²²
ja²²ka³³	tʰa²²	kʰi³¹-kʰi³³	fu³³	la	do³¹	nja⁵³	i	ŋe²²
全部	他.DAT	嚷-嚷	领	CS	话	强壮	GEN	说

大家都请他说话，说话说得很好。

do³¹	dje⁵³	tɕʰe²²nje³³	go³¹	i	tɕi³³	nje³³
do³¹	dje⁵³	tɕʰe²²nje³³	go³¹	i	tɕi³³	nje³³
话	好	今年	冷	GEN	一	年

这年冬天，

pu³³	ke⁵³	tɕi³³	ja³³	xo³³tsa⁵³	kʰo²²ʃe⁵³	vo³¹	tɕu²²
pu³³	ke⁵³	tɕi³³	ja³³	xo³³tsa⁵³	kʰo²²ʃe⁵³	vo³¹	tɕu²²
村寨	LOC	一	房屋	每	过年	猪	杀

赛子里家家户户杀猪。

ge³¹ ga²²kʰu³³ ça²² o⁵³ ge³¹ ga²²kʰu³³ ça²² o⁵³
ge³¹ ga²²kʰu³³ ça³¹ o⁵³ ge³¹ ga²²kʰu³³ ça³¹ o⁵³
锅　　饼子　　做　　PRO　锅　　饼子　　　做　　PRO
准备做锅饼子，准备做锅饼子。

ja²²ka³³ tça⁵³ ba⁵³ i ba⁵³ tçi³³ ʃɯ⁵³ xo²²tsa³³ tsʰo³³
ja²²ka³³ tça⁵³ ba⁵³ i ba⁵³ tçi³³ ʃɯ⁵³ xo²²tsa³³ tsʰo³³
全部　TOP　累　GEN　累　一　早晨　每　　人
大家很累，每天早上，

tçi³³ bu⁵³ fu³³ tsa³³ tçi³³ ja³³ tçi³³ ja³³ i kʰo²²ʃe⁵³
tçi³³ bu⁵³ fu³³ tsa³³ tçi³³ ja³³ tçi³³ ja³³ i kʰo²²ʃe⁵³
一　PL.amn　领　带　一　房屋　一　房屋　GEN　过年
邀约了一些人，一家一家地（挨家挨户）

vo³¹ tçu²² tʰe³³ tsʰo³³ ja³³kʰe ge³¹ ʒo²² ge³¹ ga²²kʰu³³ ça²²
vo³¹ tçu²² tʰe³³ tsʰo³³ ja³³kʰe ge³¹ ʒo²² ge³¹ ga²²kʰu³³ ça²²
猪　杀　那　人　家里　锅　米饭　锅　饼子　做
杀年猪，那家人呢，忙着蒸饭舂糍粑（做锅巴），拿锅烙饼子。

ja²²ʃu³³ma⁵³ ge³¹ ʒo²² tçi³³ ʒo²²kʰu⁵³ ko³³ izo
ja²²ʃu³³ma⁵³ ge³¹ ʒo²² tçi³³ ʒo²²kʰu⁵³ ko³³ izo
妻子　锅　米饭　一　蒸笼　蒸　PROG
妻子蒸了一大甑子糯米饭。

to⁵³to³¹ dʐa⁵³pu³¹ na²²ba³³ ji³³ ne tço³³mu³³kʰu⁵³ tça⁵³ tçəu ge³¹
to⁵³-to³¹ dʐa⁵³pu³¹ na²²ba³³ ji³³ ne tço³³mu³³kʰu⁵³ tça⁵³ tçəu ge³¹
抱-抱　门　边　去　TOP　碓窝　TOP　就　锅

ʒo²² tçu³³
ʒo²² tçu³³
米饭　舂
端到门口的碓窝房里去舂糍粑。

tʰe³³	nja⁵³	tsa³³	izo	tʰe³³	tɕo³³mu³³kʰu⁵³	tsʰə³³	o
tʰe³³	nja⁵³	tsa³³	izo	tʰe³³	tɕo³³mu³³kʰu⁵³	tsʰə³³	o
那	婴儿	带	PROG	那	碓窝	洗	ITRJ

抱着婴儿，正在清洗碓窝。

tʰe³³	do³¹	nja⁵³	i	tʰe³³	tsʰo³³	tɕʰi³³	na²²ba³³	la³¹	la³³
tʰe³³	do³¹	nja⁵³	i	tʰe³³	tsʰo³³	tɕʰi³³	na²²ba³³	la³¹	la³³
那	话	强壮	GEN	那	人	他.GEN	边	来	CS

那个说话厉害的人正好经过她那里。

tʰe³³	nja⁵³	tʰa²²	i	a³³ma³³	tʰa²²	kʰi³¹kʰi³³	fu³³	la³³
tʰe³³	nja⁵³	tʰa²²	i	a³³ma³³	tʰa²²	kʰi³¹-kʰi³³	fu³³	la³³
那	强壮	他.DAT	GEN	母亲	他.DAT	嚷-嚷	领	CS

ja³³kʰe	ge³¹	ʒo²²	tɕʰu³³	la³³
ja³³kʰe	ge³¹	ʒo²²	tɕʰu³³	la³³
家里	锅	米饭	敲打	CS

她热情地邀请假话大王来（帮自己舂糍粑）。

tʰe³³	tʰa²²	njo³³	ne	do³¹	nja⁵³	i	ge³³	sə⁵³	tʰe³³	nja⁵³
tʰe³³	tʰa²²	njo³³	ne	do³¹	nja⁵³	i	ge³³	sə⁵³	tʰe³³	nja⁵³
那	他.DAT	看	TOP	话	强壮	GEN	PRO	事情	那	强壮

se²²	ma⁵³	se²²
se²²	ma⁵³	se²²
知道	NEG	知道

她看他呢，（就想看看）说话厉害的人，他的技巧是不是真的非同一般。

tʰe³³	nja⁵³	tsa³³	i	a³³ma³³	ne	lo³¹ko³³	tɕi³³	ko³³	nja⁵³	tsa³³
tʰe³³	nja⁵³	tsa³³	i	a³³ma³³	ne	lo³¹ko³³	tɕi³³	ko³³	nja⁵³	tsa³³
那	婴儿	带	GEN	母亲	TOP	手	一	只	婴儿	带

她抱着婴儿，一手抱着婴儿，

to⁵³to³¹   izo   gu⁵³du³¹   ʃə⁵³   la³³   tʰe³³   tɕo³³mu³³kʰu⁵³   gu²²
to⁵³-to³¹   izo   gu⁵³du³¹   ʃə³¹   la³³   tʰe³³   tɕo³³mu³³kʰu⁵³   gu²²
抱-抱   PROG   脚   拿   CS   那   碓窝   踩
用脚踩那个碓窝。

tʰe³³   do³¹   nja⁵³   kʰa³³tʰo³³   i   tʰe³³   tsʰo³³   tɕa⁵³   tɕʰi³³   ba³³   lo³³pʰo³³
tʰe³³   do³¹   nja⁵³   kʰa³³tʰo³³   i   tʰe³³   tsʰo³³   tɕa⁵³   tɕʰi³³   ba³³   lo³³pʰo³³
那   话   强壮   说   GEN   那   人   TOP   他.GEN   com   帮助
那个说话厉害的人呢，就要帮助她。

tsa³³ɕi³³   tɕi³³   ne³³   xo³³tsa⁵³   do³¹   nja⁵³   ŋe²²   i   tsʰo³³
tsa³³ɕi³³   tɕi³³   ne³³   xo³³tsa⁵³   do³¹   nja⁵³   ŋe²²   i   tsʰo³³
扎西   一   天   每   话   强壮   说   GEN   人
扎西，（你）是每天说（假）话的人，

ŋa³³   se²²   no³³   ŋa³³   ni   do³¹   nja⁵³   ŋe²²   o⁵³   la³³   ka³³   ni³³
ŋa³³   se²²   no³³   ŋa³³   ni   do³¹   nja⁵³   ŋe²²   o⁵³   la³³   ka³³   ni³³
我   知道   你   我   GEN   话   强壮   说   PRO   CS   样子   有
我知道你会欺骗人。

tɕi³³   tʰu⁵³   ne   gu⁵³du³¹   ne   tʰe³³   tɕo³³mu³³kʰu⁵³   tɕʰu³³
tɕi³³   tʰu⁵³   ne   gu⁵³du³¹   ne   tʰe³³   tɕo³³mu³³kʰu⁵³   tɕʰu³³
一   时刻   TOP   脚   TOP   那   碓窝   敲打
（她）一会儿呢，用脚踩碓窝，

kʰa³³pi³³   ne   tʰa²²   pʰo⁵³   dʑe³¹   na³¹   ɕa³¹
kʰa³³pi³³   ne   tʰa²²   pʰo⁵³   dʑe³¹   na³¹   ɕa³¹
嘴   TOP   他.DAT   边   汉族   语言   讲
嘴巴里对他开玩笑。

ja²²ka³³   na²²   ŋe²²   ne   no³³   dje⁵³   do³¹   nja⁵³   ŋe²²   i
ja²²ka³³   na²²   ŋe²²   ne   no³³   dje⁵³   do³¹   nja⁵³   ŋe²²   i

全部　　你.DAT　说　TOP　你　好　话　强壮　说　GEN

tsʰo³³　kʰa⁵³
tsʰo³³　kʰa⁵³
人　　大
大家都说你是个很会说话的人，

nja⁵³　ŋe²²　i　tsʰo³³　kʰa⁵³　i　tsʰo³³
nja⁵³　ŋe²²　i　tsʰo³³　kʰa⁵³　i　tsʰo³³
强壮　说　GEN　人　大　GEN　人
是会说话的大人。

no³³　pe³³sə⁵³　dʑe⁵³　ŋa³³　ni　tʰe³³　ge³¹　ga²²kʰu³³　to⁵³to³¹　dʑi³¹
no³³　pe³³sə⁵³　dʑe⁵³　ŋa³³　ni　tʰe³³　ge³¹　ga²²kʰu³³　to⁵³-to³¹　dʑi³¹
你　本事　含有　我　GEN　那　锅　饼子　抱-抱　回
如果你有本事的话，就把我的锅饼子抱走，

la³³　　ŋa³³　　tɕa⁵³　　na²²　　dʐa³¹　　la³³
la³³　　ŋa³³　　tɕa⁵³　　na²²　　dʐa³¹　　la³³
CS　我　TOP　你.DAT　喜欢　CS
那我呢，就喜欢你了。

tʰe³³　tsʰo³³　do³¹　nja⁵³　i　tʰe³³　tsʰo³³　tɕa⁵³　mi⁵³sə³¹
tʰe³³　tsʰo³³　do³¹　nja⁵³　i　tʰe³³　tsʰo³³　tɕa⁵³　mi⁵³sə³¹
那　人　话　强壮　GEN　那　人　TOP　眼睛

tɕi³³　tɕi²²tɕi³³　　ɕe⁵³
tɕi³³　tɕi²²-tɕi³³　　ɕe⁵³
一　闭-闭　　TNT
那个说话厉害的人眨巴了一下眼睛。

ŋa³³　do³¹　dje⁵³　ŋe²²　i　tʰe³³　dzu²²gu³³　ja³³kʰe　tɕi³³　izo
ŋa³³　do³¹　dje⁵³　ŋe²²　i　tʰe³³　dzu²²gu³³　ja³³kʰe　tɕi³³　izo

我　　话　　好　　说　　GEN　那　　东西　　家里　　放　　PROG
我把说假话的东西放在家里了。

ta³³ne³³　tɕa⁵³　na²²　pʰje⁵³　tɕi　ma⁵³　pʰa³¹　la³³
ta³³ne³³　tɕa⁵³　na²²　pʰje⁵³　tɕi　ma⁵³　pʰa³¹　la³³
今天　　TOP　　你.DAT　骗　　是　　NEG　能　　CS
今天无法骗你。

tɕa⁵³　tʰe³³　me³³　tɕi⁵³　ɕa³¹　ɕe⁵³　tʰe³³　ge³¹　ga²²kʰu³³
tɕa⁵³　tʰe³³　me³³　tɕi⁵³　ɕa³¹　ɕe⁵³　tʰe³³　ge³¹　ga²²kʰu³³
TOP　那　做　一　讲　TNT　那　锅　饼子

tɕi³³　tɕʰu³³　ɕe⁵³
tɕi³³　tɕʰu³³　ɕe⁵³
一　　敲打　TNT
就那么一边聊，一边舂糍粑。

jo²²　tɕa⁵³　a⁵³mi³¹　tɕi³³　tʰu⁵³　du⁵³　la³³　ɕe⁵³　o
jo²²　tɕa⁵³　a⁵³mi³¹　tɕi³³　tʰu⁵³　du⁵³　la³³　ɕe⁵³　o
快　TOP　现在　一　时刻　完　CS　TNT　语气词
不知不觉过了一顿饭工夫。

tʰe³³　do³¹　nja⁵³　ŋe²²　i　tʰe³³　tsʰo³³　tsʰo³³　kʰa⁵³　tɕa⁵³　tʰe³³
tʰe³³　do³¹　nja⁵³　ŋe²²　i　tʰe³³　tsʰo³³　tsʰo³³　kʰa⁵³　tɕa⁵³　tʰe³³
那　话　强壮　说　GEN　那　人　人　大　TOP　那

a³³ma³³　pʰo⁵³　ŋe²²
a³³ma³³　pʰo⁵³　ŋe²²
母亲　边　说
那个说话厉害的人就对那个女人说，

no³³　tɕi³³　lo³¹ko³³　tɕi³³　ko³³　nja⁵³　to⁵³to³¹　lo³¹ko³³　tɕi³³　ko³³
no³³　tɕi³³　lo³¹ko³³　tɕi³³　ko³³　nja⁵³　to⁵³-to³¹　lo³¹ko³³　tɕi³³　ko³³

你	一	手	一	只	婴儿	抱-抱	手	一	只

tʰe³³	ke⁵³	tɕʰu³³	ba⁵³	la³³	ŋa³³	tɕi³³	to⁵³to³¹	ɕe⁵³	
tʰe³³	ke⁵³	tɕʰu³³	ba⁵³	la³³	ŋa³³	tɕi³³	to⁵³-to³¹	ɕe⁵³	
那	LOC	敲打	累	CS	我	一	抱-抱	TNT	

你一手抱着婴儿，一手舂糍粑，很累吧，我来抱一下。

ja⁵³no³¹	tɕa⁵³	tʰe³³	a³³ma³³	pu	tɕa⁵³	tʰe³³	nja⁵³
ja⁵³no³¹	tɕa⁵³	tʰe³³	a³³ma³³	pu	tɕa⁵³	tʰe³³	nja⁵³
后面	TOP	那	母亲	只	TOP	那	婴儿

后来呢，那个妇人就把那个婴儿

tʰe³³	do³¹	nja⁵³	tsʰo³³	mi³¹kʰo⁵³	la³³
tʰe³³	do³¹	nja⁵³	tsʰo³³	mi³¹-kʰo⁵³	la³³
那	话	强壮	人	PFV-给	CS

给了那个说话厉害的人。

tʰe³³	bu	tɕa⁵³	ge³¹	ga²²kʰu³³	tɕi³³	tʰu⁵³	tɕʰu³³	la³³	ɕe⁵³
tʰe³³	bu	tɕa⁵³	ge³¹	ga²²kʰu³³	tɕi³³	tʰu⁵³	tɕʰu³³	la³³	ɕe⁵³
那	PL.ANM	TOP	锅	饼子	一	时刻	敲打	CS	TNT

他们又舂了一阵，

tɕʰu³³	du⁵³	la³³	ge³¹	ga²²kʰu³³	tɕʰu³³	du⁵³	la³³
tɕʰu³³	du⁵³	la³³	ge³¹	ga²²kʰu³³	tɕʰu³³	du⁵³	la³³
敲打	完	CS	锅	饼子	敲打	完	CS

舂好了，舂好了糍粑，

tʰe³³	a³³ma³³	pu	tɕa⁵³	tɕo³³mu³³kʰu⁵³	gu³¹	la³³
tʰe³³	a³³ma³³	pu	tɕa⁵³	tɕo³³mu³³kʰu⁵³	gu³¹	la³³
那	母亲	只	TOP	碓窝	踩	CS

那女人踩起碓，

tʰe³³	do³¹	nja⁵³	ŋe²²	i	tʰe³³	tsʰo³³	tɕa⁵³	ge³¹	ga²²kʰu³³

tʰe³³　　do³¹　　nja⁵³　　ŋe²²　　i　　　tʰe³³　　tsʰo³³　　tɕa⁵³　　ge³¹　　ga²²kʰu³³
那　　　话　　　强壮　　说　　GEN　　那　　　人　　　TOP　　锅　　饼子

那个说话厉害的人就

ka²²　　ʃə³¹　　dʑi³¹　　la³³　　fa²²la⁵³　　pu　　ke⁵³　　u³¹tɕi³³　　la³³　　tɕa⁵³　　ja⁵³no³¹
ka²²　　ʃə³¹　　dʑi³¹　　la³³　　fa²²la⁵³　　pu　　ke⁵³　　u³¹-tɕi³³　　la³³　　tɕa⁵³　　ja⁵³no³¹
捡　　　拿　　　回　　　CS　　簸箕　　　只　　LOC　　PFV-放　　　CS　　TOP　　后面

舀出糍粑来，放进簸箕里。然后呢，

i²²tɕa³³　　tɕo³³mu³³kʰu⁵³　　ke⁵³　　u³¹tɕʰe²²tɕʰe³³　　la³³　　tɕa⁵³
i²²tɕa³³　　tɕo³³mu³³kʰu⁵³　　ke⁵³　　u³¹-tɕʰe²²-tɕʰe³³　　la³³　　tɕa⁵³
孩子　　　碓窝　　　　　　LOC　　PFV-拖-拖　　　　　CS　　TOP

把孩子放入碓窝中，

tʰe³³　　　ge³¹　　　ga²²kʰu³³　　to⁵³to³¹　　　ʒe²²　　ji³³　　la³³
tʰe³³　　　ge³¹　　　ga²²kʰu³³　　to⁵³-to³¹　　ʒe²²　　ji³³　　la³³
那　　　　锅　　　　饼子　　　　抱-抱　　　　走　　　去　　　CS

端起糍粑大摇大摆地走了。

tʰe³³　　　a³³ma³³　　tɕa⁵³　　　mu³¹ga³¹　　la³³
tʰe³³　　　a³³ma³³　　tɕa⁵³　　　mu³¹ga³¹　　la³³
那　　　　母亲　　　TOP　　　没办法　　　CS

那个妇女就没办法了。

ja⁵³no³¹　　tɕa⁵³　　tʰe³³　　do³¹　　nja⁵³　　tsʰo³³　　ŋe²²　　i　　　tʰe³³　　tʰe³³
ja⁵³no³¹　　tɕa⁵³　　tʰe³³　　do³¹　　nja⁵³　　tsʰo³³　　ŋe²²　　i　　　tʰe³³　　tʰe³³
后面　　　　TOP　　那　　　话　　　强壮　　人　　　说　　　GEN　　那　　　那

a³³ma³³　　pʰo⁵³　　ŋe²²
a³³ma³³　　pʰo⁵³　　ŋe²²
母亲　　　边　　　说

后来呢，那个说话厉害的人对那个妇女说。

ŋa³³	tɕa⁵³	tʰe³³	me³³	tsʰo³³	pʰje⁵³	i	tsʰo³³
ŋa³³	tɕa⁵³	tʰe³³	me³³	tsʰo³³	pʰje⁵³	i	tsʰo³³
我	TOP	那	做	人	骗	GEN	人

我呢，就那么骗人。

tʰe³³	a³³ma³³	pʰo⁵³	tɕa⁵³	ʃa⁵³ta⁵³	la³³
tʰe³³	a³³ma³³	pʰo⁵³	tɕa⁵³	ʃa⁵³ta⁵³	la³³
那	母亲	边	TOP	上当	CS

那个妇女就上当了。

njo³³	pa⁵³pa³¹	me³³	tʰe³³	tɕa⁵³	do³¹	nja⁵³	i	tsʰo³³
njo³³	pa⁵³pa³¹	me³³	tʰe³³	tɕa⁵³	do³¹	nja⁵³	i	tsʰo³³
看	拐杖	做	那	TOP	话	强壮	GEN	人

眼巴巴地看着那个说话厉害的人

ge³¹	ga²²kʰu³³	to⁵³to³¹	ʃə³¹	la³³
ge³¹	ga²²kʰu³³	to⁵³-to³¹	ʃə³¹	la³³
锅	饼子	抱-抱	拿	CS

把糍粑抱走了。

　　从前，有一个年轻人，名叫扎西，聪明伶俐，很会撒谎，大家都称他为"假话大王"。假话大王通常只表现他的睿智和幽默，从来不取不义之财，所以村子里没有积怨，没有恶名。大家友好相处，有时还请他来撒谎娱乐。

　　这年冬天，寨子里家家户户杀猪，春糍粑准备过年，忙得不亦乐乎。一大早，一家人邀约了几个人家，从自己家开始挨家挨户杀年猪，妻子在家忙着蒸饭春糍粑。妻子蒸了一大甑子糯米饭，端到门口的碓窝房里去春糍粑。她抱着婴儿，正在清洗碓窝，碰巧村子里的假话大王扎西从门口经过，她热情地邀请假话大王来帮自己春糍粑，想顺便看看他的假话技巧能否诓骗自己。

　　这妇人一手抱着婴儿，一手扶着碓窝架子，用脚踩碓窝；假话大王蹲在碓窝边帮着妇人拨糍粑。因为扎西平时爱撒谎，占点儿小便宜，这个女人想，我知道你会欺骗人，只要我提高警惕，不会让你得逞的。她就边踩碓窝边开玩笑地对他说："都说你是会欺骗人的假话大王，真有本事，你今天能把这些已经加工好的糍粑骗去，那我就服了你。"男青年眨巴了一下眼睛说："我用来说假话占便宜的东西放在家里了，现在带在身上的只是些没有用的。今天无法骗你。"就这样，他们边舂糍粑边闲聊。

　　不知不觉过了一顿饭工夫，这年轻人知道那妇人的手抱娃娃一定抱酸了，就说："你的手抱娃娃抱酸了吧，你把娃娃给我，我一手抱着他，一手拨糍粑。"那妇人感激地把娃娃递给了他。他们又舂了一阵，糍粑舂好了，那女人踩起碓，他就把糍粑舀出来放进簸箕里，舀完了，乘那妇人还没有松脚放碓进窝的时候，他把婴儿放入碓窝中，然后端起糍粑大摇大摆地走了。边走边说："你就慢慢支着吧，我就是这样骗人的。"那个妇人这时才发现上当了。她看着碓窝里的娃娃，只能继续踩起碓，眼巴巴地看着假话大王扎西拿着糍粑扬长而去……

2.13 吃人婆的故事

ja²²nje³³	xe⁵³nje³³	tɕa⁵³	a³³ma³³	a³³ba³³	le	mi³¹sə³¹ka³¹	la
ja²²nje³³	xe⁵³nje³³	tɕa⁵³	a³³ma³³	a³³ba³³	le	mi³¹-sə³³ka³³	la
去年	前年	TOP	母亲	父亲	TOP	PFV-死	CS

从前一家人的父母死了。

tʰe³³	tɕəu	i²²tɕa³³	ni⁵³	a³³	bo⁵³	za³³mi³³	a³³	tɕi³³	a³³	bo⁵³
tʰe³³	tɕəu	i²²tɕa³³	ni⁵³	a³³	bo⁵³	za³³mi³³	a³³	tɕi³³	a³³	bo⁵³
那	就	孩子	二	个	拥有	女儿	个	一	个	拥有

他们有两个儿子和一个女儿。

i²²tɕa³³	ni⁵³	a³³	ku	le	tɕəu	ba³³	ko⁵³	ji³³	ba³³	ko⁵³	ji³³
i²²tɕa³³	ni⁵³	a³³	ku	le	tɕəu	ba³³	ko⁵³	ji³³	ba³³	ko⁵³	ji³³
孩子	二	个	位	TOP	就	山	LOC	去	山	LOC	去

两个儿子就上山。

kʰe⁵³ni³¹	bo⁵³	kʰe⁵³ni³¹	ve²²	kʰe⁵³ta²²	ji³³	kʰɯ⁵³	ji³³
kʰe⁵³ni³¹	bo⁵³	kʰe⁵³ni³¹	ve²²	kʰe⁵³ta²²	ji³³	kʰɯ⁵³	ji³³
狗	拥有	狗	赶	放狗	去	上	去

有狗，就赶狗，去放狗（打猎），上山（打猎）。

tɕʰi³³	i	tʰe³³	ji³¹no³¹	ne	ja³³kʰe	tɕʰa⁵³	ça²²	o
tɕʰi³³	i	tʰe³³	ji³¹no³¹	ne	ja³³kʰe	tɕʰa⁵³	ça²²	o

他.GEN　　GEN　　那　　妹妹　　TOP　　家里　　晚饭　　做　　语气词

他们的弟弟（妹妹）就在家里做饭。

$tɕʰa^{53}$　　$ça^{22}$　　ne　　tɕəu　　$ga^{22}kʰu^{33}$　　be　　$u^{31}ça^{22}$　　ne　　tɕəu

$tɕʰa^{53}$　　$ça^{22}$　　ne　　tɕəu　　$ga^{22}kʰu^{33}$　　be　　u^{31}-$ça^{22}$　　ne　　tɕəu

晚饭　　做　　TOP　　就　　饼子　　PL.N-ANM　　PFV-做　　TOP　　就

做饭呢，就烙饼子。

ge^{31}　　pu　　ko^{53}　　$u^{31}da^{53}$　　la

ge^{31}　　pu　　ko^{53}　　u^{31}-da^{53}　　la

锅　　只　　LOC　　PFV-倒　　CS

（把饼子）倒在锅里。

ge^{31}　　pu　　ko^{53}　　$u^{31}da^{53}$　　la　　le　　$tɕa^{53}$　　$na^{31}ma^{53}$　　$ja^{33}kʰe$　　$tɕʰa^{53}$　　$ça^{22}$

ge^{31}　　pu　　ko^{53}　　u^{31}-da^{53}　　la　　le　　$tɕa^{53}$　　$na^{31}ma^{53}$　　$ja^{33}kʰe$　　$tɕʰa^{53}$　　$ça^{22}$

锅　　只　　LOC　　PFV-倒　　CS　　TOP　　TOP　　妹妹　　家里　　晚饭　　做

倒在锅里，哦，妹妹就在家里做饭。

$tɕʰi^{33}$　　$ga^{22}kʰu^{33}$　　be　　i　　$tʰe^{33}$　　ge^{31}　　ko^{53}　　$u^{31}da^{53}$　　ne　　$u^{31}go^{31}$

$tɕʰi^{33}$　　$ga^{22}kʰu^{33}$　　be　　i　　$tʰe^{33}$　　ge^{31}　　ko^{53}　　u^{31}-da^{53}　　ne　　u^{31}-go^{31}

他.GEN　　饼子　　PL.N-ANM　　GEN　　那　　锅　　LOC　　PFV-倒　　TOP　　PFV-烙

做好饼子倒在锅里。

ge^{31}　　ko^{53}　　$u^{31}da^{53}$　　la　　$tɕʰi^{33}$　　$tsʰo^{33}le^{33}ma^{22}mu^{33}$　　$tɕa^{53}$　　se^{22}　　la^{33}

ge^{31}　　ko^{53}　　u^{31}-da^{53}　　la　　$tɕʰi^{33}$　　$tsʰo^{33}le^{33}ma^{22}mu^{33}$　　$tɕa^{53}$　　se^{22}　　la^{33}

锅　　LOC　　PFV-倒　　CS　　他.GEN　　吃人婆　　TOP　　知道　　CS

在锅里烤的时候，吃人婆就知道了。

se^{22}　　la　　tɕəu　　la^{31}　　la^{33}　　tɕəu　　$tɕʰi^{33}$　　$ja^{33}kʰe$　　la^{31}　　la^{33}

se^{22}　　la　　tɕəu　　la^{31}　　la^{33}　　tɕəu　　$tɕʰi^{33}$　　$ja^{33}kʰe$　　la^{31}　　la^{33}

知道　　CS　　就　　来　　CS　　就　　他.GEN　　家里　　来　　CS

知道了以后就到他们家来了。

la³¹	la	za³³mi³³	ni³³	ga²²kʰu³³	tɕi³³	a	na²²	kʰo⁵³	tʰe³³	ʃuo³³
la³¹	la	za³³mi³³	ni³³	ga²²kʰu³³	tɕi³³	a	na²²	kʰo⁵³	tʰe³³	ʃuo³³
来	CS	女儿	你.GEN	饼子	一	个	你.DAT	给	那	说

来了就说，妹妹，请给我一个饼子吃。

dʑi⁵³	o	ga²²kʰu³³	a³³	tʰa²²	mi³¹kʰo⁵³
dʑi⁵³	o	ga²²kʰu³³	a³³	tʰa²²	mi³¹-kʰo⁵³
是	语气词	饼子	个	他.DAT	PFV-给

妹妹就同意了。就给她一个饼子。

tʰe³³	ʃuo³³	ni³³	tʰe³³	ta³³pa³³	pu	ʃə⁵³	la	ni³³	tʰe³³
tʰe³³	ʃuo³³	ni³³	tʰe³³	ta³³pa³³	pu	ʃə³¹	la	ni³³	tʰe³³
那	说	你.GEN	那	菜板	只	拿	CS	你.GEN	那

tɕɕʰe²²to³³	pu	ʃə⁵³	la
tɕɕʰe²²to³³	pu	ʃə³¹	la
焦	只	拿	CS

她说，你拿那个菜板和菜刀，

ŋa³³	ke³³tʰe³³	ni³³	ʃə³¹	la	ne	ni³³	lo³¹ko³³	ʃə³¹	la
ŋa³³	ke³³tʰe³³	ni³³	ʃə³¹	la	ne	ni³³	lo³¹ko³³	ʃə³¹	la
我	这	你.GEN	拿	CS	TOP	你.GEN	手	拿	CS

我就把你那个呢，抓住你的手。

tʰe³³	me³³	ŋe²²	tɕəu	tʰe³³	za³³mi³³	tɕəu	lo³¹ko³³	u³¹tʃe³¹	ɹ
tʰe³³	me³³	ŋe²²	tɕəu	tʰe³³	za³³mi³³	tɕəu	lo³¹ko³³	u³¹-tʃe³¹	ɹ
那	做	说	就	那	女儿	就	手	PFV-伸	TOP

妹妹伸出她的手，

tʰe³³	tɕəu	tʰe³³	lo³¹ko³³	mi³¹to³³	la³³
tʰe³³	tɕəu	tʰe³³	lo³¹ko³³	mi³¹-to³³	la³³
那	就	那	手	PFV-砍	CS

吃人婆就把妹妹的手砍掉了。

mi³¹to³³	la³³	tʰe³³	tɕəu	ga²²kʰu³³	ge	tɕʰi³³	i	tʰe³³
mi³¹-to³³	la³³	tʰe³³	tɕəu	ga²²kʰu³³	ge	tɕʰi³³	i	tʰe³³
PFV-砍	CS	那	就	饼子	LOC	他.GEN	GEN	那

lo³¹ko³³	mi³¹dʑi³¹	la³³
lo³¹ko³³	mi³¹-dʑi³¹	la³³
手	PFV-吃	CS

砍了以后就就着饼子一起吃了。

mi³¹dʑi³¹	la	tɕəu	tɕʰi³³	de²²	na³¹ma⁵³	tɕəu	tɕʰi⁵³	sə³³tɕi³³	o
mi³¹-dʑi³¹	la	tɕəu	tɕʰi³³	de²²	na³¹ma⁵³	tɕəu	tɕʰi⁵³	sə³³tɕi³³	o
PFV-吃	CS	就	他.GEN	家	妹妹	就	生气	特别	语气词

吃了以后妹妹就气得不得了，

nja³³	sə³³tɕi³³	ka³³	ma⁵³	pʰa³¹	me³³	tʰe³³	ke	tɕəu
nja³³	sə³³tɕi³³	ka³³	ma⁵³	pʰa³¹	me³³	tʰe³³	ke	tɕəu
痛	特别	脱	NEG	能	做	那	LOC	就

疼得不得了，沉不住。

tɕʰi³³	a³³ja³³	ni⁵³	a³³	ku	ji³³	la³¹	la
tɕʰi³³	a³³ja³³	ni⁵³	a³³	ku	ji³³	la³¹	la
他.GEN	姐姐	二	个	位	去	来	CS

她的两个哥哥回家了。

tɕʰi³³	a³³ja³³	ni⁵³	a³³	ku	la³¹	la	ne	tɕʰi³³	kʰe⁵³ni³¹	pu
tɕʰi³³	a³³ja³³	ni⁵³	a³³	ku	la³¹	la	ne	tɕʰi³³	kʰe⁵³ni³¹	pu
他.GEN	姐姐	二	个	位	来	CS	TOP	他.GEN	狗	只

两个哥哥回来了，他们的狗也回来了。

la³¹	la	tʰe³³	ʃuo³³	ʃə
la³¹	la	tʰe³³	ʃuo³³	ʃə
来	CS	那	说	是

吃人婆对妹妹说，

ja²²ku³³	me³³	za³³mi³³	no³³	a³³ke	no³³	ŋa²²	u³¹mo²²	ge	dʑi
ja²²ku³³	me³³	za³³mi³³	no³³	a³³ke	no³³	ŋa²²	u³¹-mo²²	ge	dʑi
快	做	女儿	你	哪里	你	我.DAT	PFV-藏	PRO	是

妹妹，快点把我藏起来吧。

ma³¹	dʑi⁵³	a	ni³³	kʰe⁵³ni³¹	bu	la³¹	la	ni³³
ma³¹	dʑi⁵³	a	ni³³	kʰe⁵³ni³¹	bu	la³¹	la	ni³³
NEG	是	ITRJ	你.GEN	狗		PL.ANM	来	CS	你.GEN

不然的话，狗来了，你的

a³³ja³³	bu	la³¹	la···	kʰe⁵³ni³¹	ŋa²²	kʰa³¹	la³¹	xa⁵³
a³³ja³³	bu	la³¹	la	kʰe⁵³ni³¹	ŋa²²	kʰa³¹	la³¹	xa⁵³
姐姐	PL.ANM	来	CS	狗	我.DAT	咬	来	时候

哥哥回来了……她怕狗，（说）怕狗要咬我。

tʰe³³	tɕəu	ʃuo³³	xo³³tɕa³³	la	bo⁵³	ŋa³³	ke³³tʰe³³	je³¹kʰe⁵³	a³³
tʰe³³	tɕəu	ʃuo³³	xo³³tɕa³³	la	bo⁵³	ŋa³³	ke³³tʰe³³	je³¹kʰe⁵³	a³³
那	就	说	什么	也	拥有	我	这	篮子	个

她就说，都有什么？拿一个篮子，

je³¹kʰe⁵³	a	ʃə⁵³	la	ŋa²²	u³¹kʰa⁵³	ge	dʑi
je³¹kʰe⁵³	a	ʃə³¹	la	ŋa²²	u³¹-kʰa⁵³	ge	dʑi
篮子	个	拿	CS	我.DAT	PFV-关	PRO	是

拿一个篮子，把我盖上。

je³¹kʰe⁵³	ʃə⁵³	la	tʰa²²	u³¹kʰa⁵³	la	tɕəu	tɕʰi³³	i	tʰe³³
je³¹kʰe⁵³	ʃə³¹	la	tʰa²²	u³¹-kʰa⁵³	la	tɕəu	tɕʰi³³	i	tʰe³³
篮子	拿	CS	他.DAT	PFV-关	CS	就	他.GEN	GEN	那

a³³ja³³	bu	la³¹	la
a³³ja³³	bu	la³¹	la

姐姐　　　PL.ANM　　来　　　CS

妹妹用篮子把她盖上了，她的哥哥就回家了。

la³¹	la	tɕəu	tɕʰi³³	i	tʰe³³	na³¹ma⁵³	mi²²ndo⁵³
la³¹	la	tɕəu	tɕʰi³³	i	tʰe³³	na³¹ma⁵³	mi²²ndo⁵³
来	CS	就	他.GEN	GEN	那	妹妹	问

回来后，他们就问妹妹：

tʰe³³	ʃe³³	be	ʃə³¹	la³¹	la	no³³	u³¹tɕo²²	ge	dʑi
tʰe³³	ʃe³³	be	ʃə³¹	la³¹	la	no³³	u³¹-tɕo²²	ge	dʑi
那	肉	PL.N-ANM	拿	来	CS	你	PFV-煮	PRO	是

你把这些肉给我们煮一下。

tʰe³³	lo³¹ko³³	ma³¹	bo⁵³	la	tʰe³³	tɕəu	ma⁵³	tɕo²²
tʰe³³	lo³¹ko³³	ma³¹	bo⁵³	la	tʰe³³	tɕəu	ma⁵³	tɕo²²
那	手	NEG	拥有	CS	那	就	NEG	煮

妹妹没有手就不煮。

tɕəu	tɕʰi⁵³	i	tɕʰi⁵³	me³³	tʰe³³	ke	dʑa³¹	idzo
tɕəu	tɕʰi⁵³	i	tɕʰi⁵³	me³³	tʰe³³	ke	dʑa³¹	idzo
就	生气	GEN	生气	做	那	LOC	站	PROG

就很生气地站在那儿。

dʑa³¹	idzo	mə	tɕʰi³³	i	tʰe³³	a³³ja³³	xo³³	me³³	la
dʑa³¹	idzo	mə	tɕʰi³³	i	tʰe³³	a³³ja³³	xo³³	me³³	la
站	PROG	嘛	他.GEN	GEN	那	姐姐	什么	做	CS

站在那里，她的哥哥就问，

no³³	ta³³ne³³	xo³³	me³³	la³³	ʃuo³³	jo³³	ma⁵³	so³¹tʰe⁵³
no³³	ta³³ne³³	xo³³	me³³	la³³	ʃuo³³	jo³³	ma⁵³	so³¹tʰe⁵³
你	今天	什么	做	CS	说	自己	NEG	答应

妹妹你今天怎么了，不答应（做事），

ʃe³³ ma⁵³ ça²² tʰe³³ me³³ ŋe²² tɕəu
ʃe³³ ma⁵³ ça³¹ tʰe³³ me³³ ŋe²² tɕəu
肉　　NEG　　做　　那　　做　　说　　就
不肯煮肉？就那么说。

tʰe³³de tɕəu ji³³ to³³to³³ la tɕəu tɕa⁵³ u³¹tɕo²² la
tʰe³³-de tɕəu ji³³ to³³-to³³ la tɕəu tɕa⁵³ u³¹-tɕo²² la
他-PL　　就　　去　　切-切　　CS　　就　　TOP　　PFV-煮　　CS
他们就自己砍了肉煮好了，

tɕo²² la tɕəu dʑi³¹
tɕo²² la tɕəu dʑi³¹
煮　　CS　　就　　吃
煮好了就吃。

dʑi³¹ tʰu⁵³ tɕəu tɕʰi³³ i na³¹ma⁵³ kʰi³¹kʰi³³ dʑi³¹ la tʰe³³
dʑi³¹ tʰu⁵³ tɕəu tɕʰi³³ i na³¹ma⁵³ kʰi³¹-kʰi³³ dʑi³¹ la tʰe³³
吃　　时刻　　就　　他.GEN　　GEN　　妹妹　　嚷-嚷　　吃　　CS　　那
吃的时候就喊妹妹一起吃，

na³¹ma⁵³ tɕəu ma⁵³ dʑi³¹ ma⁵³ dʑi³¹ a tɕəu
na³¹ma⁵³ tɕəu ma⁵³ dʑi³¹ ma⁵³ dʑi³¹ a tɕəu
妹妹　　就　　NEG　　吃　　NEG　　吃　　ITRJ　　就
妹妹就不吃，不吃，

no³³ ma⁵³ dʑi³¹ ŋa³³de dʑi³¹ la tʰe³³ me³³ ŋe²² tɕʰi³³ i
no³³ ma⁵³ dʑi³¹ ŋa³³-de dʑi³¹ la tʰe³³ me³³ ŋe²² tɕʰi³³ i
你　　NEG　　吃　　我-PL　　吃　　CS　　那　　做　　说　　他.GEN　　GEN

tʰe³³ a³³ja³³ ni⁵³ a³³ ku dʑi³¹ la
tʰe³³ a³³ja³³ ni⁵³ a³³ ku dʑi³¹ la
那　　姐姐　　二　　个　　位　　吃　　CS
你不吃，我们就吃，这么说，两个哥哥就吃饭。

dʑi³¹	la	le	mi³¹dʑi³¹	la	tʰe³³	ju⁵³ku³¹	be	mi³¹dʑi³¹	a
dʑi³¹	la	le	mi³¹-dʑi³¹	la	tʰe³³	ju⁵³ku³¹	be	mi³¹-dʑi³¹	a
吃	CS	TOP	PFV-吃	CS	那	骨头	PL.N-ANM	PFV-吃	ITRJ

就吃饭，吃完了就把骨头吃完了啊，

ʃe³³	be	mi³¹dʑi³¹	tʰe³³	ju⁵³ku³¹	be	tɕəu	tʰe³³	ke
ʃe³³	be	mi³¹-dʑi³¹	tʰe³³	ju⁵³ku³¹	be	tɕəu	tʰe³³	ke
肉	PL.N-ANM	PFV-吃	那	骨头	PL.N-ANM	就	那	LOC

u³¹ʐo³¹
u³¹-ʐo³¹
PFV-扔

吃完肉就扔了骨头。

ʐo³¹	le	tɕʰi³³	i	tʰe³³	kʰe⁵³ni³¹	bu	la³¹	la	tɕəu	tɕa⁵³
ʐo³¹	le	tɕʰi³³	i	tʰe³³	kʰe⁵³ni³¹	bu	la³¹	la	tɕəu	tɕa⁵³
扔	TOP	他.GEN	GEN	那	狗	PL.ANM	来	CS	就	TOP

扔了骨头以后，他们的狗就来了。

tʰe³³	ke	dʑi³¹	la	le	tɕəu	ja³¹ja³¹	tɕʰe⁵³	la	tɕəu
tʰe³³	ke	dʑi³¹	la	le	tɕəu	ja³¹-ja³¹	tɕʰe⁵³	la	tɕəu
那	LOC	吃	CS	TOP	就	打-打	EXP	CS	就

吃，争着吃，

tʰe³³	je³¹kʰe⁵³	tɕəu	mi³¹ve⁵³lje²²lje³³	la	tʰe³³	tsʰo³³le³³ma²²mu³³
tʰe³³	je³¹kʰe⁵³	tɕəu	mi³¹-ve⁵³lje²²lje³³	la	tʰe³³	tsʰo³³le³³ma²²mu³³
那	篮子	就	PFV-滚	CS	那	吃人婆

tɕəu	pe³³	la³¹	la
tɕəu	pe³³	la³¹	la
就	出来	来	CS

就推倒了篮子，吃人婆就出来了。

tsʰo³³le³³ma²²mu³³　　pe³³　　　la³¹　la　tɕəu　tɕʰi³³　i　　tʰe³³　a³³ja³³
tsʰo³³le³³ma²²mu³³　　pe³³　　　la³¹　la　tɕəu　tɕʰi³³　i　　tʰe³³　a³³ja³³
吃人婆　　　　　　　出来　　来　CS　就　他.GEN　GEN　那　姐姐
吃人婆出来了以后就，

ni⁵³　a　ku　ʃuo³³　ooo　ke³³tʰe³³　tsʰo³³le³³ma²²mu³³　le
ni⁵³　a　ku　ʃuo³³　ooo　ke³³tʰe³³　tsʰo³³le³³ma²²mu³³　le
二　个　位　说　哦　这　　　吃人婆　　　　　　　TOP
她两个哥哥就说，哦，这个吃人婆呢，

ke³³　ke　dʐo³³　a³¹　dʑi⁵³　no³³　ŋe³³　i　　ja³³kʰe　la³¹　la
ke³³　ke　dʐo³³　a³¹　dʑi⁵³　no³³　ŋe³³　i　　ja³³kʰe　la³¹　la
这　LOC　存在　Q　是　你.GEN　你　我.GEN　家里　来　CS
在这里，是不是？你到我们家来了。

ŋe³³　i　　na³¹ma⁵³　tɕʰi⁵³　sə³³tɕi³³　o　　tɕəu　no³³　ʒa²²　la
ŋe³³　i　　na³¹ma⁵³　tɕʰi⁵³　sə³³tɕi³³　o　　tɕəu　no³³　ʒa²²　la
我.GEN　GEN　妹妹　生气　特别　语气词　就　你　惹　CS
我们的妹妹气得不得了，是你惹的。

tʰe³³　me³³　ŋe²²　tɕəu　no³³　ʒa²²
tʰe³³　me³³　ŋe²²　tɕəu　no³³　ʒa²²
那　做　说　就　你　惹
是你惹的。

na　tɕəu　tʰa²²　mi³¹ɕe³³　u³¹pʰu⁵³　ge　dʑi　tɕəu　va³³pʰo⁵³
na　tɕəu　tʰa²²　mi³¹-ɕe³³　u³¹-pʰu⁵³　ge　dʑi　tɕəu　va³³-pʰo⁵³
那　就　他.DAT　PFV-拉　PFV-捆　PRO　是　就　外-边
他们就拉着她，把她捆起来，

i　　tʰe³³　so²²　i　　tʰe³³　ɕe⁵³pu³¹　ko⁵³　u³¹tɕʰa²²　la
i　　tʰe³³　so²²　i　　tʰe³³　ɕe⁵³pu³¹　ko⁵³　u³¹-tɕʰa²²　la

GEN   那   松   GEN   那   树   LOC   PFV-拴   CS

捆得很紧，把她拴在树上。

tɕəu	ja³¹	iɛ⁵³	ja³¹	le	tɕa⁵³	ja³¹	le
tɕəu	ja³¹	iɛ⁵³	ja³¹	le	tɕa⁵³	ja³¹	le
就	打	也	打	TOP	TOP	打	TOP

就打啊打。

tɕʰi³³	ja³¹	le	tɕʰi³³	go²²tɕi³³	tɕʰi³³	ja³¹	le	tɕʰi³³	go²²tɕi³³
tɕʰi³³	ja³¹	le	tɕʰi³³	go²²tɕi³³	tɕʰi³³	ja³¹	le	tɕʰi³³	go²²tɕi³³
他.GEN	打	TOP	他.GEN	小	他.GEN	打	TOP	他.GEN	小

越打，吃人婆变得越小。

la	go²²tɕi³³	a	tʰe³³de	ʃuo³³…	ŋa³³de	ji³³	la	tɕəu
la	go²²tɕi³³	a	tʰe³³-de	ʃuo³³	ŋa³³-de	ji³³	la	tɕəu
CS	小	ITRJ	他-PL	说	我-PL	去	CS	就

变小，他们就说，我去吧，

tɕʰi³³	i	tʰe³³	na³¹ma⁵³	kʰi³¹kʰi³³	fu³³	la	no³³	ja³¹	la
tɕʰi³³	i	tʰe³³	na³¹ma⁵³	kʰi³¹-kʰi³³	fu³³	la	no³³	ja³¹	la
他.GEN	GEN	那	妹妹	嚷-嚷	领	CS	你	打	CS

把妹妹喊过来让她打。

kʰi³¹kʰi³³	fu³³	la	tɕʰi³³	i	tʰe³³	na³¹ma⁵³	lo³¹ko³³	la	ma³¹
kʰi³¹-kʰi³³	fu³³	la	tɕʰi³³	i	tʰe³³	na³¹ma⁵³	lo³¹ko³³	la	ma³¹
嚷-嚷	领	CS	他.GEN	GEN	那	妹妹	手	CS	NEG

喊过来，但是妹妹没有手，

bo⁵³	la	ma³¹	bo⁵³	tɕəu	tʰe³³	ke	ja³¹	ja³¹	le	tɕəu
bo⁵³	la	ma³¹	bo⁵³	tɕəu	tʰe³³	ke	ja³¹	ja³¹	le	tɕəu
拥有	CS	NEG	拥有	就	那	LOC	打	打	TOP	就

没有手，就在那边打。

ŋa³³ gu²²tɕi³³ la ŋa³³de ja³³kʰe ji³³ la tʰe³³ me³³ ŋe²²

ŋa³³ gu²²tɕi³³ la ŋa³³-de ja³³kʰe ji³³ la tʰe³³ me³³ ŋe²²

我 小 CS 我-PL 家里 去 CS 那 做 说

我们（把你）变小了，我们就回家了，就这么说。

ja³³kʰe la³¹ la no⁵³tɕo³¹ la tʰe³³ so²² i tʰe³³ tsʰo³³le³³ma²²mu³³

ja³³kʰe la³¹ la no⁵³tɕo³¹ la tʰe³³ so²² i tʰe³³ tsʰo³³le³³ma²²mu³³

家里 来 CS 转来 CS 那 松 GEN 那 吃人婆

到家了，转来，

ma³¹ dʐo³³ la tʰe³³ ɕe⁵³ iɛ⁵³ ma³¹ bo⁵³ la tʰe³³ ja²²ka³³

ma³¹ dʐo³³ la tʰe³³ ɕe⁵³ iɛ⁵³ ma³¹ bo⁵³ la tʰe³³ ja²²ka³³

NEG 存在 CS 那 树 也 NEG 拥有 CS 那 全部

吃人婆也不见了，拴她的树也没有了，

vo⁵³xo³¹ ʃə⁵³ la

vo⁵³xo³¹ ʃə⁵³ la

背 拿 CS

她背着回家了。

tɕʰa⁵³ mi³¹dʑi³¹ la pe³³ gi⁵³ tɕa⁵³ tsʰo³³le³³ma²²mu³³ tɕa⁵³ ɕe⁵³pu³¹

tɕʰa⁵³ mi³¹-dʑi³¹ la pe³³ gi⁵³ tɕa⁵³ tsʰo³³le³³ma²²mu³³ tɕa⁵³ ɕe⁵³pu³¹

晚饭 PFV-吃 CS 出来 落 TOP 吃人婆 TOP 树

tɕe²² ʃe⁵³ la

tɕe²² ʃe⁵³ la

挖 CAUS CS

吃完饭出来，吃人婆把树拔出来了。

tɕʰa⁵³ mi³¹dʑi³¹ la tɕəu va³³pʰo⁵³ ji³³ la tsʰo³³le³³ma²²mu³³

tɕʰa⁵³ mi³¹-dʑi³¹ la tɕəu va³³-pʰo⁵³ ji³³ la tsʰo³³le³³ma²²mu³³

晚饭 PFV-吃 CS 就 外-边 去 CS 吃人婆

mi³¹pʰo³³　　la

mi³¹-pʰo³³　　la

PFV-跑　　CS

吃完饭到外面，吃人婆已经跑掉了。

tʰe³³　çe⁵³　mi³¹tɕe²²tɕe³³　　la　　vo⁵³xo³¹　ʃə⁵³　tsa³³　ji³³　tɕʰi³³　i

tʰe³³　çe⁵³　mi³¹-tɕe²²-tɕe³³　　la　　vo⁵³xo³¹　ʃə³¹　tsa³³　ji³³　tɕʰi³³　i

那　　树　　PFV-挖-挖　　CS　　背　　拿　带　去　他.GEN　GEN

ja³³kʰe　ji³³　la

ja³³kʰe　ji³³　la

家里　　去　CS

她把树拔出来背回家。

ji³³　la　le　tɕʰi³³　i　　a³³ja³³　ni⁵³　a　ku　ʃuo³³　ke³³tʰe³³　ma³¹

ji³³　la　le　tɕʰi³³　i　　a³³ja³³　ni⁵³　a　ku　ʃuo³³　ke³³tʰe³³　ma³¹

去　CS　TOP　他.GEN　GEN　姐姐　二　个　位　说　这　　NEG

背回家，那两个哥哥就说，

çe²²　le　ŋa³³de　ba³³　ko⁵³　ji³³　la　le　ŋa³³　ke³³tʰe³³　na³¹ma⁵³

çe²²　le　ŋa³³-de　ba³³　ko⁵³　ji³³　la　le　ŋa³³　ke³³tʰe³³　na³¹ma⁵³

打死　TOP　我-PL　山　LOC　去　CS　TOP　我　这　　妹妹

ke³³　ke　dʒa²²　i　　ça²²　　ma⁵³　tʰo³¹

ke³³　ke　dʒa²²　i　　ça²²　　ma⁵³　tʰo³¹

这　LOC　早饭　GEN　做　NEG　妥当

不杀她，我们上山，可我们这个妹妹没法煮饭。

tʰe³³　iəu　ke³¹ʃa³³　tʰe³³　me³³　ŋe²²　ni⁵³　a³³　ku　ji³³

tʰe³³　iəu　ke³¹ʃa³³　tʰe³³　me³³　ŋe²²　ni⁵³　a³³　ku　ji³³

那　又　怕　　那　做　说　二　个　位　去

她有点害怕，就那么说，

tɕi³³　　njo³³njo³³　　ɕe⁵³　　la
tɕi³³　　njo³³-njo³³　　ɕe⁵³　　la
一　　看-看　　TNT　　CS
我们两个就去看一下。

ŋa³³ku　ni⁵³　a³³　ku　tɕəu　tɕa⁵³　zə³¹　tɕʰa⁵³　tʰe³³　me³³　ŋe²²
ŋa³³ku　ni⁵³　a³³　ku　tɕəu　tɕa⁵³　zə³¹　tɕʰa⁵³　tʰe³³　me³³　ŋe²²
我-位　二　个　位　就　TOP　药　卖　那　做　说
我们两个就假装卖药，就这么说了。

ji³³　　la³³　　le
ji³³　　la³³　　le
去　　CS　　TOP
他们就去了。

ʁa³³ma³³　ko⁵³　ji³³　la　tɕʰi³³　i　za³³mi³³　u³¹ʒu⁵³ʒu³¹　　la
ʁa³³ma³³　ko⁵³　ji³³　la　tɕʰi³³　i　za³³mi³³　u³¹-ʒu⁵³-ʒu³¹　　la
路　　LOC　去　CS　他.GEN　GEN　女儿　　PFV-遇到-遇到　　CS
走在路上就碰到了吃人婆的女儿，

tʰe³³　　ke　　vo³¹　　ke　　vo³¹　　njo³³　　o⁵³
tʰe³³　　ke　　vo³¹　　ke　　vo³¹　　njo³³　　o⁵³
那　　LOC　　猪　　LOC　　猪　　看　　PRO
她就在那里看猪。

a³³me³³　za³³mi³³　no³³　ke³³　ke　mu⁵³ka³¹ma³³　a³¹　do³³　la
a³³me³³　za³³mi³³　no³³　ke³³　ke　mu⁵³ka³¹-ma³³　a³¹　do³³　la
啊哟　女儿　你　这　LOC　老-母　Q　看见　CS
他们就说，姑娘，你在这里有没有看见一个老妈妈？

tsʰo³³le³³ma²²mu³³　i　za³³mi³³　ʒu⁵³ʒu³¹　la　tʰa²²　mi²²ndo⁵³
tsʰo³³le³³ma²²mu³³　i　za³³mi³³　ʒu⁵³-ʒu³¹　la　tʰa²²　mi²²ndo⁵³
吃人婆　GEN　女儿　遇到-遇到　CS　他.DAT　问

（他们）碰到了吃人婆的女儿就问她。

tsʰo³³le³³ma²²mu³³	i	za³³mi³³	ma³¹	ʒu⁵³	tʰe³³	ke	ma³¹	ji³³	çi
tsʰo³³le³³ma²²mu³³	i	za³³mi³³	ma³¹	ʒu⁵³	tʰe³³	ke	ma³¹	ji³³	çi
吃人婆	GEN	GEN	NEG	遇到	那	LOC	NEG	去	再

她就说，没有碰见，没有来这里。

tsʰo³³le³³ma²²mu³³	i	za³³mi³³	ŋa³³	xo³³tɕa³³	ma³¹	do³³
tsʰo³³le³³ma²²mu³³	i	za³³mi³³	ŋa³³	xo³³tɕa³³	ma³¹	do³³
吃人婆	GEN	女儿	我	什么	NEG	看见

吃人婆的女儿（说）：我什么也没有看见。

ŋe³³	i	a³³ma³³	ke³³	ke	çe⁵³	a	vo⁵³xo³¹	ʃə³¹	tsa³³
ŋe³³	i	a³³ma³³	ke³³	ke	çe⁵³	a	vo⁵³xo³¹	ʃə³¹	tsa³³
我.GEN	GEN	母亲	这	LOC		个	背	拿	带

我没有看见。我的妈妈在这里背柴，到房子外面去了。

va³³pʰo⁵³	ji³³	la
va³³-pʰo⁵³	ji³³	la
外-边	去	CS

我的妈妈在这里背一棵树，到屋外面去了。

çe⁵³pu³¹	vo⁵³xo³¹	ja³³kʰe	ji³³	la	tʰe³³	me³³	ŋe²²
çe⁵³pu³¹	vo⁵³xo³¹	ja³³kʰe	ji³³	la	tʰe³³	me³³	ŋe²²
树	背	家里	去	CS	那	做	说

背着一棵树回家了，就这么说。

tʰe³³	a³³ja³³	ni⁵³	a³³	ku	tʰe³³	ʃuo³³	ke³³tʰe³³	ʃə	tʰe³³
tʰe³³	a³³ja³³	ni⁵³	a³³	ku	tʰe³³	ʃuo³³	ke³³tʰe³³	ʃə	tʰe³³
那	姐姐	二	个	位	那	说	这	是	那

那两个哥哥就说，

tsʰo³³le³³ma²²mu³³	i	za³³mi³³	ka³³	ni³³

tsʰo³³le³³ma²²mu³³ i za³³mi³³ ka³³ ni³³
吃人婆 GEN 女儿 样子 有
这好像是吃人婆的女儿。

ŋa³³de ji³³ la tɕəu tʰe³³ tsʰo³³le³³ma²²mu³³ tʰe³³ ke mi³¹tɕʰa⁵³
ŋa³³-de ji³³ la tɕəu tʰe³³ tsʰo³³le³³ma²²mu³³ tʰe³³ ke mi³¹-tɕʰa⁵³
我-PL 去 CS 就 那 吃人婆 那 LOC PFV-卖
我们就去给吃人婆卖药。

tʰe³³ tsʰo³³le³³ma²²mu³³ tɕəu tʰe³³ ke ni³¹ a³³ nja³³ ni ʒa²²
tʰe³³ tsʰo³³le³³ma²²mu³³ tɕəu tʰe³³ ke ni³¹ a³³ nja³³ ni ʒa²²
那 吃人婆 就 那 LOC 坐 ITRJ 痛 GEN 喊叫
那个吃人婆就在那里坐，痛得喊叫。

tʰe³³ ni⁵³ a³³ ku tɕəu a³³ma³³ kʰa⁵³ no³³ xo³³ me³³ la³³
tʰe³³ ni⁵³ a³³ ku tɕəu a³³ma³³ kʰa⁵³ no³³ xo³³ me³³ la³³
那 二 个 位 就 母亲 大 你 什么 做 CS
他们两个就说，嬢嬢，你怎么了？

a³³me³³ ŋa³³ ɕu³³ ja³¹ sə³³tɕi³³ o a³³ke a³³ke nja³³
a³³me³³ ŋa³³ ɕu³³ ja³¹ sə³³tɕi³³ o a³³ke a³³ke nja³³
啊哟 我 人 打 特别 ITRJ 哪里 哪里 痛
啊哟，我被人打得哪里都痛。

ge³³ge³³ la a³³me³³ ŋa³³de tɕəu zə³¹ tɕʰa⁵³ la mə
ge³³-ge³³ la a³³me³³ ŋa³³-de tɕəu zə³¹ tɕʰa⁵³ la mə
发抖-发抖 CS 啊哟 我-PL 就 药 卖 CS 嘛
啊哟，我们就是卖药的么。

ŋa³³de zə³¹ tɕʰa⁵³ ne³³de zə³¹ tsu⁵³ na²² kʰo⁵³
ŋa³³-de zə³¹ tɕʰa⁵³ ne³³de zə³¹ tsu⁵³ na²² kʰo⁵³
我-PL 药 卖 你-PL 药 点 你.DAT 给
我们卖药，（吃人婆就说），你们给我点儿药吧。

zə³¹	tsu⁵³	mi³¹-dʑi³¹	la	tɕa⁵³	zu³³ga⁵³	tʰe³³	me³³	ŋe²²	la
zə³¹	tsu⁵³	mi³¹-dʑi³¹	la	tɕa⁵³	zu³³ga⁵³	tʰe³³	me³³	ŋe²²	la
药	点	PFV-吃	CS	TOP	好	那	做	说	CS

吃点药后你就会好的。

dʑi⁵³	dʑi⁵³	tʰe³³	tsʰo³³le³³ma²²mu³³	tɕəu	dʑi⁵³	la	no³³	ŋa²²
dʑi⁵³	dʑi⁵³	tʰe³³	tsʰo³³le³³ma²²mu³³	tɕəu	dʑi⁵³	la	no³³	ŋa²²
是	是	那	吃人婆	就	是	CS	你	我.DAT

吃人婆就同意了。

namə	tɕəu	mi³¹	kʰa⁵³	i	kʰa⁵³	u³¹ta²²	le
namə	tɕəu	mi³¹	kʰa⁵³	i	kʰa⁵³	u³¹-ta²²	le
那么	就	火	大	GEN	大	PFV-烧	TOP

那么他们烧了很大的一堆火，

ʃa³³tɕʰe³³	ka	ʃə³¹	la	u³¹ta²²	la
ʃa³³tɕʰe³³	ka	ʃə³¹	la	u³¹-ta²²	la
火钳	条	拿	CS	PFV-烧	CS

拿了火钳，烧好了，

tɕəu	ko³³	ko	ɕe⁵³	ko	u³¹ta²²	la	njo³³xu⁵³	i	njo³³xu⁵³
tɕəu	ko³³	ko	ɕe⁵³	ko	u³¹-ta²²	la	njo³³xu⁵³	i	njo³³xu⁵³
就	这里	LOC	树	LOC	PFV-烧	TOP	红	GEN	红

就在柴上把火钳烧得红红的，

tɕəu	tɕa⁵³	tʰe³³	tsʰo³³le³³ma²²mu³³	i	ʁa³¹ku	ko⁵³	mi³¹ja³¹	la
tɕəu	tɕa⁵³	tʰe³³	tsʰo³³le³³ma²²mu³³	i	ʁa³¹ku	ko⁵³	mi³¹-ja³¹	la
就	TOP	那	吃人婆	GEN	心口	LOC	PFV-打	CS

就在心口上打了一下，

mi³¹tʰo³¹	mi³¹sə³¹ka³¹	la	tɕəu	tɕʰi³³	i	tʰe³³	ka³³tsə⁵³	ko
mi³¹-tʰo³¹	mi³¹-sə³³ka³³	la	tɕəu	tɕʰi³³	i	tʰe³³	ka³³tsə⁵³	ko

PFV-顶		PFV-死		CS	就	他.GEN	GEN	那	柜子	LOC

顶了一下她就死了，就在她那个柜子里。

$k^he^{53}ni^{31}$	a^{33}	$t\varepsilon i^{33}$	a^{33}	$vo^{31}p^hu^{33}$	a^{33}	$t\varepsilon i^{33}$	a^{33}	bo^{53}
$k^he^{53}ni^{31}$	a^{33}	$t\varepsilon i^{33}$	a^{33}	$vo^{31}p^hu^{33}$	a^{33}	$t\varepsilon i^{33}$	a^{33}	bo^{53}
狗	个	一	个	公鸡	个	一	个	拥有

有一条狗和一个公鸡。

$ke^{33}t^he^{33}$	$ts^ho^{33}le^{33}ma^{22}mu^{33}$	$t\varepsilon\partial u$	$mi^{31}to^{33}$	le	$t\varepsilon i^{33}$	$p^ho^{22}pi^{53}$
$ke^{33}t^he^{33}$	$ts^ho^{33}le^{33}ma^{22}mu^{33}$	$t\varepsilon\partial u$	$mi^{31}\text{-}to^{33}$	le	$t\varepsilon i^{33}$	$p^ho^{22}pi^{53}$
这	吃人婆	就	PFV-砍	TOP	一	半

$t\varepsilon i^{33}$	$p^ho^{22}pi^{53}$	$mi^{31}to^{33}$	le	ko^{33}	da^{53}	$idzo$
$t\varepsilon i^{33}$	$p^ho^{22}pi^{53}$	$mi^{31}\text{-}to^{33}$	le	ko^{33}	da^{53}	$idzo$
一	半	PFV-砍	TOP	这里	倒	PROG

他们把吃人婆砍成一段一段的，装在柜子里面。

t^he^{33}	$k^he^{53}ni^{31}$	t^he^{33}	$vo^{31}p^hu^{33}$	ni^{53}	a^{33}	ku	t^he^{33}	$ko^{22}ko^{33}$	ji^{33}	$dz_{\textstyle{.}}i^{31}$
t^he^{33}	$k^he^{53}ni^{31}$	t^he^{33}	$vo^{31}p^hu^{33}$	ni^{53}	a^{33}	ku	t^he^{33}	$ko^{22}\text{-}ko^{33}$	ji^{33}	$dz_{\textstyle{.}}i^{31}$
那	狗	那	公鸡	二	个	位	那	跑-跑	去	吃

那条狗和那只公鸡跑过去吃。

$t\varepsilon^hi^{33}$	i	$za^{33}mi^{33}$	la^{31}	la	le	$no^{33}ku$	ni^{53}	a^{33}	ku	ke^{33}	ke
$t\varepsilon^hi^{33}$	i	$za^{33}mi^{33}$	la^{31}	la	le	$no^{33}ku$	ni^{53}	a^{33}	ku	ke^{33}	ke
他.GEN	GEN	女儿	来	CS	TOP	你-位	二	个	位	这	LOC

吃人婆的女儿回来问，你们两个坐在这儿，

$dz_{\textstyle{.}}o^{33}$	ηe^{33}	i	$a^{33}ma^{33}$	$a^{33}ke$	ji^{33}	la
$dz_{\textstyle{.}}o^{33}$	ηe^{33}	i	$a^{33}ma^{33}$	$a^{33}ke$	ji^{33}	la
存在	我.GEN	GEN	母亲	哪里	去	CS

我妈妈哪里去了？

ni^{33}	$a^{33}ma^{33}$	le	nja^{33}	la^{31}	la	$\eta a^{33}de$	t^ha^{22}	vu^{53}	$z\partial^{31}$

ni³³	a³³ma³³	le	nja³³	la³¹	la	ŋa³³-de	tʰa²²	vu⁵³	zə³¹
你.GEN	母亲	TOP	痛	来	CS	我-PL	他.DAT	酒	药

他们说，你母亲很痛，

tsu⁵³	be	mi³¹da⁵³	la	ni³³	ka³³tsə⁵³	ko	u³¹tso²²	idzo
tsu⁵³	be	mi³¹-da⁵³	la	ni³³	ka³³tsə⁵³	ko	u³¹-tso²²	idzo
点	PL.N-ANM	PFV-倒	CS	你.GEN	柜子	LOC	PFV-装	PROG

我们给她了一些药，装在你的柜子里了。

no³³	so³³	ne³³	du⁵³	le	no³³	tʰe³³	ka³³tsə⁵³	tɕʰi³³	la
no³³	so³³	ne³³	du⁵³	le	no³³	tʰe³³	ka³³tsə⁵³	tɕʰi³³	la
你	三	天	完	TOP	你	那	柜子	开	CS

过了三天，你就打开柜子。

so³³	ne³³	ma³¹	be⁵³	ka³³tsə⁵³	tʰa³¹	ge³¹	dʑi	tʰe³³	me³³	ŋe²²
so³³	ne³³	ma³¹	be⁵³	ka³³tsə⁵³	tʰa³¹	ge³¹	dʑi	tʰe³³	me³³	ŋe²²
三	天	NEG	满	柜子	PROH	开	是	那	做	说

不满三天，你就不要打开柜子，就那么说。

so³³	ne³³	be⁵³	la	tɕʰi³³	i	tʰe³³	tsʰo³³le³³ma²²mu³³	i	ʃe³³
so³³	ne³³	be⁵³	la	tɕʰi³³	i	tʰe³³	tsʰo³³le³³ma²²mu³³	i	ʃe³³
三	天	满	CS	他.GEN	GEN	那	吃人婆	GEN	肉

tʰe³³	kʰe⁵³ni³¹	ja²²ka³³	mi³¹dʑi³¹	la
tʰe³³	kʰe⁵³ni³¹	ja²²ka³³	mi³¹-dʑi³¹	la
那	狗	全部	PFV-吃	CS

过了三天，（她打开柜子一看，）那个吃人婆的肉叫狗全吃了。

tɕʰi³³	a³³ma³³	ju⁵³ku³¹	tsu⁵³	ka²²	da⁵³	idzo
tɕʰi³³	a³³ma³³	ju⁵³ku³¹	tsu⁵³	ka²²	da⁵³	idzo
他.GEN	母亲	骨头	点	捡	到	PROG

那里只剩下她母亲的一点骨头。

xo³³tɕa³³	la	ma³¹	bo⁵³	la	tɕəu	tɕa⁵³	tʰe³³	me³³
xo³³tɕa³³	la	ma³¹	bo⁵³	la	tɕəu	tɕa⁵³	tʰe³³	me³³
什么	CS	NEG	拥有	CS	就	TOP	那	做

什么也没有了，就这样，

a³¹	dʑi⁵³	o
a³¹	dʑi⁵³	o
Q	是	语气词

是不是？

从前，一家人的父母死了。他们有两个儿子和一个女儿。两个儿子就上山放狗（打猎）。他们的妹妹就在家里做饭。做好了饼倒在锅里。在锅里烤的时候，吃人婆就知道了。知道了以后就到他们家来了。来了就说，"妹妹，请给我一个饼子吃"。妹妹就同意了，就给了她一个饼子。她说："你拿那个菜板和菜刀。我（要）切。我（要）抓住你的手。"妹妹伸出她的手，吃人婆就把妹妹的手砍掉。砍了以后就就着饼子一起吃了。吃了以后妹妹就气得不得了，疼得不得了。她的两个哥哥回家了，他们的狗也回来了。吃人婆对妹妹说："妹妹，快点把我藏起来吧。不然的话，狗来了，你的哥哥也回来了。"她很害怕狗。她就说："（这）都有什么？拿一个篮子来，把我盖上"。妹妹用篮子把她盖上了。哥哥就回来了。回来后，他们就对妹妹说："你把这些肉给我们煮一下"。妹妹没有手就不煮。就很生气地站在那儿。她的哥哥就问她："妹妹你今天怎么了，（怎么）不肯煮肉？"（妹妹）就说不煮肉。他们就只好自己砍了肉煮了。煮好了就吃。吃的时候喊妹妹一起吃，妹妹就不吃。"你不吃，我们吃。"说着，两个哥哥就吃饭。吃完肉了就把骨头扔了。扔了骨头以后，他们的狗就来了，争着吃。就把篮子推倒了，吃人婆就出来了。吃人婆出来了以后，她两个哥哥就说："你这个吃人婆在这里，你到我们家来了，我们的妹妹气得不得了，就是你惹的。"他们就拉着她，把她捆起来，捆得很紧，（然后）把她拴在树上。就打啊打。越打吃人婆变得越小。变小（后），他们就说："我们回家，把妹妹喊过来，让她打。"喊过来，但是妹妹没有手。没有手，就在那边打。"我们把你变小了，我们就回家。"回家吃完饭过来，吃人婆也不见了，拴她的树也没有了，吃人婆把树拔出来背着回家了。吃人婆已经跑掉了。她把树拔出来背回家了。那两个哥哥就说不杀她不可。"我们上山，可我们这个妹妹没法煮饭。她很害怕，我们两个就去看一下。我们两个就假装卖药。"说着，他们就去了。走在路上就碰到了吃人婆的女儿，她在那里看猪。他们就问她："姑娘，你在这里有没有看见一个老妈妈？"她就说："没有碰见，没有来这里。"问了以后，她就说："我没有看见。我的妈妈在这里背着一棵树，到屋外面去了。她背着一棵树回家去了。"她这么一说，两个哥哥就说："这好像是吃人婆的女儿。我们就去吃人婆那里卖药。"那个吃人婆就在那里坐着，痛得直喊叫。他们两个就说："娘娘，你怎么了？""啊哟，我被人打得哪里都痛。"说着直发抖。那两个哥哥说："啊哟，我们就是卖药的么。就给你（一些）吧。吃点药后你就会好的。""噢"，吃人婆就同意了。"吃了点药，我们看下你好点了没有。"他们这样说。说着就烧（起）火，烧了很大的一堆火。（然后）把火钳也放在火里烧。把火钳烧得红红的就顶在吃人婆的心口上。在心口上顶了一下，她就死了。（吃人婆）那里有一个柜子。那里有一条狗和一只公鸡。他们把吃人婆砍成一段一段的装在柜子里面。那条狗和那只公鸡跑过去吃。吃了以后，吃人婆的女儿回来问："你们两个坐在这儿，我妈妈哪里去了？"他们说："你母亲很痛，我们给她了一些药，装在你的柜子里了。三天以后，你才可以打开柜子。不满三天，你就不要打开柜子。"过了三天，她打开柜子一看，那个吃人婆的肉全叫狗吃了。那里只剩下她母亲的一点骨头，什么也没有了，就这样。

2.14 野人和人

ke³³	ke	ɕa³¹	ne	ge²²	tɕʰe⁵³	do³³	ma³¹	tɕʰe⁵³	dʑi⁵³
ke³³	ke	ɕa³¹	ne	ge²²	tɕʰe⁵³	do³³	ma³¹	tɕʰe⁵³	dʑi⁵³
这	LOC	讲	TOP	听见	EXP	看见	NEG	EXP	是

这里讲呢，我听过，但是没有看到过，是的。

xe³³	ge²²	ma³¹	tɕʰe⁵³	mə…	no³³	ɕa³¹	le	ŋa³³	u³¹ge²²	la³³
xe³³	ge²²	ma³¹	tɕʰe⁵³	mə	no³³	ɕa³¹	le	ŋa³³	u³¹-ge²²	la³³
先	听见	NEG	EXP	嘛	你	讲	TOP	我	PFV-听	CS

ŋa³³	ɕa³¹
ŋa³³	ɕa³¹
我	讲

以前没有听过嘛，你讲吧，我听着了，我讲呢，

no³³	u³¹ge²²	la³³	ŋa³³	dʑi⁵³	no³³	ɕa³¹	le	ko³³	ke
no³³	u³¹-ge²²	la³³	ŋa³³	dʑi⁵³	no³³	ɕa³¹	le	ko³³	ke
你	PFV-听	CS	我	是	你	讲	TOP	这里	LOC

你听啊，我讲，你讲了，我们这里……

ŋa³³de	tɕa⁵³	ɕa³¹	la³³…	xe³³	ge²²	ma³¹	tɕʰe⁵³
ŋa³³de	tɕa⁵³	ɕa³¹	la³³	xe³³	ge²²	ma³¹	tɕʰe⁵³
我-PL	TOP	讲	CS	先	听见	NEG	EXP

我们就讲，以前没有听说过。

ŋa³³	tɕəu	ke³³	ke	tɕi⁵³	ŋe²²	ɕe⁵³	tɕa⁵³	tʰe³³	me³³	ŋe²²
ŋa³³	tɕəu	ke³³	ke	tɕi⁵³	ŋe²²	ɕe⁵³	tɕa⁵³	tʰe³³	me³³	ŋe²²
我	就	这	LOC	一	说	TNT	TOP	那	做	说

那我就讲一下，就那么说，

ŋe²²	ma³¹	du⁵³
ŋe²²	ma³¹	du⁵³
说	NEG	完

我讲不好。

tsʰo³³le³³	ma²²mu³³	ŋa³³	ɕa³¹	la	pə	ŋe²²	du⁵³	la
tsʰo³³le³³	ma²²mu³³	ŋa³³	ɕa³¹	la	pə	ŋe²²	du⁵³	la
跳蚤	老婆	我	讲	CS	吧	说	完	CS

野人婆，我讲了啊，讲了。

xe³³	tsʰo³³le³³	ma²²mu³³	dʑo³³-ɕu³³	i	tʰe³³
xe³³	tsʰo³³le³³	ma²²mu³³	dʑo³³-ɕu³³	i	tʰe³³
先	跳蚤	老婆	存在-者	GEN	那

以前，有野人，

tʰe³³	tʰu⁵³	mə	tsʰo³³le³³	ma²²mu³³	mja⁵³	i	mja⁵³
tʰe³³	tʰu⁵³	mə	tsʰo³³le³³	ma²²mu³³	mja⁵³	i	mja⁵³
那	时刻	嘛	跳蚤	老婆	多	GEN	多

那个时候嘛，野人婆很多。

tʰe³³	pu³¹	ko⁵³	i	tsʰo³³	bu	tɕa⁵³	ja³³kʰe	dʑo³³	le

tʰe³³	pu³¹	ko⁵³	i	tsʰo³³	bu	tɕa⁵³	ja³³kʰe	dʐo³³	le
那	村寨	LOC	GEN	人	PL.ANM	TOP	家里	存在	TOP

那个寨子里的人就待在家里，

va³³pʰo⁵³	ji³³	ma³¹	nju⁵³	la
va³³pʰo⁵³	ji³³	ma³¹	nju⁵³	la
外面	去	NEG	敢	CS

不敢到外面去了（不敢出去了）。

va³³pʰo⁵³	ji³³	ɹe	ke³³ʃa³³
va³³pʰo⁵³	ji³³	ɹe	ke³³ʃa³³
外面	去	TOP	怕

怕出去。

tʰe³³	da⁵³xa³³	ko	ji³³	jo³³xa³³	ko	ji³³	iɛ⁵³	ke³³ʃa³³
tʰe³³	da⁵³xa³³	ko	ji³³	jo³³xa³³	ko	ji³³	iɛ⁵³	ke³³ʃa³³
那	田地	LOC	去	田	LOC	去	也	怕

上田，上地也害怕，

a³³ke	ji³³	ɹe	ke³³ʃa³³	namə	ja⁵³no	tɕa⁵³	tʰe³³	tsʰo³³	pu	tɕa⁵³
a³³ke	ji³³	ɹe	ke³³ʃa³³	namə	ja⁵³no	tɕa⁵³	tʰe³³	tsʰo³³	pu	tɕa⁵³
哪里	去	TOP	怕	那么	后	TOP	那	人	PL	TOP

去哪里都害怕，那么，后来呢，

pu³¹	ke⁵³	i	tsʰo³³	pu	tɕa⁵³	du³³la³³	du³³la³³	le	tɕa⁵³
pu³¹	ke⁵³	i	tsʰo³³	pu	tɕa⁵³	du³³la³³	du³³la³³	le	tɕa⁵³
村寨	LOC	GEN	人	PL	TOP	商量	商量	TOP	TOP

寨子里的人就商量好，商量好，

ŋa³³de	ke³³tʰe³³	tsʰo³³le³³	ma²²mu³³	bo⁵³
ŋa³³-de	ke³³tʰe³³	tsʰo³³le³³	ma²²mu³³	bo⁵³
我-PL	这	跳蚤	老婆	拥有

我们有那些野人婆。

xo³³	me³³	ɕe²²	tɕi³³	pʰa³¹	xo³³	me³³	tʰe³³	ɕe²²	tɕi³³	pʰa³¹
xo³³	me³³	ɕe²²	tɕi³³	pʰa³¹	xo³³	me³³	tʰe³³	ɕe²²	tɕi³³	pʰa³¹
什么	做	打死	一	能	什么	做	那	打死	一	能

怎么才能打死她们？

ŋa³³de	va³³pʰo⁵³	ji³³	ma³¹	nju⁵³
ŋa³³-de	va³³pʰo⁵³	ji³³	ma³¹	nju⁵³
我-PL	外面	去	NEG	敢

我们就不敢出去了。

tʰe³³de	du³³la³³	tɕa⁵³	ŋa³³de	tʰe³³	ɕe⁵³	ʃə³³	la	me⁵³tʰo³¹	to³³
tʰe³³-de	du³³la³³	tɕa⁵³	ŋa³³-de	tʰe³³	ɕe⁵³	ʃə³³	la	me⁵³tʰo³¹	to³³
他-PL	商量	TOP	我-PL	那	树	拿	CS	刀	砍

他们就商量了，我们就拿一些柴，用刀砍，

ja²²ka³³	u³¹to³³	tʰe³³	ʃa³³	me⁵³tʰo³¹	a³³	u³¹ʃə³³	la³³
ja²²ka³³	u³¹-to³³	tʰe³³	ʃa³³	me⁵³tʰo³¹	a³³	u³¹-ʃə³³	la³³
全部	PFV-砍	那	铁	刀	个	PFV-拿	CS

全部砍好了，然后就拿铁刀。

tʰe³³	vu⁵³	tɕi⁵³	ga³¹	u³¹ʃə³³	la³³
tʰe³³	vu⁵³	tɕi⁵³	ga³¹	u³¹-ʃə³³	la³³
那	酒	一	坛子	PFV-拿	CS

就拿那个一坛酒，

ŋa³³de	tɕa⁵³	vo⁵³xo³¹	ji³³	tʰe³³	ba³³	tʰo⁵³
ŋa³³-de	tɕa⁵³	vo⁵³xo³¹	ji³³	tʰe³³	ba³³	tʰo⁵³
我-PL	TOP	背	去	那	山	之上

拿一坛酒，我们就背到山上去了。

ji³³	ba³³	tʰo⁵³	ji³³	la	ŋa³³de	tʰe³³	ke	dʑa²²dʑa³³
ji³³	ba³³	tʰo⁵³	ji³³	la	ŋa³³-de	tʰe³³	ke	dʑa²²-dʑa³³

去	山	之上	去	CS	我-PL	那	LOC	玩-玩

上山（后），我们就在那里玩

tʰe³³	ke	dʑa²²dʑa³³	la	ŋa³³de	tɕa⁵³	vu⁵³	a⁵³pi³¹	tsu⁵³
tʰe³³	ke	dʑa²²-dʑa³³	la	ŋa³³-de	tɕa⁵³	vu⁵³	a⁵³pi³¹	tsu⁵³
那	LOC	玩-玩	CS	我-PL	TOP	酒	一点	点

pa⁵³	a³¹	dʑi⁵³	o
ba⁵³	a³¹	dʑi⁵³	o
喝	Q	是	语气词

在那里玩，我们就喝一点酒，是吧？

ŋa³³de	ɹe	a⁵³pi³¹	tsu⁵³	ba⁵³	tʰa⁵³	je³¹	me³³	ba⁵³
ŋa³³-de	ɹe	a⁵³pi³¹	tsu⁵³	ba⁵³	tʰa⁵³	je³¹	me³³	ba⁵³
我-PL	TOP	一点	点	喝	PROH	醉	做	喝

我们就只要喝一点点，不能喝醉就那样。

ŋa³³de	tɕa⁵³	ʃuo	ooo	ŋa³³de	vu⁵³	je³¹	la³³
ŋa³³-de	tɕa⁵³	ʃuo	ooo	ŋa³³-de	vu⁵³	je³¹	la³³
我-PL	TOP	说	哦	我-PL	酒	醉	CS

我们就说（假装），哦哦哦，我们喝醉了。

ŋa³³de	tɕa⁵³	tʰe³³	ke	dʑa²²dʑa³³	tɕʰo⁵³	ŋa³³de	tɕa⁵³	tʰe³³
ŋa³³-de	tɕa⁵³	tʰe³³	ke	dʑa²²-dʑa³³	tɕʰo⁵³	ŋa³³-de	tɕa⁵³	tʰe³³
我-PL	TOP	那	LOC	玩-玩	美丽	我-PL	TOP	那

我们就好好地耍了（一下），

ke	ja³¹ja³¹	tɕʰe⁵³	ja³¹ja³¹	tɕʰe⁵³	ɹe	tʰe³³	çe⁵³	i	me⁵³tʰo³¹
ke	ja³¹-ja³¹	tɕʰe⁵³	ja³¹-ja³¹	tɕʰe⁵³	ɹe	tʰe³³	çe⁵³	i	me⁵³tʰo³¹
LOC	打-打	EXP	打-打	EXP	TOP	那	树	GEN	刀

我们就（玩耍）互相打闹，然后

be	çe⁵³	i	me⁵³tʰo³¹	be	ʃə³³	la	no³³	ŋa²²

be	ҫe⁵³	i	me⁵³tʰo³¹	be		ʃə³³	la	no³³	ŋa²²
PL.N-ANM	树	GEN	刀	PL.N-ANM		拿	CS	你	我.DAT

tҫi³³	to³³	ҫe⁵³	ŋa³³	la³³	tҫi³³	to³³	ҫe⁵³
tҫi³³	to³³	ҫe⁵³	ŋa³³	la³³	tҫi³³	to³³	ҫe⁵³
一	砍	TNT	我	也	一	砍	TNT

拿着木头刀，木头刀，你打我，我打你，

no³³	ŋa²²	tҫi⁵³	ja³¹	ҫe⁵³	ŋa³³	la	tҫi⁵³	ja³¹	ҫe⁵³	me³³	tʰe³³	me³³
no³³	ŋa²²	tҫi⁵³	ja³¹	ҫe⁵³	ŋa³³	la	tҫi⁵³	ja³¹	ҫe⁵³	me³³	tʰe³³	me³³
你	我.DAT	一	打	TNT	我	也	一	打	树	做	那	做

你打我一下，我打你一下，就那么玩。

dʐa²²dʐa³³	mi³¹dʐa²²dʐa³³	la	ŋa³³de	tҫəu	tҫa⁵³
dʐa²²-dʐa³³	mi³¹-dʐa²²-dʐa³³	la	ŋa³³-de	tҫəu	tҫa⁵³
玩-玩	PFV-玩-玩	CS	我-PL	就	TOP

mi³¹pʰo³³	ge	tҫi³³
mi³¹-pʰo³³	ge	tҫi³³
PFV-跑	PRO	是

耍好了，我们就跑掉了（回家）。

tʰe³³	vu⁵³	le	tʰe³³	ke	tҫi³³
tʰe³³	vu⁵³	le	tʰe³³	ke	tҫi³³
那	酒	TOP	那	LOC	留

（他们）就把酒留在那儿了（在山上）。

tʰe³³	ʃa³³	i	me⁵³tʰo³¹	be	ɹ	tʰe³³	ke	u³¹tҫi³³
tʰe³³	ʃa³³	i	me⁵³tʰo³¹	be	ɹ	tʰe³³	ke	u³¹-tҫi³³
那	铁	GEN	刀	PL.N-ANM	TOP	那	LOC	PFV-放

把铁刀也留在那儿了。

tʰe³³	ke	u³¹do³³	tҫa⁵³	ge²²	la³¹	la³³	tʰe³³	me³³	ŋe²²	la³³

tʰe³³ ke u³¹-do³³ tɕa⁵³ ge²² la³¹ la³³ tʰe³³ me³³ ŋe²² la³³
那 LOC PFV-看见 TOP 听见 来 CS 那 做 说 CS

（野人婆）就在那里看见了，（也）听见了，就那么说了。

ja⁵³no tɕa⁵³ tʰe³³ ke tsʰo³³ pu tɕa⁵³ mi³¹pʰo³³ la³³
ja⁵³no tɕa⁵³ tʰe³³ ke tsʰo³³ pu tɕa⁵³ mi³¹-pʰo³³ la³³
后 TOP 那 LOC 人 PL TOP PFV-跑 CS

然后呢，人们就走了（跑掉了）。

tʰe³³ tsʰo³³le³³ ma²²mu³³ be ja²²ka³³ tʰe³³ ba³³ kʰɯ⁵³
tʰe³³ tsʰo³³le³³ ma²²mu³³ be ja²²ka³³ tʰe³³ ba³³ kʰɯ⁵³
那 跳蚤 老婆 PL.N-ANM 全部 那 山 上

那些野人婆就在山上，

tsʰo³³ le u³¹njo³³njo³³ la tʰe³³ tsʰo³³ be tʰe³³ ke
tsʰo³³ le u³¹-njo³³-njo³³ la tʰe³³ tsʰo³³ be tʰe³³ ke
人 TOP PFV-看-看 CS 那 人 PL.N-ANM 那 LOC

dʑa²²dʑa³³ tɕʰo⁵³
dʑa²²-dʑa³³ tɕʰo⁵³
玩-玩 美丽

看那些人，（就说）那些人玩耍得那么高兴，

tʰe³³ ke dʑa²²dʑa³³ tɕʰo⁵³ i tɕʰo⁵³ me³³ vu⁵³ ba⁵³
tʰe³³ ke dʑa²²dʑa³³ tɕʰo⁵³ i tɕʰo⁵³ me³³ vu⁵³ ba⁵³
他 LOC 玩-玩 美丽 GEN 美丽 做 酒 喝

那么高兴地喝酒。

ja³¹ja³¹ tɕʰe⁵³ ŋa³³de tʰe³³de ʒe²² la³³ ŋa³³de ji³³ la³³
ja³¹-ja³¹ tɕʰe⁵³ ŋa³³-de tʰe³³-de ʒe²² la³³ ŋa³³-de ji³³ la³³
打-打 EXP 我-PL 他-PL 走 CS 我-PL 去 CS

互相打闹哦，他们走了，我们也去吧。

tʰe³³de	tɕa⁵³	la³¹	la³³	tɕəu	vu⁵³	iɛ⁵³	tʰe³³	ke	bo⁵³
tʰe³³-de	tɕa⁵³	la³¹	la³³	tɕəu	vu⁵³	iɛ⁵³	tʰe³³	ke	bo⁵³
他-PL	TOP	来	CS	就	酒	也	那	LOC	拥有

她们就来了，那里也有酒。

kʰu⁵³	iɛ⁵³	tʰe³³	ke	tɕi³³	idzo	tʰe³³	ke	tɕəu
kʰu⁵³	iɛ⁵³	tʰe³³	ke	tɕi³³	idzo	tʰe³³	ke	tɕəu
碗	也	那	LOC	放	PROG	那	LOC	就

碗，也放的有。

ko²²tsa⁵³	i	tʰe³³	dʑi³¹	ɹ	ni⁵³	a³³	tʰe³³	ɹ
ko²²tsa⁵³	i	tʰe³³	dʑi³¹	ɹ	ni⁵³	a³³	tʰe³³	ɹ
勤快	GEN	那	吃	TOP	二	个	那	TOP

吃得快些的（野人婆），就喝了两碗。

ma⁵³	ko²²tsa⁵³	i	tʰe³³	ɹ
ma⁵³	ko²²tsa⁵³	i	tʰe³³	ɹ
NEG	勤快	GEN	那	TOP

动作不快的那些（野人婆）呢，

dʑi³¹	de	ma³¹	nja⁵³	i	tʰe³³	ɹe³³	tɕi³³	kʰu⁵³	dʑi³¹
dʑi³¹	de	ma³¹	nja⁵³	i	tʰe³³	ɹe³³	tɕi³³	kʰu⁵³	dʑi³¹
吃	得	NEG	强壮	GEN	那	TOP	一	碗	吃

吃得不狠的那些就只吃了一碗。

tʰe³³de	tɕəu	tɕa⁵³	vu⁵³	je³¹	la³³	tɕa⁵³	ja²²ka³³	tʰe³³	ke
tʰe³³-de	tɕəu	tɕa⁵³	vu⁵³	je³¹	la³³	tɕa⁵³	ja²²ka³³	tʰe³³	ke
他-PL	就	TOP	酒	醉	CS	TOP	全部	那	LOC

她们就喝醉了，就全部在那里喝醉了，

dʑa²²dʑa³³	tɕʰo⁵³	i	tʰe³³	ke	ja³¹ja³¹	tɕʰe⁵³	o
dʑa²²-dʑa³³	tɕʰo⁵³	i	tʰe³³	ke	ja³¹-ja³¹	tɕʰe⁵³	o
玩-玩	美丽	GEN	那	LOC	打-打	EXP	ITRJ

玩耍得很高兴，在（人们）玩的那个地方互相打闹。

tʰe³³	ʃa³³	me⁵³tʰo³¹	be		ʃə³³	la	tɕa⁵³	no³³	ŋa²²	to³³
tʰe³³	ʃa³³	me⁵³tʰo³¹	be		ʃə³³	la	tɕa⁵³	no³³	ŋa²²	to³³
那	铁	刀	PL.N-ANM		拿	CS	TOP	你	我.DAT	砍

拿着铁刀，你砍我，

ŋa³³	la	to³³	xe³³	ɹ	to³³	la	ja²²ka³³	to³³	le	tɕa⁵³
ŋa³³	la	to³³	xe³³	ɹ	to³³	la	ja²²ka³³	to³³	le	tɕa⁵³
我	也	砍	先	TOP	砍	CS	全部	砍	TOP	TOP

我砍你，先砍了，全部砍了

tʰe³³	tsʰo³³le³³	ma²²mu³³	be		ja²²ka³³	tʰe³³	ke	sə³¹ka³³	la
tʰe³³	tsʰo³³le³³	ma²²mu³³	be		ja²²ka³³	tʰe³³	ke	sə³¹ka³³	la
那	跳蚤	老婆	PL.N-ANM		全部	那	LOC	死	CS

那些野人婆就全部在那里死掉了。

mi³¹sə³¹ka³³	la	tɕa⁵³	tsʰo³³le³³	ma²²mu³³	a³³	ma³¹	dʐo³³	la³³
mi³¹-sə³¹ka³³	la	tɕa⁵³	tsʰo³³le³³	ma²²mu³³	a³³	ma³¹	dʐo³³	la³³
PFV-死	CS	TOP	跳蚤	老婆	个	NEG	存在	CS

死完了就一个野人婆也没有了。

ja⁵³no	tɕa⁵³	tʰe³³	pu³¹	ke	i	tsʰo³³	pu	tɕa⁵³	ba³³	ko	ji³³	iɛ⁵³
ja⁵³no	tɕa⁵³	tʰe³³	pu³¹	ke	i	tsʰo³³	pu	tɕa⁵³	ba³³	ko	ji³³	iɛ⁵³
后	TOP	那	村寨	LOC	GEN	人	PL	TOP	山	LOC	去	也

后来呢，那个寨子里的人也不怕上山，

ma³¹	ke³³ʃa³³	la³³	ɕe⁵³	vo⁵³xo³¹	ji³³	iɛ⁵³	ma³¹	ke³³ʃa³³
ma³¹	ke³³ʃa³³	la³³	ɕe⁵³	vo⁵³xo³¹	ji³³	iɛ⁵³	ma³¹	ke³³ʃa³³
NEG	怕	CS	树	背	去	也	NEG	怕

也不怕去背柴，

la³³	da⁵³	tʰo⁵³	ji³³	iɛ⁵³	ma³¹	ke³³ʃa³³

la³³	da⁵³	tʰo⁵³	ji³³	iɛ⁵³	ma³¹	ke³³ʃa³³
CS	地	之上	去	也	NEG	怕

也不怕上田了。

tʰe³³	jo³³xa³³	ko	ji³³	iɛ⁵³	ma³¹	ke³³ʃa³³	a³³ke	ji³³	la
tʰe³³	jo³³xa³³	ko	ji³³	iɛ⁵³	ma³¹	ke³³ʃa³³	a³³ke	ji³³	la
那	田	LOC	去	也	NEG	怕	哪里	去	CS

去田地也不怕了，去哪里都不怕，野人婆全部被打死了。

ma³¹	ke³³ʃa³³	tɕəu	tsʰo³³le³³	ma²²mu³³	bu	ja²²ka³³	ɕe²²
ma³¹	ke³³ʃa³³	tɕəu	tsʰo³³le³³	ma²²mu³³	bu	ja²²ka³³	ɕe²²
NEG	怕	就	跳蚤	老婆	PL.ANM	全部	打死

mi³¹sə³¹ka³³	la³³	tɕa⁵³	tʰe³³	me³³	pi⁵³	la
mi³¹-sə³¹ka³³	la³³	tɕa⁵³	tʰe³³	me³³	pi⁵³	la
PFV-死	CS	TOP	那	做	毕	CS

就那样，（我讲）完了。

　　以前，那个时候嘛，野人婆很多。寨子里的人就待在家里，不敢到外面去了。怕出去。上山也怕，去哪里呢，上田，上地也害怕。去哪里都害怕。那么，后来呢，那些人呢，寨子里的人就商量。商量好要怎么才能打死野人婆。要不然的话，我们就不敢出去了。去（哪里）都害怕。就商量了，我们就拿一些柴，用刀砍成木头刀。然后就拿了铁刀，拿了一坛酒，就背到山上去了。上山（后），他们就在那里（假装）玩。玩着呢，他们就假装喝酒。就（只）喝了一点点，不能喝醉了，就那样喝了点。然后他们就（假装）说："哦哦哦，我们喝醉了。"他们就好好地耍了（一下），就（玩耍）互相打闹。拿着木头刀，你打我，我打你，你打我一下，我打你一下，就那么玩。耍完了，他们就跑掉了（回家了）。就把酒留在那儿了。把铁刀也留在那儿了。（野人婆）在那里看见了，（也）听见了。然后呢，人们就走了（以后），那些野人婆就在山上。看见那些人，（刚才）玩得那么高兴，那么高兴地喝酒，还互相打闹，说："他们走了，我们也去吧。"她们就来了。那里酒也有，碗也有。她们就开始使劲地喝。喝得快些的（野人婆），就喝了两碗（酒）。动作不快的那些呢，只喝了一碗。喝了一碗，两碗，她们就喝醉了，就全部醉在那里了。在（人们）玩的那个地方互相打闹。拿着铁刀，你砍我，我砍你，全部砍了。那些野人婆就全部在那里死掉了。死完了就一个野人婆也没有了。后来呢，那个寨子里的人也不怕上山，也不怕去背柴，也不怕上田了。去哪里都不怕，野人婆全部被打死了。就是那样，我讲完了。

2.15 洪水朝天

ja²³nje³³	xe⁵³nje³³	vu³³	ɕe²²tɕi³³	vu³³	gi⁵³	la	vu³³	gi⁵³	la
ja²³nje³³	xe⁵³nje³³	vu³³	ɕe²²tɕi³³	vu³³	gi⁵³	la	vu³³	gi⁵³	la
去年	前年	水	洪水	水	落	CS	水	落	CS

从前洪水下来了，来了。

ɕe²²dʑi³³	vu³³	gi⁵³	la	vu³³	gi⁵³	la	la	le	tɕəu	tsʰo³³	bu
ɕe²²dʑi³³	vu³³	gi⁵³	la	vu³³	gi⁵³	la	la	le	tɕəu	tsʰo³³	bu
洪水	水	落	CS	水	落	CS	CS	TOP	就	人	PL.ANM

洪水来了呢，就人全部死了，

ja²²ka³³	sə³¹ka³¹	sə³¹ka³¹	pi⁵³	la
ja²²ka³³	sə³³ka³³	sə³³ka³³	pi⁵³	la
全部	死	死	毕	CS

死完了。

tsʰo³³	bu	ja²²ka³³	sə³¹ka³¹	la	le	tɕəu	tɕʰi³³	i	tʰe³³
tsʰo³³	bu	ja²²ka³³	sə³³ka³³	la	le	tɕəu	tɕʰi³³	i	tʰe³³
人	PL.ANM	全部	死	CS	TOP	就	他.GEN	GEN	那

人都死了，

ji³¹no³¹	a³³ja³³	ni⁵³	a³³	ku	dʑo³³
ji³¹no³¹	a³³ja³³	ni⁵³	a³³	ku	dʑo³³
弟弟	姐姐	二	个	位	存在

就只有哥哥和弟弟他们两个了。

na²¹	tɕəu	tɕʰi³³	i	ni⁵³	a³³	ku	a³³ke	ni³¹	izo	la
na²¹	tɕəu	tɕʰi³³	i	ni⁵³	a³³	ku	a³³ke	ni³¹	izo	la
那	就	他.GEN	GEN	二	个	位	哪里	坐	PROG	CS

那就他们两个住在哪里？

tɕeu	vu³³	ka	ji³³	la³³	vu³³	ka	ji³³	la	le
tɕeu	vu³³	ka	ji³³	la³³	vu³³	ka	ji³³	la	le
就	水	条	去	CS	水	条	去	CS	TOP

水就走了，水走了，

tʰe³³	ni⁵³	a³³	ku	tɕeu	tʰe³³	ke	ji³³	la
tʰe³³	ni⁵³	a³³	ku	tɕeu	tʰe³³	ke	ji³³	la
那	二	个	位	就	那	LOC	去	CS

他们两个就到那里了，两个就

ni⁵³	a³³	ku	tɕeu	tɕʰi³³	ja³³me³³	ŋe²²	o
ni⁵³	a³³	ku	tɕeu	tɕʰi³³	ja³³me³³	ŋe²²	o
二	个	位	就	他.GEN	当家	说	语气词

就说，我们当家了。

tɕʰi³³	ja³³me³³	ɹ	ni⁵³	a³³	ku	tɕeu	ʃuo³³	ʃə	tsʰo³³	ma³¹
tɕʰi³³	ja³³me³³	ɹ	ni⁵³	a³³	ku	tɕeu	ʃuo³³	ʃə	tsʰo³³	ma³¹
他.GEN	当家	TOP	两	个	位	就	说	是	人	NEG

他们当家呢，

bo⁵³	la
bo⁵³	la
拥有	CS

两个就说是没有人。

ŋa³³ku	ni⁵³	a³³	ku	ja³³me³³	ɹ	tsʰo³³	ʃuo³³	ma³¹	zə³¹ga⁵³
ŋa³³-ku	ni⁵³	a³³	ku	ja³³me³³	ɹ	tsʰo³³	ʃuo³³	ma³¹	zə³¹ga⁵³
我-位	二	个	位	当家	TOP	人	说	NEG	好

我们两个当家呢，人就说，不对。

ma³¹	zə³¹ga⁵³	la	tʰe³³	ʒu²²tʰu³³	ʃə³¹	la	le	tʰe³³	kʰɯ⁵³	no³³
ma³¹	zə³¹ga⁵³	la	tʰe³³	ʒu²²tʰu³³	ʃə³¹	la	le	tʰe³³	kʰɯ⁵³	no³³
NEG	好	CS	那	磨子	拿	CS	TOP	那	上	你

不对了，那么（他们）拿一个磨子，在上面，

ke³³	ba³³	ko⁵³	ŋa³³	ke³³tʰe³³	ba³³	ko⁵³	ve⁵³	lje²²lje³³	ça²²	le
ke³³	ba³³	ko⁵³	ŋa³³	ke³³tʰe³³	ba³³	ko⁵³	ve⁵³	lje²²-lje³³	ça²²	le
这	山	LOC	我	这	山	LOC	起	裹-裹	做	TOP

山上，我在这个山上，让它滚下去（放它），

no³³	tʰe³³	i	ba³³	ko⁵³	ve⁵³lje²²lje³³	ça²²	la
no³³	tʰe³³	i	ba³³	ko⁵³	ve⁵³lje²²lje³³	ça²²	la
你	那	GEN	山	LOC	滚	做	CS

你在山上也（拿一个磨子）让它滚下来。

la⁵³la³¹	la	tɕou	ni⁵³	a³³	ku	tʰe³³	ʒu²²tʰu³³	ni⁵³	a	ku	xaiʃə
la⁵³-la³¹	la	tɕou	ni⁵³	a³³	ku	tʰe³³	ʒu²²tʰu³³	ni⁵³	a	ku	xaiʃə
滚-滚	CS	就	二	个	位	那	磨子		个	位	还是
滚											

下来了，就两个磨子还是

tɕi³³	ka³³	ni³³	me³³	u³¹xa³³	ne	la
tɕi³³	ka³³	ni³³	me³³	u³¹-xa³³	ne	la
一	样子	有	做	PFV-盖	TOP	CS

（互相）盖上了。

tɕi³³	ka³³	la³¹	la	tɕi³³	ka³³	la³¹	la	le	tʰe³³	tɕou	ʃuo³³	ʃə
tɕi³³	ka³³	la³¹	la	tɕi³³	ka³³	la³¹	la	le	tʰe³³	tɕou	ʃuo³³	ʃə
一	样子	来	CS	一	样子	来	CS	TOP	那	就	说	是

到一起了，到一起了，他就说了，

no³³	ma³¹	zə³¹ga⁵³	ŋa³³de	tɕou	me²²nje³³	ʃə⁵³	la
no³³	ma³¹	zə³¹ga⁵³	ŋa³³-de	tɕou	me²²nje³³	ʃə⁵³	la

你	NEG	好	我-PL	就	箭?	拿	CS

不对了，我们就拿一支箭，

t^he^{33}	$\mathfrak{z}u^{22}t^hu^{33}$	i	$ku^{22}ku^{33}$	ko^{53}	ja^{31}	la	$xai\int\!\!\ni$	ji^{33}	la
t^he^{33}	$\mathfrak{z}u^{22}t^hu^{33}$	i	$ku^{22}ku^{33}$	ko^{53}	ja^{31}	la	$xai\int\!\!\ni$	ji^{33}	la
那	磨子	GEN	洞	LOC	打	CS	还是	去	CS

（我们就）射到磨子上，射出去了，

t^he^{33}	$xai\int\!\!\ni$	t^he^{33}	$\mathfrak{z}u^{22}t^hu^{33}$	i	$ku^{22}ku^{33}$	ko^{53}	ji^{33}	la
t^he^{33}	$xai\int\!\!\ni$	t^he^{33}	$\mathfrak{z}u^{22}t^hu^{33}$	i	$ku^{22}ku^{33}$	ko^{53}	ji^{33}	la
那	还是	那	磨子	GEN	洞	LOC	去	CS

（箭）还是射到那个磨子了。

no^{33}	$ja^{53}no^{31}$	a	$t^he^{33}gu$	ni^{53}	a^{33}	ku	$t\varphi i^{33}$	$ja^{33}me^{33}$	la
no^{33}	$ja^{53}no^{31}$	a	t^he^{33}-gu	ni^{53}	a^{33}	ku	$t\varphi i^{33}$	$ja^{33}me^{33}$	la
你	后面	个	他-位	二	个	位	一	当家	CS

射到那个磨子了呢，后来他们两个就当家了。

$t\varphi i^{33}$	$ja^{33}me^{33}$	la	le	ni^{53}	a^{33}	ku	$t\varphi ou$	$t\varphi i^{33}$	$ja^{33}me^{33}$	la
$t\varphi i^{33}$	$ja^{33}me^{33}$	la	le	ni^{53}	a^{33}	ku	$t\varphi ou$	$t\varphi i^{33}$	$ja^{33}me^{33}$	la
一	当家	CS	TOP	二	个	位	就	一	当家	CS

到一起了呢，两个就当家了，

$ja^{53}no^{31}$	$ja^{53}no^{31}$	$i^{22}t\varphi a^{33}$	bo^{53}	la
$ja^{53}no^{31}$	$ja^{53}no^{31}$	$i^{22}t\varphi a^{33}$	bo^{53}	la
后面	后面	孩子	拥有	CS

后来有孩子了。

$i^{22}t\varphi a^{33}$	la	$xai\int\!\!\ni$	bo^{53}	la	$tsho^{33}$	ma^{31}	$d\mathfrak{z}i^{53}$	$\int e^{33}$	ka^{33}	ni^{33}
$i^{22}t\varphi a^{33}$	la	$xai\int\!\!\ni$	bo^{53}	la	$tsho^{33}$	ma^{31}	$d\mathfrak{z}i^{53}$	$\int e^{33}$	ka^{33}	ni^{33}
孩子	CS	还是	拥有	CS	人	NEG	是	肉	样子	有

还有孩子了，但是那个孩子就不像个人，像肉坨坨。

tʰe³³de	tɕəu	ʃə³¹	la	ke³³	ke	mi³¹to³³	le	tɕəu
tʰe³³-de	tɕəu	ʃə³¹	la	ke³³	ke	mi³¹-to³³	le	tɕəu
他-PL	就	拿	CS	这	LOC	PFV-砍	TOP	就

他们就拿来，切了一下就

ke³³	ke	tɕi³³	tsu⁵³	tɕi³³	a³³	tʰe³³	ke	tɕi³³	tsu⁵³	tɕi³³	a³³
ke³³	ke	tɕi³³	tsu⁵³	tɕi³³	a³³	tʰe³³	ke	tɕi³³	tsu⁵³	tɕi³³	a³³
这	LOC	一	点	一	个	那	LOC	一	点	一	个

这里一点，那里一点，

tʰe³³	ke	tɕi³³	tsu⁵³	tɕi³³	a³³	tɕəu	ke	tɕi³³	tsu⁵³	tɕi³³	a³³
tʰe³³	ke	tɕi³³	tsu⁵³	tɕi³³	a³³	tɕəu	ke	tɕi³³	tsu⁵³	tɕi³³	a³³
那	LOC	一	点		个	就	LOC	一	点	一	个

这里一点，那里一点，

ko³³	ko³³	tsʰo³³	bu	a³³ke	təu⁴⁴	a³³ke	təu⁴⁴	u³¹dʐa³¹	la
ko³³	ko³³	tsʰo³³	bu	a³³ke	təu⁴⁴	a³³ke	təu⁴⁴	u³¹-dʐa³¹	la
这里	LOC	人	PL.ANM	哪里	都	哪里	都	PFV-站	CS

这里，到处（哪里都）有人了。

a³³ke	təu⁴⁴	u³¹dʐa³¹	la	tɕəu	tʰe³³	tɕəu	ni⁵³	a³³	ku	tɕəu	a⁵³mi³¹
a³³ke	təu⁴⁴	u³¹-dʐa³¹	la	tɕəu	tʰe³³	tɕəu	ni⁵³	a³³	ku	tɕəu	a⁵³mi³¹
哪里	都	PFV-站	CS	就	那	就	二	个	位	就	现在

哪里都有了呢，那就他们两个就（说）现在，

ŋa³³de	a⁵³mi³¹	tɕi³³	ja³³me³³	la
ŋa³³-de	a⁵³mi³¹	tɕi³³	ja³³me³³	la
我-PL	现在	一	当家	CS

我们现在就当家了。

a³³ja³³	ji³¹no³¹	tɕa⁵³	a³¹	dʐo³³	tʰe³³	me³³	ŋe²²	la
a³³ja³³	ji³¹no³¹	tɕa⁵³	a³¹	dʐo³³	tʰe³³	me³³	ŋe²²	la
哥哥	弟弟	TOP	Q	存在	那	做	说	CS

哥哥和弟弟，是不是有，就这么传说的，

ŋa³³	tʰe³³	me³³	ŋe²²	ma⁵³	dʒo²²	la	ŋa³³	ʃuo³³	la³¹	la
ŋa³³	tʰe³³	me³³	ŋe²²	ma⁵³	dʒo³¹	la	ŋa³³	ʃuo³³	la³¹	la
我	那	做	说	NEG	会	CS	我	说	来	CS

我就不会讲了，我说了，

a³³ke	a³³ke	a³³ke	təu⁴⁴	u³¹dʑa³¹	la	a³³ke	a³³ke	təu⁴⁴	u³¹tɕa³¹	la
a³³ke	a³³ke	a³³ke	təu⁴⁴	u³¹-dʑa³¹	la	a³³ke	a³³ke	təu⁴⁴	u³¹-dʑa³¹	la
哪里	哪里	哪里	都	PFV-站	CS	哪里	哪里	都	PFV-站	CS

哪里哪里哪里都有人了，

na	tɕəu	tsʰo³³	bu	ja²²ka³³	ja⁵³no³¹	tsʰo³³	bo⁵³	la
na	tɕəu	tsʰo³³	bu	ja²²ka³³	ja⁵³no³¹	tsʰo³³	bo⁵³	la
那	就	人	PL.ANM	全部	后面	人	拥有	CS

那后来就有人了。

ja⁵³no³¹	tɕəu	tsʰo³³	bo⁵³	la
ja⁵³no³¹	tɕəu	tsʰo³³	bo⁵³	la
后面	就	人	拥有	CS

后来就有人了。

从前，从前洪水来了。洪水来了，人全部死了。就只有哥哥和弟弟他们两个了。他们两个住在某个地方。水退了以后，他们两个就当家了。两个就说是没有人。当家，但是又怕那样做不对。那就说，我们拿一个磨子，你在山上让它滚下来，我也在山上让它滚下来。滚下来了以后，两个磨子还是一样，（互相）扣到一起了。他就说了，我们就拿一根箭射到磨子上。箭射出去还是射到那个磨子上去了。后来他们两个就当家了。后来还有了孩子。但是孩子就不像个人，像肉坨坨。他们就拿来（那些肉坨坨），这里切了一下，就这里一点，那里一点。到处都有人了。哪里都有了呢，两个就当家了。哥哥和弟弟，就这么传说的。就到处都有人了，后来就有人了。

2.16 打老牛

ŋa³³de	do³³ɕu³³	i	tɕe⁵³nju³¹	tɕu²²
ŋa³³-de	do³³ɕu³³	i	tɕe⁵³nju³¹	tɕu²²
我-PL	多续藏族	GEN	老牛	杀

我们多续人有打老牛的风俗。

tʰe³³	ne³³	ɹ	u⁵³nju³¹	a³³	vu³³	ʃə⁵³	la
tʰe³³	ne³³	ɹ	u⁵³nju³¹	a³³	vu³³	ʃə³¹	la
那	天	TOP	水牛	个	买	拿	CS

那天呢，买一头牛，

tʰe³³	ke	u³¹tɕi³³	vu⁵³	be	ja³¹	ʃə	la	tʰe³³	ke	tɕi³³
tʰe³³	ke	u³¹-tɕi³³	vu⁵³	be	ja³¹	ʃə	la	tʰe³³	ke	tɕi³³
那	LOC	PFV-放	酒	PL.N-ANM	打	是	CS	那	LOC	放

那里放，哦，打了些酒，放在那里。

pu³¹	ko⁵³	i	tsʰo³³	bu	ja²²ka³³	tʰe³³	ke	la³¹
pu³¹	ko⁵³	i	tsʰo³³	bu	ja²²ka³³	tʰe³³	ke	la³¹
村寨	LOC	GEN	人	PL.ANM	全部	那	LOC	来

寨子里所有的人就到那里，

pʰe³³gu³³	bo	la³¹
pʰe³³gu³³	bo	la³¹
青年男人	PL.ANM	来

小伙子们来，

tʰe³³	u⁵³nju³¹	mi³¹tɕu²²	ge	dʑi	mi³¹ja³¹	ja³¹	la
tʰe³³	u⁵³nju³¹	mi³¹-tɕu²²	ge	dʑi	mi³¹-ja³¹	ja³¹	la
那	水牛	PFV-杀	PRO	是	PFV-打	打	CS

他们杀那头水牛，要用打的。

le	mi³¹tɕu²²	tɕu²²	la	le

le	mi³¹-tɕu²²	tɕu²²	la	le
TOP	PFV-杀	杀	CS	TOP

杀了（以后）

tʰe³³	ʃe³³	be	ja²²ka³³	me³³	ŋa³³de	i	pu³¹	ko⁵³	bu
tʰe³³	ʃe³³	be	ja²²ka³³	me³³	ŋa³³-de	i	pu³¹	ko⁵³	bu
那	肉	PL.N-ANM	全部	做	我-PL	GEN	村寨	LOC	PL.ANM

那些肉全部分给寨子里的每家每户，

se³³	de²²	se³³	pu³¹	ko⁵³	bu	ja²²ka³³	ji²²ji³³	kʰo⁵³	la
se³³	de²²	se³³	pu³¹	ko⁵³	bu	ja²²ka³³	ji²²-ji³³	kʰo⁵³	la
谁	家	谁	村寨	LOC	PL.ANM	全部	分-分	给	CS

分给寨子里所有的人，

ja²²ka³³	kʰo⁵³	la	se³³	se³³	me³³	ʃə³³	tsa³³	ji³³	ja³³kʰe	dʑi³¹	ja³³kʰe
ja²²ka³³	kʰo⁵³	la	se³³	se³³	me³³	ʃə³³	tsa³³	ji³³	ja³³kʰe	dʑi³¹	ja³³kʰe
全部	给	CS	谁	谁	做	拿	带	去	家里	吃	家里

ji³³	la	le
ji³³	la	le
去	CS	TOP

分给大家了，各人拿着回到各人家里。

u³¹ɕa²²	ne	tʃʰo³³dje⁵³	tɕi⁵³	kʰe²²	ɕe⁵³	la	tɕəu	dʑi³¹	la
u³¹-ɕa²²	ne	tʃʰo³³dje⁵³	tɕi⁵³	kʰe²²	ɕe⁵³	la	tɕəu	dʑi³¹	la
PFV-做	TOP	tʃʰo³³dje⁵³	一	拿	TNT	CS	就	回	CS

做好了，拿了一下"tʃʰo³³dje⁵³"就吃了，

mi³¹dʑi³¹	mi³¹dʑi³¹	la	le	me³¹kʰa³³	du⁵³	la
mi³¹-dʑi³¹	mi³¹-dʑi³¹	la	le	me³¹kʰa³³	du⁵³	la
PFV-吃	PFV-吃	CS	TOP	天黑	完	CS

吃好，吃好了呢，

mi³¹	be		to⁵³	ʃə³³	la³¹	la	mi³¹	be
mi³¹	be		to⁵³	ʃə³³	la³¹	la	mi³¹	be
火	PL.N-ANM		抱	拿	来	CS	火	PL.N-ANM

天黑的时候，打着火把，

to⁵³	ʃə	la³¹	la	mi³¹	tɕʰa³³	u³¹tɕʰa³³	u³¹tɕʰa³³	ge	dʐi	le
to⁵³	ʃə	la³¹	la	mi³¹	tɕʰa³³	u³¹-tɕʰa³³	u³¹-tɕʰa³³	ge	dʐi	le
抱	是	来	CS	火	烤火	PFV-烤	PFV-烤	PRO	是	TOP

打着火把烤火，烤火，烤火了，

mi³¹	ko⁵³	u³¹da⁵³	la	tɕa⁵³	ʃə³³	tsa³³	ji³³
mi³¹	ko⁵³	u³¹-da⁵³	la	tɕa⁵³	ʃə³³	tsa³³	ji³³
火	LOC	PFV-倒	CS	TOP	拿	带	去

火上倒上（肉）就拿出来，

lo³¹ko³³	ko⁵³	tsa³³	ʃə³³	ji³³	tʰe³³	ke
lo³¹ko³³	ko⁵³	tsa³³	ʃə³³	ji³³	tʰe³³	ke
手	LOC	带	拿	去	那	LOC

用手拿着，就是

ʒe⁵³-ʒe²³	ʒe⁵³-ʒe²³	me³³	tʰe³³	me³³	ŋe²²
ʒe⁵³-ʒe²³	ʒe⁵³-ʒe²³	me³³	tʰe³³	me³³	ŋe²²
ʒe⁵³-ʒe²³	ʒe⁵³-ʒe²³	做	那	做	说

就念"ʒe⁵³ ʒe²³、ʒe⁵³ ʒe²³"。

tʰe³³	me³³	ŋe²²	la	tʰe³³	me³³	pe²²tɕi⁵³	la
tʰe³³	me³³	ŋe²²	la	tʰe³³	me³³	pe²²tɕi⁵³	la
那	做	说	CS	那	做	打发	CS

那么念就那么打发了。

　　我们多续人有打老牛的风俗。那天呢，买了一头牛。打了些酒，放在那里。寨子里所有的人就到那里。小伙子们来了。他们（要）杀那头牛，要用打的。杀了（以后），那些肉全部分给寨子里的每家每户。分给寨子里所有的人。分给大家后，各人拿着回到各人家里。做好了，拿了一下"tʃʰo³³dje⁵³"就吃了。天黑的时候，就打着火把烤火。烤火。就把（肉）倒到火上。（然后）就拿出来，用手拿着，就念"ʒe⁵³ ʒe²³、ʒe⁵³ ʒe²³"。那么念就那么打发了。

2.17 母亲吩咐女儿的话

xe³³	ŋa³³de	gu²²tɕi³³	ʃə	ŋe³³	i³³	a³³ma³³	ŋe³³	i³³
xe³³	ŋa³³-de	gu²²tɕi³³	ʃə	ŋe³³	i	a³³ma³³	ŋe³³	i³³
先	我-PL	小	是	我.GEN	GEN	母亲	我.GEN	GEN

xe³³pʰo⁵³	ŋe²²
xe³³-pʰo⁵³	ŋe²²
前-边	说

以前我们小的时候，我的母亲在我面前说，

no³³	do³³ɕu³³	na³¹	ŋe²²	ɹ	ji³³	va³³pʰo⁵³	ji³³	be³³la³³	ji³³	le
no³³	do³³ɕu³³	na³¹	ŋe²²	ɹ	ji³³	va³³-pʰo⁵³	ji³³	be³³la³³	ji³³	le
你	多续藏族	语言	说	TOP	去	外-边	去	劳动	去	TOP

你说多续语，去呢，去外面干活。

za³³mi³³	no³³	ʃɯ⁵³	ja³¹ʃo⁵³	no³³	ji³³	ɕe⁵³	mje²²	a³¹	dʑi⁵³	o
za³³mi³³	no³³	ʃɯ⁵³	ja³¹-ʃo⁵³	no³³	ji³³	ɕe⁵³	mje²²	a³¹	dʑi⁵³	o
女儿	你	明天	更-早	你	去	树	砍	Q	是	ITRJ

女儿，你明天早点呢，你去砍柴，是不是？

fu²²tʃʰu⁵³	tsu⁵³	vo⁵³xo³¹	ʃə³³	la	ma³¹	dʑi⁵³	a	ŋa³³	ke³³	ke
fu²²tʃʰu⁵³	tsu⁵³	vo⁵³xo³¹	ʃə³³	la	ma³¹	dʑi⁵³	a	ŋa³³	ke³³	ke
干	点	背	拿	CS	NEG	是	ITRJ	我	这	LOC

背些干柴回来，不然，我这里煮晚饭，

tɕʰa⁵³	ɕa²²	tʰe³³	i	ke³³tʰe³³	mi³¹	nja²²	ma⁵³	pʰa³¹
tɕʰa⁵³	ɕa²²	tʰe³³	i	ke³³tʰe³³	mi³¹	nja²²	ma⁵³	pʰa³¹
晚饭	做	那	GEN	这	火	燃	NEG	能

那个火燃不了，

fu²²tʃʰu⁵³	i	tsu⁵³	vo⁵³xo³¹	ʃə³³	la	le	tɕa⁵³	ŋa³³	tɕʰa⁵³	ɕa²²	la³³
fu²²tʃʰu⁵³	i	tsu⁵³	vo⁵³xo³¹	ʃə³³	la	le	tɕa⁵³	ŋa³³	tɕʰa⁵³	ɕa²²	la³³
干	GEN	点	背	拿	CS	TOP	TOP	我	晚饭	做	CS

背些干柴回来我就（能开始）煮晚饭了。

ke³³	ɕe⁵³	be	ɹ	dza²²dza³³	i	dza²²dza³³
ke³³	ɕe⁵³	be	ɹ	dza²²-dza³³	i	dza²²dza³³
这	树	PL.N-ANM	TOP	湿-湿	GEN	湿-湿

这些柴太湿，

no³³	ji³³	fu²²tʃʰu⁵³	tsu⁵³	vo⁵³xo³¹	ʃə³³	la
no³³	ji³³	fu²²tʃʰu⁵³	tsu⁵³	vo⁵³xo³¹	ʃə³³	la
你	去	干	点	背	拿	CS

你去背些干点的回来。

ja³¹ʃo⁵³	le	tɕəu	za³³mi³³	ŋa³³de	dzo⁵³	ko⁵³	vo³¹	be
ja³¹-ʃo⁵³	le	tɕəu	za³³mi³³	ŋa³³-de	dzo⁵³	ko⁵³	vo³¹	be
更-早	TOP	就	女儿	我-PL	圈	LOC	猪	PL.N-ANM

kʰa⁵³	idzo
kʰa⁵³	idzo
关	PROG

早点呢，女儿，我们圈里关着猪。

ko³³	ko	lje³³	be	mja⁵³	i	mja⁵³	la	no³³	ji³³	ɕe⁵³
ko³³	ko	lje³³	be	mja⁵³	i	mja⁵³	la	no³³	ji³³	ɕe⁵³
这里	LOC	肥料	PL.N-ANM	多	GEN	多	CS	你	去	树

tɕʰa²²tɕʰa³³	tsu⁵³	ʒa⁵³	la
tɕʰa²²tɕʰa³³	tsu⁵³	ʒa⁵³	la
叶子	点	搂	CS

里面粪多，你去搂些树叶，

ɕe⁵³tɕʰa²²	tsu⁵³	tɕi³³	je²²kʰe³³	ʒa⁵³	ʃə³³	la	u³¹da⁵³	ge	tɕi
ɕe⁵³-tɕʰa²²	tsu⁵³	tɕi³³	je²²kʰe³³	ʒa⁵³	ʃə³³	la	u³¹-da⁵³	ge	tɕi
树-叶	点	一	篾篮	搂	拿	CS	PFV-倒	PRO	是

收一篮子树叶倒里头，

ma³¹	dʑi⁵³	tʰe³³	vo³¹	be	go³¹	i	go³¹
ma³¹	dʑi⁵³	tʰe³³	vo³¹	be	go³¹	i	go³¹
NEG	是	那	猪	PL.N-ANM	冷	GEN	冷

不然，那些猪就又冷又湿，

dza²²dza³³	i	dza²²dza³³	tʰe³³	dzo⁵³	ko⁵³	ŋa²²	tʰe³³	me³³
dza²²-dza³³	i	dza²²-dza³³	tʰe³³	dzo⁵³	ko⁵³	ŋa²²	tʰe³³	me³³
湿-湿	GEN	湿-湿	那	圈	LOC	我.DAT	那	做

又湿，那个圈里头就那么

dzə⁵³dzə³¹
dzə⁵³-dzə³¹
吩咐-吩咐

那么吩咐我。

tɕʰi³³	ne	ɹe	za³³mi³³	no³³	ba⁵³	la	ne	ta³³ne³³	ɹe
tɕʰi³³	ne	ɹe	za³³mi³³	no³³	ba⁵³	la	ne	ta³³ne³³	ɹe
他.GEN	TOP	TOP	女儿	你	累	CS	TOP	今天	TOP

那个呢，女儿，你累了，今天呢，

no³³	ni	be²²tɕʰe³³	tɕi³³	tsʰə³³	ɕe⁵³
no³³	ni	be²²tɕʰe³³	tɕi³³	tsʰə³³	ɕe⁵³
你	GEN	衣服	一	洗	TNT

你洗一下衣服，

ni³³	a³³pu³³	a⁵³va³¹	i	be²²tɕʰe³³	be	ja²²ka³³	tɕi³³	tsʰə³³	ɕe⁵³

ni^{33} a^{33}pu^{33} a^{53}va^{31} i be^{22}tɕ^{h}e^{33} be ja^{22}ka^{33} tɕi^{33} ts^{h}ə^{33} ɕe^{53}
你.GEN 爷爷 奶奶 GEN 衣服 PL.N-ANM 全部 一 洗 TNT
你把爷爷奶奶的那些衣服洗一下，

ŋa^{33}de ma^{31} la^{53} ŋa^{33}de ni^{33} i^{31}no^{31} bu u^{31}dzu^{53} idzo
ŋa^{33}-de ma^{31} la^{53} ŋa^{33}-de ni^{33} i^{31}no^{31} bu u^{31}-dzu^{53} idzo
我-PL NEG 闲 我-PL 你.GEN 弟弟 PL.ANM PFV-守 PROG
我们没空，我们在看管你弟弟呢。

ja^{31}ʃo^{53} le dʒa^{22} ɕa^{22} o nje^{33}gu^{33} le dʒo^{33} ɕa^{22}
ja^{31}-ʃo^{53} le dʒa^{22} ɕa^{31} o nje^{33}gu^{33} le dʒo^{33} ɕa^{22}
更-早 TOP 早饭 做 ITRJ 白天 TOP 午饭 做
早上呢，做早饭哦，白天呢，做午饭

me^{31}k^{h}a^{33} du^{53} la tɕ^{h}a^{53} ɕa^{22}
me^{31}k^{h}a^{33} du^{53} la tɕ^{h}a^{53} ɕa^{22}
天黑 完 CS 晚饭 做
天黑了，做晚饭。

no^{33} ta^{33}ne^{33} be^{22}tɕ^{h}e^{33} be tɕi^{33} ts^{h}ə^{33} ɕe^{53}
no^{33} ta^{33}ne^{33} be^{22}tɕ^{h}e^{33} be tɕi^{33} ts^{h}ə^{33} ɕe^{53}
你 今天 衣服 PL.N-ANM 一 洗 TNT
你今天就洗了一下衣服。

tɕi^{33} ne^{33} tɕi^{33} ne^{33} ɹe ŋa^{22} ma^{22}ma^{53} no^{33}
tɕi^{33} ne^{33} tɕi^{33} ne^{33} ɹe ŋa^{22} ma^{22}-ma^{53} no^{33}
一 天 一 天 TOP 我.DAT 教-教 你
一天一天地教我。

ni^{33} jo^{22}p^{h}o^{33} bu tɕi^{53} mi^{31}ndo^{53} ɕe^{53} a dʒo^{22}no^{33} a^{31} ji^{33}
ni^{33} jo^{22}p^{h}o^{33} bu tɕi^{53} mi^{31}ndo^{53} ɕe^{53} a dʒo^{22}no^{33} a^{31} ji^{33}
你.GEN 朋友 PL.ANM 一 问 TNT ITRJ 冕宁城 Q 去
问一下你的朋友们，去不去县城哦，

dʒo²²no³³ ji³³ ɹe ne³³de iɛ⁵³ dʒo²²no³³ ji³³ ɹe tʰe³³ ka³¹tsa³³
dʒo²²no³³ ji³³ ɹe ne³³-de iɛ⁵³ dʒo²²no³³ ji³³ ɹe tʰe³³ ka³¹tsa³³
冕宁城　　去　TOP　你-PL　也　冕宁城　　去　TOP　那　马
去的话，你们也去，拉上牲口，

ʃə³³ la³³ tʰe³³ ka³¹tsa³³ fu³³ ʃə³³ la³³ ɕe⁵³ tsu⁵³ tɕe³³ ʃə³³ ji³³
ʃə³³ la³³ tʰe³³ ka³¹tsa³³ fu³³ ʃə³³ la³³ ɕe⁵³ tsu⁵³ tɕe³³ ʃə³³ ji³³
拿　CS　那　马　　领　拿　CS　树　点　驮　拿　去
牵着牲口驮点柴

dʒo²²no³³ ji³³ tɕʰa⁵³ ji³³ la³³
dʒo²²no³³ ji³³ tɕʰa⁵³ ji³³ la³³
冕宁城　　去　卖　去　CS
到县城去卖，

mi³¹tɕʰa⁵³ la tɕi³³ tsu⁵³ vu³³ ʃə³³ la
mi³¹-tɕʰa⁵³ la tɕi³³ tsu⁵³ vu³³ ʃə³³ la
PFV-卖　CS　盐　点　买　拿　CS
卖了后买点盐。

vo³³ə³³ tsu⁵³ kʰe²² ʃə³³ la ne ŋa³³ ni³³ ba³³ me³³
vo³³ə³³ tsu⁵³ kʰe²² ʃə³³ la ne ŋa³³ ni³³ ba³³ me³³
布　　点　拿　拿　CS　TOP　我　你.GEN　边　做
买点布呢，我给你

ʐi³³ ka ga³¹ la
ʐi³³ ka ga³¹ la
鞋　条　缝　CS
缝一双鞋。

tɕi³³ ne³³ ŋa²² tʰe³³ me³³ ŋe²² ŋa²² tʰe³³ me³³ ma²²ma⁵³
tɕi³³ ne³³ ŋa²² tʰe³³ me³³ ŋe²² ŋa²² tʰe³³ me³³ ma²²-ma⁵³

一	天	我.DAT	那	做	说	我.DAT	那	做	教-教

一天一天地就那么说，教我

ni³³	jo²²pʰo³³	bu	a³³ke	a³³ke	ji³³	la³³
ni³³	jo²²pʰo³³	bu	a³³ke	a³³ke	ji³³	la³³
你.GEN	朋友	PL.ANM	哪里	哪里	去	CS

你的朋友们去哪里哪里了，

jo³³xa³³	ko⁵³	a³¹	ji³³	la³³
jo³³xa³³	ko⁵³	a³¹	ji³³	la³³
田	LOC	Q	去	CS

是不是到田地里去了？

tʰe³³	jo³³xa³³	ko⁵³	vo³¹tɕʰa³³	kʰe²²	ji³³	la	pə
tʰe³³	jo³³xa³³	ko⁵³	vo³¹tɕʰa³³	kʰe²²	ji³³	la	pə
那	田	LOC	猪-食	拿	去	CS	吧

是不是到田地里去了，去拿猪食吧？

dʑi⁵³	ŋa³³	iɛ⁵³	ji³³	xaiʃə	ji³³	vo³¹tɕʰa³³	kʰe²²	ŋe³³
dʑi⁵³	ŋa³³	iɛ⁵³	ji³³	xaiʃə	ji³³	vo³¹tɕʰa³³	kʰe²²	ŋe³³
是	我	也	去	还是	去	猪-食	拿	我.GEN

是，我也去，还是去拿猪食，

a³³ma³³	ŋa²²	pʰo⁵³	ŋe²²	la³³	ŋa³³	tɕəu	ji³³
a³³ma³³	ŋa²²	pʰo⁵³	ŋe²²	la³³	ŋa³³	tɕəu	ji³³
母亲	我.DAT	边	说	CS	我	就	去

我母亲对我说了，我就去。

tɕi³³	ne³³	ɹ	ŋa³³	dzə⁵³dzə³¹
tɕi³³	ne³³	ɹ	ŋa³³	dzə⁵³-dzə³¹
一	天	TOP	我	吩咐-吩咐

一天就那么吩咐。

no³³ ji³³ ɹ ni³³ kʰɯ⁵³ i tʰe³³ a⁵³va³¹ tɕi³³ ka³³ ji³³
no³³ ji³³ ɹ ni³³ kʰɯ⁵³ i tʰe³³ a⁵³va³¹ tɕi³³ ka³³ ji³³
你 去 TOP 你.GEN 上 GEN 那 奶奶 一 家 去
你去呢，到上头的婆婆外公家去

tɕʰi³³ de ja²²jy⁵³ be ke³³ ɹ mja⁵³ i mja⁵³
tɕʰi³³ de ja²²jy⁵³ be ke³³ ɹ mja⁵³ i mja⁵³
他.GEN 家 洋芋 PL.N-ANM 这 TOP 多 GEN 多
他家的洋芋，这里很多。

ŋa²² pʰo⁵³ ŋe²² la³³ no³³ ji³³ ɹ tɕi⁵³ je²²kʰe³³
ŋa²² pʰo⁵³ ŋe²² la³³ no³³ ji³³ ɹ tɕi⁵³ je²²kʰe³³
我.DAT 边 说 CS 你 去 TOP 一 篾篮
（母亲就）对我说，你去吧，背一篮下来。

vo⁵³xo³¹ ʃə³³ la ŋa²² tɕa⁵³ tʰe³³ me³³ dzə⁵³dzə³¹ ja³³kʰe ɹ
vo⁵³xo³¹ ʃə³³ la ŋa²² tɕa⁵³ tʰe³³ me³³ dzə⁵³-dzə³¹ ja³³kʰe ɹ
背 拿 CS 我.DAT TOP 那 做 吩咐-吩咐 家里 TOP
我呢，就那么吩咐，篮子呢，

ŋa³³ vo⁵³xo³¹ ʃə³³ la ŋa³³ ɹ tɕo²² la
ŋa³³ vo⁵³xo³¹ ʃə³³ la ŋa³³ ɹ tɕo²² la
我 背 拿 CS 我 TOP 煮 CS
我背下来了，我就煮了。

tɕi³³ ne³³ tɕi³³ ne³³ ɹ ŋa²² dzə⁵³dzə³¹ no³³ ji³³ ɹ
tɕi³³ ne³³ tɕi³³ ne³³ ɹ ŋa²² dzə⁵³-dzə³¹ no³³ ji³³ ɹ
一 天 一 天 TOP 我.DAT 吩咐-吩咐 你 去 TOP
一天一天地吩咐我，你去吧，

ji³³na³³ tsu⁵³ tje³¹ ji³³ kʰa²²ko⁵³ ji³³ kʰa²²ko⁵³ iɛ⁵³ ji³³na³³ tje³¹ ji³³
ji³³na³³ tsu⁵³ tje³¹ ji³³ kʰa²²ko⁵³ ji³³ kʰa²²ko⁵³ iɛ⁵³ ji³³na³³ tje³¹ ji³³
菜 点 点 去 菜园 去 菜园 也 菜 点 去

种点菜，到园子里去也种点菜。

tɕi⁵³	be	xo³³tɕa³³	xo³³tɕa³³	be	u³¹tje³¹
tɕi⁵³	be	xo³³tɕa³³	xo³³tɕa³³	be	u³¹-tje³¹
一	PL.N-ANM	什么	什么	PL.N-ANM	PFV-点

种些什么什么，种好。

ŋa³³de	tɕəu	tɕa⁵³	kʰa⁵³	la	tɕa⁵³	ŋa³³de	tɕa⁵³	ji³³na³³
ŋa³³-de	tɕəu	tɕa⁵³	kʰa⁵³	la	tɕa⁵³	ŋa³³-de	tɕa⁵³	ji³³na³³
我-PL	就	TOP	大	CS	TOP	我-PL	TOP	菜

dʑi³¹lju³¹	bo⁵³
dʑi³¹-lju³¹	bo⁵³
吃-NMLZ	拥有

我们就大了，我们就有了菜，吃的。

tɕi³³	ne³³	ɹe	no³³	ji³³	dʒo²²no³³	ji³³	ɹe	tʰe³³	xuŋ²²tɕo³³	be
tɕi³³	ne³³	ɹe	no³³	ji³³	dʒo²²no³³	ji³³	ɹe	tʰe³³	xuŋ²²tɕo³³	be
一	天	TOP	你	去	冕宁城	去	TOP	那	辣椒	PL.N-ANM

一天呢，你去吧，去县城，买些辣椒，

vu³³	ʃə³³	la	kwa³³mi⁵³	tsu⁵³	vu³³	ʃə³³	la
vu³³	ʃə³³	la	kwa³³mi⁵³	tsu⁵³	vu³³	ʃə³³	la
买	拿	CS	挂面	点	买	拿	以

买点儿面条。

ŋa³³de	ja³³kʰe	dʑi³¹	ji³³	la	ni³³	ɹe	a³³pu³³	a⁵³va³¹	be
ŋa³³-de	ja³³kʰe	dʑi³¹	ji³³	la	ni³³	ɹe	a³³pu³³	a⁵³va³¹	be
我-PL	家里	吃	去	CS	你.GEN	TOP	爷爷	奶奶	PL.N-ANM

我们家里吃，去了，你的爷爷奶奶

ɕe⁵³ma³¹	ma³¹	bo⁵³	le	tʰe³³	be	ɹe	bje³¹ka³¹
ɕe⁵³ma³¹	ma³¹	bo⁵³	le	tʰe³³	be	ɹe	bje³¹ka³¹

牙齿　　　NEG　　　拥有　　　TOP　　那　　　PL.N-ANM　　　TOP　　　软

没有牙齿，那个（面条）软。

me³¹kʰa³³　du⁵³　le　kwa³³mi⁵³　tsu⁵³　tɕo²²　le　tʰe³³　ke　tɕi³³
me³¹kʰa³³　du⁵³　le　kwa³³mi⁵³　tsu⁵³　tɕo²²　le　tʰe³³　ke　tɕi³³
天　　　完　　TOP　挂面　　　点　　煮　　TOP　那　LOC　煮

天黑了，煮点面条给他们吃。

tʰe³³　　tɕəu　　to²²　　tʰe³³　　me³³　　ŋe²²
tʰe³³　　tɕəu　　to²²　　tʰe³³　　me³³　　ŋe²²
那　　就　　喂　　那　　做　　说

天黑了，煮点面条给他们吃。

tɕi³³　ne³³　ni³³　i³¹no³¹　tʰe³³　ke　va³³pʰo⁵³　ji³³　dʒə³³dʑi³³　so²²
tɕi³³　ne³³　ni³³　i³¹no³¹　tʰe³³　ke　va³³pʰo⁵³　ji³³　dʒə³³dʑi³³　so²²
一　天　你.GEN　弟弟　那　LOC　外-边　去　文字　学

一天，你的那个弟弟外面读书去了，

ji³³　la³³　no³³　ji³³　tʰe³³　tɕi³³　njo³³njo³³　ɕe⁵³　la
ji³³　la³³　no³³　ji³³　tʰe³³　tɕi³³　njo³³-njo³³　ɕe⁵³　la
去　CS　你　去　那　一　看-看　TNT　CS

你就看一下。

ni³³　a³³ma³³　gu²²tɕi³³　no³³　ni⁵³　a³³　ku　tɕi³³　njo³³njo³³　ɕe⁵³　la
ni³³　a³³ma³³　gu²²tɕi³³　no³³　ni⁵³　a³³　ku　tɕi³³　njo³³-njo³³　ɕe⁵³　la
你.GEN　母亲　小　你　二　个　位　一　看-看　TNT　CS

你婶母，你们两个就看一下她。

ni³³　i³¹no³¹　ni⁵³　a³³　ku　tɕʰi³³　tʰe³³　ja²²ka³³　so²²　tɕi³³　njo³³njo³³
ni³³　i³¹no³¹　ni⁵³　a³³　ku　tɕʰi³³　tʰe³³　ja²²ka³³　so²²　tɕi³³　njo³³-njo³³
你.GEN　弟弟　二　个　位　他.GEN　那　全部　学　一　看

你两个弟弟都读书，你看他们一下，

ɕe⁵³	la	be²²tɕʰe³³	be	tɕi³³	tsʰə³³	ɕe⁵³
ɕe⁵³	la	be²²tɕʰe³³	be	tɕi³³	tsʰə³³	ɕe⁵³
TNT	CS	衣服	PL.N-ANM	一	洗	TNT

是不是衣服吧，洗一下。

tɕʰi³³	be²²tɕʰe³³	ʃə³³	tsa³³	ji³³	ɹ	tʰe³³	ma⁵³	ʃo²²ʃo⁵³
tɕʰi³³	be²²tɕʰe³³	ʃə³³	tsa³³	ji³³	ɹ	tʰe³³	ma⁵³	ʃo²²ʃo⁵³
他.GEN	衣服	拿	带	去	TOP	那	NEG	干净-干净

把他们的衣服带回来，估计脏了，

i	tʰe³³	be²²tɕʰe³³	be	ɹ	tɕa²²	tsa³³	ʃə³³	la
i	tʰe³³	be²²tɕʰe³³	be	ɹ	tɕa²²	tsa³³	ʃə³³	la
GEN	那	衣服	PL.N-ANM	TOP	捡	拿	CS	

ja³³kʰe	mi³¹tsʰə³³	ge	tɕi
ja³³kʰe	mi³¹-tsʰə³³	ge	tɕi
家里	PFV-洗	PRO	是

把那些衣服带回来洗了，

iəu	tɕi³³	ne³³	tɕi³³	ne³³	ɹ	iəu	ŋa²²	ŋe²²
iəu	tɕi³³	ne³³	tɕi³³	ne³³	ɹ	iəu	ŋa²²	ŋe²²
又	一	天	一	天	TOP	又	我.DAT	说

又一天一天，又对我说

no³³	ji³³	ɹ	dʒo²²no³³	ji³³	ɹ	ʃe³³	tsu⁵³	kʰe²²	ʃə³³	la
no³³	ji³³	ɹ	dʒo²²no³³	ji³³	ɹ	ʃe³³	tsu⁵³	kʰe²²	ʃə³³	la
你	去	TOP	冕宁城	去	TOP	肉	点	拿	拿	CS

你去吧，到县城买点肉。

ni³³	a³³pu³³	a³³tɕi³³	a⁵³va³¹	pu	ʃe³³	dʑi³¹	pa³¹tʃe³³	la
ni³³	a³³pu³³	a³³tɕi³³	a⁵³va³¹	pu	ʃe³³	dʑi³¹	pa³¹tʃe³³	la
你.GEN	爷爷	祖母	奶奶	只	肉	吃	想要	CS

你爷爷奶奶想吃肉了。

no³³　ji³³　ɹ　tɕi³³　tsu⁵³　kʰe²²　ʃə³³　la³³　ni³³　　a³³ba³³　le　ja³³kʰe

no³³　ji³³　ɹ　tɕi³³　tsu⁵³　kʰe²²　ʃə³³　la³³　ni³³　　a³³ba³³　le　ja³³kʰe

你　去　TOP　一　点　拿　拿　CS　你.GEN　父亲　TOP　家里

你去吧，买一点，你父亲不在家，

ma³¹　dʐo³³　dʑi⁵³　mə　ŋa³³　ji³³　la³³　ŋa³³　tɕəu　dʐo²²no³³　la³¹

ma³¹　dʐo³³　dʑi⁵³　mə　ŋa³³　ji³³　la³³　ŋa³³　tɕəu　dʐo²²no³³　la³¹

NEG　存在　是　嘛　我　去　CS　我　就　冕宁城　来

是嘛，你（自己）去吧，我就到县城，在县城

ŋa³³　dʐo²²no³³　i　xo³³tɕa³³　vu³³　ji³³　ŋa³³　la　za³¹

ŋa³³　dʐo²²no³³　i　xo³³tɕa³³　vu³³　ji³³　ŋa³³　la　za³¹

我　冕宁城　GEN　什么　买　去　我　也　抓

能买的那些，我就（买），

ŋa³³　tɕəu　tɕa⁵³　tʰe³³　me³³

ŋa³³　tɕəu　tɕa⁵³　tʰe³³　me³³

我　就　TOP　那　做

就那样

ja⁵³no³¹　ɹ　ŋa³³　tɕəu　tɕa⁵³　kʰa⁵³　la　o　kʰa⁵³　la　le　no³³

ja⁵³no³¹　ɹ　ŋa³³　tɕəu　tɕa⁵³　kʰa⁵³　la　o　kʰa⁵³　la　le　no³³

后面　TOP　我　就　TOP　大　CS　ITRJ　大　CS　TOP　你

后来呢，我就大了，大了就

no³³　ja³³kʰe　pa⁵³　ji³³　la　le　no³³　tʰo³¹　tʰo³¹　me³³　tʃʰe⁵³

no³³　ja³³kʰe　pa⁵³　ji³³　la　le　no³³　tʰo³¹　tʰo³¹　me³³　tʃʰe⁵³

你　家里　到达　去　CS　TOP　你　妥当　妥当　做　聪明

你结婚了，你就好好地，乖乖地，不是嘛，

tʃʰe⁵³　me³³　a³¹　dʑi⁵³　ɕu³³　ni³³　a³¹pʰe³³mu⁵³　xe³³pʰo⁵³

tʃʰe⁵³　me³³　a³¹　dʑi⁵³　ɕu³³　ni³³　a³¹pʰe³³mu⁵³　xe³³-pʰo⁵³

聪明　　做　　Q　　是　　人　　你.GEN　　外婆　　　　前-边

（对待）你的外婆。

tʰa⁵³	dʒe²²dʒe³³	ŋa²²	dzə⁵³dzə³¹	no³³	dʑi⁵³	tʰe³³	me³³	ŋe²²
tʰa⁵³	dʒe²²-dʒe³³	ŋa²²	dzə⁵³-dzə³¹	no³³	dʑi⁵³	tʰe³³	me³³	ŋe²²
PROH	骂-骂	我.DAT	吩咐-吩咐	你	是	那	做	说

不要跟外面的人吵嘴，就那么吩咐我，就那么说。

a³³ke	dzə⁵³dzə³¹	a³³ke	ji³³	ne³³de	ji³³	ɹe	ji³³	la	le	ja³³
a³³ke	dzə⁵³-dzə³¹	a³³ke	ji³³	ne³³-de	ji³³	ɹe	ji³³	la	le	ja³³
哪里	吩咐-吩咐	哪里	去	你-PL	去	TOP	去	CS	TOP	房屋

哪里吩咐，哪里去了，去了，就好好地当家。

tʰo³¹	tʰo³¹	me³³	u³¹me³³	tɕa⁵³	zu³³ga⁵³	tɕa⁵³	tʰe³³	me³³
tʰo³¹	tʰo³¹	me³³	u³¹-me³³	tɕa⁵³	zu³³ga⁵³	tɕa⁵³	tʰe³³	me³³
妥当	妥当	做	PFV-做	TOP	好	TOP	那	做

就好了，就那样。

　　以前我们小的时候，我的母亲在我面前说，"你说多续语"，"去外面干活"。"女儿，你明天早点儿去砍柴，是吧。砍柴哦，背些干柴回来，不然，我这里煮晚饭的那个火燃不了，背些干柴回来我就（能开始）煮晚饭了。这些柴太湿。你去，背些干点的回来。""女儿，我们圈里关着猪。里面有很多粪，你去搂些树叶。捡一篮子树叶倒里头，不然，那个圈里头又冷又湿。"那样吩咐我。

　　"那个呢，女儿，你累了，今天呢，你洗一下衣服。你把爷爷奶奶的那些衣服洗一下。我们没空，我们在看你弟弟呢。"早上呢做早饭，白天呢做午饭，天黑的时候呢做晚饭。"你今天洗一下衣服。""还有圈。"一天一天地教我。"问一下你的朋友们，去不去县城哦，去的话，你们也去，拉上牲口。牵着牲口驮点柴到县城去卖。卖了后买点盐。买点布，我给你缝一双鞋。"一天一天地就那么说，教我。"你的朋友们去哪里哪里了？是不是到田地里去了？""是"，我也去，还是去拿猪食，我母亲对我说了，我就去。每天就那么吩咐。"你到上头的婆婆外公家去。他家的洋芋有很多，"（母亲就）对我说，"你去吧，背一篮下来"。"哦哦哦，"我就背了一篮下来，（然后）我就煮了。一天一天地吩咐我。

　　"你去吧，到园子里种点菜。"我们大了，我们就有了菜吃。一天呢，"你去吧，去县城，买些辣椒，买点面条。我们家里（要）吃，去吧，你的爷爷奶奶没有牙齿，那个（面条）软。晚上就煮点面条给他们吃。"就那么说。一天，"你的那个弟弟外面读书去了，你就看一下你妯母，你们两个就看一下她。""你两个弟弟都读书，你看一下他们。洗一下衣服吧。把他们的衣服带回来，估计脏了，把那些衣服带回来洗了。"一天，又对我说："你去吧，到县城买点肉。你爷爷奶奶想吃肉了。你去吧，买一点，你父亲不在家，你（自己）去吧。"我就到县城，能买的那些，我就（买），就那样。后来呢我就大了。那些昨天（已经）说了。就那么教我。"你结婚了，你就好好地，乖乖地，不是嘛，（对待）你的外婆要好。""不要跟外面的人吵嘴。"就那么吩咐我。吩咐去哪里了，就好好地当家。就那样。

2.18 新娘穿的衣服

ja²²ʃu³³ma⁵³	fu³³	i	tʰe³³	ne³³	ɹe	be²²tɕʰe³³	kʰa⁵³	i	kʰa⁵³	i
ja²²ʃu³³ma⁵³	fu³³	i	tʰe³³	ne³³	ɹe	be²²tɕʰe³³	kʰa⁵³	i	kʰa⁵³	i
妻子	领	GEN	那	天	TOP	衣服	大	GEN	大	GEN

娶媳妇的那天呢，穿上很大的衣服。

tʰe³³	nju³³xu⁵³	i	be²²tɕʰe³³	ɹe	ja²²ʃu³³ma⁵³	ve²²
tʰe³³	nju³³xu⁵³	i	be²²tɕʰe³³	ɹe	ja²²ʃu³³ma⁵³	ve²²
那	红	GEN	衣服	TOP	妻子	穿

红色的衣服呢，是媳妇穿。

ke³³	ɕəu²³tsə	pu	ne	kʰa⁵³	i	kʰa⁵³	me³³
ke³³	ɕəu²³tsə	pu	ne	kʰa⁵³	i	kʰa⁵³	me³³
这	袖子	只	TOP	大	GEN	大	做

这些袖子呢，就很大，

ɕəu²³tsə	pu	le	kʰa⁵³	tʰe³³	be²²tɕʰe³³	ɹe	ge³³	i	ge³³	xe²²	i
ɕəu²³tsə	pu	le	kʰa⁵³	tʰe³³	be²²tɕʰe³³	ɹe	ge³³	i	ge³³	xe²²	i
袖子	只	TOP	大	那	衣服	TOP	宽	GEN	宽	长	GEN

那件衣服呢，很宽，很长，

xe²²	me³³	tʰe³³	ʒu³³ʒu³³	tsʰu²²	idzo

xe²²	me³³	tʰe³³	ʒu³³ʒu³³	tsʰu²²	idzo
长	做	那	扣子	修	PROG

应该还有扣子。

nju³³xu⁵³	i	nju³³xu⁵³	tʰe³³	ja²²ʃu³³ma⁵³	i	ʃe³³tso⁵³	kʰu⁵³	u³¹ve²²
nju³³xu⁵³	i	nju³³xu⁵³	tʰe³³	ja²²ʃu³³ma⁵³	i	ʃe³³tso⁵³	kʰu⁵³	u³¹-ve²²
红	GEN	红	那	妻子	GEN	新娘	碗	PFV-穿

很红，是那个新娘穿的，外面穿。

ja⁵³no³¹	u³¹ve²²	tɕou	tʰe³³	nju³³xu⁵³	i	tʰe³³	vuə³³	a	xaiʃə
ja⁵³no³¹	u³¹-ve²²	tɕou	tʰe³³	nju³³xu⁵³	i	tʰe³³	vuə³³	a	xaiʃə
后面	PFV-穿	就	那	红	GEN	那	布	个	还是

就那个红布，还是拿着

ʃə³³	la	tɕʰi³³	i	tʰe³³	ʃɯ⁵³tsu³¹	pu	kʰɯ⁵³	ku³¹ku⁵³
ʃə³³	la	tɕʰi³³	i	tʰe³³	ʃɯ⁵³tsu³¹	pu	kʰɯ⁵³	ku³¹-ku⁵³
拿	CS	他.GEN	GEN	那	头帕	只	上	围-围

就裹在她的头巾上面。

u³¹ku³¹ku⁵³	le	nju³³xu⁵³	i	nju³³xu⁵³	me³³	tɕa⁵³	tʰe³³
u³¹-ku³¹-ku⁵³	le	nju³³xu⁵³	i	nju³³xu⁵³	me³³	tɕa⁵³	tʰe³³
PFV-围-围	TOP	红	GEN	红	做	TOP	那

裹起来呢，就很红的一个。

tɕa⁵³	ja²²ʃu³³ma⁵³	fu³³	tsa³³	ji³³	la³³	tɕa⁵³	tʰe³³	me³³	lə
tɕa⁵³	ja²²ʃu³³ma⁵³	fu³³	tsa³³	ji³³	la³³	tɕa⁵³	tʰe³³	me³³	lə
TOP	妻子	领	带	去	CS	TOP	那	做	了

就带上新娘走了，就那样。

tʰa³³pu	ko⁵³	u³¹ni³¹	tsʰo³³	vu³¹	a	tʰa³³tʰa³³	ʃə³³	tɕa⁵³	ja³³kʰe
tʰa³³pu	ko⁵³	u³¹-ni³¹	tsʰo³³	vu³¹	a	tʰa³³-tʰa³³	ʃə³³	tɕa⁵³	ja³³kʰe
抬-只	LOC	PFV-坐	人	四	个	抬-抬	拿	TOP	家里

坐在轿子里呢，四个人抬，送到家里。

la³¹	a	tɕəu	tɕʰi³³	ja³³kʰe	pa⁵³	la³¹	la³³	o
la³¹	a	tɕəu	tɕʰi³³	ja³³kʰe	pa⁵³	la³¹	la³³	o
来	ITRJ	就	他.GEN	家里	到达	来	CS	ITRJ

就到他的家呢。

tɕəu	tɕa⁵³	tʰa³³tʰa³³	le	ja³³kʰe	la³¹	la³³
tɕəu	tɕa⁵³	tʰa³³-tʰa³³	le	ja³³kʰe	la³¹	la³³
就	TOP	抬-抬	TOP	家里	来	CS

就到家里了嘛，抬到家里了。

ja³³kʰe	ʃə	tɕʰi³³	ke³³	ke	ʃə	na³³pu³³	ka	la³¹	la³³	mə
ja³³kʰe	ʃə	tɕʰi³³	ke³³	ke	ʃə	na³³pu³³	ka	la³¹	la³³	mə
家里	是	他.GEN	这	LOC	是	丈夫	家	来	CS	嘛

是来到他的那个丈夫家里了。

tɕəu	tɕa⁵³	ɕi⁵³	me³³	lə	mə	ɕi⁵³	me³³	la
tɕəu	tɕa⁵³	ɕi⁵³	me³³	lə	mə	ɕi⁵³	me³³	la
就	TOP	媳妇	做	了	嘛	媳妇	做	CS

做媳妇了嘛，就做媳妇了。

tɕa⁵³	dʑi⁵³	la	mə	tɕa⁵³	tɕəu	tɕa⁵³	dʑi⁵³	la	tɕa⁵³	tʰe³³	me³³
tɕa⁵³	dʑi⁵³	la	mə	tɕa⁵³	tɕəu	tɕa⁵³	dʑi⁵³	la	tɕa⁵³	tʰe³³	me³³
TOP	是	CS	嘛	TOP	就	TOP	是	CS	TOP	那	做

就是了嘛，就是了，就那样。

tɕe³³	ʃə	tɕe³³	ʃə³³	ji³³	tʰe³³	ne³³	tʰe³³	ja²²ʃu³³ma⁵³	ʃe³³tso⁵³
tɕe³³	ʃə	tɕe³³	ʃə³³	ji³³	tʰe³³	ne³³	tʰe³³	ja²²ʃu³³ma⁵³	ʃe³³tso⁵³
驮	是	驮	拿	去	那	天	那	妻子	新娘

接过来，接过来的那天，那个新媳妇

ja²²ʃu³³ma⁵³	ʃo²²tso⁵³	i	tʰe³³	ne³³	mə
ja²²ʃu³³ma⁵³	ʃo²²tso⁵³	i	tʰe³³	ne³³	mə

妻子　　　　　新　　　　　GEN　　那　　　天　　　嘛
还是新姑娘，新孩子的那天嘛，

t^he^{33}	ne^{33}	ɹe	$ja^{31}ʃo^{53}$	ne	$dʒa^{22}$	$mi^{31}ba^{53}$	la
t^he^{33}	ne^{33}	ɹe	ja^{31}-$ʃo^{53}$	ne	$dʒa^{22}$	mi^{31}-ba^{53}	la
那	天	TOP	更-早	TOP	早饭	PFV-喝	CS

那天呢，早上吃完早饭了，

t^he^{33}	t^hu^{53}	ne	$ke^{33}t^he^{33}$	$t^ha^{31}ka^{53}$	t^he^{33}	ke	$u^{31}tɕi^{33}$	t^he^{33}
t^he^{33}	t^hu^{53}	ne	$ke^{33}t^he^{33}$	$t^ha^{31}ka^{53}$	t^he^{33}	ke	u^{31}-$tɕi^{33}$	t^he^{33}
那	时刻	TOP	这	神	那	LOC	PFV-放	那

那时候呢，在菩萨面前

$ʃe^{33}$	tu	$ʃə^{33}$	la	t^he^{33}	ke	$u^{31}tɕi^{33}$
$ʃe^{33}$	tu	$ʃə^{33}$	la	t^he^{33}	ke	u^{31}-$tɕi^{33}$
肉	块	拿	CS	那	LOC	PFV-放

把一块肉放在那里，

$ɕa^{33}$	be	t^he^{33}	ke	$u^{31}nu^{53}$
$ɕa^{33}$	be	t^he^{33}	ke	u^{31}-nu^{53}
香	PL.N-ANM	那	LOC	PFV-烧

在那里烧香。

$tɕa^{53}$	ts^ho^{33}	ni^{53}	a^{33}	ku…	ts^ho^{33}	ni^{53}	a^{33}	ku	le
$tɕa^{53}$	ts^ho^{33}	ni^{53}	a^{33}	ku	ts^ho^{33}	ni^{53}	a^{33}	ku	le
TOP	人	二	个	位	人	二	二	位	TOP

然后两个人……两个人呢，

$ɕa^{33}$	$u^{31}nu^{53}$	la	le	$ŋa^{33}ku$	ni^{53}	a^{33}	ku	ke^{33}	ke	$ts^hu^{22}mu^{31}$
$ɕa^{33}$	u^{31}-nu^{53}	la	le	$ŋa^{33}$-ku	ni^{53}	a^{33}	ku	ke^{33}	ke	$ts^hu^{22}mu^{31}$
香	PFV-烧	CS	TOP	我-位	二	个	位	这	LOC	膝盖

$tɕi^{53}tu^{22}$	$ɕe^{53}$

tɕi⁵³ tu²² ɕe⁵³
一　　磕头　　TNT

烧起香呢，我们两个就这里磕一下头。

ke³³	ke	tsʰu²²mu³¹	tɕi⁵³	tu²²	ɕe⁵³	jo⁵³	ke	tsʰu²²mu³¹
ke³³	ke	tsʰu²²mu³¹	tɕi⁵³	tu²²	ɕe⁵³	jo⁵³	ke	tsʰu²²mu³¹
这	LOC	膝盖	一	磕头	TNT	那里	LOC	膝盖

tɕi⁵³	tu²²	ɕe⁵³
tɕi⁵³	tu²²	ɕe⁵³
一	磕头	TNT

这里磕一下，那里磕一下。

ke³³	ke	u³¹tɕʰa²²	iəu	i	tʰe³³	va³³pʰo⁵³	tʰe³³
ke³³	ke	u³¹-tɕʰa²²	iəu	i	tʰe³³	va³³pʰo⁵³	tʰe³³
这	LOC	PFV-拴	又	GEN	那	外-边	那

juŋ⁵³tsu³³ku⁵³	i	tʰe³³	ke
juŋ⁵³tsu³³ku⁵³	i	tʰe³³	ke
院子	GEN	那	LOC

这里拴上，又在外面那个院子里，

tʰe³³	na³¹kʰa³³me³¹	ko⁵³	xaiʃə	tʰe³³	ke	so²²me³³
tʰe³³	na³¹kʰa³³me³¹	ko⁵³	xaiʃə	tʰe³³	ke	so²²me³³
那	天	LOC	还是	那	LOC	敬神

那个天上，在那里敬神。

tʰe³³	ke	pa³³te⁵³	a	ʃə³³	la	tʰe³³	ke	xaiʃə	ɕiaŋ³³	xaiʃə	ʃe³³
tʰe³³	ke	pa³³te⁵³	a	ʃə³³	la	tʰe³³	ke	xaiʃə	ɕiaŋ³³	xaiʃə	ʃe³³
那	LOC	凳子	个	拿	CS	那	LOC	还是	香	还是	肉

tʰe³³	ke	tɕi³³
tʰe³³	ke	tɕi³³

那　　LOC　放
那里拿一个凳子，那里还摆上香和肉。

ça³³　tʰe³³　ke　u³¹nu⁵³　ŋa³³　ɹe　ke³³　ke　u³¹nu⁵³　no³³　ɹe
ça³³　tʰe³³　ke　u³¹-nu⁵³　ŋa³³　ɹe　ke³³　ke　u³¹-nu⁵³　no³³　ɹe
香　那　LOC　PFV-烧　我　TOP　这　LOC　PFV-烧　你　TOP
这里点香，我这里点，

tʰe³³　ke　nu⁵³　tɕa⁵³　tʰe³³　me³³
tʰe³³　ke　nu⁵³　tɕa⁵³　tʰe³³　me³³
那　LOC　烧　TOP　那　做
你那里点就那样。

iəu　ja⁵³no³¹　la³¹　la³³　le　ŋa³³ku　ni⁵³　a³³　ku　iəu　ʃa³³vu³³　ta²²
iəu　ja⁵³no³¹　la³¹　la³³　le　ŋa³³-ku　ni⁵³　a³³　ku　iəu　ʃa³³vu³³　ta²²
又　后面　来　CS　TOP　我-位　二　个　位　又　纸　烧

le　tɕəu　ŋa³³ku　ni⁵³　a³³　ku　tʰe³³　me³³
le　tɕəu　ŋa³³-ku　ni⁵³　a³³　ku　tʰe³³　me³³
TOP　就　我-位　二　个　位　那　做
再后来了呢，我们两个又烧纸，我们两个就那么做。

tʰe³³　me³³　tʰe³³　me³³　ɹe　tʰe³³　me³³　la　tɕəu　ŋa³³ku　ni⁵³
tʰe³³　me³³　tʰe³³　me³³　ɹe　tʰe³³　me³³　la　tɕəu　ŋa³³-ku　ni⁵³
那　做　那　做　TOP　那　做　CS　就　我-位　二

a³³　ku　tʰe³³　ke　tʰa³¹ka⁵³　xe³³pʰo⁵³
a³³　ku　tʰe³³　ke　tʰa³¹ka⁵³　xe³³-pʰo⁵³
个　位　那　LOC　神　前-边
就那么，那么做了以后我们两个就在神像前面。

mi³¹　nja²²　la³³　ke³³　ke　ŋa³³　ke³³　ke　ta²²　ne　no³³　i
mi³¹　nja²²　la³³　ke³³　ke　ŋa³³　ke³³　ke　ta²²　ne　no³³　i

火	燃	CS	这	LOC	我	这	LOC	烧	TOP	你	GEN

火着了这里我这里烧呢，到你外面去，

va³³-pʰo⁵³	ji³³	ta²²	la³³	juŋ³³tsu³³ku⁵³	i	tʰe³³	ke	ta²²	la³³
va³³-pʰo⁵³	ji³³	ta²²	la³³	juŋ³³tsu³³ku⁵³	i	tʰe³³	ke	ta²²	la³³
外-边	去	烧	CS	院子		GEN	那	LOC	烧	CS

院子里那里烧。

mi³¹	ta²²	la	tɕəu	ja⁵³no³¹	tʰe³³	nju³³xu⁵³	i	tʰe³³	vo³³ɚ³³	be
mi³¹	ta²²	la	tɕəu	ja⁵³no³¹	tʰe³³	nju³³xu⁵³	i	tʰe³³	vo³³ɚ³³	be
火	烧	CS	就	后面	那	红	GEN	那	布	PL.N-ANM

火着了，然后就拿那些红色的布，

kʰe²²	ʃə³³	la³¹	tɕa⁵³	tʰe³³	i²²tɕa³³	ʃo²²tso⁵³	i	tʰe³³	kʰɯ⁵³
kʰe²²	ʃə³³	la³¹	tɕa⁵³	tʰe³³	i²²tɕa³³	ʃo²²tso⁵³	i	tʰe³³	kʰɯ⁵³
拿	拿	来	TOP	那	孩子	新	GEN	那	上

在新娘（身）上

dje²²dje³³	a	u³¹tɕʰa²²	la	le	tɕa⁵³	ke³³	ke	u³¹tɕʰa²²
dje²²dje³³	a	u³¹-tɕʰa²²	la	le	tɕa⁵³	ke³³	ke	u³¹-tɕʰa²²
花	个	PFV-拴	CS	TOP	TOP	这	LOC	拴

插上一朵花，就这里捆上，

ke³³	ke	u³¹tɕʰa²²	iəu	tɕi³³	a³³	ke³³	ke	u³¹tɕʰa²²
ke³³	ke	u³¹-tɕʰa²²	iəu	tɕi³³	a³³	ke³³	ke	u³¹-tɕʰa²²
这	LOC	PFV-拴	又	一	个	这	LOC	PFV-拴

这里也插上一朵。

tʰe³³	me³³	u³¹tɕʰa²²	la	le	a³¹vu³³	tʰe³³	tɕa⁵³	xe³³	ɻ	tʰe³³
tʰe³³	me³³	u³¹-tɕʰa²²	la	le	a³¹vu³³	tʰe³³	tɕa⁵³	xe³³	ɻ	tʰe³³
那	做	PFV-拴	CS	TOP	舅父	那	TOP	先	TOP	那

那样插上，那个舅舅，首先是那个，

a³¹vu³³	tʰe³³	kʰi³¹kʰi³³	ne³³de	la³¹	ke³³	ke
a³¹vu³³	tʰe³³	kʰi³¹-kʰi³³	ne³³-de	la³¹	ke³³	ke
舅父	那	嚷-嚷	你-PL	来	这	LOC

喊那个舅舅，你们来这里。

ne³³de	la³¹	ke³³	ke	i²²tɕa³³	ʃo²²tso⁵³	ke³³	ke	tsʰu²²mu³¹	tu²²
ne³³-de	la³¹	ke³³	ke	i²²tɕa³³	ʃo²²tso⁵³	ke³³	ke	tsʰu²²mu³¹	tu²²
你-PL	来	这	LOC	孩子	新	这	LOC	膝盖	磕头

你们来了，新娘这里磕头，

ne³³de	la	ke³³	ke	tu²²	ne³³de	tsʰu²²mu³¹	tu²²	la³³
ne³³-de	la	ke³³	ke	tu²²	ne³³-de	tsʰu²²mu³¹	tu²²	la³³
你-PL	CS	这	LOC	磕头	你-PL	膝盖	磕头	CS

tʰe³³	me³³	ŋe²²
tʰe³³	me³³	ŋe²²
那	做	说

你们这里磕头，你们磕头，就那么说。

tsʰo³³	lə	tʰe³³	ke	ŋa³³	ka³³	ni³³	tʰe³³	ke	kʰi³¹kʰi³³
tsʰo³³	lə	tʰe³³	ke	ŋa³³	ka³³	ni³³	tʰe³³	ke	kʰi³¹-kʰi³³
人	了	那	LOC	我	样子	有	那	LOC	嚷-嚷

人呢就那么像我这样喊。

i²²tɕa³³	ʃo²²tso⁵³	de	ke³³	ke	tsʰu²²mu³¹	tu²²
i²²tɕa³³	ʃo²²tso⁵³	de	ke³³	ke	tsʰu²²mu³¹	tu²²
孩子	新	家	这	LOC	膝盖	磕头

新娘家的人，（新人）就在这里磕头。

a³¹vu³³	xe³³pʰo⁵³	a³¹vu³³	ka	tsʰu²²mu³¹	tu²²
a³¹vu³³	xe³³-pʰo⁵³	a³¹vu³³	ka	tsʰu²²mu³¹	tu²²
舅父	前-边	舅父	家	膝盖	磕头

舅舅面前，舅舅那儿磕头，

a³³ba³³	kʰa⁵³	ka	tsʰu²²mu³¹	tu²²	a³³ma³³	a³³ba³³	gu²²tɕi³³	ka
a³³ba³³	kʰa⁵³	ka	tsʰu²²mu³¹	tu²²	a³³ma³³	a³³ba³³	gu²²tɕi³³	ka
父亲	大	家	膝盖	磕头	母亲	父亲	小	家

tsʰu²²mu³¹	tu²²
tsʰu²²mu³¹	tu²²
膝盖	磕头

在伯父那儿磕头，在叔父婶母那儿磕头，

tʰe³³	me³³	du⁵³	la	tʰe³³	a³³ma³³	gu²²tɕi³³	tʰe³³	ke	tsʰu²²mu³¹
tʰe³³	me³³	du⁵³	la	tʰe³³	a³³ma³³	gu²²tɕi³³	tʰe³³	ke	tsʰu²²mu³¹
那	做	完	CS	那	母亲	小	那	LOC	膝盖

tu²²	la	mi³¹tu²²	la	tɕa⁵³	ʐe²²	la³³
tu²²	la	mi³¹-tu²²	la	tɕa⁵³	ʐe²²	la³³
磕头	CS	PFV-磕头	CS	TOP	走	CS

那么做好了就在婶母那儿磕头，磕头，磕完了就走了。

ʐe²²	la³³	tɕəu	ja²²ʃu³³ma⁵³	fu³³	ji³³	la³³	tɕa⁵³	tʰe³³	me³³
ʐe²²	la³³	tɕəu	ja²²ʃu³³ma⁵³	fu³³	ji³³	la³³	tɕa⁵³	tʰe³³	me³³
走	CS	就	妻子	领	去	CS	TOP	那	做

走了就娶好媳妇了，就是那样。

　　娶媳妇的那天呢，穿上宽大的衣服，红色的衣服。红色衣服是媳妇穿。衣服的袖子很大。那件衣服呢也很宽，很长。应该还有扣子，很红，是新娘外面穿的那个。就还是拿那个红布，裹在她的头巾上面。裹起来呢，就很红的一个。坐在轿子里呢，四个人抬着，就送到家里，是娘家了吧。后来是来她的那个丈夫那里了嘛。抬到她丈夫那里了。就是送到新郎家里。就做媳妇了嘛。接过来的那天。娶新媳妇的那天呢，早上呢吃完早饭。在菩萨面前，把一块肉放在那里，然后在那里烧香。然后两个人烧起香，我们两个就这里磕一下头，那里磕一下。又在外面院子里敬神。拿一个凳子，那里还摆上香和肉。这里点香，我这里点，你那里点就那样，再后来了呢，我们两个就在神像前又烧纸，我们两个就那么做。火着了，我这里烧呢，到院子里烧。火着了，然后就拿那些红色的布在新娘（身）上捆上一朵花，就这里捆上，这里也捆上一朵，那样捆上。首先是那个，喊那个舅舅。"你们来这里。你们过来，新娘这里磕头。你们起身（捡起），你们磕头，你们起身（捡起）。"就那么说。就那样喊。人呢就那么像我这样喊。新娘家的人，（新人）就在这里磕头。在舅舅面前，磕头。在伯父那儿磕头，在叔父婶母那儿磕头，磕完了就走了。（这样）就娶好媳妇了。就是那样。

2.19 伍荣福自传

ŋa³³de	ja³¹tɕi³³	tɕi³³	kʰe³³	tɕi³³	kʰe³³	ɹ	ja³¹tɕi³³
ŋa³³-de	ja³¹tɕi³³	tɕi³³	kʰe³³	tɕi³³	kʰe³³	ɹ	ja³¹tɕi³³
我-PL	有点	一	句	一	句	TOP	有点

我们有点······一句一句地有点说不好，

ŋe²²	ma⁵³	tʰo³¹	me³³	ŋe²²
ŋe²²	ma⁵³	tʰo³¹	me³³	ŋe²²
说	NEG	妥当	做	说

说得不好。

ŋa³³	la³¹ga³¹dʐo³³	i	tsʰo³³	xe³³	tɕa⁵³	ke³³	la³¹ga³¹dʐo³³
ŋa³³	la³¹ga³¹dʐo³³	i	tsʰo³³	xe³³	tɕa⁵³	ke³³	la³¹ga³¹dʐo³³
我	伍宿	GEN	人	先	TOP	这	伍宿

我是伍宿人，以前就住在伍宿，

dʐo³³	ŋa³³de	la³¹ga³¹dʐo³³	dʐo³³	a³³ba³³	sə³¹ka³³	tɕa⁵³	ko³¹
dʐo³³	ŋa³³-de	la³¹ga³¹dʐo³³	dʐo³³	a³³ba³³	sə³¹ka³³	tɕa⁵³	ko³¹
存在	我-PL	伍宿	存在	父亲	死	TOP	早

我们住在伍宿。父亲死得早。

ŋa³³	a³³ba³³	sə³¹ka³³	xa⁵³	ŋa³³	be³³be³³
ŋa³³	a³³ba³³	sə³¹ka³³	xa⁵³	ŋa³³	be³³-be³³
我	父亲	死	时候	我	爬-爬

我父亲死的时候，我还在爬呢。

be³³be³³	la	ma⁵³	pʰa³¹	tʰe³³	me³³	ma⁵³	se²²

be³³-be³³　la　　　ma⁵³　pʰa³¹　tʰe³³　me³³　ma⁵³　se²²
爬-爬　　CS　　　NEG　能　　那　　做　　NEG　知道

还不太会爬，（所以）就不知道。

ba⁵³dʐe³¹　gu²²tɕi³³　i　　gu²²tɕi³³
ba⁵³dʐe³¹　gu²²tɕi³³　i　　gu²²tɕi³³
很　　　　小　　　　GEN　小

特别小。

tʰi³³　xa⁵³　a³³ma³³　ma⁵³tɕa²²　ŋa³³　ja³³kʰe　xaiʃə　ʃa³¹ʃa³³lo³³lo³³
tʰi³³　xa⁵³　a³³ma³³　ma⁵³tɕa²²　ŋa³³　ja³³kʰe　xaiʃə　ʃa³¹ʃa³³lo³³lo³³
那　　时候　母亲　　打工　　　我　　家里　　还是　　可怜

那时候母亲做工，家里还是很困难。

dʐi³¹lju³¹　ma³¹　　bo⁵³　　ba⁵³lju³¹　ma³¹　　bo⁵³
dʐi³¹-lju³¹　ma³¹　　bo⁵³　　ba⁵³-lju³¹　ma³¹　　bo⁵³
吃-NMLZ　　NEG　　拥有　　喝-NMLZ　　NEG　　拥有

吃的、喝的都没有。

a³³ma³³　ma⁵³tɕa²²　ne　　ŋa²²　　fu³³　tsa³³　se³³　ga　　ma⁵³tɕa²²　ne
a³³ma³³　ma⁵³tɕa²²　ne　　ŋa²²　　fu³³　tsa³³　se³³　ga　　ma⁵³tɕa²²　ne
母亲　　打工　　　TOP　我.DAT　领　　带　　谁　　家　　打工　　　TOP

se³³　　ga　　dʐi³¹　ja³³kʰe　ma³¹　　bo⁵³
se³³　　ga　　dʐi³¹　ja³³kʰe　ma³¹　　bo⁵³
谁　　　家　　吃　　家里　　NEG　　拥有

母亲做工带着我，到谁家里做工就在谁家里吃，没有自己的家。

va⁵³　tɕi³³　ma⁵³　pʰa³¹　a³³ma³³　tɕi⁵³　tɕa²²　ŋa²²　　fu³³　tsa³³
va⁵³　tɕi³³　ma⁵³　pʰa³¹　a³³ma³³　tɕi⁵³　tɕa²²　ŋa²²　　fu³³　tsa³³
获得　一　　NEG　能　　母亲　　一　　捡　　我.DAT　娶　　带

母亲一个人带我。

a³³ke   ma⁵³tɕa²²   no³³   a³³ke   dʑɿ³¹   tʰi³³   xa⁵³   ɕa³³do³³
a³³ke   ma⁵³tɕa²²   no³³   a³³ke   dʑɿ³¹   tʰi³³   xa⁵³   ɕa³³do³³
哪里   打工   你   哪里   吃   那   时候   可怜
哪里做工就在哪里吃，那时候很可怜。

ja⁵³no³¹   ma⁵³tɕa²²   ji³³   la³³
ja⁵³no³¹   ma⁵³tɕa²²   ji³³   la³³
后来   打工   去   CS
后来就（自己）做工去了。

tɕa⁵³   a³³za³³   a³³za³³   me³³   tɕa⁵³   dʒə³¹kʰa⁵³   la   ba⁵³dʑe³¹
tɕa⁵³   a³³za³³   a³³za³³   me³³   tɕa⁵³   dʒə³¹-kʰa⁵³   la   ba⁵³dʑe³¹
TOP   慢慢   慢慢   做   TOP   长-大   CS   很
就慢慢慢慢长大了点儿。

se²²   la   tɕa⁵³   ŋa³³   xaiʃə   ma⁵³tɕa²²   mə
se²²   la   tɕa⁵³   ŋa³³   xaiʃə   ma⁵³tɕa²²   mə
知道   CS   TOP   我   还是   打工   嘛
懂点事了以后我也做工。

ŋa³³   ʃə   i²²tɕa³³   me²²me³³   tɕa⁵³   tʰe³³   ba³³   kʰa⁵³   ɕu³³   ba⁵³
ŋa³³   ʃə   i²²tɕa³³   me²²me³³   tɕa⁵³   tʰe³³   ba³³   kʰa⁵³   ɕu³³   ba⁵³
我   是   孩子   小孩   TOP   那   边   大   人   喝
我是那么大的小孩的时候，就在别人那里。

tɕʰi³³   ja³¹kʰa⁵³   tɕa⁵³   ma⁵³tɕa²²   ji³³
tɕʰi³³   ja³¹-kʰa⁵³   tɕa⁵³   ma⁵³tɕa²²   ji³³
他.GEN   更-大   TOP   打工   去
大了点就去做工。

ʐu²²mu³³   lju³¹   vo³¹   lju³¹   nu⁵³   ka   la   ji³³   tɕʰe⁵³
ʐu²²mu³³   lju³¹   vo³¹   lju³¹   nu⁵³   ka   la   ji³³   tɕʰe⁵³
家畜   放牧   猪   放牧   彝   家   CS   去   EXP

放牲口放猪，（连）彝族家（都）去过。

tɕʰi³³	nje³³	a³³me³³	nu⁵³	ka	ni³³tɕʰi³³	nje³³
tɕʰi³³	nje³³	a³³me³³	nu⁵³	ka	ni³³tɕʰi³³	nje³³
十	年	啊哟	彝	家	二十	年

十年，啊哟，在彝族家待过二十年。

tɕʰi³³	nje³³	ma⁵³tɕa²²	tʰi³³	xa⁵³	ɕu³³	ba⁵³	je³³dzu⁵³
tɕʰi³³	nje³³	ma⁵³tɕa²²	tʰi³³	xa⁵³	ɕu³³	ba⁵³	je³³-dzu⁵³
十	年	打工	那	时候	人	边	守-烟

在别人家里守烟，

tʰe³³	nu⁵³	ka	je³³	dzu⁵³	ku³³	ji³³
tʰe³³	nu⁵³	ka	je³³	dzu⁵³	ku³³	ji³³
那	彝	家	烟	守	为	去

在彝族家里去守烟。

je³³	dzu⁵³	tɕʰi³³	je³³	tje³¹	izo
je³³	dzu⁵³	tɕʰi³³	je³³	tje³¹	izo
烟	守	他.GEN	烟	点	PROG

守烟，点（种）他的烟。

tɕʰi³³	ka	je³³	dzu⁵³	ku³³	ji³³	ŋa³³	tʰe³³	ke	tɕʰi³³	nje³³	du⁵³	la
tɕʰi³³	ka	je³³	dzu⁵³	ku³³	ji³³	ŋa³³	tʰe³³	ke	tɕʰi³³	nje³³	du⁵³	la
他.GEN	家	烟	守	为	去	我	那	LOC	十	年	完	

到他家去守烟，我在那里过了十年

ja⁵³no	tɕa⁵³	ba⁵³dʑe³¹	se²²	la	tɕa⁵³	iəu	ja³³kʰe	la³¹	la³³
ja⁵³no	tɕa⁵³	ba⁵³dʑe³¹	se²²	la	tɕa⁵³	iəu	ja³³kʰe	la³¹	la³³
后	TOP	很	知道	CS	TOP	又	家里	来	CS

后来呢懂点事了以后又回家了。

| ja³³kʰe | la³¹ | la³³ | tʰi³³ | xa⁵³ | xaiʃə | dʑi³¹lju³¹ | ma³¹ | bo⁵³ | tɕa⁵³ | ma⁵³tɕa²² |

ja³³kʰe la³¹ la³³ tʰi³³ xa⁵³ xaiʃə dʑi³¹lju³¹ ma³¹ bo⁵³ tɕa⁵³ ma⁵³tɕa²²
家里　来　CS　那　时候　还是　吃-NMLZ　NEG　拥有　TOP　打工

回家了那时候还是没有什么吃的，就做工。

ɕu³³ ba⁵³ ʐu²²mu³³ lju³¹ tɕʰe⁵³ lju³¹ ko³³ tɕi³³ nje³³ jo⁵³
ɕu³³ ba⁵³ ʐu²²mu³³ lju³¹ tɕʰe⁵³ lju³¹ ko³³ tɕi³³ nje³³ jo⁵³
人　边　家畜　放牧　山羊　放牧　这里　一　年　那里

到别人那里放牲口，放羊，这里一年，那里

ni⁵³ nje³³ so³³ nje³³ vu³¹ nje³³ ma⁵³tɕa²²
ni⁵³ nje³³ so³³ nje³³ vu³¹ nje³³ ma⁵³tɕa²²
二　年　三　年　四　年　打工

两年三年四年做工。

tɕi³³ nje³³ ɻe pʰa³³ so⁵³ ka²² kʰo⁵³
tɕi³³ nje³³ ɻe pʰa³³ so⁵³ ka²² kʰo⁵³
一　年　TOP　粮食　三　斗　给

一年给三斗粮食（九十斤）。

tɕi³³ nje³³ ɻe pʰa³³ ni⁵³ ka²² kʰo⁵³
tɕi³³ nje³³ ɻe pʰa³³ ni⁵³ ka²² kʰo⁵³
一　年　TOP　粮食　二　斗　给

一年给两斗粮食，

tɕa⁵³ ni⁵³ nje³³ xaiʃə pʰa³³ ŋo²² ka²² va⁵³
tɕa⁵³ ni⁵³ nje³³ xaiʃə pʰa³³ ŋo²² ka²² va⁵³
TOP　二　年　还是　粮食　五　斗　获得

再两年又得了五斗粮食。

tɕa⁵³ ja³³kʰe dʑi³¹ tʰe³³ me³³
tɕa⁵³ ja³³kʰe dʑi³¹ tʰe³³ me³³
TOP　家里　吃　那　做

就在家里吃。

dʑi³¹lju³¹	ɕe³³	ba⁵³lju³¹	ɕe³³	lə	mə	tʰi³³	xa⁵³	ja⁵³no	xaiʃə
dʑi³¹-lju³¹	ɕe³³	ba⁵³-lju³¹	ɕe³³	lə	mə	tʰi³³	xa⁵³	ja⁵³no	xaiʃə
吃-NMLZ	操心	喝-NMLZ	拉	了	嘛	那	时候	后	还是

吃的也愁，喝的也愁（什么都愁）那后来还是

la⁵³lo³¹	me³³	ba⁵³dʑe³¹	se²²	la³³	tɕa⁵³	iəu	ja³³kʰe	la³¹	ne
la⁵³lo³¹	me³³	ba⁵³dʑe³¹	se²²	la³³	tɕa⁵³	iəu	ja³³kʰe	la³¹	ne
闲	做	很	知道	CS	TOP	又	家里	来	TOP

慢慢懂点事了就又回家了，还是哦，

ja⁵³no	tɕa⁵³	ma⁵³tɕa²²	pʰa³¹	la³³
ja⁵³no	tɕa⁵³	ma⁵³tɕa²²	pʰa³¹	la³³
后	TOP	打工	能	CS

还是会去做工。

ɕu³³	ba	ma⁵³tɕa²²	ku³³	ji³³	ke³³	ke	ma⁵³tɕa²²	jo⁵³	ke	ma⁵³tɕa²²
ɕu³³	ba	ma⁵³tɕa²²	ku³³	ji³³	ke³³	ke	ma⁵³tɕa²²	jo⁵³	ke	ma⁵³tɕa²²
人	边	打工	为	去	这	LOC	打工	那里	LOC	打工

到别人家里去做工，到处做工（这里做工，那里做工）。

tɕi³³	nje³³	ma⁵³tɕa²²	be²²tɕʰe³³	tɕi⁵³	tɕʰa³¹	ja²²tsʰə³³	tɕi⁵³	ka
tɕi³³	nje³³	ma⁵³tɕa²²	be²²tɕʰe³³	tɕi⁵³	tɕʰa³¹	ja²²tsʰə³³	tɕi⁵³	ka
一	年	打工	衣服	一	件	裤子	一	

做一年工给一件衣服，一条裤子，

mu⁵³	tɕi³³	a
mu⁵³	tɕi³³	a
帽子	一	个

一顶帽子，

tʰe³³	me³³	tɕi³³	nje³³	tɕa⁵³	tɕi³³	nje³³	du⁵³	tɕi³³	nje³³	ni⁵³	nje³³
tʰe³³	me³³	tɕi³³	nje³³	tɕa⁵³	tɕi³³	nje³³	du⁵³	tɕi³³	nje³³	ni⁵³	nje³³

那	做	一	年	TOP	一	年	完	一	年	二	年

就那样，一年就满了一年，一年，两年，

so^{33}	nje^{33}	ma^{53}tɕa^{22}	la	tʰi^{33}	xa^{53}	ʃa^{31}ʃa^{33}lo^{33}lo^{33}	pə
so^{33}	nje^{33}	ma^{53}tɕa^{22}	la	tʰi^{33}	xa^{53}	ʃa^{31}ʃa^{33}lo^{33}lo^{33}	pə
三	年	打工	CS	那	时候	可怜	吧

三年，做工的那时候，很困难，

a^{53}mi^{31}	a^{53}mi^{31}	ke^{33}	tʰu^{53}	pa^{53}	la	tɕəu	xaiʃə
a^{53}mi^{31}	a^{53}mi^{31}	ke^{33}	tʰu^{53}	pa^{53}	la	tɕəu	xaiʃə
现在	现在	这	时刻	到达	CS	就	还是

现在，现在这个时候到了就还是。

ja^{53}no	tɕa^{53}	be^{33}la^{33}	pʰa^{31}	la^{33}	tɕa^{53}	ja^{53}no	ke	ja^{33}kʰe	la^{31}
ja^{53}no	tɕa^{53}	be^{33}la^{33}	pʰa^{31}	la^{33}	tɕa^{53}	ja^{53}no	ke	ja^{33}kʰe	la^{31}
后	TOP	劳动	能	CS	TOP	后	LOC	家里	来

后来就会干活儿了，后来呢回家了。

ja^{33}kʰe	jo^{33}	ja^{33}me^{33}	la^{33}	tɕa^{53}	tʰe^{33}	me^{33}
ja^{33}kʰe	jo^{33}	ja^{33}me^{33}	la^{33}	tɕa^{53}	tʰe^{33}	me^{33}
家里	自己	当家	CS	TOP	那	做

在家里自己当家了，就那样。

　　我是伍宿人，以前就住在伍宿。父亲死得早，我父亲死的时候，我还不会爬呢，所以就不认识他。特别小。那时候，母亲做工，家里还是很困难。吃的、喝的都没有。母亲做工带着我，到谁家里做工就在谁家里吃。没有自己的家。以前还有家。父亲死了。我们很小嘛。母亲一个人带我。哪里做工就在哪里吃，那时候很可怜。后来就自己做工去。慢慢长大了点。懂点事了以后我也做工。我是那么大的小孩的时候，就在别人那里。大了点就去做工。放牲口放猪，连彝族家都去过。在彝族家待过二十年。十年做工那个时候，在别人家里守烟。到彝族家里去守烟。看烟，守烟，种烟。在那里过了十年。后来懂点事了以后又回家了。那时候还是没有吃的，就到别人那里做工。放牲口，放羊。这里一年，那里两年三年四年地做工。一年给三斗粮食（九十斤）。一年给两斗粮食，再两年又得了五斗粮食。就那样，那个时候，吃的也愁，喝的也愁。后来慢慢懂点事了就又回家了。回家以后还是会去做工。到别人家里去做工。到处做工。做一年工给一件衣服，一条裤子，一项帽子。就那样，就满了一年、两年、三年。到了后来就会干活儿了，就回了家。在家里自己当家了。就是那样。

2.20 多续语老师

ŋa³³de	ŋa³³	ɹe	xe³³	gu²²tɕi³³	tɕa⁵³	i²²tɕa³³	me²²me³³
ŋa³³-de	ŋa³³	ɹe	xe³³	gu²²tɕi³³	tɕa⁵³	i²²tɕa³³	me²²me³³
我-PL	我	TOP	先	小	TOP	孩子	小孩

我以前小时候，小孩儿的时候，

tɕa⁵³	ŋa³³	ke³³tʰe³³	do³³ɕu³³	na³¹
tɕa⁵³	ŋa³³	ke³³tʰe³³	do³³ɕu³³	na³¹
TOP	我	这	多续藏族	语言

我这个说多续语。

ŋe³³	i³³	a³³tɕi³³	a³³pu³³	bu	ŋe²²	i	dʒo³¹	ŋe³³	i³³
ŋe³³	i³³	a³³tɕi³³	a³³pu³³	bu	ŋe²²	i	dʒo³¹	ŋe³³	i³³
我.GEN	GEN	祖母	爷爷	PL.ANM	说	GEN	会	我.GEN	GEN

我的爷爷奶奶会说，

a³³ma³³	a³³ba³³	bu	ŋe²²	i	dʒo³¹	tʰe³³de	ŋe²²	ŋa³³de	ba⁵³nja³¹
a³³ma³³	a³³ba³³	bu	ŋe²²	i	dʒo³¹	tʰe³³de	ŋe²²	ŋa³³-de	ba⁵³nja³¹
母亲	父亲	PL.ANM	说	GEN	会	他-PL	说	我-PL	听

我爸爸妈妈也会说，他们说，我听。

ja⁵³no	tɕa⁵³	tʰe³³de	ŋe²²	ŋa³³	tɕi³³	a³³	ŋe²²	tʰe³³de
ja⁵³no	tɕa⁵³	tʰe³³de	ŋe²²	ŋa³³	tɕi³³	a³³	ŋe²²	tʰe³³-de
后	TOP	他-PL	说	我	一	个	说	他-PL

后来呢他们说，我自己也说，

xo³³tɕa³³	ŋe²²	ŋa³³	tɕəu	xo³³tɕa³³	ŋe²²
xo³³tɕa³³	ŋe²²	ŋa³³	tɕəu	xo³³tɕa³³	ŋe²²

什么	说	我	就	什么	说

他们说什么，我就说什么。

ŋa³³de	ma²²ma⁵³	la	ŋa³³	tɕəu	se²²	la³³
ŋa³³-de	ma²²-ma⁵³	la	ŋa³³	tɕəu	se²²	la³³
我-PL	教-教	CS	我	就	知道	CS

我们教了我就知道了。

xo³³tɕa³³	xo³³tɕa³³	be	ŋa³³	tɕəu	ŋe²²	dʒo³¹	pʰa³¹	ŋa³³	tɕəu
xo³³tɕa³³	xo³³tɕa³³	be	ŋa³³	tɕəu	ŋe²²	dʒo³¹	pʰa³¹	ŋa³³	tɕəu
什么	什么	PL.N-ANM	我	就	说	会	能	我	就

什么话，我就会说了，

do³³ɕu³³	na³¹	ŋa³³	tɕəu	ŋe²²	dʒo³¹	pʰa³¹
do³³ɕu³³	na³¹	ŋa³³	tɕəu	ŋe²²	dʒo³¹	pʰa³¹
多续藏族	语言	我	就	说	会	能

我就会说多续语了。

ja⁵³no	ɹe	kʰa⁵³	la	ŋa³³	tɕəu	na³³pu³³	ka	la³¹	la³³
ja⁵³no	ɹe	kʰa⁵³	la	ŋa³³	tɕəu	na³³pu³³	ka	la³¹	la³³
后	TOP	大	CS	我	就	丈夫	家	来	CS

后来呢，我长大了，就到我丈夫家里去住，

ŋe³³	i³³	a³¹pʰe³³mu⁵³	a³¹ni³³mu⁵³	ni⁵³	a³³	ku	xaiʃə	ŋe²²	dʒo³¹
ŋe³³	i³³	a³¹pʰe³³mu⁵³	a³¹ni³³mu⁵³	ni⁵³	a³³	ku	xaiʃə	ŋe²²	dʒo³¹
我.GEN	GEN	公公	外婆	二	个	位	还是	说	会

我的公公外婆两个还是会说，

ŋa³³de	so³³	a³³	ŋa³³de	tɕəu	tɕa⁵³	ŋe²²	ŋe²²	tɕa⁵³	ŋa³³de
ŋa³³-de	so³³	a³³	ŋa³³-de	tɕəu	tɕa⁵³	ŋe²²	ŋe²²	tɕa⁵³	ŋa³³-de
我-PL	三	个	我-PL	就	TOP	说	说	TOP	我-PL

我们三个……我们就说，说呢，

do³³ɕu³³　　　na³¹　　tɕəu　　　ŋe²²　　　tʰe³³　　me³³　　ŋe²²　　dʒo³¹
do³³ɕu³³　　　na³¹　　tɕəu　　　ŋe²²　　　tʰe³³　　me³³　　ŋe²²　　dʒo³¹
多续藏族　　语言　　就　　　　说　　　　那　　　做　　　说　　　会
我们就说多续语，就那么会说。

xe³³　ɹe　tʰe³³　me³³　a⁵³mi³¹　ɹe　ŋa³³de　do³³ɕu³³　na³¹　ja⁵³no³¹　le
xe³³　ɹe　tʰe³³　me³³　a⁵³mi³¹　ɹe　ŋa³³-de　do³³ɕu³³　na³¹　ja⁵³no³¹　le
先　　TOP　那　　做　　现在　　TOP　我-PL　多续藏族　语言　后面　　TOP
以前呢是那么（做），现在呢我们多续语，后来，

ŋa³³de　　　do³³ɕu³³　　　na³¹　　tɕa⁵³　　　ma⁵³　　　ŋe²²　　　la³³
ŋa³³-de　　do³³ɕu³³　　　na³¹　　tɕa⁵³　　　ma⁵³　　　ŋe²²　　　la³³
我-PL　　　多续藏族　　语言　TOP　　　NEG　　　说　　　CS
我们就不说多续语了。

ŋe²²　ma³¹　du⁵³　la　mu⁵³ka³¹　ɕu　sə³¹ka³³　la³³　na　tɕəu　tɕa⁵³　ŋe²²
ŋe²²　ma³¹　du⁵³　la　mu⁵³ka³¹　ɕu　sə³¹ka³³　la³³　na　tɕəu　tɕa⁵³　ŋe²²
说　　NEG　完　CS　老　　　者　死　　　CS　那　就　　TOP　说

ma³¹　　　du⁵³　　　la
ma³¹　　　du⁵³　　　la
NEG　　　完　　　CS
说不了了，（会说的）老了死了，那就说不了了。

ja²²ka³³　tɕʰi⁵³pu³¹　gu²²tɕi³³　tʰe³³de　ɹe　ŋe²²　ma⁵³　dʒo³¹　la　ŋa³³
ja²²ka³³　tɕʰi⁵³pu³¹　gu²²tɕi³³　tʰe³³-de　ɹe　ŋe²²　ma⁵³　dʒo³¹　la　ŋa³³
全部　　年龄　　小　　他-PL　TOP　说　NEG　会　CS　我
年轻人他们就不会说了，我呢

ɹe　　ŋe²²　　dʒo³¹　　la　　tʰe³³de　na²²　　ma⁵³　　so³¹tʰe⁵³
ɹe　　ŋe²²　　dʒo³¹　　la　　tʰe³³-de　na²²　　ma⁵³　　so³¹tʰe⁵³
TOP　说　　会　　CS　他-PL　你.DAT　NEG　答应
会说，但是他们不会说。

na²¹ tɕəu ma⁵³ ŋe²² la³³
na²¹ tɕəu ma⁵³ ŋe²² la³³
那 就 NEG 说 CS

那就不说了。

a⁵³mi³¹ ɹe ŋa³³de ka³³pa³³ tʰo³¹ namə ŋa³³de ni³³
a⁵³mi³¹ ɹe ŋa³³-de ka³³pa³³ tʰo³¹ namə ŋa³³-de ni³³
现在 TOP 我-PL 社会 妥当 那么 我-PL GEN

现在呢我们生活好了，

dʒə³³dʑi³³ so²² ma²²ma⁵³ɕu ŋa³³de la³¹ la³³
dʒə³³dʑi³³ so²² ma²²-ma⁵³-ɕu ŋa³³-de la³¹ la³³
文字 学 教-教-者 我-PL 来 CS

那么我们教你，老师，我们来了。

ŋa³³de ŋe²² ŋa³³de mi²²do⁵³ ŋa³³ tɕəu tɕa⁵³ do³³ɕu³³ na³¹ ŋe²²
ŋa³³-de ŋe²² ŋa³³-de mi²²do⁵³ ŋa³³ tɕəu tɕa⁵³ do³³ɕu³³ na³¹ ŋe²²
我-PL 说 我-PL 问 我 就 TOP 多续藏族 语言 说

我们说起来了，我们问我就说多续语。

ŋa³³de a⁵³mi³¹ ɹe ŋa³³ ŋe²² dʒo³¹
ŋa³³-de a⁵³mi³¹ ɹe ŋa³³ ŋe²² dʒo³¹
我-PL 现在 TOP 我 说 会

我们现在呢我会说，

u⁵³ lao⁵³sə³¹ ɹe ŋa³³ tɕəu do³³ɕu³³ na³¹ me³³ ŋe²²
u⁵³ lao⁵³sə³¹ ɹe ŋa³³ tɕəu do³³ɕu³³ na³¹ me³³ ŋe²²
伍 老师 TOP 我 就 多续藏族 语言 做 说

伍老师呢我就用多续语说。

do³³ɕu³³ na³¹ ma²²ma⁵³ i tʰe³³ mu⁵³ka³¹ɕu se²² ŋa³³ku
do³³ɕu³³ na³¹ ma²²-ma⁵³ i tʰe³³ mu⁵³ka³¹-ɕu se²² ŋa³³-ku

多续藏族　　语言　　教-教　　　　GEN　　那　　老-者　　　　　知道　　我-位

教多续语的那个，知道，

ni⁵³	a³³	ku	se²²	ta³³li⁵³	i	tsʰo³³	bu	le	xe³³	xaiʃə
ni⁵³	a³³	ku	se²²	ta³³li⁵³	i	tsʰo³³	bu	le	xe³³	xaiʃə
二	个	位	知道	其他	GEN	人	PL.ANM	TOP	先	还是

我们两个知道，其他的人们呢，以前还是

ŋe²²	kʰi³¹kʰi³³	ʃə³³	la	ŋe²²	ɹe	mo²²mbo³³lo³³
ŋe²²	kʰi³¹-kʰi³³	ʃə³³	la	ŋe²²	ɹe	mo²²mbo³³lo³³
说	嚷-嚷	拿来	CS	说	TOP	和尚村

说，喊起来说呢，和尚村（做多续语普查的时候），

tɕi³³	be⁵³	xaiʃə	kʰe²²	ʃə³³	la	ŋe²²	ɹe	tʰe³³de	tɕəu
tɕi³³	be⁵³	xaiʃə	kʰe²²	ʃə³³	la	ŋe²²	ɹe	tʰe³³-de	tɕəu
一	PL.N-ANM	还是	捡	拿	CS	说	TOP	他-PL	就

一部分还是会说，他们就

ja³¹tɕi³³	ŋe²²	ma⁵³	dʒo³¹	ŋe²²	ma⁵³	dʒo³¹	la
ja³¹tɕi³³	ŋe²²	ma⁵³	dʒo³¹	ŋe²²	ma⁵³	dʒo³¹	la
怎么	说	NEG	会	说	NEG	会	CS

有点不会说，不会说了。

ŋa³³	tɕəu	a⁵³mi³¹	ɹe	ŋa³³	ŋe²²	dʒo³¹	tʰe³³	mu⁵³ka³¹	i	tʰe³³
ŋa³³	tɕəu	a⁵³mi³¹	ɹe	ŋa³³	ŋe²²	dʒo³¹	tʰe³³	mu⁵³ka³¹	i	tʰe³³
我	就	现在	TOP	我	说	会	那	老		GEN

我现在就说，那个老的，

do³³ɕu³³	na³¹	ma²²ma⁵³ɕu	i	tʰe³³	ŋe²²	dʒo³¹
do³³ɕu³³	na³¹	ma²²-ma⁵³-ɕu	i	tʰe³³	ŋe²²	dʒo³¹
那多续藏族	语言	教-教-者	GEN	那	说	会

那个多续语老师（伍荣福）会说。

ŋa³³ku ni⁵³ a³³ ku ŋe²² dʒo³¹ le ke³³ ni⁵³ ne³³ ne tʰe³³

ŋa³³-ku ni⁵³ a³³ ku ŋe²² dʒo³¹ le ke³³ ni⁵³ ne³³ ne tʰe³³

我-位 二 个 位 说 会 TOP 这 二 天 TOP 那

我们两个会说呢，这两天呢，

nja³³ la³³ ma⁵³ la³¹ la³³ ŋa³³ tɕi⁵³ ku a³³ la³¹ la³³

nja³³ la³³ ma⁵³ la³¹ la³³ ŋa³³ tɕi⁵³ ku a³³ la³¹ la³³

痛 CS NEG 来 CS 我 一 位 个 来 CS

（伍荣福）病了，不来了，我一个人来了。

la³¹ la³³ ne ŋa³³de ke³³ ke tʰe³³de pʰo⁵³ ŋe²² ɹ

la³¹ la³³ ne ŋa³³-de ke³³ ke tʰe³³-de pʰo⁵³ ŋe²² ɹ

来 CS TOP 我-PL 这 LOC 他-PL 边 说 TOP

来了呢，他们对我说呢，

ŋa³³ ke³³ ke ɕa³¹ o la

ŋa³³ ke³³ ke ɕa³¹ o la

我 这 LOC 讲 语气词 CS

我这里就讲哦。

以前，小时候，我就说多续语。我的爷爷奶奶会说，我爸爸妈妈也会说。他们说，我听。后来呢，我自己也说，他们说什么，我就说什么。后来呢，我长大了，就到我丈夫家里去住，我的公公（外公）（和）外婆两个还是会说。我们三个就说多续语。就那么会说。以前呢是那样，后来，我们就不说多续语了。说不了了，（会说的）老了死了，那就说不了。年轻人他们就不会说了。我呢，会说，但是（跟他们说）他们不会说。那就不说了。现在呢，我们生活好了，那么我们教你，老师，我们来了。我们现在呢，我会说，伍老师（伍荣福）呢，我就用多续语说，嗯。（就是）教多续语的那个老年人知道，我们两个知道。其他的人们呢，和尚村一部分还是会说。他们就有点不会说了。我现在会说。伍荣福会说多续语。我们两个会说。这两天他病了，不来了。我一个人来了。他们对我说呢，我这里就讲哦。

2.21 用多续语聊天

WDC=吴德才，WRF=伍荣福

WDC do³³ɕu³³ ne kʰa³³tʰo³³ tɕa⁵³ ŋa³³de ta³³ne³³ ke³³ ke la³¹
do³³ɕu³³ ne kʰa³³tʰo³³ tɕa⁵³ ŋa³³-de ta³³ne³³ ke³³ ke la³¹
多续 TOP 说话 TOP 我-PL 今天 这 LOC 来
多续语的话，我们今天来这里，

do³³ɕu³³ na³¹ ŋe²² la³³, a³¹ dʑi⁵³ o, ma²²ma⁵³ɕu bu
do³³ɕu³³ na³¹ ŋe²² la³³ a³¹ dʑi⁵³ o ma²²-ma⁵³-ɕu bu
多续 语言 说 CS Q 是 ITRJ 教-教-者 PL.ANM
是要说多续语，是吧？老师们

la³¹ la³³
la³¹ la³³
来 CS
来了。

ŋa³³de ta³³ne³³ ke³³ ke la³¹…
ŋa³³-de ta³³ne³³ ke³³ ke la³¹
我-PL 今天 这 LOC 来
我们今天来这里……

do³³ɕu³³ na³¹ ma²²ma⁵³ la³³
do³³ɕu³³ na³¹ ma²²-ma⁵³ la³³
多续 语言 教-教 CS
来教多续语。

do³³ɕu³³ la³¹… do³³ɕu³³ na³¹ ma²²ma⁵³ la³³ o, no³³ ŋe²²
do³³ɕu³³ la³¹ do³³ɕu³³ na³¹ ma²²-ma⁵³ la³³ o no³³ ŋe²²
多续 语言 多续 语言 教-教 CS ITRJ 你 说
要教多续语……多续语，你来说。

WRF ʃo⁴⁴ pə tɕəu ta³³ne³³ ŋa³³de do³³ɕu³³ na³¹ ma²²ma⁵³ la³³

ʃo⁴⁴ pə tɕəu ta³³ne³³ ŋa³³-de do³³ɕu³³ na³¹ ma²²-ma⁵³ la³³

说 吧 就 今天 我-PL 多续 语言 教-教 CS

说吧，就今天我们教多续语了。

do³³ɕu³³ na³¹ me³³ kʰa³³tʰo³³ dʑe³¹ na³¹ ma³¹ kʰa³³tʰo³³ la³³

do³³ɕu³³ na³¹ me³³ kʰa³³tʰo³³ dʑe³¹ na³¹ ma³¹ kʰa³³tʰo³³ la³³

多续 语言 做 说话 汉族 语言 NEG 说话 CS

用多续语说话，不说汉语，

a⁵³mi³¹ do³³ɕu³³ na³¹ ma²²ma⁵³ la³³ do³³ɕu³³ na³¹ kʰa³³tʰo³³

a⁵³mi³¹ do³³ɕu³³ na³¹ ma²²-ma⁵³ la³³ do³³ɕu³³ na³¹ kʰa³³tʰo³³

现在 多续 语言 教-教 CS 多续 语言 说话

现在教多续语，说多续语。

WDC ŋa³³de ma²²ma⁵³ɕu ke³³ ke la³¹ la³³, ŋa³³de ŋe²²

ŋa³³-de ma²²-ma⁵³-ɕu ke³³ ke la³¹ la³³ ŋa³³de ŋe²²

我-PL 教-教-者 这 LOC 来 CS 我-PL 说

我们老师来这里了，我们说，

do³³ɕu³³ na³¹ ŋe²² o, ta³³ne³³ ke³³ ke la³¹ dʒo²²no³³

do³³ɕu³³ na³¹ ŋe²² o ta³³ne³³ ke³³ ke la³¹ dʒo²²no³³

多续 语言 说 ITRJ 今天 这 LOC 来 冕宁城

说多续语哦，今天来这里，县城，

na³¹ ke³³ ke ja²²ko³³ do³³ɕu³³ la³¹ ŋe²² o⁵³

na³¹ ke³³ ke ja²²ko³³ do³³ɕu³³ la³¹ ŋe²² o⁵³

来 这 LOC 全部 多续 语言 说 ITRJ

来，在这里全部（要）说多续语。

dʒa²² mi³¹ba⁵³ la³³, ke³³ ke do³³ɕu³³ na³¹ ke³³ ke

dʒa²² mi³¹-ba⁵³ la³³ ke³³ ke do³³ɕu³³ na³¹ ke³³ ke

早饭	PFV-喝		CS	这	LOC	多续	语言	这	LOC

吃了早饭了，这里（要说）多续语，

u³¹tsʰu²²	ni³¹	ne	tsʰo³³tsʰo³³ɕa⁵³ɕu³¹	me³³	ke³³	ke
u³¹-tsʰu²²	ni³¹	ne	tsʰo³³tsʰo³³ɕa⁵³ɕu³¹	me³³	ke³³	ke
PFV-修	坐	TOP	慢慢地	做	这	LOC

坐在这里，要慢慢地

do³³ɕu³³	na³¹	ŋe²²	o⁵³
do³³ɕu³³	na³¹	ŋe²²	o⁵³
多续	语言	说	PRO

说多续语。

xo³³tɕa³³	de²²mje³³	ne	xo³³tɕa³³	ŋe²²,	xo³³tɕa³³	de²²mje³³
xo³³tɕa³³	de²²mje³³	ne	xo³³tɕa³³	ŋe²²	xo³³tɕa³³	de²²mje³³
什么	想	TOP	什么	说	什么	想

想到什么就说什么，

ne	xo³³tɕa³³	ŋe²²,	xo³³tɕa³³	təu⁴⁴	ŋe²²	tʰo³¹
ne	xo³³tɕa³³	ŋe²²,	xo³³tɕa³³	təu⁴⁴	ŋe²²	tʰo³¹
TOP	什么	说	什么	都	说	妥当

想到什么呢就说什么，说什么都行。

WRF	do³³ɕu³³	na³¹	ŋe²²,	ŋa³³de	ke³³	ke	kʰa³³tʰo³³	ne
	do³³ɕu³³	na³¹	ŋe²²	ŋa³³-de	ke³³	ke	kʰa³³tʰo³³	ne
	多续	语言	说	我-PL	这	LOC	说话	TOP

说多续语，我们这里，多续语呢，

xaiʃə	tɕi³³	bu⁵³	ne	ba⁵³nja³¹	dʒo³¹,	tɕi³³	bu⁵³
xaiʃə	tɕi³³	bu⁵³	ne	ba⁵³nja³¹	dʒo³¹	tɕi³³	bu⁵³
还是	一	PL.ANM	TOP	听	会	一	PL.ANM

还是一部分听得懂，一部分呢，

ne	xaiʃə	ba⁵³nja³¹	ma⁵³	dʒo³¹
ne	xaiʃə	ba⁵³nja³¹	ma⁵³	dʒo³¹
TOP	还是	听	NEG	会

还是听不懂。

ta³³ne³³	ke³³	ke	ma²²ma⁵³	la³³,	ke³³	ke	ŋa³³de
ta³³ne³³	ke³³	ke	ma²²-ma⁵³	la³³	ke³³	ke	ŋa³³-de
今天	这	LOC	教-教	CS	这	LOC	我-PL

今天（我们）在这里教了，这里我们

tɕi⁵³	ma²²ma⁵³	ɕe⁵³
tɕi⁵³	ma²²-ma⁵³	ɕe⁵³
一	教-教	TNT

教一下，

so³³nu⁵³	i²²tɕa³³	bu	tɕa⁵³	ma⁵³	se²²	la³³	o
so³³nu⁵³	i²²tɕa³³	bu	tɕa⁵³	ma⁵³	se²²	la³³	o
第二天	孩子	PL.ANM	TOP	NEG	知道	CS	ITRJ

将来孩子们呢不知道了，

a⁵³mi³¹	tɕi⁵³	ma²²ma⁵³	ɕe⁵³	ne	ja⁵³no³¹	i	ne³³
a⁵³mi³¹	tɕi⁵³	ma²²-ma⁵³	ɕe⁵³	ne	ja⁵³no³¹	i	ne³³
现在	一	教-教	TNT	TOP	后面	GEN	天

现在教一下呢，将来（会有一）天。

i²²tɕa³³	ji³³tʰu³³	bu	tɕi³³	ma²²ma⁵³	ɕe⁵³	ku	ji³³
i²²tɕa³³	ji³³tʰu³³	bu	tɕi³³	ma²²-ma⁵³	ɕe⁵³	ku	ji³³
孩子	孙子	PL.ANM	一	教-教	TNT	为	去

孩子孙子们（也会愿意）学一下。

tɕa⁵³	tʰe³³	me³³	kʰa³³tʰo³³	la³³	ni³³	xo³³tɕa³³	ma³¹
tɕa⁵³	tʰe³³	me³³	kʰa³³tʰo³³	la³³	ni³³	xo³³tɕa³³	ma³¹
TOP	那	做	说话	CS	你.GEN	什么	NEG

就那么说呢，你什么也不

kʰa³³tʰo³³　　tɕa⁵³　　do³³ɕu³³　　na³¹　　kʰa³³tʰo³³
kʰa³³tʰo³³　　tɕa⁵³　　do³³ɕu³³　　na³¹　　kʰa³³tʰo³³
说话　　　　TOP　　多续　　　语言　　说话
说，（要）说多续语。

dʑe³¹　　ʒu⁵³ʒu³¹　　　xaiʃə　　dʑe³¹…
dʑe³¹　　ʒu⁵³-ʒu³¹　　xaiʃə　　dʑe³¹
汉族　　遇见-遇见　　还是　　　汉族
遇到汉族还是（用）汉语……

WDC　　dʑe³¹　　　la³¹　　　me³³　　ŋe²²
　　　dʑe³¹　　　la³¹　　　me³³　　ŋe²²
　　　汉族　　　语言　　做　　　说
用汉语说话。

dʑe³¹　　na³¹　　me³³　　ŋe²²
dʑe³¹　　na³¹　　me³³　　ŋe²²
汉族　　语言　　做　　　说
还是说汉语。

WRF　　dʑe³¹　　na³¹　　me³³　　ŋe²²
　　　dʑe³¹　　na³¹　　me³³　　ŋe²²
　　　汉族　　语言　　做　　　说
还是说汉语。

ŋa³³de　　do³³ɕu³³　　ʒu⁵³ʒu³¹　　la³³　　tɕa⁵³　　do³³ɕu³³　　na³¹　　me³³　　ŋe²²
ŋa³³-de　　do³³ɕu³³　　ʒu⁵³-ʒu³¹　　la³³　　tɕa⁵³　　do³³ɕu³³　　na³¹　　me³³　　ŋe²²
我-PL　　多续　　　遇见-遇见　　CS　　TOP　　多续　　　语言　　做　　说
遇到了我们多续人呢就用多续语交流。

WDC　　ja³³kʰe　　ji³³　　xaiʃə　　ji³³tʰu³³　　bu　　　ma²²ma⁵³,　　ji³³tʰu³³　　be

ja³³kʰe	ji³³	xaiʃə	ji³³tʰu³³	bu		ma²²-ma⁵³	ji³³tʰu³³	be
家里	去	还是	孙子	PL.ANM		教-教	孙子	PL.N-ANM

回到家里还是（要）教孙子们，孙子

dʒə³³dʑi³³	so²²	ji³³	la³³	o	ji³³…	ji³³tʰu³³	bu	i	ji³³tʰu³³
dʒə³³dʑi³³	so²²	ji³³	la³³	o	ji³³	ji³³tʰu³³	bu	i	ji³³tʰu³³
文字	学	去	CS	ITRJ	去	孙子	PL.ANM	GEN	孙子

上学去了……去了，孙子们

ɡu²²tɕi³³	i	tʰe³³	bu	le	xaiʃə	dʒə³³dʑi³³	so²²	ji³³	la³³
ɡu²²tɕi³³	i	tʰe³³	bu	le	xaiʃə	dʒə³³dʑi³³	so²²	ji³³	la³³
小	GEN	那	PL.ANM	TOP	还是	文字	学	去	CS

孙子中间的岁数小的那些还是上学去了。

ŋe²²…	ŋe²²	ne	xaiʃə	ŋe²²	tʰe³³de	tɕou	ja³¹tɕi³¹	ŋe²²
ŋe²²	ŋe²²	ne	xaiʃə	ŋe²²	tʰe³³-de	tɕou	ja³¹tɕi³¹	ŋe²²
说	说	TOP	还是	说	他-PL	就	怎么	说

（我对他们）说……说呢还是说，（但是）他们就有点

ma⁵³	dʒo³¹	la³³	o
ma⁵³	dʒo³¹	la³³	o
NEG	会	CS	ITRJ

不会说了哦。

xaiʃə	a⁵³wa³¹	a³³dʑi³³	no³³	ŋa³³de	tɕi³³	ma²²ma⁵³	ɕe⁵³
xaiʃə	a⁵³wa³¹	a³³dʑi³³	no³³	ŋa³³-de	tɕi³³	ma²²-ma⁵³	ɕe⁵³
还是	奶奶	祖母	你	我-PL	一	教-教	TNT

（他们）还是（说）："奶奶，你教我们一下。"

tʰe³³	dʒə³³dʑi³³	so²²	i	tʰe³³	ji³³tʰu³³	za³³mi³³,	ŋa³³
tʰe³³	dʒə³³dʑi³³	so²²	i	tʰe³³	ji³³tʰu³³	za³³mi³³,	ŋa³³
那	文字	学	GEN	那	孙子	女儿	我

正在读书的那些孙子孙女们（说），

na²² ma²²ma⁵³ ne ma²²ma⁵³ ne no³³ ma³¹ ʒə⁵³ mə

na²² ma²²-ma⁵³ ne ma²²-ma⁵³ ne no³³ ma³¹ ʒə⁵³ mə

你.DAT 教-教 TOP 教-教 TOP 你 NEG 写 嘛

我教你呢，（但是如果）你不写呢，

dʒə³³dʑi³³ kʰu⁵³ ma³¹ ʒə⁵³ mə ŋa³³ na²²-pʰo⁵³

dʒə³³dʑi³³ kʰu⁵³ ma³¹ ʒə⁵³ mə ŋa³³ na²²-pʰo⁵³

文字 里面 NEG 写 嘛 我 你.DAT-边

不写字的话，我给你

mi³¹ŋe²² la³³, no³³ tɕəu ja⁵³no³¹ tɕa⁵³ xaiʃə njo²²pu³³ la³³

mi³¹-ŋe²² la³³ no³³ tɕəu ja⁵³no³¹ tɕa⁵³ xaiʃə njo²²pu³³ la³³

PFV-说 CS 你 就 后面 TOP 还是 忘记 CS

说了（一遍），你还是下面要忘掉了，

o tɕəu ma⁵³ se²²... ŋe²² ma⁵³ dʒo³¹ la³³ o

o tɕəu ma⁵³ se²² ŋe²² ma⁵³ dʒo³¹ la³³ o

ITRJ 就 NEG 知道 说 NEG 会 CS ITRJ

哦，就不知道了……不会说了哦。

ma²²ma⁵³ xaiʃə ma²²ma⁵³, ma²²ma⁵³ ne tʰe³³ tɕəu tɕa⁵³

ma²²-ma⁵³ xaiʃə ma²²-ma⁵³ ma²²-ma⁵³ ne tʰe³³ tɕəu tɕa⁵³

教-教 还是 教-教 教-教 TOP 那 就 TOP

教，（我）还是教呢，教了他就……

tʰe³³ ke ma²²ma⁵³ i tʰe³³ ke ne tɕa⁵³ xaiʃə ŋe²² dʒo³¹

tʰe³³ ke ma²²-ma⁵³ i tʰe³³ ke ne tɕa⁵³ xaiʃə ŋe²² dʒo³¹

那 LOC 教-教 GEN 那 LOC TOP TOP 还是 说 会

教了他，他还是会说。

ja⁵³no³¹ tɕa⁵³ njo²²pu³³ la³³ tɕəu ma⁵³ dʒo³¹ la³³, ma⁵³ dʒo³¹

ja⁵³no³¹ tɕa⁵³ njo²²pu³³ la³³ tɕəu ma⁵³ dʒo³¹ la³³ ma⁵³ dʒo³¹

后面　　TOP　　忘记　　CS　　就　　NEG　　会　　CS　　NEG　　会
后来呢就忘了就不会了，不会说了，

ŋa³³　　ʃuo³³　　no³³　　a　　ne³³de　　u³¹ʒə⁵³　　ge³³　　dʑi　　mə
ŋa³³　　ʃuo³³　　no³³　　a　　ne³³-de　　u³¹-ʒə⁵³　　ge³³　　dʑi　　mə
我　　说　　你　　ITRJ　　你-PL　　PFV-写　　PRO　　是　　嘛
我说："你啊，你们把它写了嘛。"

u³¹ʒə⁵³　　le　　dʑi⁵³　　la³³　　me³³　　u³¹ʒə⁵³,　　ŋa³³de　　do³³ɕu³³
u³¹-ʒə⁵³　　le　　dʑi⁵³　　la³³　　me³³　　u³¹-ʒə⁵³　　ŋa³³-de　　do³³ɕu³³
PFV-写　　TOP　　是　　CS　　做　　PFV-写　　我-PL　　多续
写下，好好地（给它）写下来，用我们的多续语

la³¹　　me³³　　u³¹ʒə⁵³
la³¹　　me³³　　u³¹-ʒə⁵³
语言　　做　　PFV-写
写下来。

ŋa³³　　se³³…　　ke³³tʰe³³　　ne　　dʑi⁵³　　la³³　　xo³³me³³　　ŋe²²
ŋa³³　　se³³　　ke³³tʰe³³　　ne　　dʑi⁵³　　la³³　　xo³³-me³³　　ŋe²²
我　　谁　　这　　TOP　　是　　CS　　什么-做　　说
我……谁，是嘛，这个怎么说？

ke³³tʰe³³　　do³³ɕu³³　　na³¹　　xo³³me³³　　ŋe²²,　　ne³³de　　tɕəu　　tɕa⁵³
ke³³tʰe³³　　do³³ɕu³³　　na³¹　　xo³³-me³³　　ŋe²²　　ne³³-de　　tɕəu　　tɕa⁵³
这　　多续　　语言　　什么-做　　说　　你-PL　　就　　TOP
这个用多续语怎么说，你们就

tʰe³³　　me³³　　u³¹ʒə⁵³　　ne³³de　　ŋe²²　　ŋe²²　　tɕi³³　　pʰa³¹　　ŋe²²
tʰe³³　　me³³　　u³¹-ʒə⁵³　　ne³³-de　　ŋe²²　　ŋe²²　　tɕi³³　　pʰa³¹　　ŋe²²
那　　做　　PFV-写　　你-PL　　说　　说　　是　　能　　说
那样写下来，你们说，就能说了，说得好，

tʰo³¹   ma³¹   dʑi⁵³   a
tʰo³¹   ma³¹   dʑi⁵³   a
妥当   NEG   是   ITRJ
不是嘛？

ŋa³³de   mu⁵³ka³¹   la³³   ne³³de   tɕou   tɕa⁵³   ma⁵³   se²²   la³³
ŋa³³-de   mu⁵³ka³¹   la³³   ne³³-de   tɕou   tɕa⁵³   ma⁵³   se²²   la³³
我-PL   老   CS   你-PL   就   TOP   NEG   知道   CS
我们老了，你们就不知道了，

ŋe²²   ma⁵³   dʒo³¹   la³³
ŋe²²   ma⁵³   dʒo³¹   la³³
说   NEG   会   CS
不会说了。

tʰe³³   me³³   xaiʃə   ŋe²²   la³³   ŋe²²   la³³   tʰe³³   ji³³tʰu³³   i
tʰe³³   me³³   xaiʃə   ŋe²²   la³³   ŋe²²   la³³   tʰe³³   ji³³tʰu³³   i
那   做   还是   说   CS   说   CS   那   孙子   GEN
那样（的话），还是（要）说了，（要）说了，那些孙子

ji³³tʰu³³   be   xaiʃə   ŋe²²,   tʰe³³   gu²²tɕi³³   i   tʰe³³   bu
ji³³tʰu³³   be   xaiʃə   ŋe²²   tʰe³³   gu²²tɕi³³   i   tʰe³³   bu
孙子   PL.N-ANM   还是   说   那   小   GEN   那   PL.ANM
孙子的孙子们还是（要会）说，小的那些

tɕi⁵³   ma²²ma⁵³   ɕe⁵³,   tʰe³³de   tɕi³³   se²²   ŋe²²…   ŋe²²   pʰa³¹
tɕi⁵³   ma²²-ma⁵³   ɕe⁵³   tʰe³³-de   tɕi³³   se²²   ŋe²²   ŋe²²   pʰa³¹
一   教-教   TNT   他-PL   一?   知道   说   说   能
一教他们，他们就知道了，就（会）说（了）。

kʰa⁵³   i   tʰe³³   bu   a   tʰe³³de   dʒə³³dʑi³³   de²²mje³³   ji³³   la³³
kʰa⁵³   i   tʰe³³   bu   a   tʰe³³-de   dʒə³³dʑi³³   de²²mje³³   ji³³   la³³
大   GEN   那   PL.ANM   ITRJ   他-PL   文字   想   去   CS

大的那些呢，他们（只想）读书，

tɕa⁵³	ke³³	ke	do³³ɕu³³	na³¹	tɕa⁵³	ma⁵³	de²²mje³³	la³³
tɕa⁵³	ke³³	ke	do³³ɕu³³	na³¹	tɕa⁵³	ma⁵³	de²²mje³³	la³³
TOP	这	LOC	多续	语言	TOP	NEG	想	CS

就这个多续语呢，就不想了，

tɕa⁵³	ŋe²²	ma⁵³	dʒo³¹
tɕa⁵³	ŋe²²	ma⁵³	dʒo³¹
TOP	说	NEG	会

也就不会说了。

ke³³	ke	dʒə³³dʑi³³	tɕi³³	a	ʃə³³	tsa³³	ji³³
ke³³	ke	dʒə³³dʑi³³	tɕi³³	a	ʃə³³	tsa³³	ji³³
这	LOC	文字	一	个	拿	带	去

就这里拿一本《实用多续语语法》去了。

tʰe³³	na²²	mi³¹-kʰo⁵³	la³³,	ŋe³³	i	tʰe³³	i	gu²²tɕi³³
tʰe³³	na²²	mi³¹-kʰo⁵³	la³³	ŋe³³	i	tʰe³³	i	gu²²tɕi³³
那	你.DAT	PFV-给	CS	我.GEN	GEN	那	GEN	小

tʰe³³	na²²	mi³¹-kʰo⁵³	la³³
tʰe³³	na²²	mi³¹-kʰo⁵³	la³³
那	你.DAT	PFV-给	CS

把那个给你了，我的那些小的（孙子），把那个交给你了。

ŋa³³ku	ni⁵³	a	ku	xaiʃə	ja³³kʰe	ji³³,	tʰe³³	me³³	ŋe²²	la³³
ŋa³³-ku	ni⁵³	a	ku	xaiʃə	ja³³kʰe	ji³³	tʰe³³	me³³	ŋe²²	la³³
我-位	二	个	位	还是	家里	去	那	做	说	CS

我们两个还是回家……那么说。

tɕəu	ŋa³³	tɕəu	do³³ɕu³³	la³¹	me³³	tʰa²²-pʰo⁵³	ɕa³¹
tɕəu	ŋa³³	tɕəu	do³³ɕu³³	la³¹	me³³	tʰa²²-pʰo⁵³	ɕa³¹

就　　我　　就　　多续　　　语言　　做　　　他.DAT-边　　讲
就我呢用多续语对他讲

no³³　　la³³　　xo³³me³³　　xo³³me³³　　ŋe²²　　ke³³tʰe³³　　le　　ke³³tʰe³³　　le
no³³　　la³³　　xo³³me³³　　xo³³me³³　　ŋe²²　　ke³³tʰe³³　　le　　ke³³tʰe³³　　le
你　　TOP　　什么-做　　什么-做　　说　　这　　　TOP　　这　　　TOP
你呢怎么怎么说，这个呢……这个呢

xo³³tɕa³³　　xo³³me³³,　　tʰe³³　　ne　　xo³³me³³　　ŋe²²　　tʰe³³　　me³³　　ŋe²²
xo³³tɕa³³　　xo³³me³³　　tʰe³³　　ne　　xo³³me³³　　ŋe²²　　tʰe³³　　me³³　　ŋe²²
什么　　什么-做　　那　　TOP　　什么-做　　说　　那　　做　　说
是什么，怎么，那个怎么说，那么说了，

la³³,　　tʰe³³　　tɕəu　　tɕi³³　　tsu⁵³　　tɕi³³　　tsu⁵³　　xaiʃə　　ja³¹tɕi³¹　　ma⁵³　　se²²
la³³　　tʰe³³　　tɕəu　　tɕi³³　　tsu⁵³　　tɕi³³　　tsu⁵³　　xaiʃə　　ja³¹tɕi³¹　　ma⁵³　　se²²
CS　　那　　就　　一　　点　　一　　点　　还是　　怎么　　NEG　　知道
他就……一点一点，太多的也不知道，

ni⁵³　　so³³　　kʰe³³　　a　　tʰe³³　　me³³　　la³³　　iəu　　tɕi⁵³　　se²²
ni⁵³　　so³³　　kʰe³³　　a　　tʰe³³　　me³³　　la³³　　iəu　　tɕi⁵³　　se²²
二　　三　　句　　ITRJ　　那　　做　　CS　　又　　一　　知道
两三句啊，那么又知道一些呢，

çe⁵³　　la³³,　　ŋe²²　　xaiʃə　　se²²　　o　　ja⁵³no³¹　　tɕa⁵³　　tɕəu　　ma⁵³　　se²²
çe⁵³　　la³³　　ŋe²²　　xaiʃə　　se²²　　o　　ja⁵³no³¹　　tɕa⁵³　　tɕəu　　ma⁵³　　se²²
TNT　　CS　　说　　还是　　懂　　ITRJ　　后面　　TOP　　就　　NEG　　知道
还是知道说，哦，后来呢不知道，

no³³　　u³¹tsu²²　　i　　no³³　　tsu²²　　i　　tsu²²　　i　　tʰe³³　　mu⁵³　　a
no³³　　u³¹-tsu²²　　i　　no³³　　tsu²²　　i　　tsu²²　　i　　tʰe³³　　mu⁵³　　a
你　　PFV-戴　　GEN　　你　　戴　　GEN　　戴　　GEN　　那　　帽子　　个
你戴的……你戴的……戴的那个帽子啊……

tʰe³³ mu⁵³ a tʰe³³ tɕəu tɕa⁵³ o ŋe²² la³³ tɕa⁵³
tʰe³³ mu⁵³ a tʰe³³ tɕəu tɕa⁵³ o ŋe²² la³³ tɕa⁵³
那 帽子 个 那 就 TOP ITRJ 说 CS TOP

那个帽子啊，他就说，

tʰe³³ tɕəu se²²
tʰe³³ tɕəu se²²
那 就 知道

就知道那个，

ta³³li⁵³ ne xaiʃə ja³¹tɕi³¹ tʰe³³ ŋe²² ma⁵³ dʒo³¹
ta³³li⁵³ ne xaiʃə ja³¹tɕi³¹ tʰe³³ ŋe²² ma⁵³ dʒo³¹
其他 TOP 还是 怎么 那 说 NEG 会

其他的还是有点不会说。

tʰe³³ ŋe²² la³³ tɕa⁵³ ta³³li⁵³ ta³³li⁵³ me³³ ŋe²² la³³
tʰe³³ ŋe²² la³³ tɕa⁵³ ta³³li⁵³ ta³³li⁵³ me³³ ŋe²² la³³
那 说 CS TOP 其他 其他 做 说 CS

他说了呢，就说别的，别的。

tʰe³³ tɕi³³ tɕəu kʰɯ³¹ ŋe²² ma⁵³ dʒo³¹ xo³³ me³³ ko³¹tʃa⁵³
tʰe³³ tɕi³³ tɕəu kʰɯ³¹ ŋe²² ma⁵³ dʒo³¹ xo³³ me³³ ko³¹tʃa⁵³
那 一 就 下 说 NEG 会 什么 做 办法

他一……就下面的，不会说了，怎么办呢，

xaiʃə…
xaiʃə
还是
还是……

WRF tʰe³³ bu tɕa⁵³ ma⁵³ ma²²-ma⁵³ tɕa⁵³ ma⁵³ se²² la³³ o
tʰe³³ bu tɕa⁵³ ma⁵³ ma²²-ma⁵³ tɕa⁵³ ma⁵³ se²² la³³ o
那 PL.ANM TOP NEG 教 TOP NEG 知道 CS ITRJ

那些呢，如果不教的话，（他）就不知道了哦。

ke³³	tɕi³³	tʰu⁵³	ke³³	ke	ŋa³³de	tɕi³³…	tɕi³³	so²²	ɕe⁵³
ke³³	tɕi³³	tʰu⁵³	ke³³	ke	ŋa³³de	tɕi³³…	tɕi³³	so²²	ɕe⁵³
这	一	时刻	这	LOC	我-PL	一	一	学	TNT

这一刻，这里我们一……学一下，

do³³ɕu³³	na³¹	me³³	ke³³	ke	ja⁵³no³¹	ne³³de
do³³ɕu³³	na³¹	me³³	ke³³	ke	ja⁵³no³¹	ne³³-de
多续	语言	做	这	LOC	后面	你-PL

用多续语说这里的，后来你们（自己）

tɕi³³	ma²²ma⁵³	ɕe⁵³	ku	ji³³,	ma³¹	dʑi⁵³	a
tɕi³³	ma²²-ma⁵³	ɕe⁵³	ku	ji³³	ma³¹	dʑi⁵³	a
一	教-教	TNT	为	去	NEG	是	ITRJ

可以教了，不是吗？

ma⁵³	se²²	la³³	o,	ne³³de	la⁵³lo³¹	me³³	de²²mje³³	mə
ma⁵³	se²²	la³³	o	ne³³-de	la⁵³lo³¹	me³³	de²²mje³³	mə
NEG	知道	CS	ITRJ	你-PL	闲	做	想	ITRJ

不知道了哦，你们……你们慢慢地想嘛，

do³³ɕu³³	na³¹	xaiʃə	tɕi³³	tsu⁵³	se²²	se²²	zə³³ga⁵³
do³³ɕu³³	na³¹	xaiʃə	tɕi³³	tsu⁵³	se²²	se²²	zə³³ga⁵³
多续	语言	还是	一	点	知道	知道	对

懂点多续语还是好。

dʑe³¹	na²²	xaiʃə	se²²,	do³³ɕu³³	na³¹	tɕa⁵³	ma⁵³	se²²	la³³
dʑe³¹	na²²	xaiʃə	se²²	do³³ɕu³³	na³¹	tɕa⁵³	ma⁵³	se²²	la³³
汉族	你.DAT	还是	知道	多续	语言	TOP	NEG	知道	CS

汉语还是知道，多续语呢不知道了。

a⁵³mi³¹	ka³³pa³³	tʰo³¹,	dʑi³¹lju³¹	ba⁵³lju³¹	bo⁵³

a⁵³mi³¹	ka³³pa³³	tʰo³¹	dʑi³¹-lju³¹	ba⁵³-lju³¹	bo⁵³
现在	社会	妥当	吃-NMLZ	喝-NMLZ	拥有

现在的社会好吃的、好喝的都有。

ni³³	xo³³tɕa³³	la³³	ma⁵³…	tʰa⁵³	de²²mje³³	tɕa⁵³	do³³ɕu³³	na³¹
ni³³	xo³³tɕa³³	la³³	ma⁵³	tʰa⁵³	de²²mje³³	tɕa⁵³	do³³ɕu³³	na³¹
你.GEN	什么	CS	NEG	PROH	想	TOP	多续	语言

你怎么不……不要想呢，多续语

tsu⁵³	tɕi³³	kʰa³³tʰo³³	ɕe⁵³,	tɕi³³	ma²²-ma⁵³	ɕe⁵³
tsu⁵³	tɕi³³	kʰa³³tʰo³³	ɕe⁵³	tɕi³³	ma²²-ma⁵³	ɕe⁵³
点	一	说话	TNT	一	教-教	TNT

说一下，教一下。

tʰe³³	i²²tɕa³³	bu	a	tɕi³³	so²²	ɕe⁵³	tɕa⁵³	tʰe³³	me³³	a
tʰe³³	i²²tɕa³³	bu	a	tɕi³³	so²²	ɕe⁵³	tɕa⁵³	tʰe³³	me³³	a
那	孩子	PL.ANM	ITRJ	一	学	TNT	TOP	那	做	ITRJ

那些孩子啊，学一下就那样啊。

WDC	ŋa³³de	tʰe³³	i²²tɕa³³	bu	tɕi³³	kʰe³³	təu⁴⁴	ma⁵³	se²²
	ŋa³³-de	tʰe³³	i²²tɕa³³	bu	tɕi³³	kʰe³³	təu⁴⁴	ma⁵³	se²²
	我-PL	那	孩子	PL.ANM	一	句	都	NEG	知道

我们那些孩子啊，一句都不会。

o	no³³	tʰe³³	ke	tɕi³³	kʰe³³	təu⁴⁴	tʰe³³	ŋe²²	ŋe²²	ma⁵³
o	no³³	tʰe³³	ke	tɕi³³	kʰe³³	təu⁴⁴	tʰe³³	ŋe²²	ŋe²²	ma⁵³
ITRJ	你	那	LOC	一	句	都	那	说	说	NEG

哦，你那里一句都说不好啊，

dʒo³¹	a	tʰe³³	se²²…	ma⁵³	se²²
dʒo³¹	a	tʰe³³	se²²	ma⁵³	se²²
会	ITRJ	那	知道	NEG	知道

他都不知道。

no³³ tʰe³³ ke ŋe²² la³³ tʰe³³ a kʰa³³pi³³ tʰo⁵³ u³¹-kʰa⁵³
no³³ tʰe³³ ke ŋe²² la³³ tʰe³³ a kʰa³³pi³³ tʰo⁵³ u³¹-kʰa⁵³
你 那 LOC 说 CS 那 ITRJ 嘴 之上 PFV-打开
你那里说呢，他啊，张开嘴巴给我看，

ŋa²² u³¹-njo³³-njo³³ tʰe³³ ŋe²² ma⁵³ dʒo³¹ tɕəu
ŋa²² u³¹-njo³³-njo³³ tʰe³³ ŋe²² ma⁵³ dʒo³¹ tɕəu
我.DAT PFV-看-看 那 说 NEG 会 就
他不会说。

ni³³ i tʰe³³ mu⁵³ka³¹ tʃʰa⁵³ təu⁴⁴ se²² ne tɕi⁵³ se²²
ni³³ i tʰe³³ ˌmu⁵³ka³¹ tʃʰa⁵³ təu⁴⁴ se²² ne tɕi⁵³ se²²
你.GEN GEN 那 老 鬼 都 知道 TOP 一 知道
就你的那个老大，都知道呢，知道一下，

tʰe³³ tɕəu tɕa⁵³ kʰa³³pi³³ ke ŋe²² dʑi ma⁵³ pʰa³¹ o
tʰe³³ tɕəu tɕa⁵³ kʰa³³pi³³ ke ŋe²² dʑi ma⁵³ pʰa³¹ o
那 就 TOP 嘴 LOC 说 是 NEG 能 ITRJ
他就嘴巴里

ŋe²² du⁵³… ma⁵³ ŋe²² ŋe²² dʑi
ŋe²² du⁵³ ma⁵³ ŋe²² ŋe²² dʑi
说 完 NEG 说 说 是
不能说哦，说不好……说……说的

no³³ tʰa²²pʰo⁵³ ŋe²² ke³³tʰe³³ mi²²do⁵³ ke³³tʰe³³ xo³³…
no³³ tʰa²²-pʰo⁵³ ŋe²² ke³³tʰe³³ mi²²do⁵³ ke³³tʰe³³ xo³³
你 他.DAT-边 说 这 问 这 什么
我对他说，问这个，这个怎么……什么……

xo³³tɕa³³ tʰe³³ a ŋa³³… ŋa³³de njo²²pu³³ la³³
xo³³tɕa³³ tʰe³³ a ŋa³³ ŋa³³-de njo²²pu³³ la³³

什么　　　　那　　　ITRJ　　我　　　　我-PL　　　忘记　　　　　CS

他啊……我……我们忘了……

WRF　　tʰe³³　　xaiʃə　　ja³¹tɕi³¹　　kʰa³³tʰo³³　　ma⁵³　　se²²

　　　　tʰe³³　　xaiʃə　　ja³¹tɕi³¹　　kʰa³³tʰo³³　　ma⁵³　　se²²

　　　　那　　　还是　　怎么　　　说话　　　　　NEG　　知道

他一点也不知道，他还是一点都不知道。

WDC　　tʰe³³　　　ja³¹tɕi³¹　　ma⁵³　　se²²

　　　　tʰe³³　　　ja³¹tɕi³¹　　ma⁵³　　se²²

　　　　那　　　　怎么　　　NEG　　知道

他一点也不知道，他还是一点都不知道。

tɕi³³　　se²²　　ne　　tɕi³³　　tsu⁵³　　se²²　　　ne　　tɕa⁵³　　ŋe²²　　ma⁵³　　dʒo³¹

tɕi³³　　se²²　　ne　　tɕi³³　　tsu⁵³　　se²²　　　ne　　tɕa⁵³　　ŋe²²　　ma⁵³　　dʒo³¹

一　　　知道　TOP　一　　　点　　　知道　　TOP　TOP　　说　　NEG　会

一点……知道呢，知道一些，但是不会说。

ŋe²²　　ma⁵³　　dʒo³¹　　la³³　　tʰe³³　　na²²　　va　　　tɕəu　　tɕi³³　　tsu⁵³,　　no³³

ŋe²²　　ma⁵³　　dʒo³¹　　la³³　　tʰe³³　　na²²　　va　　　tɕəu　　tɕi³³　　tsu⁵³　　no³³

说　　　NEG　　会　　　CS　　那　　你.DAT　N-AGT　就　　　一　　　点　　　你

不会说了，他对我就……一点……哦，说：

ŋa²²　　　tɕi³³　　ma²²ma⁵³　　ɕe⁵³　　　a,　　　no³³　　tʰe³³　　dʒə³³dʑi³³　　kʰɯ³¹

ŋa²²　　　tɕi³³　　ma²²-ma⁵³　　ɕe⁵³　　　a　　　no³³　　tʰe³³　　dʒə³³dʑi³³　　kʰɯ³¹

我.DAT　一　　　教-教　　　　TNT　　ITRJ　你　　　那　　　文字　　　　下

你教我一下啊，你就用文字

u³¹ʒə⁵³　　i　　　tʰe³³　　be　　　　ŋa³³　　xaiʃə　　tɕi³³　　njo³³njo³³　　ɕe⁵³

u³¹-ʒə⁵³　　i　　　tʰe³³　　be　　　　ŋa³³　　xaiʃə　　tɕi³³　　njo³³-njo³³　　ɕe⁵³

PFV-写　　GEN　那　　　PL.N-ANM　我　　还是　　一　　　看-看　　　　TNT

写下来的那些，我还是看一下，

ŋa³³de　　do³³ɕu³³　　na³¹　　se²²　　a　　　tɕa⁵³　　tɕəu　　zə³³ga⁵³

ŋa³³-de　　do³³ɕu³³　　na³¹　　se²²　　a　　　tɕa⁵³　　tɕəu　　zə³³ga⁵³

我-PL　　多续　　　语言　　知道　　ITRJ　　TOP　　就　　　对

我们会多续语就好了。

ma⁵³　　dʑi⁵³　　a,　　ja⁵³no³¹　　a　　　ŋa³³…　　ŋa³³de　　mu⁵³ka³¹　　la³³

ma⁵³　　dʑi⁵³　　a　　ja⁵³no³¹　　a　　　ŋa³³　　ŋa³³-de　　mu⁵³ka³¹　　la³³

NEG　　是　　ITRJ　　后面　　ITRJ　　我　　我-PL　　老　　　　CS

不然的话，将来呢我……我们老了，而你们什么都不知道。

ne³³de　　xo³³tɕa³³　　la³³　　təu⁴⁴　　ma⁵³　　se²²　　tɕi³³　　a　　tɕi³³

ne³³-de　　xo³³tɕa³³　　la³³　　təu⁴⁴　　ma⁵³　　se²²　　tɕi³³　　a　　tɕi³³

你-PL　　什么　　　CS　　都　　NEG　　知道　　一　　个　　一

一个？一……

dʑe³¹　　na³¹　　ne　　ne³³de　　ŋe²²　　tʰo³¹　　ŋe²²…　　ŋe²²…

dʑe³¹　　na³¹　　ne　　ne³³-de　　ŋe²²　　tʰo³¹　　ŋe²²　　ŋe²²

汉族　　语言　　TOP　　你-PL　　说　　妥当　　说　　说

汉语呢，你们说得很好，说……

do³³ɕu³³　　na³¹　　ne³³de　　tɕəu　　ŋe²²　　ma⁵³　　dʐo³¹　　la³³

do³³ɕu³³　　na³¹　　ne³³-de　　tɕəu　　ŋe²²　　ma⁵³　　dʐo³¹　　la³³

多续　　语言　　你-PL　　就　　说　　NEG　　会　　CS

多续语，你们就不会说了

ne³³de　　xaiʃə　　tɕi³³　　njo³³　　ɕe⁵³　　mə　　ŋa³³de…　　ne³³de　　tɕi³³

ne³³-de　　xaiʃə　　tɕi³³　　njo³³　　ɕe⁵³　　mə　　ŋa³³-de　　ne³³-de　　tɕi³³

你-PL　　还是　　一　　看　　TNT　　嘛　　我-PL　　你-PL　　一

你们还是看一下嘛，我们……

ma²²ma⁵³　　ɕe⁵³　　pə　　ne³³de　　xaiʃə

ma²²-ma⁵³　　ɕe⁵³　　pə　　ne³³-de　　xaiʃə

教-教　　TNT　　吧　　你-PL　　还是

教你们一下吧，你们还是

tɕi⁵³	ŋe²²	ɕe⁵³	do³³ɕu³³	na³¹	tɕi⁵³	ŋe²²	ɕe⁵³
tɕi⁵³	ŋe²²	ɕe⁵³	do³³ɕu³³	na³¹	tɕi⁵³	ŋe²²	ɕe⁵³
一	说	TNT	多续	语言	一	说	TNT

说一下，说一下多续语。

do³³ɕu³³	na³¹	se²²,	dʑe³¹	na³¹	se²²
do³³ɕu³³	na³¹	se²²	dʑe³¹	na³¹	se²²
多续	语言	知道	汉族	语言	知道

多续语也知道，汉语也知道。

nu⁵³	na³¹	ŋa³³de	ma⁵³	se²²	la³³,	a³¹	dʑi⁵³	o,	ŋa³³de
nu⁵³	na³¹	ŋa³³-de	ma⁵³	se²²	la³³	a³¹	dʑi⁵³	o	ŋa³³-de
彝	语言	我-PL	NEG	知道	CS	Q	是	ITRJ	我-PL

彝话，我们不知道，是吧，我们……我

ŋa³³	xaiʃə	tʰe³³de	tʰe³³	ke	tɕi³³	ma²²ma⁵³	ɕe⁵³,	tʰe³³	me³³
ŋa³³	xaiʃə	tʰe³³-de	tʰe³³	ke	tɕi³³	ma²²-ma⁵³	ɕe⁵³	tʰe³³	me³³
我	还是	他-PL	那	LOC	一	教-教	TNT	那	做

还是教他们……他一下，就那么教，

ma²²ma⁵³,	ma²²ma⁵³	ne	tʰe³³	ma³¹	la⁵³,	be³¹la³³	ji³³	la³³,
ma²²-ma⁵³	ma²²-ma⁵³	ne	tʰe³³	ma³¹	la⁵³	be³¹la³³	ji³³	la³³
教-教	教-教	TOP	那	NEG	闲	劳动	去	CS

教了就不闲，

ma³¹	la⁵³,	tɕəu	ŋe²²	la³³	ma⁵³	ŋe²²	la³³	o
ma³¹	la⁵³	tɕəu	ŋe²²	la³³	ma⁵³	ŋe²²	la³³	o
NEG	闲	就	说	CS	NEG	说	CS	ITRJ

去劳动也不闲，说了还是不说啊。

ji³³...	ŋa³³de	ke³³	ke	ŋe²²	la³³,	ja³³kʰe³¹	ji³³	tʰe³³	xa⁵³

ji³³　　ŋa³³-de　　ke³³　　ke　　ŋe²²　　la³³　　ja³³kʰe³¹　　ji³³　　tʰe³³　　xa⁵³
去　　我-PL　　这　　LOC　　说　　CS　　家里　　去　　那　　时候
去了……去，我们这里说呢，回到家里的时候……时候

tʰa²²　　kʰo⁵³　　la³³　　tʰe³³　　xa⁵³,　　o　　dʑi⁵³　　a,　　tɕi⁵³…　　tɕi⁵³　　ŋe²²
tʰa²²　　kʰo⁵³　　la³³　　tʰe³³　　xa⁵³　　o　　dʑi⁵³　　a　　tɕi³³　　tɕi³³　　ŋe²²
他.DAT　　给　　CS　　那　　时候　　ITRJ　　是　　ITRJ　　一　　一　　说
哦，给他的时候，是啊，说一下……一下

ɕe⁵³,　　tɕi³³……　　tɕi³³　　njo³³njo³³,　　tɕi³³　　njo³³　　ɕe⁵³
ɕe⁵³　　tɕi³³　　tɕi³³　　njo³³-njo³³　　tɕi³³　　njo³³　　ɕe⁵³
TNT　　一　　一　　看-看　　一　　看　　TNT
看一下……看一下

a⁵³mi³¹　　tɕa⁵³　　be³¹la³³　　ji³³　　la³³　　tɕa⁵³　　njo³³　　ma³¹　　njo³³njo³³　　la³³
a⁵³mi³¹　　tɕa⁵³　　be³¹la³³　　ji³³　　la³³　　tɕa⁵³　　njo³³　　ma³¹　　njo³³-njo³³　　la³³
现在　　TOP　　劳动　　去　　CS　　TOP　　看　　NEG　　看-看　　CS
现在呢去劳动就连看都不看了，

ŋe²²　　ma⁵³　　ŋe²²　　la³³
ŋe²²　　ma⁵³　　ŋe²²　　la³³
说　　NEG　　说　　CS
连一句话都不说了。

ŋa³³…　　ŋa³³　　xaiʃə　　xo³³　　me³³　　ko³¹tʃa⁵³　　ŋa³³　　tɕəu　　tɕa⁵³　　ne³³de
ŋa³³　　ŋa³³　　xaiʃə　　xo³³　　me³³　　ko³¹tʃa⁵³　　ŋa³³　　tɕəu　　tɕa⁵³　　ne³³-de
我　　我　　还是　　什　　做　　办法　　我　　就　　TOP　　你-PL
我……我还是怎么办？我就，你们

ma⁵³　　ŋe²²　　ŋa³³　　tɕəu　　se³³gu³³　　xe³³pʰo⁵³　　ŋe²²　　la³³
ma⁵³　　ŋe²²　　ŋa³³　　tɕəu　　se³³gu³³　　xe³³-pʰo⁵³　　ŋe²²　　la³³
NEG　　说　　我　　就　　谁　　前-边　　说　　CS
不说，我就跟谁说呢？

tʰe³³　ke　dʒa²²　ça²²,　ja³³kʰe　vo³¹　to²²,　tʰe³³　me³³,　tʰe³³　me³³

tʰe³³　ke　dʒa²²　ça²²　ja³³kʰe　vo³¹　to²²　tʰe³³　me³³　tʰe³³　me³³

那　LOC　早饭　做　家里　猪　喂　那　做　那　做

就那里煮早饭，喂猪。

tʰe³³　ke　vo³¹　tɕi³³,　vo⁵³　tɕi³³　xaiʃə　tʰe³³　mu⁵³ka³¹　i

tʰe³³　ke　vo³¹　tɕi³³　vo⁵³　tɕi³³　xaiʃə　tʰe³³　mu⁵³ka³¹　i

那　LOC　猪　喂　鸡　喂　还是　那　老　GEN

就那样在那里喂猪喂鸡。

tʰe³³　mi²²do⁵³　tʰe³³　kʰa³³pi³³　tʰo⁵³　u³¹-xa³¹　ne　tɕi³³

tʰe³³　mi²²do⁵³　tʰe³³　kʰa³³pi³³　tʰo⁵³　u³¹-xa³¹　ne　tɕi³³

那　问　那　嘴　之上　PFV-张　TOP　一

（我）还是问那个老的那个

njo³³　u³¹-do³³,　kʰa³³pi³³　tʰo⁵³　u³¹-xa³¹　ne　ŋa²²　u³¹-do³³

njo³³　u³¹-do³³　kʰa³³pi³³　tʰo⁵³　u³¹-xa³¹　ne　ŋa²²　u³¹-do³³

看　PFV-看见　嘴　之上　PFV-张　TOP　我.DAT　PFV-看见

张开嘴巴呢看……看见……哦，张开嘴巴呢，看见我，

ŋa³³　ʃuo³³　no³³…　no³³　təu⁴⁴　tsʰo³³tɕa³³　la³³　ka³³　ni³³

ŋa³³　ʃuo³³　no³³　no³³　təu⁴⁴　tsʰo³³tɕa³³　la³³　ka³³　ni³³

我　说　你　你　都　愚蠢　CS　样子　有

我说，你……你都像傻子了，

ŋa³³　na²²pʰo⁵³　do³³çu³³　na³¹　ŋe²²　ne　na²²pʰo⁵³　ŋe²²

ŋa³³　na²²-pʰo⁵³　do³³çu³³　na³¹　ŋe²²　ne　na²²-pʰo⁵³　ŋe²²

我　你.DAT-边　多续　语言　说　TOP　你.DAT-边　说

我对你说多续语，对你说，

no³³　iəu　so³¹tʰe⁵³　la³³　mə,　no³³　xo³³　me³³　mə　so³¹tʰe⁵³

no³³　iəu　so³¹tʰe⁵³　la³³　mə　no³³　xo³³　me³³　mə　so³¹tʰe⁵³

你	又	答应	CS	嘛	你	什么	做	NEG	答应

你就答应吧，你怎么不答应？

ηa^{33}	$njo^{22}pu^{33}$	la^{33},	t^he^{33}	$njo^{22}pu^{33}$	la^{33}	xo^{33}	me^{33}	$ko^{31}t\int a^{53}$
ηa^{33}	$njo^{22}pu^{33}$	la^{33}	t^he^{33}	$njo^{22}pu^{33}$	la^{33}	xo^{33}	me^{33}	$ko^{31}t\int a^{53}$
我	忘记	CS	那	忘记	CS	什么	做	办法

我忘了，他哦哦哦，忘了，怎么办，

$njo^{22}pu^{33}$	la^{33}	$ja^{33}k^he$	$xai\int \vartheta$	t^he^{33}	me^{33}	ηe^{22}	la^{33}	$p\vartheta$
$njo^{22}pu^{33}$	la^{33}	$ja^{33}k^he$	$xai\int \vartheta$	t^he^{33}	me^{33}	ηe^{22}	la^{33}	$p\vartheta$
忘记	CS	家里	还是	那	做	说	CS	吧

忘了，家里还是那么说吧。

ηa^{33}	$xai\int \vartheta$	jo^{33}	be	la^{33}	$t\varphi a^{53}$	t^he^{33}	ke	la^{31}	la^{33}
ηa^{33}	$xai\int \vartheta$	jo^{33}	be	la^{33}	$t\varphi a^{53}$	t^he^{33}	ke	la^{31}	la^{33}
我	还是	自己	PL.N-ANM	CS	TOP	那	LOC	来	CS

我还是自己（的那些）了，就来到

$i\vartheta u$	$do^{33}\varphi u^{33}$	la^{31}	$t\varphi i^{33}$	k^he^{33}	ηe^{22},	ηe^{22}	la^{33}	t^he^{33}	$t\varphi u$
$i\vartheta u$	$do^{33}\varphi u^{33}$	la^{31}	$t\varphi i^{33}$	k^he^{33}	ηe^{22}	ηe^{22}	la^{33}	t^he^{33}	$t\varphi u$
又	多续	来	一	句	说	说	CS	那	就

那里又说几句多续语，他就

ηe^{22}...	ηe^{22}	ma^{53}	$d\mathfrak{z}o^{31}$	ge^{22}	i	ge^{22}	ma^{53}
ηe^{22}	ηe^{22}	ma^{53}	$d\mathfrak{z}o^{31}$	ge^{22}	i	ge^{22}	ma^{53}
说	说	NEG	会	听见	GEN	听见	NEG

说还是不会说，听也听不懂，

$d\mathfrak{z}o^{31}$	la^{33},	ge^{22}	i	ge^{22}	ma^{53}	p^ha^{31}
$d\mathfrak{z}o^{31}$	la^{33}	ge^{22}	i	ge^{22}	ma^{53}	p^ha^{31}
会	CS	听见	GEN	听见	NEG	能

听懂也不会，怎么办？我

xo³³ me³³ ka⁵³, ŋa³³ se³³gu³³ tɕou ŋe²² tɕou tɕa⁵³ ne

xo³³ me³³ ka⁵³ ŋa³³ se³³gu³³ tɕou ŋe²² tɕou tɕa⁵³ ne

什么 做 做 办 我 谁 就 TOP 就 TOP

谁……就说呢,

ŋa³³ ke³³ ke ŋe²², no³³ tʰe³³ ke so³¹tʰe⁵³ pə, a³¹ dʑi⁵³

ŋa³³ ke³³ ke ŋe²² no³³ tʰe³³ ke so³¹tʰe⁵³ pə a³¹ dʑi⁵³

我 这 LOC 说 你 那 LOC 答应 吧 Q 是

我这里说一句,他那里答应吧,是吧,

no³³ ŋe²² ŋa³³… ŋe²² tɕou tɕa⁵³ tɕou tɕa⁵³ ŋe²² ne

no³³ ŋe²² ŋa³³ ŋe²² tɕou tɕa⁵³ tɕou tɕa⁵³ ŋe²² ne

你 说 我 说 就 TOP 就 TOP 说 TOP

你也说,我也说就……说呢,

tɕou ja²²ka³³ ji³³ va⁵³ la³³ pə

tɕou ja²²ka³³ ji³³ va⁵³ la³³ pə

就 全部 去 获得 CS 吧

大家都有收获了。

o no³³ tʰe³³ ke³³ ke ŋe²² tʰe³³ ma⁵³ ŋe²², tʰe³³

o no³³ tʰe³³ ke³³ ke ŋe²² tʰe³³ ma⁵³ ŋe²² tʰe³³

ITRJ 你 那 这 LOC 说 那 NEG 说 那

哦,你来那里……这里说,而他不说。

ne kʰa³³pi³³ tʰo⁵³ u³¹-xa³¹ ne ŋa²² u³¹njo³³njo³³

ne kʰa³³pi³³ tʰo⁵³ u³¹-xa³¹ ne ŋa²² u³¹-njo³³-njo³³

TOP 嘴 之上 PFV-张 TOP 我.DAT PFV-看-看

他呢张开嘴巴呢,看我,

tɕou tɕa⁵³ xo³³ me³³ ko³¹tʃa⁵³ dʑi⁵³ ŋa³³ xaiʃə ʃuo³³

tɕou tɕa⁵³ xo³³ me³³ ko³¹tʃa⁵³ dʑi⁵³ ŋa³³ xaiʃə ʃuo³³

就 TOP 什么 做 办法 是 我 还是 说

就怎么办？哈哈哈，啊哟，是呢，

ŋa³³	ŋe²²	lə	pə	mu⁵³ka³¹	i	tʰe³³	mu⁵³ka³¹	tʃʰa⁵³	xe³³pʰo⁵³
ŋa³³	ŋe²²	lə	pə	mu⁵³ka³¹	i	tʰe³³	mu⁵³ka³¹	tʃʰa⁵³	xe³³-pʰo⁵³
我	说	了	吧	老	GEN	那	老	鬼	前-边

我还是说，我说了吧，老的那个……对老大说，

ŋe²²,	a⁵³mi³¹	ka³³pa³³	tʰo³¹	zə³³ga⁵³	ŋa³³de	sa³³ba³³	tɕʰo⁵³
ŋe²²	a⁵³mi³¹	ka³³pa³³	tʰo³¹	zə³³ga⁵³	ŋa³³-de	sa³³ba³³	tɕʰo⁵³
说	现在	社会	妥当	对	我-PL	心情	美丽

现在社会也好，好，我们的心情也愉快。

ŋa³³de	be³¹la³³	ma⁵³	be³¹la³³	tʰe³³	tɕa⁵³	tʰe³³	tʰe³³de
ŋa³³-de	be³¹la³³	ma⁵³	be³¹la³³	tʰe³³	tɕa⁵³	tʰe³³	tʰe³³-de
我-PL	劳动	NEG	劳动	那	TOP	那	他-PL

呃呃呃，我……我们活也不干了。

tsʰo³³	ɕa²²	o	tʰe³³de	tsʰo³³	ɕa²²	o
tsʰo³³	ɕa²²	o	tʰe³³-de	tsʰo³³	ɕa²²	o
人	做	ITRJ	他-PL	人	做	ITRJ

他就那个干活儿……他们干活儿哦，

tʰe³³	tɕi³³	ne³³	tɕi³³	ne³³	ba³³	ke	ʒo²²	dʑi³¹	tʰu⁵³
tʰe³³	tɕi³³	ne³³	tɕi³³	ne³³	ba³³	ke	ʒo²²	dʑi³¹	tʰu⁵³
那	一	天	一	天	山	LOC	米饭	吃	时刻

他一天一天山上。

ŋa³³de	ku³³	ne	tʰe³³	ke	u³¹-tɕi³³	tʰe³³de	tʰe³³	tɕəu	la³¹
ŋa³³de	ku³³	ne	tʰe³³	ke	u³¹-tɕi³³	tʰe³³de	tʰe³³	tɕəu	la³¹
我-PL	舀	TOP	那	LOC	PFV-放	他-PL	那	就	来

吃饭的时候，我们舀给他吃，他们……他就来……

ʒo²²	dʑi³¹	la³³	ŋa³³de	xo³³tɕa³³	u³¹-ɕa²²	du⁵³	la³³	tʰe³³

ʒo²² dʑi³¹ la³³ ŋa³³-de xo³³tɕa³³ u³¹-ɕa²² du⁵³ la³³ tʰe³³
米饭 吃 CS 我-PL 什么 PFV-做 完 CS 那
他就来吃饭了。

mi³¹-dʑi³¹ la³³ tɕa⁵³ o, no³³ tʰe³³ kʰe⁵³ni³¹ i tʰe³³,
mi³¹-dʑi³¹ la³³ tɕa⁵³ o no³³ tʰe³³ kʰe⁵³ni³¹ i tʰe³³
PFV-吃 CS TOP ITRJ 你 那 狗 GEN 那
我们煮了些什么他就吃了，哦，你那个狗的那个，

kʰe⁵³ni³¹ dʑi³¹ i tʰe³³ u³¹-ɕa²² ne ŋa³³ ʃə³³ tsa³³ ji³³
kʰe⁵³ni³¹ dʑi³¹ i tʰe³³ u³¹-ɕa²² ne ŋa³³ ʃə³³ tsa³³ ji³³
狗 吃 GEN 那 PFV-做 TOP 我 拿 带 去
狗吃的那个，煮出来呢，我拿着喂狗吃，就（像那种就）那么说。

kʰe⁵³ni³¹ tɕi³³ ne tʰe³³ me³³ ŋe²² ŋa³³ tʰa²² dʒe²² no³³
kʰe⁵³ni³¹ tɕi³³ ne tʰe³³ me³³ ŋe²² ŋa³³ tʰa²² dʒe²² no³³
狗 放 TOP 那 做 说 我 他.DAT 骂 你
我骂他，你，喂狗吃的那些饭，都给你装起。

kʰe⁵³ni³¹ to²² i tʰe³³ ʒo²² tsu⁵³ təu⁴⁴ dʒo²²… u³¹-dʒo²²
kʰe⁵³ni³¹ to²² i tʰe³³ ʒo²² tsu⁵³ təu⁴⁴ dʒo²²… u³¹-dʒo²²
狗 喂 GEN 那 米饭 点 都 装 PFV-装
我骂他，你，喂狗吃的那些饭，都给你装起。

no³³ ɕa²² dʑi ma⁵³ pʰa³¹, no³³ xo³³tɕa³³ xo³³ me³³ ko³¹tʃa⁵³
no³³ ɕa²² dʑi ma⁵³ pʰa³¹ no³³ xo³³tɕa³³ xo³³ me³³ ko³¹tʃa⁵³
你 做 是 NEG 能 你 什么 什么 做 办法
你都不会煮了，你怎么……怎么办？

no³³ dʑi³¹ ne dʑi³¹ pʰa³¹, xo³³tɕa³³ təu⁴⁴ xo³³tɕa³³ təu⁴⁴ ɕa²²
no³³ dʑi³¹ ne dʑi³¹ pʰa³¹ xo³³tɕa³³ təu⁴⁴ xo³³tɕa³³ təu⁴⁴ ɕa²²
你 吃 TOP 吃 能 什么 都 什么 都 做

dʑi ma⁵³ pʰa³¹

dʑi ma⁵³ pʰa³¹

是 NEG 能

你吃是会吃，什么也做，什么都不会。

mi⁵³sə³¹ tsʰə³³ i tʰe³³… tʰe³³ vu³³ da⁵³ tʰo⁵³ təu⁴⁴ ŋa³³

mi⁵³sə³¹ tsʰə³³ i tʰe³³ tʰe³³ vu³³ da⁵³ tʰo⁵³ təu⁴⁴ ŋa³³

眼睛 洗 GEN 那 那 水 倒 之上 都 我

呃，洗脸的那个，倒那个水，都是我

tɕʰa³³tɕʰa³³ la³³ ŋa³³ mi³¹-tsʰə³³ la³³ tɕa⁵³ tʰe³³ ke u³¹-tɕi³³

tɕʰa³³-tɕʰa³³ la³³ ŋa³³ mi³¹-tsʰə³³ la³³ tɕa⁵³ tʰe³³ ke u³¹-tɕi³³

热-热 CS 我 PFV-洗 CS TOP 那 LOC PFV-放

加热了，我洗脸，就放在那里，他就到

tʰe³³ ke la³¹ tʰe³³ tɕəu la³¹ tɕəu mi³¹-tsʰə³³

tʰe³³ ke la³¹ tʰe³³ tɕəu la³¹ tɕəu mi³¹-tsʰə³³

那 LOC 来 那 就 来 就 PFV-洗

那里了就洗脸。

tɕəu tɕa⁵³ tʰe³³ me³³, kʰɯ⁵³ va³³pʰo⁵³ la³³

tɕəu tɕa⁵³ tʰe³³ me³³ kʰɯ⁵³ va³³-pʰo⁵³ la³³

就 TOP 那 做 上 外-边 CS

就那样，就在外面上面

kʰe⁵³ni³¹ u³¹-mi³¹-to²² la³³ tɕəu tɕa⁵³ tʰe³³ ke u³¹-tsʰu²²

kʰe⁵³ni³¹ u³¹-mi³¹-to²² la³³ tɕəu tɕa⁵³ tʰe³³ ke u³¹-tsʰu²²

狗 PFV-PFV-喂 CS 就 TOP 那 LOC PFV-修

喂狗就坐在那里。

ni³¹ tʰe³³… tʰe³³ ke va³³ma³³ ke u³¹-tsʰu²² ni³¹

ni³¹ tʰe³³… tʰe³³ ke va³³ma³³ ke u³¹-tsʰu²² ni³¹

坐 那 那 LOC 路 LOC PFV-修 坐

就坐在马路上。

tsʰu²²	ni³¹	ne	jo²²pʰo³³	xe³³pʰo⁵³	tsʰu²²	ni³¹	ne	tɕa⁵³
tsʰu²²	ni³¹	ne	jo²²pʰo³³	xe³³-pʰo⁵³	tsʰu²²	ni³¹	ne	tɕa⁵³
修	坐	TOP	朋友	前-边	修	坐	TOP	TOP

坐下了，朋友坐在前面就

ja³³kʰe	ji³³	la³³	tɕa⁵³	tsʰo³³	njo³³-njo³³,	tsʰo³³	njo³³-njo³³	tʰe³³
ja³³kʰe	ji³³	la³³	tɕa⁵³	tsʰo³³	njo³³-njo³³	tsʰo³³	njo³³-njo³³	tʰe³³
家里	去	CS	TOP	人	看-看	人	看-看	那

回家了看人，看电视。

tjɛn²¹ʃə²¹tɕi⁴⁴	tɕi³³	njo³³njo³³	ɕe⁵³	tɕi³³	njo³³njo³³	ɕe⁵³
tjɛn²¹ʃə²¹tɕi⁴⁴	tɕi³³	njo³³-njo³³	ɕe⁵³	tɕi³³	njo³³-njo³³	ɕe⁵³
电视机	一	看-看	TNT	一	看-看	TNT

看人，又看一下电视机。

la³³	tɕa⁵³	no³³	vo³¹	to²²	tʰe³³	ke	pe³³	gi⁵³	la³³
la³³	tɕa⁵³	no³³	vo³¹	to²²	tʰe³³	ke	pe³³	gi⁵³	la³³
CS	TOP	你	猪	喂	那	LOC	出来	落	CS

看一下呢，你喂猪，那里出来了。

吴德才：多续语的话，我们今天来这里，要说多续语，是吧？老师们都来了。我们今天
来这里要教多续语。（对伍荣福）你来说。

伍荣福：说吧，就今天我们教多续语，用多续语交流，不说汉语，现在教多续语，说多
续语。

吴德才：我们老师来这里了，我们大家来说多续语。今天到县城，在这里全部（要）说
多续语。吃了早饭了，要说多续语。坐在这里，要慢慢地说多续语。想到什么
就说什么，想到什么呢就说什么，说什么都行。

伍荣福：要说多续语呢，我们这里的这些人，有一部分能听得懂，但是也有一部分人听
不懂。今天我们在这里教一下。恐怕将来孩子们不会说了，那么我们现在教一
下，将来会有一天孩子们孙子们也会愿意学一下。就那么说呢，你什么也不说，
要说多续语。我们多续人遇到汉族还是用汉语。

吴德才：用汉语说话。

伍荣福：还是说汉语。遇到了我们多续人就用多续语交流。

吴德才：回到家里还是要教孙子们。孙子上学去了……孙子中间的岁数小的那些还是上学去了。我对他们还是要说多续语，但是他们就有点不会说了。他们还是说："奶奶，你教我们一下。"那些读书的孙女们就这么说。我教你呢，但是如果你不写呢，我对你说了一遍，你就容易忘掉，就不会说了。说到教，我还是注意教呢，但是他们还是不会说。我说："你啊，你们写一下吧，好好地写下了，用我们的多续语写下来。是嘛？比如说，这个用多续语怎么说？你们就那样写下来，就能说了，而且说得好，不是嘛？我们老了，你们就不懂了，不会说了。那样的话，还是要说，那些孙子，孙子的孙子们还是要会说。小的那些，一教他们，他们就知道了，就会说了。大的那些呢，他们只想读书，就不想我们的多续语，也就不会说了。我在你们这里拿了一本《实用多续语语法》，就交给我们家的孩子们。我就用多续语对他们讲，你呢怎么怎么说，这个呢是什么，那个怎么说。他们就一点一点地学，太多的也不会，就那么两三句，那么知道一些。比如说，头上戴的帽子，就知道那个，其他的还是有点不会说。别的，他就不会说，怎么办呢？"

伍荣福：那些呢，如果不教的话，他就不会说了。这一刻，这里我们来学一下。后来你们自己可以教了，不是吗？不知道了，你们慢慢地想嘛。懂点多续语还是好。现在的社会，吃的、喝的都不愁。你怎么不愿意说一下，教一下多续语？那些孩子，学一下就那样啊。

吴德才：我们那些孩子呢，一句都不会。你那里一句都说不好啊，他都不知道。你那里说呢，他啊，张开嘴巴给看我，一句也不会。就是只有我那个老大才懂得一些，他呢嘴巴里不能说，说不好。我问他这个那个，他呢说都忘了。

伍荣福：他还是一点都不知道。

吴德才：听懂一些，但是不会说。他对我说："你教我一下吧，我就用文字写下来，我们就会说多续语，多好呢。"不然的话，将来呢我们老了，而你们什么都不知道。汉语呢，你们说得很好，而多续语，你们就不会说了。你们还是看一下嘛，教你们一下吧，你们还是说一下多续语。多续语也会，汉语也会。彝话，我们不会，是吧？我们还教他们，教了就不闲，去劳动也不闲。他现在去劳动就连看都不看了，连一句话都不说了。那怎么办？我呢就想，如果你们不说，我就跟谁说呢？就那里煮早饭，喂猪喂鸡。我还是问那个老大，他张开嘴巴在看我。我说，你都像傻子了，我对你说多续语，你就答应吧，你怎么不答应？他说："我忘了。"那我怎么办？家里还是那么说吧，我对家里人要说几句多续语，但是他们听也听不懂，听懂了也不会用多续语回答，怎么办？我这里说一句，他那里答应吧，你也说，我也说，大家都有收获了。要不然，我说，他不说，在张开嘴巴看我，这怎么办？哈哈哈，啊哟，是呢。我还是说，对老大说，现在社会多好，我们的心情很愉快。我们活也不干了。他每天到山上，吃饭的时候，我们舀给他吃，他就下来吃。我们煮了些什么他就吃了，喂狗的狗食，煮出来呢，我拿着喂狗吃。我骂他，你喂狗的狗食都要我给你装起来。你不会煮，怎么办？你吃是会吃，做什么都不会。洗脸的那个，倒那个水，都是我加热的，我洗脸，就放在那里，他来倒就那样。就在外面喂狗就坐在那里，坐在马路上，回家了看人，看电视。又看人，又看一下电视机，又出去喂猪，就那样。

2.22 多续人传统饭菜

WDC=吴德才，WRF=伍荣福

WRF	dʑi⁵³,	ve⁵³ɲi³¹	ŋo³³	tɕəuʃə	ve⁵³ɲi³¹	dʐo²²···		
	dʑi⁵³	ve⁵³ɲi³¹	ŋo³³	tɕəuʃə	ve⁵³ɲi³¹	dʐo²²		
	是	肠子	香	就是	肠子	装		

是的，香肠就是香肠的做法……

	kʰo³³ʃe⁵³···	kʰo³³ʃe⁵³	tɕi³³	ne³³···	a	kʰo³³ʃe⁵³	vo³¹	tɕu²²	la³³
	kʰo³³ʃe⁵³	kʰo³³ʃe⁵³	tɕi³³	ne³³···	a	kʰo³³ʃe⁵³	vo³¹	tɕu²²	la³³
	过年	过年	一	天	ITRJ	过年	猪	杀	CS

过年……过年那天……啊，杀年猪。

WDC	ʃe³³ be···		ʃe³³	be···		tʰa⁵³tʰa³¹
	ʃe³³	be	ʃe³³	be		tʰa⁵³-tʰa³¹
	肉	PL.N-ANM	肉	PL.N-ANM		剁-剁

那些肉……那些肉……来剁……

WRF	ke³³	ʃe³³	be		ʃə³³	la³³	u³¹ tʰa⁵³	ne
	ke³³	ʃe³³	be		ʃə³³	la³³	u³¹-tʰa⁵³	ne
	这	肉	PL.N-ANM		拿	CS	PFV-剁	TOP

拿这些肉切开呢。

tɕʰe³³to⁵³pu ʃə³³ la³³ tʰa⁵³ ne tʰe³³ ve⁵³ɲi³¹ be tsʰə³³
tɕʰe³³to⁵³-pu ʃə³³ la³³ tʰa⁵³ ne tʰe³³ ve⁵³ɲi³¹ be tsʰə³³
菜刀-只 拿 CS 剁 TOP 那 肠子 PL.N-ANM 洗
用菜刀剁一剁，把肠子洗一下。

ʃo²²ʃo⁵³ la³³ tʰe³³ ʃe³³ nu³³dʑi⁵³ be
ʃo²²-ʃo⁵³ la³³ tʰe³³ ʃe³³ nu³³dʑi⁵³ be
干净-干净 CS 那 肉 瘦肉 PL.N-ANM
洗干净了以后，把瘦肉

ja²²ka³³ to³³to³³ ne
ja²²ka³³ to³³-to³³ ne
全部 剁-剁 TOP
全部切一下，

tɕi⁵³ du³¹ tɕi⁵³ du³¹ me³³ tɕa⁵³ ve⁵³ɲi³¹ ke u³¹dzo²²
tɕi⁵³ du³¹ tɕi⁵³ du³¹ me³³ tɕa⁵³ ve⁵³ɲi³¹ ke u³¹dzo²²
一 块 一 块 做 TOP 肠子 LOC PFV-装
一块一块地塞进肠子里。

tʰe³³ ke u³¹kʰo³³ ne fu³³tʃʰu⁵³ la³³ tɕa⁵³, ja⁵³no no³³
tʰe³³ ke u³¹-kʰo³³ ne fu³³tʃʰu⁵³ la³³ tɕa⁵³ ja⁵³no no³³
那 LOC PFV-晒 TOP 干 CS TOP 后 你
那里晒到了，干了以后你

a³³na³³ dʑi³¹, a³³na³³ kʰe²² ʃə³³ la³³ tɕa⁵³ ge³¹ ke⁵³ tɕo²² dʑi³¹
a³³na³³ dʑi³¹ a³³na³³ kʰe²² ʃə³³ la³³ tɕa⁵³ ge³¹ ke⁵³ tɕo²² dʑi³¹
何时 吃 何时 给 拿 CS TOP 锅 LOC 煮 吃
你什么时候想吃，就什么时候拿下来，就在锅里煮着吃。

问：做香肠用什么配料？

WRF tsʰai²¹liao²¹³ iəu⁵³ mə ni… tɕʰi³³, xo²²tɕo³³, tsʰa²², xo³³tɕa³³ la³³ da⁵³…

tsʰai²¹liao²¹³ iəu⁵³ mə ni tɕʰi³³ xo²²tɕo³³ tsʰa²² xo³³tɕa³³ la³³ da⁵³

材料 有 嘛 你 盐 辣椒 花椒 什么 CONJ 倒

配料有嘛，你……盐、辣椒、花椒什么的，放在里面。

WDC xoŋ²²tɕo³³… tsʰa²²… tɕəu tʰe³³ so³³ a³³… tʰe³³ so³³ a³³…

xoŋ²²tɕo³³ tsʰa²² tɕəu tʰe³³ so³³ a³³ tʰe³³ so³³ a³³

辣椒 花椒 就 那 三 个 那 三 个

辣椒、花椒就那三样，那三样，三个。

ko³³ tɕi³³ tɕa⁵³ zu³³ga⁵³ la³³, ja⁵³no³¹ tɕa⁵³ vu⁵³ tsu⁵³

ko³³ tɕi³³ tɕa⁵³ zu³³ga⁵³ la³³ ja⁵³no³¹ tɕa⁵³ vu⁵³ tsu⁵³

这里 放 TOP 对 CS 后 TOP 酒 点

三个放在里面就好了，后来还放点酒，

ko³³ da⁵³, vu⁵³ tsu⁵³ ko³³ da⁵³ tʰe³³ tɕa⁵³

ko³³ da⁵³ vu⁵³ tsu⁵³ ko³³ da⁵³ tʰe³³ tɕa⁵³

这里 倒 酒 点 这里 倒 那 TOP

放点酒，倒点酒，

ŋo³³ i ŋo³³, vu⁵³ da⁵³ɕu dʑi³¹lju³³ ŋo³³

ŋo³³ i ŋo³³ da⁵³-ɕu dʑi³¹-lju³³ ŋo³³

香 GEN 香 倒-者 吃-NMLZ.PNT 香

吃起来就好吃。

tɕa⁵³ ŋo³³ i ŋo³³… ʃɯ⁵³ne³³ ŋe³¹ i³³ ga ji³³ le

tɕa⁵³ ŋo³³ i ŋo³³ ʃɯ⁵³ne³³ ŋe³¹ i³³ ga ji³³ le

TOP 香 GEN 香 明天 我.GEN GEN 处所 去 TOP

明天……明天到我家里，

tɕa⁵³ ve⁵³ɲi³¹ bo⁵³

tɕa⁵³ ve⁵³ɲi³¹ bo⁵³

TOP 肠子 拥有

就会有香肠，

ve⁵³ɲi³¹   tɕa⁵³   ja³³nje³³⋯ ja³³nje³³   i   ve⁵³ɲi³¹   bo⁵³
ve⁵³ɲi³¹   tɕa⁵³   ja³³nje³³   ja³³nje³³   i   ve⁵³ɲi³¹   bo⁵³
肠子   TOP   去年   去年   GEN   肠子   拥有
香肠就是有去年⋯⋯去年的香肠。

ŋe³¹   i³³   ga   tɕa⁵³   ve⁵³ɲi³¹   bo⁵³,   ʃɯ⁵³   tɕa⁵³   ve⁵³ɲi³¹   bo⁵³
ŋe³¹   i³³   ga   tɕa⁵³   ve⁵³ɲi³¹   bo⁵³   ʃɯ⁵³   tɕa⁵³   ve⁵³ɲi³¹   bo⁵³
我.GEN   GEN   处所   TOP   肠子   拥有   明天   TOP   肠子   拥有
哦，我家里就有香肠，明天会有香肠。

tsʰa²²⋯ tɕʰi⁵³kʰa²²,   xoŋ²²tɕo³³,   vu⁵³   tɕi³³   tsu⁵³   ko³³da⁵³⋯ vu⁵³   le
tsʰa²²   tɕʰi⁵³kʰa²²   xoŋ²²tɕo³³   vu⁵³   tɕi³³   tsu⁵³   ko³³da⁵³   vu⁵³   le
花椒   盐   辣椒   酒   一   点   倒   酒   TOP
花椒⋯⋯盐巴、辣椒、酒，放一点⋯⋯酒呢。

ja⁵³no³¹⋯   ja⁵³no³¹   tʰe³³⋯
ja⁵³no³¹   ja⁵³no³¹   tʰe³³
后   后   那
后面⋯⋯后面那个⋯⋯

ja⁵³no³¹   tʰe³³   a⁵³pi³¹   tsu⁵³   tʰe³³   be   u³¹ɕu³¹ɕu⁵³   le
ja⁵³no³¹   tʰe³³   a⁵³pi³¹   tsu⁵³   tʰe³³   be   u³¹-ɕu³¹-ɕu⁵³   le
后   那   一点   点   那   PL.N-ANM   PFV-搅拌-搅拌   TOP
后来⋯⋯后来，把一点点的那些搅拌一下，

tɕa⁵³   ja⁵³no³¹   tʰe³³   vu³³   tsu⁵³⋯ vu⁵³   tsu⁵³   a⁵³pi³¹   tsu⁵³
tɕa⁵³   ja⁵³no³¹   tʰe³³   vu³³   tsu⁵³   vu⁵³   tsu⁵³   a⁵³pi³¹   tsu⁵³
TOP   后   那   酒   点   酒   点   一点   点
然后放点水⋯⋯放点酒，

ko³³da⁵³   la³³   tɕa⁵³   ŋo³³   i   ŋo³³

ko³³da⁵³	la³³	tɕa⁵³	ŋo³³	i	ŋo³³
倒	CS	TOP	香	GEN	香

就很好吃。

WRF

dʒo³³dʒo³³	du⁵³	la³³	tɕa⁵³	ve⁵³ɲi³¹	ke	u³¹dʒo²²	mə
dʒo³³-dʒo³³	du⁵³	la³³	tɕa⁵³	ve⁵³ɲi³¹	ke	u³¹-dʒo²²	mə
搅拌-搅拌	完	CS	TOP	肠子	LOC	PFV-装	嘛

搅拌好了就装在肠子里,

WDC

tɕa⁵³	tʰe³³	ve⁵³ɲi³¹	ko³³	u³¹da⁵³,	ve⁵³ɲi³¹	ko³³	tɕi⁵³	du³¹
tɕa⁵³	tʰe³³	ve⁵³ɲi³¹	ko³³	u³¹-da⁵³	ve⁵³ɲi³¹	ko³³	tɕi⁵³	du³¹
TOP	那	肠子	这里	PFV-倒	肠子	这里	一	块

然后塞在肠子里,把香肠一段,

tɕi⁵³	du³¹	me³³	ko³³da⁵³	la³³	tɕa⁵³	tsʰə⁵³	tɕəu	tɕʰi³³tɕi³³	kʰa⁵³
tɕi⁵³	du³¹	me³³	ko³³da⁵³	la³³	tɕa⁵³	tsʰə⁵³	tɕəu	tɕʰi³³tɕi³³	kʰa⁵³
一	块	做	倒	CS	TOP	捏	就	他.GEN.一	大

一段地捏好,弄成这么大,

be	tɕa⁵³···	tʰe³³	ke	u³¹kʰo³³,	u³¹kʰo³³	le	fu³³tʃʰu⁵³	la³³
be	tɕa⁵³	tʰe³³	ke	u³¹-kʰo³³	u³¹-kʰo³³	le	fu³³tʃʰu⁵³	la³³
PL.N-ANM	TOP	那	LOC	PFV-晒	PFV-晒	TOP	干	CS

就摆放晒干,干了以后…

fu³³tʃʰu⁵³	la³³	tɕəu	tɕa²²	le	ja³³kʰe	ji³³	la³³	u³¹tɕa²²	ge	tɕi
fu³³tʃʰu⁵³	la³³	tɕəu	tɕa²²	le	ja³³kʰe	ji³³	la³³	u³¹-tɕa²²	ge	tɕi
干	CS	就	挂	TOP	家里	去	CS	PFV-挂	PRO	是

干了以后就挂起来,在家里挂起来。

kʰo³³ʃe⁵³	pi⁵³	la³³	tɕa⁵³	kʰo³³ʃe⁵³	ja⁵³no³¹	pi⁵³	la³³	tɕa⁵³
kʰo³³ʃe⁵³	pi⁵³	la³³	tɕa⁵³	kʰo³³ʃe⁵³	ja⁵³no³¹	pi⁵³	la³³	tɕa⁵³
过年	毕	CS	TOP	过年	后	毕	CS	TOP

过完年……过完年

ja²²ka³³	ʃe³³	ve⁵³ɲi³¹	ja²²ka³³	tɕəu tɕa⁵³		ka²²	le	u³¹tɕi³³	la³³
ja²²ka³³	ʃe³³	ve⁵³ɲi³¹	ja²²ka³³	tɕəu	tɕa⁵³	ka²²	le	u³¹-tɕi³³	la³³
全部	肉	肠子	全部	就	TOP	捡	TOP	PFV-放	CS

就把全部的肉肠收起来放起，

ka³³tsə⁵³	ko	u³¹tɕi³³	la³³	tɕəu	tɕa⁵³	tʰe³³	me³³
ka³³tsə⁵³	ko	u³¹-tɕi³³	la³³	tɕəu	tɕa⁵³	tʰe³³	me³³
柜子	LOC	PFV-放	CS	就	TOP	那	做

挂在（放在）柜子里，就那样

问：请讲讲其他传统菜的做法。

WRF	ja²²ka³³	ji³³na³³	me³³	la³³	ji³³na³³	me³³	lə	tso²¹³	tsʰai²¹³	mə···
	ja²²ka³³	ji³³na³³	me³³	la³³	ji³³na³³	me³³	lə	tso²¹³	tsʰai²¹³	mə
	全部	菜	做	CS	菜	做	了	做	菜	嘛

做菜呢，（用汉语说）做菜嘛，

WDC	ji³³na³³	me³³	xai²¹ʃə²¹	dʑi⁵³	la³³,	dʑi⁵³,	dʑi⁵³,	dʑi⁵³	xai²¹ʃə²¹
	ji³³na³³	me³³	xai²¹ʃə²¹	dʑi⁵³	la³³	dʑi⁵³	dʑi⁵³	dʑi⁵³	xai²¹ʃə²¹
	菜	做	还是	是	CS	是	是	是	还是

做菜，说起来，还是可以，是，是，是，还是

ja²²ka³³	ji³³na³³	me³³	la³³
ja²²ka³³	ji³³na³³	me³³	la³³
全部	菜	还是	CS

做全部的菜。

问：那我们慢慢说，怎么炒茄子？

WRF	ŋga²²tɕe³³	tɕa⁵³	tʰe³³	me³³	kʰe²²	ʃə³³	la	ne	no³³
	ŋga²²tɕe³³	tɕa⁵³	tʰe³³	me³³	kʰe²²	ʃə³³	la³³	ne	no³³
	茄子	TOP	那	做	给	拿	CS	TOP	你

茄子呢，就那么拿起来了呢，你

xo³³	me³³	dʑi³¹···	tɕa⁵³	xo³³tɕa³³	me³³	dʑa³¹	xo³³tɕa³³	ɕa²²	mə
xo³³	me³³	dʑi³¹	tɕa⁵³	xo³³tɕa³³	me³³	dʑa³¹	xo³³tɕa³³	ɕa²²	mə
什么	做	吃	TOP	什么	做	喜欢	什么	做	嘛

喜欢怎样吃就怎样做嘛呢……随你了嘛你……

jo³³	dʑa³¹	jo³³	ɕa²²	tʂə²¹³	kə	ʃ	sui²¹	ni⁵³
jo³³	dʑa³¹	jo³³	ɕa²²	tʂə	kə	ʃ	sui²¹	ni⁵³
自己	喜欢	自己	做	这	个	是	随	你

个人喜欢怎样就个人做吧，这个随你，你咋个好吃就咋个……

问：那你介绍一个嘛，你们家是怎么做的？

WDC

lju³¹lju⁵³	iɛ⁵³	dʑi³¹	o
lju³¹-lju⁵³	iɛ⁵³	dʑi³¹	o
煎-煎	也	吃	ITRJ

炒出来吃。

WRF

ŋga³³tɕi³³	tɕa⁵³	lju³¹lju⁵³	va⁵³	dʑi	pʰa³¹	lju³¹lju⁵³	dʑi³¹
ŋga³³tɕi³³	tɕa⁵³	lju³¹-lju⁵³	va⁵³	dʑi	pʰa³¹	lju³¹-lju⁵³	dʑi³¹
茄子	TOP	煎-煎	获得	是	能	煎-煎	吃

茄子呢，可以炒，炒着吃。

tɕa⁵³	xai²¹ʃə²¹	tɕa⁵³	kʰe²²	ʃə³³	la³³
tɕa⁵³	xai²¹ʃə²¹	tɕa⁵³	kʰe²²	ʃə³³	la³³
TOP	还是	TOP	给	拿	CS

还是拿起来，

tɕɕʰe³³to⁵³pu	tʰa⁵³	ne	tɕa⁵³	ge³¹	ke	lju³¹lju⁵³···	tɕo²²
tɕɕʰe³³to⁵³-pu	tʰa⁵³	ne	tɕa⁵³	ge³¹	ke	lju³¹-lju⁵³	tɕo²²
菜刀-只	剁	TOP	TOP	锅	LOC	煎-煎	煮

用菜刀剁一剁就在锅里炒，

mje²² la³³ tɕa⁵³ dʑi³¹ lə mə ni
mje²² la³³ tɕa⁵³ dʑi³¹ lə mə ni
熟 CS TOP 吃 了 嘛 你
炒熟了就吃了嘛你。

WDC tɕi³³ a³³ tɕi³³ a³³ me³³ u³¹tɕo²² la³³ tɕa⁵³… tɕi³³ bu⁵³
tɕi³³ a³³ tɕi³³ a³³ me³³ u³¹-tɕo²² la³³ tɕa⁵³ tɕi³³ bu⁵³
一 个 一 个 做 PFV-煮 CS TOP 一 PL.ANM
一个一个地煮出来，一些

WRF mi³¹tɕe³³ tɕi³³ bu⁵³ ne u³¹tɕo²² ne
mi³¹-tɕe³³ tɕi³³ bu⁵³ ne u³¹-tɕo²² ne
PFV-揉 一 PL.ANM TOP PFV-煮 TOP
揉出来，一块煮出来呢，

tɕo²² mje²² la³³ vu³³ va³³va³³ ke u³¹da⁵³
tɕo²² mje²² la³³ vu³³ va³³-va³³ ke u³¹-da⁵³
煮 熟 CS 水 温暖-温暖 LOC PFV-倒
煮熟了，倒到凉水里，

va³³va³³ la³³ lo³¹ko³³ ʃə³³ la³³ pi²² ne tʰe³³ me³³ mi³¹pi²²
va³³-va³³ la³³ lo³¹ko³³ ʃə³³ la³³ pi²² ne tʰe³³ me³³ mi³¹-pi²²
温暖-温暖 CS 手 拿 CS 掰 TOP 那 做 PFV-掰
凉了以后，就用手拿起来撕开，

mi³¹pi²² ne tʰe³³ tɕa⁵³… ja⁵³no³¹ xo²²tɕo³³, tɕʰi⁵³kʰa³¹, xo³³tɕa³³
mi³¹-pi²² ne tʰe³³ tɕa⁵³ ja⁵³no³¹ xo²²tɕo³³ tɕʰi⁵³kʰa³¹ xo³³tɕa³³
PFV-掰 TOP 那 TOP 后 辣椒 盐巴 什么
就那么撕开呢…然后放辣椒、盐巴什么的，

la³³ da⁵³ ne tɕa⁵³ tʰe³³ me³³ dʑi³¹
la³³ da⁵³ ne tɕa⁵³ tʰe³³ me³³ dʑi³¹

CONJ 倒 TOP TOP 那 做 吃
就那么吃，

xai²¹ʃə²¹　ji³³na³³　me³³　la³³
xai²¹ʃə²¹　ji³³na³³　me³³　la³³
还是　　　菜　　做　　CS
还是做菜呢…

WDC　tɕe²²　tsu⁵³　ko³³da⁵³　tɕa⁵³　dʑi³¹　ŋo³³　i　ŋo³³　mə
　　　tɕe²²　tsu⁵³　ko³³da⁵³　tɕa⁵³　dʑi³¹　ŋo²²　i³³　ŋo²²　mə
　　　酸　　点　　倒　　　TOP　　吃　　香　　GEN　香　嘛
放点醋……醋就很好吃。

WRF　tɕe²²vu³³　　mə… tɕe²²vu³³　　tɕəu　suan⁴⁴ʃwei⁵³…　tsʰuɹ⁵³
　　　tɕe²²-vu³³　mə　tɕe²²-vu³³　tɕəu　suan⁴⁴ʃwei⁵³　tsʰuɹ⁵³
　　　酸-水　　嘛　酸-水　　　就　酸水　　　　　醋
酸水嘛……酸水……酸水就是"酸水"……"醋"

WDC　tɕe²²… tɕe²²… tɕe²²　tsu⁵³　ko³³　da⁵³　tɕa⁵³　tɕe²²-vu³³　o
　　　tɕe²²　tɕe²²　tɕe²²　tsu⁵³　ko³³　da⁵³　tɕa⁵³　tɕe²²-vu³³　o
　　　酸　　酸　　酸　　点　　这里　倒　　TOP　酸-水　　　ITRJ
放点酸……酸……酸……酸就酸水……哦，"酸水"。

tsʰu²³　　tɕəu　tɕe²²vu³³
tsʰu²³　　tɕəu　tɕe²²-vu³³
醋　　　就　　酸-水
醋就是"酸水"。

tɕa⁵³　tʰe³³　me³³　tɕəu　tɕa⁵³　dʑi³¹　ŋo³³　le　mə　xai²¹ʃə²¹
tɕa⁵³　tʰe³³　me³³　tɕəu　tɕa⁵³　dʑi³¹　ŋo³³　le　mə　xai²¹ʃə²¹
TOP　　那　　做　　就　　TOP　吃　　香　　TOP　嘛　还是
就那么吃就很好吃了嘛，

xo³³ me³³ tɕa⁵³ dʑi³¹ pʰa³¹ o, dʑi³¹ ŋo³³ le mə xai²¹ʃə²¹

xo³³ me³³ tɕa⁵³ dʑi³¹ pʰa³¹ o dʑi³¹ ŋo³³ le mə xai²¹ʃə²¹

什么 做 TOP 吃 能 ITRJ 吃 香 了 嘛 还是

还是怎样都吃，

xo³³ me³³ tɕa⁵³ dʑi³¹ pʰa³¹ o

xo³³ me³³ tɕa⁵³ dʑi³¹ pʰa³¹ o

什么 做 TOP 吃 能 ITRJ

怎样吃都行。

do³³ɕu³³ ji³³na³³ tɕa⁵³ tʰe³³ me³³ me³³ mə

do³³ɕu³³ ji³³na³³ tɕa⁵³ tʰe³³ me³³ me³³ mə

多续 菜 TOP 那 做 做 嘛

多续菜就那么做嘛。

do³³ɕu³³ ji³³na³³ dʑe³¹ ji³³na³³ təu⁴⁴ tɕi³³ ka³³ ni³³ lə mə

do³³ɕu³³ ji³³na³³ dʑe³¹ ji³³na³³ təu⁴⁴ tɕi³³ ka³³ ni³³ lə mə

多续 菜 汉族 菜 都 一 样子 有 了 嘛

多续菜和汉族菜都是一样的嘛。

ji³³na³³ tɕi³³ ka³³ ni³³

ji³³na³³ tɕi³³ ka³³ ni³³

菜 一 样子 有

菜是一样的

dʑi³¹ ne ji³³na³³ ʐo²² dʑi³¹, ʃe³³ dʑi³¹, vu⁵³ ba⁵³ təu⁴⁴

dʑi³¹ ne ji³³na³³ ʐo²² dʑi³¹ ʃe³³ dʑi³¹ vu⁵³ ba⁵³ təu⁴⁴

吃 TOP 菜 米饭 吃 肉 吃 酒 喝 都

吃呢吃菜吃米饭、吃肉、喝酒，

do³³ɕu³³ iɛ⁵³ tʰe³³ me³³ dʑi³¹, dʑe³¹ iɛ⁵³ tʰe³³ me³³ dʑi³¹

do³³ɕu³³ iɛ⁵³ tʰe³³ me³³ dʑi³¹ dʑe³¹ iɛ⁵³ tʰe³³ me³³ dʑi³¹

多续 也 那 做 吃 汉族 也 那 做 吃

多续人那么吃，汉人也那么吃，

tɕa⁵³	tɕi³³	ka³³	ni³³	me³³	dʑi³¹	o
tɕa⁵³	tɕi³³	ka³³	ni³³	me³³	dʑi³¹	o
TOP	一	样子	有	做	吃	ITRJ

就一样的吃法哦。

问：请讲讲怎么做酸菜。

WDC

ji³³na³³	tɕe²²	ɹe	xai²¹ʃə²¹	mja⁵³	lə	mə,	a³¹	dʑi⁵³	o?
ji³³na³³	tɕe²²	ne	xaiʃə	mja⁵³	lə	mə	a³¹	dʑi⁵³	o
菜	酸	TOP	还是	多	了	嘛	Q	是	ITRJ

酸菜呢，品种还是很多嘛，是不是？

ji³³na³³	tɕe²²	fu³³tʃʰu⁵³	i···	jɛn²¹tsʰai²¹	nə	kə···
ji³³na³³	tɕe²²	fu³³tʃʰu⁵³	i	jɛn²¹tsʰai²¹	nə	kə
菜	酸	干	GEN	腌菜	那	个

酸菜干的······那个腌菜

tʰe³³	lao⁵³jɛn²¹tsʰai²¹³	təu⁴⁴	fu³³tʃʰu⁵³	lə	mə,	lao⁵³jɛn²¹tsʰai²¹³···
tʰe³³	lao⁵³jɛn²¹tsʰai²¹³	təu⁴⁴	fu³³tʃʰu⁵³	lə	mə	lao⁵³jɛn²¹tsʰai²¹³
那	老腌菜	都	干	了	嘛	老腌菜

那个老腌菜都干了嘛，老腌菜

WRF

ji³³na³³	gu³¹	mə	na	kə	suan⁴⁴tsʰai²¹³	tɕəu···	ji³³na³³	gu³¹
ji³³na³³	gu³¹	mə	na	kə	suan⁴⁴tsʰai²¹³	tɕəu	ji³³na³³	gu³¹
菜	罐	嘛	那	个	酸菜	就	菜	罐

"坛坛腌菜"，那个酸菜，多续语就叫作"坛坛酸菜"。

WDC

lao⁵³jɛn²¹tsʰai²¹³	fu³³tʃʰu⁵³	la³³···	ji³³na³³···	ji³³na³³	fu³³tʃʰu⁵³	iɛ⁵³	tɕue
lao⁵³jɛn²¹tsʰai²¹³	fu³³tʃʰu⁵³	la³³	ji³³na³³	ji³³na³³	fu³³tʃʰu⁵³	iɛ⁵³	tɕue
腌菜	干	CS	菜	菜	干	也	就

老腌菜干了，······菜······干菜也就

ŋe²² tɕa⁵³ zu³³ga⁵³ tʰe³³ me³³
ŋe²² tɕa⁵³ zu³³ga⁵³ tʰe³³ me³³
说 TOP 对 那 做
（那么）说就好，就那样。

WRF ji³³na³³ gu³¹ tɕəuʃə lao⁵³jɛn²¹tsʰai²¹³
ji³³na³³ gu³¹ tɕəuʃə lao⁵³jɛn²¹tsʰai²¹³
菜 罐 就是 老腌菜
多续语说的"坛坛腌菜"就是汉语里的老腌菜。

WDC ji³³na³³ kʰe²² ʃə³³ la ne gu³¹ ko³³ kʰo³³
ji³³na³³ kʰe²² ʃə³³ la³³ ne gu³¹ ko³³ kʰo³³
菜 给 拿 CS TOP 罐 LOC 晒
（做法是这样的）拿一些菜，在坛子里晒一下，

kʰo³³ la³³ tɕa⁵³ tɕʰi³³ fu²²tʃʰu⁵³ la³³ tɕa⁵³ ʃə³³ tsa³³ ji³³ tsʰə³³
kʰo³³ la³³ tɕa⁵³ tɕʰi³³ fu²²tʃʰu⁵³ la³³ tɕa⁵³ ʃə³³ tsa³³ ji³³ tsʰə³³
晒 LOC TOP 他.GEN 干 CS TOP 拿 带 去 洗
晒好了，它干了以后就拿起来洗，

mi³¹tsʰə³³ la³¹ la³³, la³¹ la³³ tɕa⁵³ tʰa²² tʰa⁵³tʰa³¹ me³³
mi³¹-tsʰə³³ la³¹ la³³ la³¹ la³³ tɕa⁵³ tʰa²² tʰa⁵³-tʰa³¹ me³³
PFV-洗 来 CS 来 CS TOP 他.DAT 剁-剁 做
洗好了就剁

tɕi⁵³ tɕe²² tɕi⁵³ tɕe²² tɕa⁵³ ʃə³³ la tɕa⁵³
tɕi⁵³ tɕe²² tɕi⁵³ tɕe²² tɕa⁵³ ʃə³³ la³³ tɕa⁵³
一 拔 一 拔 TOP 拿 CS TOP
一把一把拿起来，

ɡe³¹ pu ko³³ vu³³ tɕʰu³³tɕʰu³³ lə ɡo³³da⁵³ da⁵³ la tɕa⁵³
ɡe³¹ pu ko³³ vu³³ tɕʰu³³-tɕʰu³³ lə ko³¹da⁵³ da⁵³ la³³ tɕa⁵³

锅　　只　　这里　　水　　　沸腾-沸腾　　　了　倒　　　　倒　　CS　　TOP
锅里水沸后倒在里面

tɕi⁵³	tɕo²²	ɕe⁵³	ɹ	tʰe³³	u³¹tɕo²²	la	tɕəu
tɕi⁵³	tɕo²²	ɕe⁵³	ne	tʰe³³	u³¹-tɕo²²	la³³	tɕəu
一	煮	TNT	TOP	那	PFV-煮	CS	就

煮一下，煮了以后

ko³³	ʃə³³	la³³	tʰe³³	ga³¹	tɕʰi³³	tɕi³³	kʰa⁵³	i
ko³³	ʃə³³	la³³	tʰe³³	ga³¹	tɕʰi³³	tɕi³³	kʰa⁵³	i
锅	拿	CS	那	坛子	他.GEN	一	大	GEN

就拿锅，那么大的坛子，

tʰe³³	ga³¹	ke	u³¹da⁵³	la³³	tɕa⁵³	tɕi³³	ga³¹
tʰe³³	ga³¹	ke	u³¹-da⁵³	la³³	tɕa⁵³	tɕi³³	ga³¹
那	坛子	LOC	PFV-倒	CS	TOP	一	坛子

就倒到那个坛子里面，一个坛子

du⁵³	la³³	tɕa⁵³	be⁵³	la³³	tɕa⁵³	u³¹xa³³	ge³³	tɕi
du⁵³	la³³	tɕa⁵³	be⁵³	la³³	tɕa⁵³	u³¹-xa³³	ge³³	tɕi
完	CS	TOP	满	CS	TOP	PFV-盖	PRO	是

装完了，满了以后就盖上，

u³¹xa³³xa³³,	tʰe³³	vu³³	tɕe²²	tsu⁵³	kʰɯ⁵³	u³¹da⁵³
u³¹-xa³³-xa³³	tʰe³³	vu³³	tɕe²²	tsu⁵³	kʰɯ⁵³	u³¹-da⁵³
PFV-盖-盖	那	水	酸	点	上面	PFV-倒

盖好了以后，就倒点酸水（醋），

la³³	tɕa⁵³	u³¹-xa³³-xa³³
la³³	tɕa⁵³	u³¹-xa³³-xa³³
CS	TOP	PFV-盖-盖

就盖上，盖了以后，

ni⁵³　　so³³　　ne³³　　du⁵³　　la³³　　　tʰe³³　　tɕəu　　ji³³na³³　　tɕe²²　　la³³
ni⁵³　　so³³　　ne³³　　du⁵³　　la³³　　　tʰe³³　　tɕəu　　ji³³na³³　　tɕe²²　　la³³
二　　　三　　　天　　　完　　　CS　　　那　　　就　　　菜　　　　酸　　　CS
过两三天那些菜就腌好了，

kʰe²²　　tɕa⁵³⋯ tɕa²²　ʃə³³　　gi⁵³　　la　　　tʰe³³　　u³¹kʰo³³　　　　la³³
kʰe²²　　tɕa⁵³　tɕa³¹　ʃə³³　　gi⁵³　　la³³　　tʰe³³　　u³¹-kʰo³³　　　la³³
给　　　TOP　　吊　　　拿　　　落　　　CS　　那　　　PFV-晒　　　CS
然后拿起来就挂上晒，

u³¹kʰo³³　　　la³³　　　fu³³tʃʰu⁵³　　la³³
u³¹-kʰo³³　　la³³　　　fu²²tʃʰu⁵³　　la³³
PFV-晒　　　CS　　　干　　　　　CS
晒好了干了，

na²¹　　kə　　tɕiao²¹³　　ga³¹　　ji³³na³³　　mə
na²¹　　kə　　tɕiao²¹³　　ga³¹　　ji³³na³³　　mə
那　　　个　　叫　　　　坛子　　菜　　　　嘛
那个就叫作坛坛菜。

tɕʰi³³　　tɕi³³　　kʰa⁵³　　be　　　na　　　tɕəu　　ʃə³³　　la　　　tɕa⁵³
tɕʰi³³　　tɕi³³　　kʰa⁵³　　be　　　na　　　tɕəu　　ʃə³³　　la³³　　tɕa⁵³
他.GEN　　一　　　大　　　PL.N-ANM　那　　就　　　拿　　　CS　　TOP
就这么大的些，那些就拿起来，

u³¹kʰo³³　　　lə　　tɕa⁵³　　tɕi⁵³　　fu²²tʃʰu⁵³　　la³³　　tɕa⁵³　　tɕʰi³³　　i
u³¹-kʰo³³　　lə　　tɕa⁵³　　tɕi⁵³　　fu²²tʃʰu⁵³　　la³³　　tɕa⁵³　　tɕʰi³³　　i
PFV-晒　　　了　　TOP　　一　　　干　　　　　CS　　TOP　　他.GEN　　GEN
晒好就弄干，

tʰe³³　　tɕe²²　　i　　tʰe³³　　vu³³　　tsu⁵³　　xai²¹ʃə²¹　　ʃə³³　　tsa³³　　ji³³
tʰe³³　　tɕe²²　　i　　tʰe³³　　vu³³　　tsu⁵³　　xai²¹ʃə²¹　　ʃə³³　　tsa³³　　ji³³
那　　　酸　　　GEN　那　　　水　　　点　　　还是　　　　拿　　　带　　　去

还是拿点那个醋（酸的水），

tʰe³³	ga³¹	ji³³na³³
tʰe³³	ga³¹	ji³³na³³
那	坛子	菜

坛坛菜就做好了。

ge³¹	ke	u³¹da⁵³	la³³	iəu	tʰe³³	ʒa⁵³bo³¹	ʃə³³	la³³
ge³¹	ke	u³¹-da⁵³	la³³	iəu	tʰe³³	ʒa⁵³bo³¹	ʃə³³	la³³
锅	LOC	PFV-倒	CS	又	那	漏	拿	CS

倒到锅里，又把水漏掉，

iəu	u³¹-tɕo²²	ko³³	tɕo²²	la³³	tɕa⁵³
iəu	u³¹-tɕo²²	ko³³	tɕo²²	la³³	tɕa⁵³
又	PFV-煮	这里	煮	CS	TOP

再煮，煮了以后

tɕe²²	i	tɕe²²	la³³	tɕe²²	i	tɕe²²	la³³	tɕəu	xaə˙²⁵
tɕe²²	i	tɕe²²	la³³	tɕe²²	i	tɕe²²	la³³	tɕəu	xaə˙²⁵
酸	GEN	酸	CS	酸	GEN	酸	CS	就	黄

菜就变得很酸，变酸了以后就变成

i	xaə˙²⁵	la³³	dzu²²gu³³	tʰo³¹	la³³	tɕəu	tɕe²²	i	tɕe²²
i	xaə˙²⁵	la³³	dzu²²gu³³	tʰo³¹	la³³	tɕəu	tɕe²²	i	tɕe²²
GEN	黄	CS	东西	妥当	CS	就	酸	GEN	酸

很黄很黄的样子，那也就说明做好了，

la³³	tɕəu	ʃə³³	tsa³³	ji³³	u³¹kʰo³³	la³³	tɕa⁵³	ji³³na³³
la³³	tɕəu	ʃə³³	tsa³³	ji³³	u³¹-kʰo³³	la³³	tɕa⁵³	ji³³na³³
CS	就	拿	带	去	PFV-晒	CS	TOP	菜

菜腌好了就拿起来，晒好了，

tɕe²² la tɕa⁵³… na²¹ tɕəu tʰe³³ lao⁵³jɛn²¹tsʰai²¹³ xo³³ me³³ ŋe²².

tɕe²² la³³ tɕa⁵³ na²¹ tɕəu tʰe³³ lao⁵³jɛn²¹tsʰai²¹³ xo³³ me³³ ŋe²²
酸 CS TOP 那 就 那 老腌菜 什么 做 说
腌菜就做好了，那个"老腌菜"，用多续语怎么说？

WRF ji³³na³³ gu³¹ mə
ji³³na³³ gu³¹ mə
菜 罐 嘛
坛坛腌菜嘛

WDC ji³³na³³ gu³¹ ke³³tʰe³³… iəu tɕi³³ be⁵³ ɹ̩
ji³³na³³ gu³¹ ke³³tʰe³³ iəu tɕi³³ be ne
菜 罐 这 又 一 PL.N-ANM TOP
这个坛坛腌菜，又有些呢

kʰe²² ʃə³³ la le tʰe³³… kʰo³³ le
kʰe²² ʃə³³ la³³ ne tʰe³³ kʰo³³ le
给 拿 CS TOP 那 晒 TOP
拿起来就那个……晒

tɕi⁵³ fu³¹tʃʰu⁵³ la³³ tɕa⁵³ ji³³ tsʰə³³ ʃə³³ la³¹ la³³ tɕa⁵³
tɕi³³ fu²²tʃʰu⁵³ la³³ tɕa⁵³ ji³³ tsʰə³³ ʃə³³ la³¹ la³³ tɕa⁵³
一 干 CS TOP 去 洗 拿 来 CS TOP
干了一下就去洗，

kʰa²²ko³³ ji³³ la tɕa⁵³ ko³³da⁵³ tʰe³³ xoŋ²²tɕo³³ be
kʰa²²ko⁵³ ji³³ la³³ tɕa⁵³ go³¹da⁵³ tʰe³³ xo²²tɕo³³ be
菜园 去 CS TOP 倒 那 辣椒 PL.N-ANM
到菜园里倒下，拿一些辣椒

ʃə³³ la ko³³da⁵³, ja²²ka³³ ko³³ da⁵³ tɕa⁵³ xo²²tɕo³³ ji³³na³³
ʃə³³ la³³ ko³³da⁵³ ja²²ka³³ ko³³ da⁵³ tɕa⁵³ xo²²tɕo³³ ji³³na³³
拿 CS 倒 全部 这里 倒 TOP 辣椒 菜
倒到里面，全部放在里面，就变成辣酸菜。

xai⁵³tɕiao⁴⁴　　xo³³　　　　me³³　ŋe²²　o?
xai⁵³tɕiao⁴⁴　　xo³³　　　　me³³　ŋe²²　o
海椒　　　　　什么　　做　　说　　ITRJ
海椒，用多续语怎么说？

WRF　xoŋ²²tɕo³³　tɕe²²sa⁵³　　mə,　　tɕe²²ɕa⁵³
　　　xo²²tɕo³³　　tɕe²²ɕa⁵³　mə　　tɕe²²ɕa⁵³
　　　辣椒　　　　山海椒　　嘛　　山海椒
　　　辣椒酸菜嘛，辣椒酸菜。

WDC　o　　　dʑi⁵³,　dʑi⁵³,　xoŋ²²tɕo³³　tɕe²²sa⁵³
　　　o　　　dʑi⁵³　dʑi⁵³　xoŋ²²tɕo³³　tɕe²²sa⁵³
　　　ITRJ　是　　是　　辣椒　　　　山海椒
　　　哦，是，是，辣椒酸菜。

　　　xoŋ²²tɕo³³　　tɕe²²sa⁵³… o,　　xoŋ²²tɕo³³　tɕe²²sa⁵³　tʰe³³　me³³　ŋe²²
　　　xoŋ²²tɕo³³　　tɕe²²ɕa⁵³　o　　　xo²²tɕo³³　　tɕe²²ɕa⁵³　tʰe³³　me³³　ŋe²²
　　　辣椒　　　　山海椒　　ITRJ　辣椒　　　　山海椒　　那　　做　　说
　　　辣椒酸菜，哦辣椒酸菜，就那么说，

　　　tɕa⁵³　　dʑi⁵³,　dʑi⁵³
　　　tɕa⁵³　　dʑi⁵³　dʑi⁵³
　　　TOP　　是　　是
　　　是，是。

WRF　tɕe²²sa⁵³　　ʃə　　pu²¹　xao⁵³tʰiŋ⁴⁴　tɕe²²ɕa⁵³
　　　tɕe²²sa⁵³　　ʃə　　pu　　xao⁵³tʰiŋ⁴⁴　tɕe²²ɕa⁵³
　　　山海椒　　　是　　不　　好听　　　山海椒
　　　"tɕe²²sa⁵³"不好听，酸辣。

WDC　tɕa⁵³　　tʰe³³　me³³　ʃɯ⁵³　　le　　ŋe²²　i³³　ka　　tɕa⁵³　bo⁵³
　　　tɕa⁵³　　tʰe³³　me³³　ʃɯ⁵³ne³³　ne　　ŋe³³　　i　　ka　　tɕa⁵³　bo⁵³

TOP　　那　　做　　明天　　　　TOP　　我.GEN　　GEN　　处所　　TOP　　拥有

就那样，明天在我家里就有

∫ɯ⁵³　　le　　ŋe²²　　i³³　　ga　　tɕa⁵³　　ji³³na³³　　tɕe²²　iɛ⁵³　bo⁵³,

∫ɯ⁵³　　ne　　ŋe³³　　i　　ka³³　　tɕa⁵³　　ji³³na³³　　tɕe²²　　bo⁵³

明天　　TOP　　我.GEN　　GEN　　处所　　TOP　　菜　　酸　　拥有

明天我家里酸菜也有，辣椒酸菜也有……

xoŋ²²tɕa³³　　tɕe²²ɕa⁵³　　iɛ⁵³　　bo⁵³

xo²²tɕo³³　　tɕe²²sa⁵³　　iɛ⁵³　　bo⁵³

辣椒　　　山海椒　　　也　　拥有

辣椒酸菜也有。

tʰe³³　　∫e³³　　be　　　　ɹ.　　tɕa⁵³　　no³¹dʑi⁵³　　kʰo³³∫e⁵³…　vo³¹

tʰe³³　　∫e³³　　be　　　　ne　　tɕa⁵³　　no²²dʑi⁵³　　kʰo³¹∫e⁵³　　vo³¹

那　　肉　　PL.N-ANM　　TOP　　TOP　　瘦肉　　过年　　　猪

那些肉呢就瘦肉，过年猪

tɕu²²　　i　　tʰe³³　　ne³³　　ne　　ve⁵³ɲi³¹　　dʒo²²　　i　　　tʰe³³　　ne³³　　ne

tɕu²²　　i　　tʰe³³　　ne³³　　ne　　ve⁵³ɲi³¹　　dʒo²²　　i　　　tʰe³³　　ne³³　　ne

杀　　GEN　　那　　天　　GEN　　肠子　　装　　GEN　　那　　天　　TOP

杀（过年猪）的那天就做香肠的那天，

ve⁵³ɲi³¹　　mi³¹dzo²²　　la³³　　ve⁵³ɲi³¹　　ma³¹　　bo⁵³　　la³³　　tɕa⁵³

ve⁵³ɲi³¹　　mi³¹-dzo²²　　la³³　　ve⁵³ɲi³¹　　ma³¹　　bo⁵³　　la³³　　tɕa⁵³

肠子　　PFV-装　　CS　　肠子　　NEG　　拥有　　CS　　TOP

把香肠做好了以后，肠子没有了就……

tʰe³³　　vo³¹　　i　　tʰe³³　　zə⁵³　　dzo²²　　i　　　tʰe³³　　xo³³tɕa³³…

tʰe³³　　vo³¹　　i　　tʰe³³　　zə⁵³　　dzo²²　　i　　　tʰe³³　　xo³³tɕa³³

那　　猪　　GEN　　那　　尿　　装　　GEN　　那　　什么

那个猪装尿的那个叫什么？

WRF　tʰe³³　ŋe²²　ne　tʰe³³　tɕeu　zə⁵³　dzo²²　tʰe³³　bu³³ɕu⁵³ɕu xaxa…
　　　tʰe³³　ŋe²²　ne　tʰe³³　tɕeu　zə⁵³　dzo²²　tʰe³³　bu²²ɕy⁵⁵ɕy²²
　　　那　　说　　TOP　那　　就　　尿　　装　　那　　膀胱
　　　那么说，那个装尿的叫做膀胱，哈哈……

WDC　bu³³ɕu⁵³ɕu　tɕi³³　ka³³　ni³³　tʰe³³　ʃə³³　la³³　le…　dʑi⁵³　lə
　　　bu²²ɕy⁵⁵ɕy²²　tɕi³³　ka³³　ni³³　tʰe³³　ʃə³³　la³³　ne　dʑi⁵³　lə
　　　膀胱　　　　一　　样子　有　　那　　拿　　CS　TOP　是　　了
　　　膀胱之类的，就拿那个，是的，

　　　tʃu⁵³swei⁵³　lə　mə　ni³³
　　　tʃu⁵³swei⁵³　lə　mə　ni³³
　　　煮水　　　　了　嘛　你.GEN
　　　就煮水了嘛，你……

　　　tʰe³³　ʃə³³　la　ne　zə²²zə³³　zə²²zə³³　zə²²zə³³　be　ɹ...
　　　tʰe³³　ʃə³³　la³³　ne　zə²²-zə³³　zə²²-zə³³　zə²²-zə³³　be　ne
　　　那　　拿　　CS　TOP　捏-捏　　捏-捏　　捏-捏　　PL.N-ANM　TOP
　　　拿那个呢就揉啊揉，揉啊揉，

　　　kʰa⁵³　la　tɕa⁵³　ku²²ku³³　a　bo⁵³　le　tɕa⁵³　mi³¹tsʰə³³　la
　　　kʰa⁵³　la³³　tɕa⁵³　ku²²ku³³　a　bo⁵³　ne　tɕa⁵³　mi³¹-tsʰə³³　la³³
　　　大　　CS　TOP　洞　　　个　拥有　TOP　TOP　PFV-洗　　CS
　　　大了就……嗯，有个洞洞呢，洗好了

　　　tɕa⁵³　tʰe³³　ʃe³³　nu³¹ndʑi⁵³　be　ve⁵³ɲi³¹　se²²　i　tʰe³³
　　　tɕa⁵³　tʰe³³　ʃe³³　no²²dʑi⁵³　be　ve⁵³ɲi³¹　se²²　i　tʰe³³
　　　TOP　那　　肉　　瘦肉　　　PL.N-ANM　肠子　塞　GEN　那
　　　就把那些瘦肉塞在肠子里，

　　　ko³³　dzo²²,　dʒo²²　i　tʰe³³　be　dzo²²…　dzo²²　pi⁵³
　　　ko³³　dʒo²²　dʒo²²　i　tʰe³³　be　dzo²²　dzo²²　pi⁵³
　　　这里　装　　装　　GEN　那　　PL.N-ANM　装　　装　　毕

装那些，把那些装……

ma⁵³	pʰa³¹	la³³	mja⁵³	la³³	tɕa⁵³	ko³³	i	dzo²²	ko³³

ma⁵³ pʰa³¹ la³³ mja⁵³ la³³ tɕa⁵³ ko³³ i dʒo²² ko³³

NEG 能 CS 多 CS TOP 这里 GEN 装 这里

如果装不完，太多了了的话，就装在这里，

u³¹tɕi³³   la   tɕa⁵³   tɕʰi³³   tɕi³³   kʰa⁵³   ko³³   u³¹dzo²²

u³¹-tɕi³³   la³³   tɕa⁵³   tɕʰi³³   tɕi³³   kʰa⁵³   ko³³   u³¹-dʒo²²

PFV-放   CS   TOP   他.GEN   一   大   这里   PFV-装

放在这里，装得（膀胱就变得）那么大，装好了

la   tɕa⁵³   u³¹tɕʰa²²   tʰe³³   ku²²ku³³   u³¹tɕʰa²²   la   tɕa⁵³   ni²²

la³³   tɕa⁵³   u³¹-tɕʰa²²   tʰe³³   ku²²ku³³   u³¹-tɕʰa²²   la³³   tɕa⁵³   ni²²

CS   TOP   PFV-拴   那   洞   PFV-拴   CS   TOP   压

就捆起来，拴好那个洞就压，

ni²²   ni²²   ni²²   tɕa⁵³   tɕʰi³³   tɕi³³   tɕa⁵³…   ni²²   le   tɕa⁵³

ni²²   ni²²   ni²²   tɕa⁵³   tɕʰi³³   tɕi³³   tɕa⁵³   ni²²   ne   tɕa⁵³

压   压   压   TOP   他.GEN   一   TOP   压   TOP   TOP

压呀压，就那么压小一点儿

tʰe³³   ke   u³¹tɕa²²   tɕa⁵³   fu³¹tʃʰu⁵³   la³³

tʰe³³   ke   u³¹-tɕa²²   tɕa⁵³   fu²²tʃʰu⁵³   la³³

那   LOC   PFV-挂   TOP   干   CS

就挂起来等它干了，

fu³¹tʃʰu⁵³   la³³   ʃə³³   tɕa⁵³   u³¹tɕi³³   ne   tɕa⁵³   ja⁵³no³¹   dʑi³¹

fu³¹tʃʰu⁵³   la³³   ʃə³³   tɕa⁵³   u³¹-tɕi³³   ne   tɕa⁵³   ja⁵³no³¹   dʑi³¹

干   CS   拿   TOP   PFV-放   TOP   TOP   后   吃

干了以后，就把它装好，再慢慢吃。

ŋa³³de   tɕa⁵³   ŋa³³   ja³³kʰe   tɕa⁵³   tɕi³³   a³³   bo⁵³   ɕi

ŋa³³-de tɕa⁵³ ŋa³³ ja³³kʰe tɕa⁵³ tɕi³³ a³³ bo⁵³ ɕi
我-PL TOP 我 家里 TOP 一 个 拥有 还
我们，我家还有一个，

mu³¹ a⋯ xa²¹pa²¹³ ma³¹ ŋo³³ la³³
mu³¹ a xa²¹pa²¹³ ma³¹ ŋo²² la³³
毛 个 恐怕 NEG 香 CS
毛……啊哟，恐怕不好吃了。

ʐə⁵³tsə²¹ mu⁵³ la³³ ja³¹tɕi³³ ma³¹ ŋo³³ la³³
ʐə⁵³tsə²¹ mu⁵³ la³³ ja³¹tɕi³³ ma³¹ ŋo³³ la³³
日子 老 CS 怎么 NEG 香 CS
时间长了有点不好吃了。

ja³¹tɕi³³ ma³¹ ŋo³³ la ma³¹ dʑi⁵³ a ŋa³³ tɕi³³ a³³ tɕa²²
ja³¹tɕi³³ ma³¹ ŋo³³ la ma³¹ dʑi⁵³ a ŋa³³ tɕi³³ a³³ tɕa²²
怎么 NEG 香 CS NEG 是 ITRJ 我 一 个 挂
恐怕有点不好吃了，不是啊，我挂的一个

idzo ɕi ŋe²² i³³ ja³³kʰe tɕi³³ a³³ tɕa²² i dzo²² ɕi
idzo ɕi ŋe³³ i ja³³kʰe tɕi³³ a tɕa²² idzo ɕi
DUR 还 我.GEN GEN 家里 一 个 挂 DUR 还
我挂的一个还有，我家里还有一个。

ʃə³³ la tʰe³³ xoŋ²²tɕo³³ a³³ tɕe²²ɕa⁵³, tɕi³³ ka³³ lju³¹lju⁵³
ʃə³³ la³³ tʰe³³ xo²²tɕo³³ a³³ tɕe²²ɕa⁵³ tɕi³³ ka³³ lju²²-lju⁵³
拿 CS 那 辣椒 个 山海椒 一 样子 煎-煎
拿来，拿点辣椒酸菜，炒一下

tɕəu dʑi³¹, a³¹ dʑi⁵³ a, dʑi³¹ ŋo²² i³³ ŋo²²⋯
tɕəu dʑi³¹ a dʑi⁵³ a dʑi³¹ ŋo²² i³³ ŋo²²
就 吃 Q 是 ITRJ 吃 香 GEN 香
就吃，不是吗？好吃。

tʰe³³　bu…　　ɕe⁵³ma³¹　ma³¹　tɕʰo⁵³ɕu　bu　　dʑi³¹
tʰe³³　bu　　ɕe⁵³ma³¹　ma³¹　tɕʰo⁵³-ɕu　bu　　dʑi³¹
那　　PL.ANM　牙齿　　NEG　美丽-者　　PL.ANM　吃
那些……牙齿不好的人吃，

ŋa³³de　　la³³　　dʑi³¹　ma⁵³　pʰa³¹
ŋa³³-de　　la³³　　dʑi³¹　ma⁵³　pʰa³¹
我-PL　　CONJ　吃　　NEG　　能
像我们这样的就不能吃了。

a³¹　dʑi³¹　ŋo³³…　ɕe⁵³ma³¹　ma³¹　tɕʰo⁵³ɕu　dʑi³¹
a　　dʑi³¹　ŋo²²　ɕe⁵³ma³¹　ma³¹　tɕʰo⁵³-ɕu　dʑi³¹
Q　　吃　　香　　牙齿　　NEG　美丽-者　　吃
好吃吗？嗯，牙齿不好的吃。

ŋa³³　tɕi³³　a³³　bo⁵³　ɕi　ŋe³³　i　　ja³³kʰe　va³³pʰo⁵³　le
ŋa³³　tɕi³³　a　　bo⁵³　ɕi　ŋe³³　i　　ja³³kʰe　va³³-pʰo⁵³　le
我　　一　　个　　拥有　还　我.GEN　GEN　家里　　外-边　　TOP
我还有一个，我家，外面

mu³¹　la　　ni³³　la　　ko³³　　ko　　le　　xai²¹ʃə²¹　tʰo³¹
mu³¹　la³³　ni³³　la³³　ko³³　　ke　　ne　　xai²¹ʃə²¹　tʰo³¹
毛　　CS　有　　CS　　这里　LOC　TOP　还是　　妥当
长毛了，但是里面还是好的。

ko³³　ko　　le　　xai²¹ʃə²¹　tʰo³¹,　ŋe³³　i³³　　i³³tʰu³³　mo³¹me³³
ko³³　ke　　ne　　xai²¹ʃə²¹　tʰo³¹　ŋe³³　i　　ji³³tʰu³³　mo²²me³³
这里　LOC　TOP　还是　　妥当　我.GEN　GEN　孙子　　当兵
里面还是好，我有一个……我的孙子

ji³³　la³³　ŋa³³　ʃuo³³　ʃə　no³³　mo³¹me³³　ji³³　a　　ŋa³³
ji³³　la³³　ŋa³³　ʃuo³³　ʃə　no³³　mo²²me³³　ji³³　a　　ŋa³³

去　CS　我　说　是　你　当兵　　去　ITRJ　我

当兵去了，我说，你去当兵，我

ke³³tʰe³³　ça²²　ne　na²²　　　dʑi³¹　le

ke³³tʰe³³　ça²²　ne　na²²　　　dʑi³¹　ne

这　　　做　　TOP　你.GEN　吃　　TOP

煮了这个给你吃，

ja⁵³no³¹　tça⁵³　dʑi³¹　　ma³¹　vo⁵³　la³³　tʰe³³···　ʃe³³ko³³　a···

ja⁵³no³¹　tça⁵³　dʑi³¹　　ma³¹　vo⁵³　la³³　tʰe³³　ʃe³³ko³³　a

后　　　TOP　吃　　NEG　煮　　CS　那　　脚　　　个

后来没有吃上，那······一个火腿······

ʃe³³ko³³　a³³　tço²²　la　　tʰa²²···　tʰa²²　tçi³³　le　tça⁵³　tçəu

ʃe³³ko³³　a³³　tço²²　la³³　tʰa²²　　tʰa²²　tçi³³　ne　tça⁵³　tçəu

脚　　　个　煮　　CS　他.DAT　　他.DAT　喂　TOP　TOP　TOP

煮了一个火腿个给他······给他吃，

tʰe³³　tçəu　ma⁵³　ça²²　la　tʰe³³　ke　tça²²　idzo　çi

tʰe³³　tçəu　ma⁵³　ça²²　la³³　tʰe³³　ke　tça²²　idzo　çi

那　　就　　NEG　做　CS　那　LOC　挂　DUR　还

（香肠）没有（给他）做，还是一直挂在那里。

ŋa³³　tçəu　tça⁵³　ŋe²²　　i³³　na²²-pʰo⁵³　　ŋe²²　ʃɯ⁵³　ne　　　ʃə³³

ŋa³³　tçəu　tça⁵³　ŋe²²　　i³³　na²²-pʰo⁵³　　ŋe²²　ʃɯ⁵³ne³³　ne　ʃə³³

我　　就　　TOP　我.GEN　GEN　你.DAT-边　说　明天　　TOP　拿

我就······我就对你说，明天我拿一下，

tsa³³　la　ne　tʰe³³　xoŋ²²tço³³　a³³　zo⁵³　ʃə³³　la　tʰe³³

tsa³³　la³³　ne　tʰe³³　xo²²tço³³　a³³　zo⁵³　ʃə³³　la³³　tʰe³³

带　　CS　TOP　那　辣椒　　　个　中　拿　CS　那

我就······我就对你说，明天我拿一下，加点辣椒酸菜，

lju³¹lju⁵³	la	lju³¹lju⁵³	tɕʰi³³	ne···
lju²²-lju⁵³	la³³	lju²²-lju⁵³	tɕʰi³³	ne
煎-煎	CS	煎-煎	他.GEN	TOP

炒出来，炒出来，它的…

tʰe³³de	dʑi³¹	ŋu³³	a³¹	ma³¹	dʑi⁵³···	dʑi³¹	ma³¹	ŋo³³	a³¹	dʑi⁵³
tʰe³³-de	dʑi³¹	ŋo²²	a³¹	ma³¹	dʑi⁵³	dʑi³¹	ma³¹	ŋo³³	a³¹	dʑi⁵³
他-PL	吃	香	Q	NEG	是	吃	NEG	香	Q	是

好吃不好吃，

ma⁵³	se²²	la³³	o
ma⁵³	se²²	la³³	o
NEG	知道	CS	ITRJ

我就不知道了。

伍荣福：是的，香肠就是香肠的做法（是这样的）。过年那天，杀年猪。把那些肉剁一下，用菜刀剁一剁，把肠子洗一下。洗干净了以后，把瘦肉全部剁一剁，一块一块地塞进肠子里，然后挂起来晒。干了以后你什么时候想吃，就什么时候能撒下来了，在锅里煮着吃。

问：做香肠用什么配料？

伍荣福：配料有盐、辣椒、花椒什么的，放在里面。

吴德才：辣椒、花椒、（盐）就那三样。三样放在里面就好了，后来还放点酒，倒点酒，吃起来就好吃。明天你到我家里，就会有香肠。这些香肠是去年做的。我家里就有香肠，明天会有香肠。盐、辣椒、酒，放一点，然后小心地搅拌一下，然后放点水，放点酒，就很好吃。搅拌好了就塞在肠子里，把香肠一段一段地捏好，就摆放晒干。干了以后就在家里挂起来。过完年以后，把全部的肉肠收起来放在柜子里，就那样。

问：请讲讲其他传统菜的做法。

伍荣福：做菜呢，用汉语说做菜嘛。

吴德才：做菜，可以说，是，是。

问：那我们慢慢说，怎么炒茄子？

伍荣福：茄子呢，就那么拿起来。你喜欢怎样吃就怎样做，随你了嘛。个人喜欢怎样就个人做吧，这个是随你，你咋个好吃就咋个做。

问：那你介绍一个嘛，你们家是怎么做的？

伍荣福：炒出来也吃。茄子，可以炒，炒着吃。还是拿起来，用菜刀剁一剁就在锅里炒，炒熟了就吃。一个一个地煮出来，一些揉出来，一些煮出来。煮熟了，倒到凉水里头，凉了以后，就用手拿起来撕开，就那么撕开，然后放辣椒、盐巴什么的，就那么吃。就那么做菜。

吴德才：放点酸水就好吃。酸水嘛，用汉语说是"醋"。"醋"就是我们说的酸水。就那么吃，就很好吃。怎样吃都行。多续菜就是那么做的。多续菜和汉族菜基本上一样。吃菜吃米饭、吃肉、喝酒。多续人那么吃，汉人也那么吃，都是一样的吃法。

问：请讲讲怎么做酸菜。

吴德才：说起酸菜，品种还是很多，是不是？比如说腌菜，那个老腌菜，干了的那个。

伍荣福："坛坛腌菜"，那个酸菜，多续语就叫作"坛坛酸菜"。

吴德才：老腌菜，干菜，就是那么说。

伍荣福：多续语说的"坛坛腌菜"就是汉语里的老腌菜。

吴德才：做法是这样的。拿一些菜，在坛子里晒一下。晒好了，菜干了以后就拿起来洗，洗好了就来剁。一把一把拿起来，锅里水沸后倒在里面，煮一下。煮了以后就拿锅，那么大的坛子，把菜倒到那个坛子里面。一个坛子装满了以后就盖上。盖好了以后，就倒点醋。盖了以后，过两三天那些菜就腌好了。然后拿起来就挂上晒，晒好了干了，那个就叫作坛坛菜。就这么大的些，那些就拿起来，晒好就弄干，拿点醋，坛坛菜就做好了。倒到锅里，又把水漏掉，再煮，煮了以后菜就变得很酸，变酸了以后就变成很黄很黄的样子，那也就说明做好了。菜腌好了就拿起来，晒好了，腌菜就做好了，那个"老腌菜"，用多续语怎么说？

伍荣福：坛坛腌菜嘛。

吴德才：这个坛坛腌菜，又有些呢拿起来就晒，干了一下就去洗，到菜园里倒下，拿一些辣椒，倒到里面，全部放在里面，就变成辣酸菜。海椒，用多续语怎么说？

伍荣福：辣椒酸菜嘛，辣椒酸菜。

吴德才：哦，是，是，辣椒酸菜，是，是。

伍荣福："tɕe²²sa⁵³"不好听，酸辣。

吴德才：就那样，明天在我家里就有。明天我家里腌菜也有，辣椒酸菜也有。瘦肉呢，杀过年猪的那天就做香肠的那天，把香肠做好了以后，肠子用完了，那个猪装尿的那个叫什么？

伍荣福：那么说，那个装尿的叫作膀胱，哈哈……

吴德才：膀胱之类的，就拿那个，煮一下，然后拿那个就揉啊揉，揉啊揉，把它弄大了以后洗好。就把那些瘦肉塞在肠子里，如果装不完，太多了的话，就装在那个膀胱里，装好了就捆起来，拴好里面的洞就压，压呀压，就那么压小一点，挂起来等它干。干了以后，就把它装好，再慢慢吃。我们，我家还有一个，外面长毛了，恐怕不好吃了。时间长了，恐怕有点不好吃了，不是啊，我家里还有一个，外面长毛了，但是里面还是好的。我的孙子去当兵的时候，我对他说，你去当兵，我把这些肉煮了给你吃。后来他不想吃，我就煮了一些火腿给他吃。香肠没有给他做，还是一直挂在那里。我对你说，明天我拿来，加点辣椒酸菜，炒出来，好吃不好吃，就不知道了。

3 对照词汇

说明：

1. 本词汇表取自全书文本原文行，计1000余词。

2. 为检索方便，本表按照汉字拼音排序（第2列）。

3. 长篇语料一律按照两位发音人的实际发音记音。单词如有变异形式，一律放在括号内。

a^{33}me^{33}	啊哟	lo^{33}p^{h}o^{33}	帮助
fe^{22}ni^{53}	艾蒿	vo^{33}vo^{33}	帮助
ʁa^{55}tʃ^{h}a^{22}	鞍子、马鞍	ma^{22}dʒe^{53}	包
me^{31}xa^{33}（ma^{21}	暗（房间太暗）	tsʰu^{22}	雹子
kʰa^{33}）		ba^{31}	薄
ɕe^{21}	八	to^{53}to^{31}（to^{53}）	抱（小孩）
ɕe^{22}ja^{53}	八百	tʃu^{33}tʃu^{33}	杯子
ɕe^{21}tɕʰi^{33}	八十	ba^{22}ba^{33}	背
tɕe^{22}	拔	vo^{53}xo^{31}	背（柴）
tsʰa^{31}	把	bu^{33}lju^{53}	背兜
pə	吧	xa^{33}xa^{33}pu^{31}	被子，铺盖
pi^{22}	掰	pe^{33}ʃə^{53}	本领，本事
kʰe^{31}	掰开	ʐu^{53}	比
ve^{33}tɕo^{33}	白	pi^{53}	毕业，完
ji^{33}na^{33}ve^{33}tɕo^{33}	白菜	tɕe^{22}tɕe^{33}	闭（眼）
ve^{33}tɕo^{33}vu^{53}	白酒	ba^{33}	边
nje^{33}gu^{33}	白天	na^{22}ba^{33}	边
ja^{53}	百	pʰo^{53}	边
tsa^{33}nda^{33}ɕe^{53}	柏树	dʒe^{22}du^{33}pʰo^{53}	边上（桌子边上）
ʐi^{33}	稗子	pʰe^{22}	编
ɕe^{53}pʰje^{33}	板子	ja^{55}ma^{31}	表子
ka^{53}	办	tʰa	别，禁止词
ko^{31}tʃa^{53}	办法	mo^{22}	兵
pʰo^{22}pi^{53}	半（一半）	ga^{22}kʰu^{33}	饼子

tsʰo⁵⁵pʰe³¹	钵钵	ke²²	秤
a³³ba³³kʰa⁵³	伯父	dʑi³¹	吃（饭）
a³³ma³³kʰa⁵³	伯母	za²²ku³³	吃的东西
ko³³pi³³	跛子, 瘸子	tsʰo³³le³³ma²²	吃人婆，野人
fa²²la⁵³	簸箕（小簸箕）	mu³³	
pe³³pe³³	补（衣）	da³³va³³	迟，迟到
ma	不（不去）	izo（idzo）	持续体标记
vo³³ə³³	布	du³¹ka⁵³	翅膀
kɯ⁵³pu³¹	布谷鸟	（tɕa³³tɕa³³）	
ɕo³³ɕo³³	擦（桌子）	vu⁵³ko⁵³tsə³¹	舂盐窝
（sə⁵³sə³¹）		be²²le³³ʒu⁵³	虫草
gu²²	踩	ko³¹tʃə³³	绸子
ji³³na³³	菜（饭菜）	pe³³	出来
ta³³pa³³	菜板	tʃʰu⁵³	出来
tɕʰe²²to⁵³pu³¹	菜刀	dze²²	锄头
kʰa²²ko⁵³	菜园	ke（ko, go⁵³,	处所标记
tsʰe⁵³tsə³¹	菜籽	ko⁵³, ge）	
pʰa³³ja³³	仓库（粮仓）	ve²²	穿（衣）
be²²ji³³	苍蝇	gu³¹	船，皮船
mo²²	藏	gu⁵³	疮（长了疮）
do³³ɕu³³me⁵³tʰo³¹	藏刀	ja³³do³³	窗户，天亮
ɕe³³	操心，愁	ja⁵³ta³¹	床
ʒu⁵³	草	me⁵³	吹
ʒu⁵⁵mu⁵³	草帽	bu⁵³bu³¹	吹火筒
ʒu⁵³ja³³	草棚	tsʰo³³pe³³pu⁵³	瓷盆
dʒəə·²⁵	茶	tʃa⁵³	次
tʃʰa⁵³ma³¹	娼妇	dʐu³¹sə³³	刺梨
ve⁵³ni³¹	肠子	ke²²tsʰə³³	聪明
ɕe⁵³	尝试体标记	tʃʰe⁵³	聪明，伶俐
dʐa⁵³	唱（歌）	ja²²nje³³xe⁵³nje³³	从前，古时候
ja⁵³ɕu³¹	朝廷	ve³³	粗
pa²²ma³³ʒu⁵³	车前子	pu³¹（pu³³）	村寨
go³¹	陈旧	dʐo³³	存在，有，在（有

	生命体）
ke³³ka⁵³	矬子
so³¹tʰe⁵³	答应
ʃa³³tɕʰu³³	打（铁）
pʰu⁵³	打到（打猎，用枪）
pe²²tɕi⁵³	打发
ma⁵³tɕa²²	打工，帮忙
ja⁵³ŋu²²	打呼噜
kʰa⁵³	打开
tɕe³³nju³¹tɕu²²	打老牛
ni⁵³ta³¹	打猎
ɕu³¹ɕu⁵³	打手势，比
ɕe²²	打死
ɕe²²ɕe³³，	打仗
kʰa⁵³	大
fu²²bu⁵³	大葱
va³³ma³³kʰa⁵³	大路
ta⁵³me³¹	大门
jo²²ma³³	大皮口袋（装粮食）
dza³³tu⁵³	大桥；苏州坝
tsa³³	带
tsu²²	戴（帽）
ki³³	胆（苦胆）
ve³¹tɕe³³（vo³¹tɕe³³）	蛋
me⁵³tʰo³¹	刀
dje⁵³	倒
go³¹da⁵³（ko³³da⁵³，ko³¹da⁵³）	倒
pu²²	倒
da⁵³	倒，撒
la²²li³³	道理

dʐa⁵³	稻子，稻谷
de	得
va⁵³（ʁa⁵³）	得（到）
ma²²mi³³	灯（油灯）
lo⁵³	等候，等待
pa²²de⁵³ka³¹	凳子
tje²²tje³³	滴（水）
me²²da⁵³	地（旱地）
da⁵³	地，田（水田）
i³¹no³¹	弟弟
ji³¹no³¹（i³¹no³¹）	弟弟（兄称、姐称）
so³¹nu⁵³	第二天
tsu⁵³	点
tje³¹	点（菜）
tɕʰu⁵³	点（火、灯）
tɕa³¹	吊，挂
ka³³po	掉
tʰo³¹	顶
ʃa³³tʃe³³	钉子
ʃa³³tɕʰo³³	东
dzu²²gu³³（dʒu²²gu³³）	东西
se³¹	懂（听懂了）
be²²ge³³	动
təu⁴⁴	都
ka²²	斗
tu²²dʐi⁵³	豆腐
tu²²	豆子，黄豆
tɕi³³ku³³	肚脐
tɕe⁵³tɕe³¹	短
tso³³	堆（土）
zə³³ga⁵³	对，好

（zu³¹ga⁵³）		bʑi²¹ə³³	蜂蜜
tɕo³³mu³³kʰu⁵³	碓窝	ga³¹	缝
mja⁵³	多	ma³³	否定词
a³¹ba³³	多少	dʐa³³dʐa³³	浮（木头浮在水面）
do³³ɕu³³	多续藏族		
tʰa⁵³tʰa³¹	剁	va³³dzə³³	斧头
o³¹	鹅	a³³ba³³	父亲
va²²nja³³	饿	mi⁵³zo³¹	妇女
i²²tɕa³³	儿童，孩子，小孩	be	复数标记（无生命）
na³¹	儿媳		
ʑi³¹	儿子	bu⁵³（bu，pu，bo）	复数标记（有生命），些
ni⁵³	二，两		
ge³³ge³³	发抖	xa³³	盖（被子）
xa⁵³mu ja³¹	发霉	ɕe⁵³pʰu³¹	肝
pʰi⁵³pʰo³¹	翻身	gi³³	竿
ʐo³¹	饭	ve²²	赶
ja³³mo³³	房顶	njo⁵³	敢
ja⁵³ku³¹	房间	tsʰu²²mu³³zo⁵³	感冒
ja³³	房屋	a	感叹词
tɕʰi²²	放	ja²²ɕu	感谢，谢谢
tɕi³³	放	fu²²tʃʰu⁵³	干
kʰi⁵³ta²²	放狗	ʃo²²ʃo³³	干净
（kʰe⁵³ta²²）		mo³³	高
lju³¹	放牧	lo³³da³³	胳膊
tɕʰe²²tɕʰe³³	放牧	kʰe²²	割（稻子）
dʐa³³（tɕa³³tɕa³³）	飞（鸟飞）	a³³	个（量词）
lje³³	肥料	kʰo⁵³	给
tɕʰu³³-tɕʰu³³	沸腾	ŋa³¹	给我
ji²²ji³³	分	me³¹tso⁵³	根
dzə⁵³dzə³¹	吩咐	ja³¹-	更
tsʰo³³mo³³	坟墓	ma³³pʰe³³	工资
me²²le³³	风	a³¹pʰe³³mu⁵³	公公
vo²²ʐo³³	疯	kʰe³³pʰa⁵³	公狗

vo³¹pʰu³³	公鸡	gu³¹	过（河）、渡（河）
mo³¹pʰa⁵³	公马	kʰo²²ʃe⁵³	过年
mu²²ni³³pʰa⁵³	公猫	tsa²²	还（东西）
jo³³pu³³	公绵羊	ɕi	还，再
（jo³³pʰa⁵³）		xai²¹ʃə²¹	还是
tɕʰe²²bu³³	公山羊	ɕi³³xo（ɕi⁵³xo³¹）	害羞，客气
vo³³pʰa⁵³	公猪	kʰe²²kʰe³³	含（口含着糖）
（vo³¹pʰu³³）		dʒe⁵³	含有，里面有
bo³¹	沟	ʒa²²	喊叫
kʰu²²la³³	钩	dʐe³¹dʐə³³dʑi³³	汉字
kʰe³³	狗	dʐe³¹	汉族
kʰe⁵³ni³¹	狗	mu³¹	汗毛
dʐe⁵³la³¹	够	ʒu⁵³mo²²	薅草
tʃʰe³³ʐi³³	孤儿	dje⁵³	好
a³¹vu³³	姑母	tɕʰa⁵³	喝
ju⁵³ku³¹	骨头	tʃʰa³¹	喝
dʐe³³	鼓	ba⁵³lju³¹	喝的东西
dʐe³³tɕʰu³³	鼓槌	pʰa²²pi³³	和尚
pa⁵⁵pa³¹		mo²²mbo³³lo³³	和尚村（地名）
tʃʰe³³ma³³	寡妇	vu³³ma	河
kʰa³¹jo³³	挂（在墙上）	kʰa³³vu³³	核桃
pa⁵³pa³¹	拐杖	ɕian⁵⁵tsə³¹pu⁵³	盒子
dzo²²mo³³	官	nu⁵³kʰu³¹	黑
ko⁵³tsə³¹	罐子	kʰa³³	黑，暗
dʒə³¹	光滑	ba⁵³dʐe³¹	很，特别
tʃʰa⁵³	鬼	ka³³	恨
ka³³tsə⁵³	柜子	njo³³xu⁵³	红
pʰe³³kʰa⁵³	贵，珍贵	kaə²⁵	虹
tu²²	跪，磕头	vu³³kʰa⁵³	洪水
la³¹la³³	滚	mje²²ku³³	喉咙
tʃʰa³¹ku⁵³ka³¹	棍子	mi²²	猴子
ku²²ku³³	裹	ja⁵³no³¹	后，后面
lje²²	裹	va³³gu³³	后背

mje²²pu³³	后颈	mu³³lje⁵³	鸡宗
da⁵³gu³³bə³³	后面	a³³mi³³	几
ji³³so³³	后天	a³¹me³³	几个
dʐu²²	厚	a³³na³¹	几时
mi²²mu³¹	胡子	ni⁵³	麂子
die²²die³³	花	ʃa⁵³	记得（清楚）
tsʰa²²	花椒	de²²	家
tsʰa²²ɕe⁵³	花椒树	ka²²（ga²²）	家，窝
do²¹	话	ga（ka）	家，住处
ne	话题标记	ʐu³³mu³³	家畜（牲口）
ɹe	话题标记	ja³³kʰe	家里
tɕa⁵³	话题标记	pʰe³³	价钱
kwa²²ɕe⁵³	桦树	ja⁵⁵kʰe³¹mi²²	嫁火
mu³³ko⁵³	怀抱	a³³be³³	嫁妆
to³³ke³³	换（交换）	tsʰa³³	间（房间）
dzo²²mo³³kʰa⁵³	皇帝	va³³ba³³	肩膀
xaɚ²⁵	黄	ka²²	捡
du²²kʰa⁵³	黄瓜	tɕa²²	捡
ma²²xa³³la³³	黄昏	tɕʰa³¹	件（衣服）
zə²²xəɚ²²	黄连	me²²nje³³	箭
dʑi³¹	回	mo²¹dzo³¹mo⁵¹	将军
dʒo³¹	会	ɕa³¹	讲
va⁵³lja³¹	魂、灵魂	tɕʰe²²to³³	焦（糊）
ɕi³³za³³	活佛	ʁa³¹ʁa³¹	嚼
nje³³kʰa³³	活路	ʒe³³	角
mi³¹	火	gu⁵³du³¹	脚
mi³¹ɕo²²	火把	ʃe³³ko³³	脚，腿
mi³¹ɕe⁵³	火柴	ga²²sa³³	脚后跟，脚跟
mi⁵³dʐu³¹	火柴头	tʰa³³pu³¹	轿子
mi³¹ge³¹	火盆	ma²²ma⁵³	教
ʃa³³tɕʰe³³	火钳	ke²²ʃa³³	街道，上街
je⁵³	火绒	ka⁵³ta³¹	结子
vo⁵³	鸡	mi⁵³mu³¹	睫毛

a³³ja³³	姐姐，哥哥（弟称、妹称）	mo²²me³³	军队
		mu³³tɕʰi³³	菌子
pʰu³³tʃʰa⁵³	解（结子）	tɕʰi³³	开（门）
ʃa³³	解开	pje²²	开枪
ni³¹	借	mje²²	砍
ji³¹	借（借不能够原装退还的东西，如钱、粮食）	lo⁵³	砍（树）
		to³³	砍，剁
		njo³³	看
ke³¹	斤	do³³	看见
tsʰe²²nje³³	今年	tʃʰa⁵³	康复
ta³³ne³³	今天	vo²²	扛（一个人抗）
ta³³ʃo⁵³	今天早上	dʑi³³dʑa³³	考虑
təɚ³³ma²²xa³³	今晚	tɕʰa⁵³	烤火
ni³³（mi³³）	金子	pʰa⁵³ga³¹	靠
dʑe²²	紧（绑得紧）	tsʰo³¹mu³¹tu²²	磕头
dʑi³¹la³¹	进来	tsʰe²²	咳嗽
tɕʰe⁵³	经验体标记	ɕa³³do³³（ɕiaŋ³³do³³）	可怜
vo³³kʰu³³	井		
ʃo³³	敬（酒）	vu³³ʃa²²	渴（口渴）
so²²me³³	敬神	ji⁵³	客人
vu⁵⁵ʃo²¹	敬神	kʰa³¹kʰa³³	啃
ge³¹	九	ku²²ku³³	坑（洞）
ŋge³¹tɕʰi³³	九十	tsʰo³³ɕa⁵³	空闲
fu²²tsə⁵³	韭菜	ma³³dʑa³³	孔雀
vu⁵³	酒	tɕʰa²²tɕʰu³³	口袋（装粮食用的）
mi³¹zə⁵⁵	酒曲，酵母		
tɕəu	就	dʒuɚ²⁵	口水
tɕəuʃə	就是	dʒu³³dʒu³³（ʒu³³ʒu³³）	扣子
a³¹vu³³	舅父		
tɕi⁵³ʃəu³¹	举（手）	ŋe³³	哭
kʰe³³	句	kʰa³³	苦
tɕi³³kʰe³³	句（话）	je³¹	苦荞
ʒa²²ʒa³³ka⁵³	锯子	ja²²tsʰə³³	裤子

IPA	释义	IPA	释义
jo²²	快	vu⁵³	老鼠，耗子
tɕʰo⁵³	快（刀很快）	go²²	烙
ja²²ku³³	快（走）	me³¹dʑi³¹	雷
dʒo³³ko³³	筷子（箸子）	na²²ba³³	肋骨
gi³³la³³（ge³³）	宽（路宽）	ba⁵³	累
tɕʰa²²	捆	go³¹	冷
tʃʰa⁵³kʰu³³	垃圾	liə²⁵	梨
lja³¹xa⁵³	拉（屎）	ko³³	里，里面
do³³pʰa³³ʃa³³	拉稀，拉肚子	ko	里面
la³³ma³¹	喇嘛，僧人	tɕi³³xo⁵³	厉害，狠
so⁵³	辣	tsʰa²²	立起来
xo²²tɕo³³	辣椒	pje³³ma³³	脸
la³¹	来	va³³ʃo³³	凉快
pa³³ma⁵³	癞蛤蟆	ni⁵³ɕu³¹kʰa⁵³	两口子
je³¹kʰe⁵³	篮子	ʐa²²ba³³	聊天，闲话
ge⁵³	懒惰	tʃʰo³³lo³³	铃
pʰa³³la³³	烂，坏	fu³³	领
ʐe²²pʰu⁵³	狼	kʰu³¹	六
be³¹la³³	劳动	kʰu²²ja⁵³	六百
dʐe³³	牢（结实），牢靠，巩固，稳定	kʰu²²tɕʰi³³	六十
mu⁵³ka³¹	老	ə³¹dʑa³³	龙
jo²²da⁵³	老板	njo²²bo³³	聋子
a³³vu³³ma⁵³	老表	dzɯ⁵³	楼
ʐi²²kʰa⁵³	老大	dzɯ⁵³kʰɯ⁵³	楼上，上层
la³¹，la³¹pʰa³³	老虎	bu²²lju⁵³	篓子，背篓
tɕe⁵³nju³¹	老牛	tsʰə³³nja³³	漏
ma²²mu³³	老婆	lo³³	喽
so²²gu⁵³pa⁵³	老三	va³³ma³³	路
（so³³ku³³pa⁵³，so³³ku⁵³pa³³）		（ʁa³³ma³³）	
		la⁵³ba³¹	萝卜
		ɕi²²la²²sə⁵⁵sə³¹	箩筛
ze²²za³³	老实	gi⁵³	落
vu⁵³pu³¹tʃə⁵³tʃə³¹	老鼠，耗子	gu⁵³	落（价）

ka⁵⁵po³¹	落（遗漏）	dʒo²²no³³	冕宁城
ta²²ʐi³³	驴子	ʃa³³je²²	面粉
tsə³³	麻（麻绳）	me³¹tsu⁵³	面前
bɚ⁵³ku³¹	麻子	kwa³³mi⁵³	面条
mo³¹	马	be³³ja³³	庙
ka³¹tsa³³	马，牲畜	je²²kʰe³³	箩篮
mo³¹bji²²	马蜂	ʃɯ⁵³nje³³	明年
mo³¹gu⁵³du³¹	马蹄、马掌	ʃɯ⁵³ne³³	明天
bɚ⁵³pu³¹	蚂蚁	mi⁵³	命
dʒe²²	骂	mi⁵³	摸
mə	嘛	sa⁵³sa³¹	摸（索）
ga³³	埋	ʒo³³ʒo³³	模仿
vu³³	买	ɕu³³	磨（刀）
me⁵⁵dʑa³¹	麦子	ge³¹	磨（面）
tɕʰa⁵³	卖	ʒu²²tʰu³³	磨子
a³¹za³³	慢（走）	mje⁵³	抹
a³³za³³	慢慢	ma³³	母
kʰa³¹kʰa³³	忙	kʰe³³ma⁵³	母狗
mu²²ni³³	猫	vo²²tʃʰu³³ma⁵³	母鸡
bu³³	牦牛	jo³³ma⁵³	母绵羊
mu⁵³	帽子	a³³ma³³	母亲
mu³¹ga³¹	没办法	vo³¹ma³¹	母猪
ma⁵³ko³¹	每	ɕe⁵³ja³³	木房
xo²²tsa³³	每	to³³to³³ɕu³¹	木匠
（xo³³tsa⁵³）		ɕe⁵³pʰa³¹	木料
ja²²so³³	每个	ɕe⁵³kʰu⁵³	木碗
ma³¹be⁵³	每天	ʃə³¹	拿
tɕʰo⁵³	美丽，漂亮（美人）	a³³tʰe³³	哪个，哪种
dʑa⁵³pu³¹	门	a³³ke	哪里
ja⁵⁵mu³¹	梦	jo⁵³（tɕo⁵³）	那
tʃʰe⁵³	米	na	那
ʒo²²	米饭	tʰe³³	那
bi³¹	蜜蜂	da²²pʰo⁵³	那边

jo⁵³ke	那里	va²²va⁵³	披（大衣）
tɕo⁵³	那里	ɕe⁵³kʰe³¹	劈（柴）
namə	那么	ge³³pi³³	皮肤
bi²²bje³³	奶（奶汁）	fe²²la³³	脾
a⁵³va³¹	奶奶，嫂嫂	dje⁵³ma³¹	屁股
ɕi³¹ga³¹	南瓜	pʰje⁵³	骗
za²²za³³	嫩（菜）	tsʰo³³pʰje⁵³	骗子
pʰa³¹	能	ve³³	仆人
no³³	你	ja²²ʃu³³ma⁵³	妻子
ni³³	你的	ta³³li⁵³	其他
no³³ku	你俩	dzə³¹	骑
ne³³de	你们	lo³³lo³³ɕu³¹	乞丐
nje³³	年	so²²	气息
ʐu⁵³（ju⁵³）	年龄	xe³³pʰo⁵³	前面，跟前
a³³nje³³	娘娘	ba³³dʒe³³（dʒe³³）	钱
ŋo³³tɕi³³	鸟	zo⁵³	欠（债）
zə²²	捏	tʃʰu⁵³	枪
tsʰə⁵³	捏，挤	nja⁵³	强壮，有力气
njo³³	捏紧	tsʰo³³lju⁵³ɕu³¹	抢
nju³¹	牛	tʰa⁵³tɕʰu³³	悄悄
nju³¹ga³³	牛圈	tɕʰu³³	敲打
fe²²	脓	dza³³	桥
vu³³tɕʰa³³	暖水瓶	ŋa²²tɕe³³	茄子
ko⁵³tsə³¹		ji³³ne³³	亲戚
ge²²tʃʰe⁵³	糯米	ko²²tsa⁵³	勤快、勤劳
za³³mi³³	女儿	bi²²ɕe⁵³	青冈树
be³³	爬	dʒo²²vu⁵³	青稞
be³¹	耙（木耙）	pʰe³³gu³³	青年男人
ke³³	怕，害怕	ji³³tsʰo³³	轻
ga³³ma³³	盘子	ʐu³³ɚ³³	清油
bu³³ɕu⁵³ɕu³¹	膀胱（尿泡）	tsʰo³³pʰu³³	穷
pʰje³³	胖（指人）	ji³³	去
jo²²pʰo³³	朋友	dzo⁵³	圈

ga³³	圈	tɕʰe⁵³	山羊
ja²²ka³³	全部	dʐu³¹ɕe⁵³	杉树
nja²²	燃（火）	la³¹	闪电
a³¹ni³¹	孃孃	du³³la³³	商量
kʰi³¹kʰi³³	嚷	tʰo⁵³	上，之上
tɕʰa³³	热	ʃa⁵³ta⁵³	上当
dʐe²²tɕʰa⁵³	热闹	kʰɯ⁵³	上面（桌子上面）
tsʰo³³	人	ta²²	烧
ɕu³³	人，他人	nu⁵³	烧（香），电（灯），
-de	人称代词复数标		点（烟）
	记	tɕʰeɚ²⁵	勺
ji³³so³³	容易	nju²²	少
tɕe³³	揉	je⁵³pu³¹	舌头
ʃe³³	肉，牛肉	vu³¹pʰa⁵³	蛇
bji²²bji³³	乳房	ka³³pa³³	社会，生活
bje³¹ka³¹	软	tʃe³¹	伸
pʰu²²	洒	tɕe²²（tʃe³³）	伸（手）
se²²	塞	ge⁵³ma³¹	身体
so³³	三	no²²	深（水）
so³³ja⁵³	三百	xa³³ne	什么
so³³tɕʰi³³	三十	xo³³tɕa³³	什么
sa⁵³	伞，雨伞	tʰa³¹ka⁵³	神
ɕo²²（ɕo³³）	扫（地）	be²²lju³³	肾
a³¹tʃʰa³¹	嫂子	ko³³la³³	升
（a³¹tɕʰa³¹）		ba³¹	生（孩子）
je²²je³³	瘙（痒）	lje²²	生疮
lo³³kʰo³³	森林	tɕʰo⁵³	生姜
tɕu²²	杀，打死	ɕi²²xo³³	生气
ɕi³³	筛	tɕʰi⁵³	生气
ɕi³³la³³	筛子	kʰo²²	声音
kʰo³³	晒	mo³¹	尸体
ba³¹gu³¹, ba³³ku³¹	山谷	ʃa²²ma³³	虱子
ba³³bu	山梁	sə³³gi³³	狮子

dza²²dza³³	湿	u⁵³nju³¹	水牛
（tsa²²tsa³³）		ja⁵³mu³¹kʰe²²	睡着
tɕʰi³³	十	ŋe²²	说
lju⁵³bu³¹	石头	ʃuo³³	说
tʰo³³la³³	时候	kʰa³³tʰo³³	说（话）
tʰu⁵³	时刻，时候	do³¹kʰa³³tʰo³³	说话
vo³¹tɕʰa³³	食（猪食）	sə³³ka³³	死
dʑi³¹lju³¹	食品，吃的东西	（sə³¹ka³³）	
le³³su³³	食指	vu²²	四
tsʰə³³	屎,粪	so²²	松（绑得松）
sə⁵³	事情	tʰo³³ɕe⁵³	松树
dʑi⁵³	是	pe²²	送，欢送
ʃə	是	ma³¹ə²²	酥油（黄油）
lo³¹ko³³	手	tɕe²²	酸
mi³³je²²kʰe³³	手提篾斗	ji³³na³³tɕe²²	酸菜
lo³¹ba³³	手掌	so⁵³dʒa³¹	算（计算）
lo³³ni³³pʰa³³	手指头	ji³³tʰu³³za³³mi³³	孙女
lo²²gu³³	手镯	ji³³tʰu³³	孙子
dzu⁵³	守，看	tʰe³³	他
ke³³ʃa³³	受惊	tɕʰi³³	他的
ka³³	瘦（人）	tʰe³³gu	他俩
no²²dʑi⁵³	瘦肉	tʰe³³de	他们
tsʰo³³ka³³	瘦子	tʰa³³	抬
dʒə³³dʑi³³ja³³	书房	dʑe⁵⁵dʑe³¹	坛子
a³³ba³³go²²tɕi³³	叔父，小姨夫	ga³¹	坛子
ʃe⁵³ka³¹	梳子	la⁵³la³¹	汤圆
mje²²	熟（肉）	ja²²gu²²dʒo⁵³	堂屋
ɕe⁵³pu³¹	树	ʃa⁵³bi³¹	糖
ɕe⁵³	树，木头，柴	pʰo³³（pʰo）	逃走（逃跑）
ɕe⁵³ge³³pi³³	树皮	lo³³lo³³	讨饭
dza³¹	双（鞋）	sə³³tɕi³³（sətɕəu）	特别
se³³gu³³（se³³）	谁	tɕe³³le³³	梯子（木梯）
vu³³	水	me³¹	天

na³¹kʰa³³me³¹ (me³¹)	天（天地）	tɕe³³	驮（粮）
ne³³	天（一天时间）	tʰo³¹	妥当
ma³¹xa³³	天黑	tɕe²²	挖
ma²²ma³³	天花	ŋgo³³lje³³	瓦
mi⁵³do³³	天亮	ɕe⁵⁵pʰe²²	瓦板
jo³³xa³³	田	ŋgo³³lje³³ja³³	瓦房
da⁵³xa³³	田地	a³³va³³a³³pu³³	外公
pa²²ma⁵³tɕʰo⁵³	田鸡	no³³	外面
tʃʰe³³tɕo³³	甜	va³³pʰo⁵³	外面
jo²²jo³³	舔	a³¹ni³³mu⁵³	外婆
ɕe²²go³³	挑选	kʰu²²la³³	弯（棍子弯）
ka³¹	条，根（量词）	ka²²ma³³	弯刀
ju⁵⁵tʰu³¹	调羹	ʃa²²nu⁵³	豌豆
tɕʰu⁵³	跳	du⁵³	完，完成
pa⁵³	贴（标语）	mi³¹-	完成体前缀
ʃa³³	铁	u³¹-	完成体前缀
ʃa³³tɕʰu³³ɕu³¹	铁匠	dʑa²²dʑa³³ (tɕa²²tɕa³³)	玩耍
ʃa³³tɕʰeə²⁵	铁瓢	tɕʰa⁵³	晚饭
ba⁵³nja³¹	听	kʰu⁵³	碗
tɕʰu³³	铜	me³¹	万
dʑi³³kʰu⁵³	铜碗	Ku（ku³³）	为
nja³³	痛（头痛）	xo³³me³³	为什么
vu⁵³dʑu³¹	头	ku³¹ku⁵³	围（围巾）
la⁵³tɕe³³	头，绳子头	du²²ka⁵³	围裙
tsa²²	头发	mu⁵³tʃʰu³¹	尾巴
ʃɯ⁵³pu³¹	头巾，手帕	ku（gu）	位
ʃɯ⁵⁵tsə³¹	头帕	do³³pʰa³³	胃，肚子
pʰje²²	吐	tɕi³³	喂
tso⁵⁵	推（走）	dʒə³³dʑi³³	文字
tɕʰe²²tɕʰe³³	拖	ji²²na³³	闻（嗅）
ka³³	脱（衣）	mi²²do⁵³（mi²² ndo⁵³，mĩ²²to⁵³）	问（话）
tɕe³³	驮		

ŋa³³	我	ça³³（çiaŋ³³）	香（烧的）
ŋe³³	我的	me²²me³³	响
ŋa³³ku	我俩	de²²mje³³	想（思考）
ŋa⁵⁵de³¹	我们（集体）	dʑi²²dʑa³³	想念
go³¹	握（刀把）	pa³¹tʃe³³	想要
ko³³le³³	乌鸦	（pa³¹, tʃe³³）	
ŋo³¹	五	go²²tɕi³³	小，细（竹竿很细）
ŋo³¹ja⁵⁵	五百	do³³pʰa³³go²²tɕi³³	小肚子
ŋo³¹tɕʰi²²	五十	me²²me³³	小孩
dʒo³³	午饭	ʃa³³	小麦
la³¹ga³¹dʐo³³	伍宿	xo³¹xo⁵³	小舌
dʑi（tɕi）	物化标记	da²²sə³³pie³³	小腿
be³¹tʰe³¹pʰo⁵³	西半角	xa²²xa⁵³	笑
dʑa³³dʑa³³	稀（粥很稀）	ga²²ga³³	斜、偏
i²²tɕʰa³³	稀饭	ʐi³³	鞋
tsʰu²²mu³¹	膝盖	ʒə⁵³	写（字）
çi⁵³	媳妇	sa³³ba³³	心情
tsʰə³³	洗	（sa³³mba³³）	
dʑa³¹	喜欢	nje²²ma⁵³	心脏
tʃʰa⁵³tʃʰa³¹	喜鹊	ʁa³¹	辛苦，艰难
mi⁵⁵tɕe²²	瞎子	ʃo²²tso⁵³	新（衣服）
mi²²tɕʰi³¹	下巴	ki²²	星星
dzɯ⁵⁵kʰɯ³¹	下层	ve⁵³	兴起，立起
kʰɯ³¹	下面，底下	zu³¹gu⁵⁵	姓
ŋa³¹	吓倒	çe⁵³kʰa³¹	胸脯
xe³³	先	pʰa³³	雄、公
la⁵³	闲	ba⁵³nja³¹	休息
la⁵³lo³¹	闲	lo²²dʒu⁵³	袖子
a⁵³mi³¹	现在	go²²dʑo³³	旋转，盘旋
dʑe³¹kʰe³³	线	so²²	学（文化）
（dʑe²¹kʰe³³）		je²²（ʑe²¹）	雪
tɕi³³ka³³ni³³	相同	ʃu³³	血
dʑe²²ne³³	相信	lja²²lja⁵³	寻找

ni²²	压（石头）	a⁵³pi³¹	一点
me²²kʰa⁵³	鸦片烟	tɕi³³ka³¹	一起
ẽ³³ja³³	鸭子	tɕi³³pa	一起
ɕe⁵³ma³¹	牙齿	tɕi³³be	一些
dzo²²mo³³ja³³	衙门	be²²tɕʰe³³	衣服
je³³	烟	（ve²²tɕʰe³³）	
mje³¹kʰa³³	烟（烧火出烟）	ve²²le³³	衣服
je³³ka³³	烟斗, 烟袋	be²²tɕʰe³³ka³³tsə⁵³	衣柜
je³³tsʰə³³	烟头	ji³¹	移
tɕʰi³³	盐	a	疑问助词
tɕʰi⁵³kʰa³¹	盐，咸味	nu⁵³	彝
tɕʰi⁵³kʰa²²kʰu⁵³	盐缸篦	me³¹nja⁵³	阴（阴天）
mi⁵³sə³¹	眼睛	ŋu³³	银子
mi⁵³ɚ³³	眼泪	vu³³bo³¹ga³¹	引水沟
dʑu³¹	燕麦	nja⁵³	婴儿
jo³³	羊，绵羊	mo²²ja³³	营房
tsa²²na³³pu³¹	羊毛线	kʰo⁵³tɕo³¹	硬
me³¹tɕʰa³³	阳光	bo⁵³	拥有，有（无生命
ja²²jy⁵³	洋芋		物体）
tɕʰe⁵³ʐu³³pʰu⁵³	洋芋	za²²	用（使用）
ʐu³³	养（鸡）	ni³³	有，存在
ka³³	样子	iəu	又
dʑu³¹	腰	ʐu³³	鱼
dʑo³¹xa⁵³	腰带	za⁵³pu³¹	鱼腥草
ja²²to³³mu⁵³ka³¹	腰带	tsʰo³³tɕa³³	愚蠢，笨
kʰa³¹	咬	va⁵³	雨
ku³³	舀	o	语气词
zə³¹	药	na³¹	语言
xuŋ³³（xu³³, xo³³）	要	ji³³me³³	玉米，苞谷
kʰu³¹	钥匙	ʒu⁵³ʒu³¹	遇见
tɕʰa²²tɕʰa³³	叶子	tɕi⁵⁵me²²	元（三元钱）
（tɕʰa²²）		vo⁵³dza³³	元根
tɕi³³ja⁵³	一百	da³³le⁵³pu⁵³	圆，圆形的

va³³xe⁵³	远（路远）	dʑe⁵³dʑe³¹	争吵
ɕe³¹kʰa⁵⁵tsa⁵⁵	院坝	pʰo³³	睁开（眼睛）
juŋ⁵³tsu³³ku⁵³	院子	ko³³	蒸
lja²²	月	ʐo²²kʰu⁵³	蒸笼
lje²²ma⁵³	月亮	pu³¹	只，块，棵
no²²dʑo³³	晕，头晕	se²²	知道，认识
tɕa²²	云	ka²²ɚ²⁵	蜘蛛
me³³ma⁵⁵tsʰə³¹	允许	dʐo²²	直
ko³¹	早	dʑu²²ʑi³³za³³mi³³	侄女
ʃo²²ʃo⁵³	早晨	dʑu²²ʑi³³	侄子
dʒa²²	早饭	ʃa³³vu³³	纸
ja⁵³ŋu³¹	早上	lo³³dzə³³	指甲
ʃo⁵³	早上	zo⁵³	中
tso⁵³	灶	gu²²tɕo³³	中间（房子中间）
va⁵³mu³¹	灶灰	ɕu²²	种子
ʃa³¹ʃa³³	造孽	li³¹	重
mu³³ɕu³¹	贼（小偷）	vo³¹	猪
ja³¹tɕi³¹（ja³¹tɕi³³）	怎么，有点	vo³¹ga³³	猪圈
vu³¹	窄	vo³¹ʑi³³i²²tɕa³³	猪崽
dʑa³¹	站（立）	mi³³	竹子
xa³¹	张（口）	jo³³ba³³	主人
xe²²	长	tɕo²²	煮
dʒə³¹	长	dʑe³³pʰa³³	柱子，木料，房脊
dʒə³¹kʰa⁵¹	长大	za³¹ka³³（za³¹）	抓
zu²²ku³³	长相	pʰa³³	庄稼
na³³pu³³	丈夫，配偶	dʐo²²	装
ɕu	者	la	状态转变标记
ke³³	这	dje⁵³	撞
ke³³tʰe³³	这	pʰa²²	捉（虱子）
ke⁵⁵ke	这里	la³¹tɕe⁵³	桌子
ko³³	这里	jo³³	自己
ʁa³¹	针（缝衣的针）	ʒe²³	走
dʒu³³dʒu³³me³³	真（话）	ɕe³³ɕe³³	走（路）

ʒe²² 走，离开

nje²²me³³ 祖拜

a³³pu³³ 祖父，爷爷

a³³dʐi³³（a³³tɕi³³, 祖母
a³³tɕi³³pu³³）

kʰa³³pi³³ 嘴，口

je³¹ 醉（喝醉了）

ja²²ne³³ 昨天

ja³³ue³³ 昨晚

ni³¹ 坐（坐下）

na³¹ma³¹ 坐月子

ɕa²² 做

me³³ 做（工）

后 记

第一次接触多续语，深感多续语的濒危。虽然笔者也调查过中国西南其他较濒危的语言（如里汝语和书亨语），但对多续语的调查才是笔者第一次接触到已退出日常交流的、基本上已消亡了的语言，很震撼，同时也很激励人：一定要珍惜与最后几位会说多续语的老年人交流的机会，不懈努力地记录他们这种独特而又丰富的语言，争取尽量完整地、尽量多地保留相关语料。抱着这样的希望和决心，笔者连年来对多续语进行过多次调查研究，建立了公开的多续语电子语料库，并连续参加三部多续语著作的写作。第一部与韩正康合著的《实用多续语语法》以教材的形式编写，意图是在多续语爱好者中推广多续语，一步一步介绍多续语的语音和语法。这本书专门设计了一套多续语拼写方案并配有多续语发音光盘，以助于学习者更好地理解和迅速掌握多续语的标准发音。《实用多续语语法》中的多续语语料主要包括简单的对话、小课文以及一篇多续人传统故事。第二部与韩正康和袁晓文合著的中国濒危语言志《四川冕宁多续语》为语法描写，试图较全面地介绍多续语语法并提供 10 篇话语教材（包括传统故事、歌谣和自传语料）。第三部，也就是本书，把重点放在话语材料上，通过大量的文本的分析，总结出自然语篇中的各种语法现象。本书中标注文本相关的数据（音频、视频与 ELAN 标注文件）可登陆英国伦敦大学濒危语言档案馆网址（https:elar.soas.ac.ukCollectionMPl655546）进行查阅。希望对多续语的学习和研究有所裨益。

感谢国际濒危语言抢救计划（Endangered Languages Documentation Programme）课题"中国西南地区尔苏语和旭米语抢救"（MDP0257）的支持。感谢多续语老师（按姓氏音序排列）：金万祥先生、马文明女士、马文秀女士、宋德友先生、伍德会女士、吴登莲女士以及伍正美女士。

图书在版编目（CIP）数据

多续语语法标注文本／齐卡佳著. −−北京：社会
科学文献出版社，2020.12
　（中国民族语言语法标注文本丛书）
　ISBN 978 − 7 − 5201 − 6400 − 9

　Ⅰ.①多…　Ⅱ.①齐…　Ⅲ.①藏缅语族 − 语法　Ⅳ.
①H429.4
　中国版本图书馆 CIP 数据核字（2020）第 041069 号

·中国民族语言语法标注文本丛书·

多续语语法标注文本

著　　者／齐卡佳

出 版 人／王利民
组稿编辑／宋月华
责任编辑／周志静　孙以年

出　　版／社会科学文献出版社·人文分社（010）59367215
　　　　　　地址：北京市北三环中路甲 29 号院华龙大厦　邮编：100029
　　　　　　网址：www. ssap. com. cn
发　　行／市场营销中心（010）59367081　59367083
印　　装／三河市尚艺印装有限公司

规　　格／开　本：787mm × 1092mm　1/16
　　　　　　印　张：22.75　字　数：354 千字
版　　次／2020 年 12 月第 1 版　2020 年 12 月第 1 次印刷
书　　号／ISBN 978 − 7 − 5201 − 6400 − 9
定　　价／198.00 元

本书如有印装质量问题，请与读者服务中心（010 − 59367028）联系